国家级新区研究报告

主编／卢山冰 黄孟芳

副主编／苏琳琪 胡英姿

2020

RESEARCH REPORT ON STATE-LEVEL NEW DISTRICT

社会科学文献出版社
SOCIAL SCIENCES ACADEMIC PRESS (CHINA)

引 言

国家级新区是由国务院批准设立,承担国家重大发展和改革开放战略任务的综合功能区。我国自1992年设立上海浦东新区至今,先后设立了19个国家级新区,这些国家级新区在扩大对外开放、综合配套改革试验、海洋经济发展、"两型"社会建设、新型城镇化等重大改革方面先行先试,对适应经济发展新常态要求、应对经济下行压力、促进区域协调发展发挥了重要作用,成为全方位扩大对外开放的重要窗口、创新体制机制的重要平台、辐射带动区域发展的重要增长极和产城融合发展的重要示范区。那么,现有国家级新区的发展状况如何?是否与设立国家级新区的初衷相契合?有哪些促进新区发展的政策值得推广?各新区战略性新兴产业的发展情况如何?"一带一路"倡议背景下各新区又取得了怎样的成果?为解答上述问题,特编写《国家级新区研究报告(2020)》。

本书从经济原理、发展规划、经济数据、政策发布等多角度对现已批复的国家级新区的基本状况进行了梳理,了解各国家级新区在基础条件、新区架构、战略规划、发展路线、产业布局、建设推进等方面的普遍做法、一般规律和相互差异,总结每个国家级新区在发展中的创新之处、独到之处和特别之处,最终期望为各个国家级新区的建设提供助力,尤其是对西咸新区的战略决策、规划调整、产业引导、效率提升、效益提高等提供切实可行的对策和建议。

本书共分为八部分,分别是总体情况篇、理论基础篇、政策政务篇、产业发展篇、新区"一带一路"篇、自由贸易试验区篇、对策建议篇以及学术成果展示篇。总体情况篇总结了2019年国家级新区发展的总体情况、经济发展情况、社会建设情况以及治理体系建设情况。理论基础篇介绍了国家级新区的设立以及发展进程中的经济学原理，从理论层面客观阐述国家级新区建设的现实意义。政策政务篇梳理了各个国家级新区不同层级的政策，并在此基础上进一步从金融、财税、人才、土地、招商引资、区域经济、科技创新、对外贸易、营商环境、环境保护十个方面对政策效应进行一定程度的分析。产业发展篇包括产业布局、产业规模与产业结构、产业竞争力三个层面，对19个国家级新区的产业规划、重点发展产业、产业园区进行了研究分析。新区"一带一路"篇重点在于阐明国家级新区发展与"一带一路"倡议的内涵联系和关联机制，以及"一带一路"五通建设、六廊六路多国多港建设、内部网络机制平台建设在国家级新区建设中发挥的重大作用。自由贸易试验区篇从自贸区概览、定位、制度创新以及产业发展四个方面研究自贸区与国家级新区发展的内在联系。对策建议篇基于前六篇的内容，对19个国家级新区仍存在的部分问题分别从政策、制度、战略、产业发展层面提出建议。学术成果展示篇围绕19个国家级新区相关的学术成果进行梳理和总结，并从学术视角讨论对国家级新区发展的理论支持。

《国家级新区研究报告（2020）》由卢山冰教授选定报告主题，黄孟芳副教授进一步完善大纲，确定各篇基本研究内容。之后在卢山冰教授和黄孟芳副教授的带领下，组织部分学生完成主体撰写工作。各篇章分工如下：总体情况篇由卢山冰、黄孟芳、苏琳琪、胡英姿完成；理论基础篇由卢山冰、黄孟芳、胡君娅完成；政策政务篇由卢山冰、黄孟芳、胡君娅、闪靓完成；产业发展篇由卢山冰、黄孟芳、李之媛完成；新区"一带一路"篇由卢山冰、黄孟芳、潘晨鑫完成；自由贸易试验区篇由卢山冰、黄孟芳、苏琳琪、卢纳熙完成；对策建议篇由卢山冰、黄孟芳、胡英姿、卢纳熙完成；学术成果展示篇由卢山冰、黄孟芳、闪靓、胡君娅完成。各篇初稿完成后，胡英姿、苏琳琪进行了统稿，最后由卢山冰教授进行审查、润色及加工。

目 录

总体情况篇

第一章　2019年国家级新区总体情况概述……………………………… 003
第二章　国家级新区经济发展情况………………………………………… 058
第三章　国家级新区社会建设情况………………………………………… 085
第四章　国家级新区治理体系建设情况…………………………………… 138

理论基础篇

第一章　经济基础理论……………………………………………………… 145
第二章　中心地理论………………………………………………………… 146
第三章　城市群理论………………………………………………………… 147
第四章　核心—边缘理论…………………………………………………… 154
第五章　外部性理论………………………………………………………… 155

政策政务篇

第一章　金融政策 …………………………………………………… 163

第二章　财税政策 …………………………………………………… 165

第三章　人才政策 …………………………………………………… 167

第四章　土地政策 …………………………………………………… 169

第五章　招商引资政策 ……………………………………………… 172

第六章　区域经济政策 ……………………………………………… 175

第七章　科技创新政策 ……………………………………………… 178

第八章　对外贸易政策 ……………………………………………… 181

第九章　营商环境政策 ……………………………………………… 184

第十章　环境保护政策 ……………………………………………… 187

产业发展篇

第一章　产业布局 …………………………………………………… 193

第二章　产业规模与结构 …………………………………………… 221

第三章　产业竞争力 ………………………………………………… 249

新区"一带一路"篇

第一章　"一带一路"倡议与国家级新区的内涵联系、关联机制 ……… 279

第二章　"一带一路""五通"建设和国家级新区发展 ……………… 285

第三章　"六廊六路、多国多港"建设与国家级新区发展 …………… 328

第四章　"一带一路"与国家级新区内部网络机制平台建设 ………… 360

自由贸易试验区篇

第一章	自由贸易试验区概览	367
第二章	自由贸易试验区战略定位	380
第三章	自由贸易试验区的制度创新	384
第四章	自由贸易试验区的产业发展	388

对策建议篇

第一章	政策层面	407
第二章	制度层面	414
第三章	战略层面	421
第四章	产业发展层面	429

学术成果展示篇

第一章	国家级新区学术成果展示	439
第二章	关于国家级新区学术成果分析	451

总体情况篇

国家级新区是我国于20世纪90年代初期开始设立的一种新开发开放与改革的大城市区。自国务院批准设立上海市浦东新区以来，截至2016年底，我国已设立了18个国家级新区。2017年4月1日，中共中央、国务院决定在河北省保定市境内设立雄安新区。至今，我国共设立19个国家级新区。国家级新区是以习近平同志为核心的党中央作出的一项重大的历史性战略选择，在扩大对外开放、综合配套改革试验、海洋经济发展、"两型"社会建设、新型城镇化等重大改革方面先行先试，对适应经济发展新常态要求、应对经济下行压力、促进区域协调发展发挥了重要作用，成为全方位扩大对外开放的重要窗口、创新体制机制的重要平台、辐射带动区域发展的重要增长极和产城融合发展的重要示范区。本篇包括四章，分别是新区总体情况概述、新区经济发展情况、新区社会建设情况、新区治理体系建设情况，重点梳理当前19个国家级新区的经济发展、社会建设以及治理体系建设，总结各个国家级新区在发展进程中的一般规律和相互差异，从而对国家级新区形成客观且全面的认知。[1]

---

[1] **基于数据资料的可得性和局限性**，为统一分析口径，本年度报告以2019年数据为主。

第一章 2019年国家级新区总体情况概述

第一节 定位与目标

国家级新区是由国务院批准设立，承担国家重大发展和改革开放战略任务的综合功能区。国家级新区是中国于20世纪90年代初期设立的一种新开发开放与改革的大城市区。新区的成立乃至于开发建设上升为国家战略，总体发展目标、发展定位等由国务院统一进行规划和审批，相关特殊优惠政策和权限由国务院直接批复，在辖区内实行更加开放和优惠的特殊政策，鼓励新区进行各项制度改革与创新的探索工作。

1992年10月，上海成立浦东新区——第一个国家级新区宣布成立，至今已设立19个国家级新区。自此，国家级新区成为新一轮改革和开放的发力点。与此同时，始于20世纪80年代末的中国各领域有关国家级新区建设与发展的研究在进入20世纪90年代后呈现不断增加的趋势。围绕国家级新区的研究及成果构成了一个新的研究领域和方向——"国家级新区研究"。

从中国设立第一个国家级新区上海浦东新区（1992年10月）到设立河北雄安新区（2017年4月）为止，中国共设立了19个国家级新区（见表1）。[1] 其他新区还包括天津滨海新区、重庆两江新区、浙江舟山群岛新区、甘肃兰州新区、广州南沙新区、陕西西咸新区、贵州贵安新区、青岛

---

[1] 截至2019年12月，中国国家级新区共有19个。此外，还有武汉长江新区、合肥滨湖新区、杭州大江东产业聚集区、沈阳沈北新区、郑州郑东新区、石家庄正定新区、南宁五象新区、济南黄河新区、襄阳东津新区、中山翠亨新区、唐山曹妃甸新区、乌鲁木齐新区等地区在申报中。

西海岸新区、大连金普新区、成都天府新区、湖南湘江新区、南京江北新区、福建福州新区、云南滇中新区、黑龙江哈尔滨新区、吉林长春新区、江西赣江新区。

表1-1 国家级新区简介

序号	新区名称	获批时间	主体城市	面积(平方公里)
1	上海浦东新区	1992年10月11日	上海	1210.41
2	天津滨海新区	2006年5月26日	天津	2270
3	重庆两江新区	2010年5月5日	重庆	1200
4	浙江舟山群岛新区	2011年6月30日	浙江舟山	陆地1440,海域20800
5	甘肃兰州新区	2012年8月20日	甘肃兰州	1700
6	广州南沙新区	2012年9月6日	广东广州	803
7	陕西西咸新区	2014年1月10日	陕西西安、咸阳	882
8	贵州贵安新区	2014年1月6日	贵州贵阳、安顺	1795
9	青岛西海岸新区	2014年6月9日	山东青岛	陆地2096,海域5000
10	大连金普新区	2014年7月2日	辽宁大连	2299
11	成都天府新区	2014年10月14日	四川成都、眉山	1578
12	湖南湘江新区	2015年4月25日	湖南长沙	490
13	南京江北新区	2015年6月27日	江苏南京	2451
14	福建福州新区	2015年9月9日	福建福州	1892
15	云南滇中新区	2015年9月15日	云南昆明	482
16	黑龙江哈尔滨新区	2015年12月22日	黑龙江哈尔滨	493
17	吉林长春新区	2016年2月15日	吉林长春	499
18	江西赣江新区	2016年6月14日	江西南昌、九江	465
19	河北雄安新区	2017年4月1日	河北保定	起步约100,远期2000

资料来源：新浪网。

国家级新区作为由国务院批准设立的，以相关行政区、特殊功能区为基础，承担国家重大发展和改革开放战略任务的国家级综合功能区。国家级新区具有引领全面改革开放、带动区域经济发展、推动体制机制创新和促进产城融合等重要作用。特别是"一带一路"① 倡议的提出是中国全面构建对外开放新格局的重大战略举措。建设好国家级新区，将会为"一带一路"倡议的实施提供强有力的支撑。此外，作为国家区域协调发展总体战略的重要组成部分，国家级新区在培育新动能、扩大对外开放、推动高质量发展方面也发挥着极其重要的作用，往往被国家赋予先行先试的特殊权限和一系列优惠政策，其发展不仅关系到某一区域的经济社会发展，更关系到中国经济社会发展的总体战略部署。

当前，确定国家级新区的目标和定位具有重要意义，明确的目标和科学的定位是未来新区发展的主导方向。新区发展的定位确定了位于不同地域的国家级新区如何发挥差异化优势，引领区域经济发展。因此，为了便于清晰地了解国家级新区之间定位的区别、各自的优势及特色发展方向，表1–2梳理了已批复的19个国家级新区的发展定位。

表1–2 国家级新区的发展定位

国家级新区	定位
上海浦东新区	争创国家改革示范区 建设"四个中心"（国际经济中心、国际金融中心、国际贸易中心、国际航运中心）核心功能区 打造战略性新兴产业主导区
天津滨海新区	北方对外开放的门户 高水平的现代制造业和研发转化基地 北方国际航运中心和国际物流中心 宜居生态型新城区
重庆两江新区	统筹城乡综合配套改革试验的先行区 内陆重要的先进制造业和现代服务业基地 长江上游地区的经济中心、金融中心和创新中心等 内陆地区对外开放的重要门户、科学发展的示范窗口

---

① "一带一路"（The Belt and Road，B&R）是"新丝绸之路经济带"和"21世纪海上丝绸之路"的简称，2013年9月和10月由中国国家主席习近平分别提出建设"新丝绸之路经济带"和"21世纪海上丝绸之路"的合作倡议。

续表

国家级新区	定位
浙江舟山群岛新区	浙江海洋经济发展的先导区 长江三角洲地区经济发展的重要增长极 海洋综合开发试验区
甘肃兰州新区	西北地区重要的经济增长极 国家重要的产业基地 向西开放的重要战略平台 承接产业转移示范区
广州南沙新区	粤港澳优质生活圈、新型城市化典范 以生产性服务业为主导的现代产业新高地 具有世界先进水平的综合服务枢纽 社会管理服务创新试验区
陕西西咸新区	创新城市发展方式试验区 丝绸之路经济带重要支点 科技创新示范区 历史文化传承保护示范区 西北地区能源金融中心和物流中心
贵州贵安新区	对外开放引领区 产城融合创新区 城乡统筹先行区 生态文明示范区
青岛西海岸新区	海洋科技自主创新领航区 深远海开发战略保障基地 海洋经济国际合作先导区 陆海统筹发展试验区
大连金普新区	面向东北亚区域开放合作的战略高地 引领东北地区全面振兴的重要增长极 老工业基地转变发展方式的先导区 体制机制创新与自主创新的示范区 新型城镇化和城乡统筹的先行区
成都天府新区	以现代制造业为主的国际化现代新区 打造成为内陆开放经济高地 宜业宜商宜居城市 现代高端产业集聚区 统筹城乡一体化发展示范区

第一章 2019年国家级新区总体情况概述

续表

国家级新区	定位
湖南湘江新区	高端制造业研发转化基地 创新创意产业集聚区 产城融合城乡一体的新型城镇化示范区 全国"两型"社会建设引领区 长江经济带内陆开放高地
南京江北新区	自主创新先导区 新型城镇化示范区 长三角地区现代产业集聚区 长江经济带对外开放合作重要平台
福建福州新区	两岸交流合作重要承载区 扩大对外开放重要门户 东南沿海重要的现代产业基地 改革创新示范区和生态文明先行区
云南滇中新区	面向南亚东南亚辐射中心的重要支点 云南桥头堡建设重要经济增长极 西部地区新型城镇化综合试验区和改革创新先行区
黑龙江哈尔滨新区	中俄全面合作重要承载区 东北地区新的经济增长极 老工业基地转型发展示范区 特色国际文化旅游聚集区
吉林长春新区	创新经济发展示范区 新一轮东北振兴重要引擎 图们江区域合作开发重要平台 体制机制改革先行区
江西赣江新区	长江中游新型城镇化示范区 中部地区先进制造业基地 内陆地区重要开放高地 美丽中国"江西样板"先行区
河北雄安新区	北京非首都功能疏解集中承载地 京津冀城市群重要一极 高质量、高水平的社会主义现代化城市

资料来源：中国政府网、各新区所在省市政务网、新区政务网等。

一 上海浦东新区

1992年10月11日,《国务院关于上海市设立浦东新区的批复》(国函〔1992〕146号)发布,同意设立上海浦东新区。2005年6月21日,国务院批准浦东进行全国首个综合配套改革试点。2013年9月29日,中国(上海)自由贸易试验区挂牌成立,按照国务院批准的总体方案,着力推进投资、贸易、金融、事中事后等领域的制度创新。

1. 战略定位

国务院赋予上海浦东新区"科学发展的先行区、'四个中心'(国际经济中心、国际金融中心、国际贸易中心、国际航运中心)的核心区、综合改革的试验区、开放和谐的生态区"的战略定位。

2. 发展目标

"十三五"时期浦东经济社会发展目标是,到2020年,基本建成上海"四个中心"核心功能区,基本形成具有全球影响力的科创中心核心功能区框架,基本建成体现社会主义现代化国际大都市风貌的开放型、多功能、现代化新城区,率先构建与高标准投资贸易规则相衔接的法治化、国际化、便利化营商环境。

二 天津滨海新区

2005年10月,党的十六届五中全会把天津滨海新区开发开放正式纳入国家发展战略。2006年5月,国务院颁布《关于推进天津滨海新区开发开放有关问题的意见》,批准天津滨海新区为国家综合配套改革试验区,确定了发展目标和战略定位。

1. 战略定位

国务院赋予天津滨海新区"中国北方对外开放的门户,高水平的现代制造业和研发转化基地,北方国际航运中心和国际物流中心,经济繁荣、社会和谐、环境优美的宜居生态型新城区"的战略定位。

2. 发展目标

依托京津冀、服务环渤海、辐射"三北"、面向东北亚，努力建设成为中国北方对外开放的门户、高水平的现代制造业和研发转化基地、北方国际航运中心和国际物流中心，逐步成为经济繁荣、社会和谐、环境优美的宜居生态型新城区。

三　重庆两江新区

重庆两江新区2010年5月5日挂牌成立，是继上海浦东新区、天津滨海新区之后，国务院批准的中国第三个、内陆第一个国家级开发开放新区。新区位于重庆主城区长江以北、嘉陵江以东，包括江北区[①]、北碚区[②]、渝北区[③]3个行政区部分区域，全域规划总面积1200平方公里，可开发面积550平方公里，其中直管区面积638平方公里、可开发面积367平方公里，至2018年12月现有常住人口257万。

1. 战略定位

国务院赋予重庆两江新区"统筹城乡综合配套改革试验的先行区、内陆重要的先进制造业和现代服务业基地、长江上游地区的金融中心和创新中心、内陆地区对外开放的重要门户、科学发展的示范窗口"的战略定位。

2. 发展目标

实现国家对重庆两江新区的战略定位，推进"再造一个重庆经济，再造一个重庆工业，再造一个重庆主城"等3个"再造"。到2020年，力争服务业保持18%以上的增速，服务业增加值占地区生产总值比重达到47%，金融业增加值占地区生产总值的比重达到13%以上。此外，到2020年重庆

[①] 江北区涉及石马河、大石坝、观音桥、华新街、五里店、江北城、寸滩、铁山坪、郭家沱、复盛、鱼嘴镇。
[②] 北碚区涉及水土、复兴、蔡家岗、施家梁镇。
[③] 渝北区涉及龙溪、龙山、龙塔、双凤桥、双龙湖、回兴、悦来、人和、鸳鸯、天宫殿、翠云、大竹林、木耳、礼嘉、龙兴、石船、古路、玉峰山镇。

两江新区重点发展的新能源及智能汽车、电子核心部件、云计算及物联网、通用航空等十大战略性新兴产业总产值将接近4000亿元。

四 浙江舟山群岛新区

2011年6月，根据《国务院关于同意设立浙江舟山群岛新区的批复》（国函〔2011〕77号），浙江舟山群岛新区正式纳入国家级新区，成为首个以海洋经济为主题的国家级新区。批复中指出，要把设立浙江舟山群岛新区作为实施区域发展战略和海洋发展战略、贯彻落实《中华人民共和国国民经济和社会发展第十二个五年规划纲要》的重要举措，加快转变经济发展方式，积极探索陆海统筹发展新路径，推动海洋经济科学发展，促进浙江省经济平稳较快发展。

1. 战略定位

国务院赋予浙江舟山群岛新区"浙江海洋经济发展的先导区、海洋综合开发试验区、长江三角洲地区经济发展的重要增长极"的战略定位。浙江舟山群岛新区在《浙江舟山群岛新区发展规划》中进一步明确了其战略定位。

2. 发展目标

将浙江舟山群岛新区建成中国大宗商品储运中转加工交易中心、东部地区重要的海上开放门户、中国海洋海岛科学保护开发示范区、中国重要的现代海洋产业基地、中国陆海统筹发展先行区。

五 甘肃兰州新区

2012年8月，《国务院关于同意设立甘肃兰州新区的批复》（国函〔2012〕104号）[①] 发布，批复同意设立甘肃兰州新区。

---

① 国函〔2012〕104号文件指出，建设兰州新区，对探索西北老工业城市转型发展和承接东中部地区产业转移的新模式、增强兰州作为西北地区重要中心城市的辐射带动作用、扩大向西开放、推动西部大开发、促进区域协调发展具有重要意义。

1. 战略定位

国务院赋予甘肃兰州新区"西北地区重要的经济增长极、国家重要的产业基地、向西开放的重要战略平台和承接产业转移示范区"的战略定位。在带动甘肃及周边地区发展、深入推进西部大开发、促进中国向西开放中发挥更大作用。

2. 发展目标

《甘肃兰州新区总体规划》中确立了甘肃兰州新区的总体目标，即新区要成为国家战略实施的重要平台、西部区域复兴的重要增长极、兰州城市拓展的重要空间。

六 广州南沙新区

2012年9月6日，《国务院关于广州南沙新区发展规划的批复》（国函〔2012〕128号）发布，原则同意《广州南沙新区发展规划》，9月12日，根据国家发改委关于印发广州南沙新区发展规划的通知，批复设立广州南沙新区为国家级新区，广州南沙新区的开发建设上升到国家战略。

1. 战略定位

国务院赋予广州南沙新区"粤港澳优质生活圈、新型城市化典范、以生产性服务业为主导的现代产业新高地、具有世界先进水平的综合服务枢纽和社会管理服务创新试验区"的战略定位。

2. 发展目标

坚持科学开发、从容建设的理念，以深化与港澳全面合作为主线，以生态、宜居、可持续为导向，以改革、创新、合作为动力，把广州南沙新区建设成为空间布局合理、生态环境优美、基础设施完善、公共服务优质、具有国际影响力的深化粤港澳全面合作的国家级新区。

七 陕西西咸新区

2014年1月10日，《国务院关于同意设立陕西西咸新区的批复》（国函〔2014〕2号）发布，同意设立陕西西咸新区。陕西西咸新区位于陕西省西安市和咸阳市建成区之间，区域范围涉及西安、咸阳两市所辖 7 县（区）23 个乡镇和街道办事处，规划控制面积 882 平方公里。

1. 战略定位

国务院赋予陕西西咸新区"中国向西开放的重要枢纽、西部大开发的新引擎、中国特色新型城镇化的范例、丝绸之路经济带重要节点"的战略定位。

2. 发展目标

要把建设陕西西咸新区作为深入实施西部大开发战略的重要举措，探索和实践以人为核心的中国特色新型城镇化道路，推进西安、咸阳一体化进程，为把西安建设成为富有历史文化特色的现代化城市、拓展中国向西开放的深度和广度发挥积极作用，要把陕西西咸新区建设成为中国向西开放的重要枢纽、西部大开发的新引擎和中国特色新型城镇化[①]的范例。

八 贵州贵安新区

2012 年，国发 2 号文件提出把贵州贵安新区建设成为内陆开放型经济示范区。随后国务院批复的西部大开发"十二五"规划中明确提出要把贵州贵安新区建设成为黔中经济区最富活力的增长极。[②] 2014 年 1 月，国务院批复设立贵州贵安新区，提出把贵州贵安新区建设成为经济繁荣、社会文明、环境优美的西部地区重要经济增长极、内陆开放型经济新高地和生态文明示范区。

1. 战略定位

国务院赋予贵州贵安新区"西部地区重要经济增长极、内陆开放型经济新高地、生态文明示范区"的战略定位。

[①] 中国特色新型城镇化强调人口城镇化，更加注重人的发展需求，即"以人为本"是新型城镇化发展的首要问题。它要求以市民为主体，围绕人民群众现代化物质文化生活需求，提供完善的城镇承载条件和现代化生产生活服务。

[②] 增长极是围绕推进性的主导工业部门而组织的有活力的高度联合的一组产业，它不仅能迅速增长，而且能通过乘数效应推动其他部门的增长。因此，增长并非出现在所有地方，而是以不同强度首先出现在一些增长点或增长极上，这些增长点或增长极通过不同的渠道向外扩散，对整个经济产生不同的最终影响。

2. 发展目标

至2020年，地区生产总值力争达到5000亿元，年均增长12%；海洋生产总值1400亿元，年均增长15%，总量占地区生产总值的28%；人口规模240万，城镇化率85%。[1]

九 青岛西海岸新区

2014年6月9日，《国务院关于同意设立青岛西海岸新区的批复》（国函〔2014〕71号）发布，同意设立青岛西海岸新区。青岛西海岸新区位于胶州湾西岸，包括青岛市黄岛区（现称"青岛西海岸新区"）全部行政区域，其中陆域面积约2096平方公里、海域面积约5000平方公里。

1. 战略定位

国务院赋予青岛西海岸新区"海洋科技自主创新领航区、深远海开发战略保障基地、海洋经济国际合作先导区、陆海统筹发展试验区"的战略定位。

2. 发展目标

2018年5月2日发布的《关于推进实施青岛西海岸新区发展总体规划的意见》指出，力争到2020年，青岛西海岸新区形成新动能主导经济发展的新格局，经济总量位居全国国家级新区前列，地区生产总值达到4500亿元左右，年均增速12%左右；海洋生产总值占GDP比重年均提高1个百分点，达到33%左右；港口货物吞吐量突破5.5亿吨，集装箱吞吐量达到2000万标箱；外贸进出口总额超过250亿美元；常住人口达到240万左右；率先全面建成较高水平小康社会，向基本实现现代化迈进。[2]

十 大连金普新区

2014年7月2日，《国务院关于同意设立大连金普新区的批复》（国函〔2014〕76号）发布，同意设立大连金普新区。大连金普新区位于辽宁省大

---

[1] 资料来源于贵州贵安新区官网。
[2] 资料来源于青岛西海岸新区官网。

连市中南部，范围包括大连市金州区全部行政区域和普兰店区部分地区，总面积约2299平方公里。

1. 战略定位

国务院赋予大连金普新区"中国面向东北亚区域开放合作的战略高地，引领东北地区全面振兴的重要增长极，老工业基地转变发展方式的先导区、体制机制创新与自主创新的示范区、新型城镇化和城乡统筹的先行区，东北亚国际航运中心和物流中心"的战略定位。

2. 发展目标

到2020年，基本建立与新区定位相适应的开发建设和运行管理体制，初步形成与国际接轨的开放合作和自主创新政策环境。新区综合经济实力、辐射带动能力、国内外影响力迈上一个大台阶，基础设施进一步完善，现代产业集群国际竞争力显著增强，生态文明建设取得新进展。到2030年，建立完善的新区管理体制，同东北亚区域构建起紧密的开放合作关系，自主创新能力达到国际先进水平，产业结构进一步优化，城镇化质量和水平显著提高，建成国际化、现代化、智慧化和生态化的新区。

十一 成都天府新区

2014年10月14日，《国务院关于同意设立四川成都天府新区的批复》（国函〔2014〕133号）发布，同意设立成都天府新区。成都天府新区位于四川省成都市主城区南偏东方向，区域范围涉及成都、眉山两市所辖7县（市、区），规划面积1578平方公里。

1. 战略定位

国务院赋予成都天府新区"西部地区重要的科技创新中心，以先进制造业为主、高端服务业聚集、宜业宜商宜居的现代化新城区，内陆开放型经济战略高地和全国统筹城乡综合配套改革试验区[①]"的战略定位。

[①] 全国统筹城乡综合配套改革试验区是2007年6月7日由国家发展和改革委员会下发通知，批准重庆市和成都市设立的国家级综合配套改革试验区。

2. 发展目标

到 2020 年，主要经济指标保持两位数的增速，核心区基本建成天府中心、西部博览城、成都科学城起步区，构建起公园城市山水林田湖全域生态骨架；到 2035 年，成都天府新区经济总量突破万亿大关，城市能级和核心竞争力大幅提升，建设成为支撑"一带一路"建设和长江经济带发展的重要节点，核心区建成美丽宜居公园城市典范区；到 2050 年，成都天府新区全域建成美丽宜居公园城市，成为具有区域带动力和国际影响力的新的增长极和内陆开放经济高地，成为四川汇聚全球资源、参与全球竞争的主要功能承载区。

十二 湖南湘江新区

2015 年 4 月 25 日，《国务院关于同意设立湖南湘江新区的批复》（国函〔2015〕66 号）发布，同意设立湖南湘江新区。湖南湘江新区位于湘江西岸，包括长沙市岳麓区、望城区和宁乡县部分区域，面积 490 平方公里。

1. 战略定位

国务院赋予湖南湘江新区"高端制造业研发转化基地和创新创意产业集聚区、产城融合城乡一体的新型城镇化示范区、全国'两型'社会建设引领区、长江经济带内陆开放高地"的"三区一高地"的战略定位。

2. 发展目标

到 2025 年，新区综合实力大幅提升，城镇化率达到 89%，地区生产总值年均增速明显高于全省平均水平，战略性新兴产业增加值年均增速达 20% 以上，现代产业体系更加完善，生态环境进一步优化，全方位对内对外开放格局基本形成，成为带动湖南和长江中游地区经济社会发展的重要引擎、长江经济带建设重要支撑点、全国"两型"社会建设先行区。

十三 南京江北新区

2015 年 6 月 27 日，《国务院关于同意设立南京江北新区的批复》（国函

〔2015〕103号）发布，正式批复同意设立南京江北新区，自此，南京江北新区建设上升为国家战略，成为中国第十三个、江苏省唯一的国家级新区。南京江北新区位于江苏省南京市长江以北，包括南京市浦口区、六合区和栖霞区八卦洲街道，规划面积2451平方公里。

1. 战略定位

国务院赋予南京江北新区"自主创新先导区、新型城镇化示范区、长三角地区现代产业集聚区以及长江经济带对外开放合作重要平台"的战略定位。

2. 发展目标

到2020年，生态环境质量明显改善，环境风险得到有效控制，节能减排成效显著，形成节约资源和保护环境的空间格局、产业结构、生产方式和生活形态。到2025年，绿色发展①战略取得重要进展，产业与人口、资源、环境协调发展水平显著提升。南京江北新区综合实力大幅提升，地区生产总值稳定增长，为推进长江经济带建设提供有力支撑。

十四 福建福州新区

2015年9月9日，《国务院关于同意设立福州新区的批复》（国函〔2015〕137号）发布，正式批复同意设立福建福州新区。福建福州新区位于福州市滨海地区，初期规划范围包括马尾区、仓山区、长乐市、福清市部分区域，规划面积1892平方公里。

1. 战略定位

国务院赋予福建福州新区建设"三区一门户一基地"的战略定位，即两岸交流合作重要承载区、改革创新示范区、生态文明先行区、扩大对外开放重要门户和东南沿海重要的现代产业基地。

---

① "绿色发展"主要从节能减排及污染物治理的视角测度科技创新对长江经济带绿色发展的作用，具体内容包括"万元地区生产总值水耗""万元地区生产总值能耗""城市污水处理率""生活垃圾无害化处理率"等。

2. 发展目标

福建福州新区将以海峡、海丝、海洋"三海"跨越为主线，以创新、协调、绿色、开放、共享发展为动力，以新型城镇化为路径，全力建设开放新区、海湾新区、智慧新区、绿色新区等"四个新区"。将福建福州新区建设成为两岸交流合作重要承载区、扩大对外开放重要门户、东南沿海重要现代产业基地、改革创新示范区和生态文明先行区。

十五 云南滇中新区

2015年9月15日，《国务院关于同意设立云南滇中新区的批复》（国函〔2015〕141号）发布，同意设立云南滇中新区。云南滇中新区位于昆明市主城区东、西两侧，是滇中产业聚集区的核心区域，初期规划范围包括安宁市、嵩明县和官渡区部分区域，面积约482平方公里。

1. 战略定位

国务院赋予云南滇中新区"中国面向南亚东南亚辐射中心的重要支点、云南桥头堡建设重要经济增长极、西部地区新型城镇化建设综合试验区以及改革创新先行区"的战略定位。

2. 发展目标

"十三五"发展愿景为主动服务和融入国家战略，围绕"一年打基础、三年见成效、五年大跨越"目标要求。到2020年，基础设施成网成型，现代产业体系基本形成，对外开放合作水平显著提升，创新驱动能力明显增强，地区生产总值翻两番、突破2000亿元，实现超常规、跨越式发展，功能现代、产城一体、宜居宜业、融合发展①的国际化高新产业新城初步建成，成为中国面向南亚东南亚辐射中心的重要支点、云南桥头堡建设重要经济增长极、西部地区新型城镇化建设综合试验区和改革创新先行区。

---

① 城市发展要以产业为支撑、防止"空心化"，产业发展要以城市为依托、防止"孤岛化"，要协调和处理产业与城市的空间关系，保持合理的空间尺度。

十六　黑龙江哈尔滨新区

2015年12月22日,《国务院关于同意设立哈尔滨新区的批复》发布。黑龙江哈尔滨新区是中国第十六个国家级新区。黑龙江哈尔滨新区是国家推进"一带一路"建设的重大举措和战略支点,也是中国唯一的以俄合作为主题的国家级新区。黑龙江哈尔滨新区包括哈尔滨市松北区、呼兰区、平房区的部分区域,规划面积493平方公里。

1. 战略定位

国务院赋予黑龙江哈尔滨新区"中俄全面合作重要承载区、老工业基地转型发展示范区、特色国际文化旅游聚集区以及东北地区新的经济增长极"的"三区一极"战略定位。

2. 发展目标

要把建设好黑龙江哈尔滨新区作为推进"一带一路"建设、加快新一轮东北地区等老工业基地振兴的重要举措,积极扩大面向东北亚开放合作,探索老工业基地转型发展的新路径,为促进黑龙江经济发展和东北地区全面振兴发挥重要支撑作用。全面落实黑龙江哈尔滨新区建设成为"中俄全面合作重要承载区、东北地区新的经济增长极、老工业基地转型发展示范区和特色国际文化旅游聚集区"的战略定位。紧紧围绕国家对黑龙江哈尔滨新区"三区一极"四大发展定位,设定黑龙江哈尔滨新区发展的四大目标:中俄合作、面向东北亚的开放门户,先进制造、服务引领的发展引擎,创新驱动、转型提升的科创智谷,生态优先、文旅交融的魅力江城。

十七　吉林长春新区

2016年2月15日,《国务院关于同意设立长春新区的批复》(国函〔2016〕31号)发布,吉林长春新区获国务院批复设立,是由国务院批复设立的第17个国家级新区,新区主体位于长春市东北部,管辖范围包括长春高新技术产业开发区、长春北湖科技开发区、长春空港经济开发区、长德经济开发区四个区域,规划面积约499平方公里。

1. 战略定位

国家赋予吉林长春新区"创新经济发展示范区、新一轮东北振兴重要引擎、图们江区域合作开发重要平台和体制机制改革先行区"的战略定位。

2. 发展目标

到2020年，新区立体化交通网络基本建成，陆海联运的对外物流通道基本畅通，公共服务设施日益完善，改革创新和开放合作取得重大突破，创新驱动能力明显提高，创新型现代产业体系基本建立，成为推动吉林省新一轮振兴的重要引擎。到2030年，新区综合实力实现新跨越，改革创新和开放合作取得丰硕成果，创新型现代产业体系日臻完善，腹地支撑能力显著增强，对外开发开放新格局基本形成，国际化绿色智慧新城区全面建成。

十八　江西赣江新区

2016年6月14日，《国务院关于同意设立江西赣江新区的批复》（国函〔2016〕96号）发布，江西赣江新区成为中部地区第2个、全国第18个国家级新区，2016年10月20日，江西赣江新区管理机构正式挂牌，标志着江西"龙头昂起"战略进入全新的发展阶段。江西赣江新区范围包括南昌市青山湖区、新建区和共青城市、永修县的部分区域，规划面积465平方公里。

1. 战略定位

国务院赋予江西赣江新区"中部地区崛起和推动长江经济带发展的重要支点"的战略定位，具体如下：长江中游新型城镇化示范区、中部地区先进制造业基地、内陆地区重要开放高地和美丽中国"江西样板"[①] 先行区。

2. 发展目标

到2020年，新区地区生产总值达到1000亿元，工业主营业务收入达到

---

① 2016年2月，习近平总书记视察江西时强调，江西生态秀美、名胜甚多，绿色生态是最大财富、最大优势、最大品牌，一定要保护好，做好治山理水、显山露水的文章。面对习总书记的嘱托，江西积极探路，先行先试，探索生态文明建设"江西样板"。

4000亿元，固定资产投资达到2300亿元，均比2015年（"十二五"末）翻一番，累计完成投资8000亿元，探索出一条产城融合、开放创新、绿色发展的新模式，为全省其他地区加快发展提供可借鉴、可推广的"江西赣江新区经验"。到2025年，再用5年时间，实现地区生产总值再翻一番达到2000亿元；工业主营业务收入达到10000亿元；固定资产投资累计再投入20000亿元，各项经济指标占全省的比重大幅增加，成为带动全省发展的重要增长极。[①]

十九 河北雄安新区

2017年4月1日，中共中央、国务院印发通知，决定设立河北雄安新区。河北雄安新区规划范围涉及河北省保定市下辖的雄县、容城、安新3县及周边部分区域，地处北京、天津、保定腹地，区位优势明显、交通便捷通畅、生态环境优良、资源环境承载能力较强，现有开发程度较低，发展空间充裕，具备高起点、高标准开发建设的基本条件。

1. 战略定位

党中央、国务院赋予河北雄安新区"北京非首都功能[②]疏解集中承载地"的战略定位，具体包括：绿色生态宜居新城区、创新驱动发展引领区、协调发展示范区和开放发展先行区。

2. 发展目标

到2035年，基本建成绿色低碳、信息智能、宜居宜业、具有较强竞争力和影响力、人与自然和谐共生的高水平社会主义现代化城市。到本世纪中叶，全面建成高质量、高水平的社会主义现代化城市，成为京津冀世界级城市群的重要一极。集中承接北京非首都功能成效显著，为解决"大城市病"问题提供中国方案。

[①] 资料来源于江西赣江新区官网。
[②] 非首都功能指那些与首都功能发展不相符的城市功能，非首都功能由习近平总书记在2015年2月10日的中央财经领导小组第九次会议上提出，要疏解北京"非首都功能"，"作为一个有13亿人口大国的首都，不应承担也没有足够的能力承担过多的功能"。

第二节　总体布局

国家级新区的总体布局是国家级新区总体规划的重要内容，它是一项为国家级新区长远合理发展奠定基础的全局性工作。它是在新区及所在地区发展纲要基本明确的条件下，在城市用地评定的基础上，对城市新区各组成部分进行统筹兼顾、合理安排，使其各得其所、有机联系，国家级新区总体布局如表1-3所示。

表1-3　国家级新区总体布局

国家级新区	总体布局
上海浦东新区	一主、两轴、四翼、多廊、多核、多圈
天津滨海新区	一轴、一带、三个城区、九个功能区
重庆两江新区	一心四带
浙江舟山群岛新区	一体、一圈、五岛群
甘肃兰州新区	两区一城四片
广州南沙新区	一核四区
陕西西咸新区	一河两带、一心三轴、五大组团
贵州贵安新区	一核两区
青岛西海岸新区	一带两区七廊道
大连金普新区	双核、七区
成都天府新区	一带两翼、一城六区
湖南湘江新区	两走廊、三轴、五基地
南京江北新区	一轴、两带、三心、四廊、五组团
福建福州新区	一核两翼、两轴多组团
云南滇中新区	组团式、卫星城式布局
黑龙江哈尔滨新区	一核、一带、三组团、双枢纽
吉林长春新区	两轴、三中心、四基地
江西赣江新区	两廊、一带、四组团
河北雄安新区	一主、五辅、多节点

资料来源：中国政府网、各新区所在省市政务网、新区政务网等。

各个新区要充分借鉴经验，同时吸取教训，统筹协调各区域、各部门相互配合，更加高效地推进新区的建设工作。积极推进各区域发展，进一步明晰各区域的发展方向，要避免出现交叉雷同，避免出现内部争利、恶性竞争。另外，要进一步促进开发区与行政区的深度融合，破解体制机制障碍，深入推进大部制改革，实行扁平化管理，划清职能界限，减少不作为、乱作为现象。

一　上海浦东新区

上海浦东新区以功能提升为出发点，以结构性优化调整为核心，从市域层面对城市功能和空间布局进行战略性调整和格局优化。重点以生态基底为约束，以重要的交通廊道为骨架，以城镇圈促进城乡统筹，以生活圈构建生活网络，优化城乡体系，培育多中心公共活动体系[①]，形成"一主、两轴、四翼、多廊、多核、多圈"的市域总体空间结构。"一主、两轴、四翼"是指，主城区以中心城为主体，沿黄浦江、延安路—世纪大道两条发展轴引导核心功能集聚，并强化虹桥、川沙、宝山、闵行4个主城片区的支撑，共同打造全球城市核心区。"多廊、多核、多圈"是指，基于区域开放格局，强化沿江、沿湾、沪宁、沪杭、沪湖等重点发展廊道，培育功能集聚的重点发展城镇，构建公共服务设施共享的城镇圈，实现区域协同、空间优化和城乡统筹。

同时上海浦东新区根据市域生态基底格局对空间边界的限定，结合综合交通对城镇发展的骨架支撑作用，延续和优化城乡体系空间布局，形成由"主城区—新城—新市镇—乡村"组成的城乡体系。

1. 主城区

以中心城为主体，将中心城周边虹桥、川沙、宝山、闵行4个主城片区纳入主城区统一管理，作为全球城市功能的主要承载区。主城区现常住人口

[①] 上海总规划（2017~2035版）共规划了城市主中心（1个中央活动区）、城市副中心（16个）、地区中心（50个）和社区中心4个层次的公共活动中心。

规模约1447万人,规划通过主城区部分功能疏解和人口布局优化,力争把常住人口控制在1400万人左右。

2. 新城

充分发挥新城优化空间、集聚人口、带动周边地区发展的作用,承载部分全球城市职能,培育区域辐射、服务功能。将位于重要区域廊道上、发展基础较好的嘉定、松江、青浦、奉贤、南汇等新城培育成在长三角城市群中具有辐射带动作用的综合性节点城市,并举全市之力推动新城发展,全面承接全球城市核心功能。5个新城现常住人口规模约228万人,随着城市功能的提升,规划常住人口增加至385万人左右。上海浦东新区新城具体发展规划如表1-4所示。

表1-4 上海浦东新区新城发展引导

名称	规划人口(万人)	功能引导
嘉定新城	70	沪宁廊道上的节点城市,以汽车研发及制造为主导产业,具有独特人文魅力、科技创新力、辐射服务长三角的现代化生态园林城市
松江新城	110	沪杭廊道上的节点城市,以科教和创新为动力,以服务经济、战略性新兴产业和文化创意产业为支撑的现代化宜居城市,具有上海历史文化底蕴和自然山水特色的休闲旅游度假胜地和区域高等教育基地
青浦新城	65	沪湖廊道上的节点城市,以创新研发、商务贸易、旅游休闲功能为支撑,具有江南历史文化底蕴的生态型水乡都市和现代化湖滨城市
奉贤新城	75	滨江沿海发展廊道上的节点城市,杭州湾北岸辐射服务长三角的综合性服务型核心城市,具有独特生态禀赋、科技创新能力的智慧、宜居、低碳、健康城市
南汇新城	65	滨江沿海发展廊道上的节点城市,以先进制造、航运贸易、海洋产业为支撑的滨海城市,是以自贸区制度创新、产业科技创新、智慧文化创新为动力的中国新一轮改革开放的先行试验区

资料来源:国家统计局。

3. 新市镇

根据新市镇的功能特点和职能差异,分为核心镇、中心镇、一般镇。突出新市镇统筹镇区、集镇和周边乡村地区的作用,推动协调发展。鼓励新市镇依托区位、交通、风貌和产业优势,坚持因地制宜,突出特色鲜明、产城融合,促进城乡一体化①发展。上海浦东新区新市镇建设等级划分情况如表1-5所示。

表1-5 上海浦东新区新市镇建设等级

名称	范围	建设等级
核心镇	主要包括位于金山滨海地区的金山卫镇、山阳镇和崇明城桥地区的城桥镇	按照不低于中等城市标准进行设施建设和服务配置,加强高等级文化、教育、医疗、体育等设施配置,加强对长三角区域和周边乡镇地区的服务
中心镇	主要包括郊区位于发展廊道、发展基础良好的罗店、安亭、朱家角、佘山、枫泾、朱泾、亭林、海湾、奉城、惠南、祝桥、长兴、陈家镇等新市镇,以及位于中心镇周边的南翔、江桥、九亭、浦江、周浦、康桥、唐镇、曹路等新市镇	按照中等城市标准进行设施建设和服务配置,强化综合服务和特色产业功能,突出公共交通对城镇发展的引导作用。强化土地节约集约利用和紧凑布局,适当提高人口密度,提升就业服务功能,促进产城融合,提升宜居品质
一般镇	主要包括郊区城市化水平较低的城镇	按照小城市标准进行设施建设和服务配置,突出现代农业、生态保护等功能,满足周边城乡居民的基本公共服务和就业需求,引导农村居民就近集中居住

注:《上海市国民经济和社会发展第十一个五年规划纲要》提出,按照"1966"城镇体系规划目标,分步实施,整体推进,建设一批与上海国际化大都市发展水平相适应的新城、新市镇,促进中心城区人口疏解,吸引农民进入城镇,逐步归并自然村,提高郊区的城镇化和集约化水平,构建和谐村镇。

资料来源:上海浦东新区官网。

4. 乡村

乡村地区是未来大都市空间和国际化大都市功能体系的重要组成部分。通过生产方式转变带动农民生活方式转变。加强村庄发展的分类引导,改善农村人居环境,保护传统风貌和自然生态格局,建设美丽乡村。全面完善农

---

① 城乡一体化是中国现代化和城市化发展的一个新阶段。城乡一体化就是要把工业与农业、城市与乡村、城镇居民与农村村民作为一个整体,统筹谋划、综合研究,通过体制改革和政策调整,促进城乡在规划建设、产业发展、市场信息、政策措施、生态环境保护、社会事业发展上的一体化,改变长期形成的城乡二元经济结构,实现城乡在政策上的平等、产业发展上的互补、国民待遇上的一致,让农民享受到与城镇居民同样的文明和实惠,使整个城乡经济社会全面、协调、可持续发展。

村骨干基础设施和公共服务设施，完善乡村供水、排水、垃圾处理、道路交通、电力、通信等设施，合理配置乡村教育、医疗、商业服务等设施网点。重点保护40个以上具有历史文化底蕴和风貌特色的村庄。明确核心资源要素，加强村庄特色风貌保护。合理布局公共服务设施。适度发展休闲、旅游、创意产业。保留在资源、环境、规模、区位、产业、历史、文化等方面综合评价较高的村庄。以节约集约用地为导向，结合自然村布局，适当考虑紧凑组团式发展。就近依托城镇公共配套，推进基本公共服务和市政设施建设，开展农村人居环境整治行动。

二 天津滨海新区

天津滨海新区按照中央要求并结合新区实际发展情况形成了"一轴""一带""三个城区""九个功能区"的空间和产业布局。"一轴"即在沿京津塘高速公路和海河下游建设"高新技术产业发展轴"。"一带"即在沿海岸线和海滨大道建设"海洋经济发展带"。"三个城区"即建设以塘沽为中心、大港和汉沽为两翼的三个宜居生态型新城区[①]。"九个功能区"包括：天津滨海新区中心商务区，主要发展金融、贸易、商务、航运服务产业；临空产业区，主要发展临空产业、航空制造产业；滨海高新区，主要发展航天产业、生物、新能源等新兴产业；先进制造业产业区，主要发展海洋产业、汽车、电子信息产业；中新生态城，主要发展生态环保产业；海滨旅游区，主要发展主题公园、游艇等休闲旅游产业；海港物流区，主要发展港口物流、航运服务产业；临港工业区，主要发展重型装备制造产业及研发、物流等现代服务业；南港工业区，主要发展石化、冶金、装备制造产业。

2018年天津滨海新区开启了新一轮改革，对天津滨海新区原有的四个功能区进行重组整合，并成立天津滨海新区功能区体制改革领导小组，将原中心商务区并入天津经济技术开发区，将原临港工业区并入天津港保税区。

[①] 生态型新城区是指在空间布局、基础设施、建筑、交通、产业配套等方面，按照资源节约、环境友好的要求进行规划、建设、运营的城市开发区、功能区、新城区等。

整合后，天津滨海新区形成五个功能区。开发区的社会管理职能将剥离，由天津滨海新区新成立的泰达街管理。

将中心商务区并入开发区后将实现叠加效应，不仅是功能叠加，更是政策叠加。改革之后能够使城市规划更加统一、基础设施配套互联互通，土地资源、空间资源能够更加集约、集聚。通过改革，使天津滨海新区核心区的规划更加统一、鲜明，使天津滨海新区双城双港这个"城"更加突出，同时双创示范基地的政策、自由贸易区①的政策、开发区的整个产业基础及制造业基础能够更好地结合起来，达到产城融合、强强联合、优势互补、1+1＞2的效果。整合后的天津港保税区资源更为齐备，既有海港、空港也有临港。

三 重庆两江新区

重庆两江新区着眼于长远发展，综合考虑区位交通、资源环境、战略定位和发展基础，与城市功能分区相衔接，南部区域重点发展现代服务业，中西部区域重点突出城市综合功能，东北部区域重点发展先进制造业，逐步推进形成"一心四带"的空间总体战略格局。

1."一心"

"一心"指金融商务中心，包括石马河、大石坝、观音桥、华新街、五里店、江北城、龙溪、龙山、龙塔、天宫殿、人和等街镇。突出提升中央商务功能、国家级研发创新基地功能，重点发展创新金融、资讯研发、商贸商务三大核心产业，大力发展设计、创意、总部经济、产业楼宇等产业，重点打造江北嘴金融核心区、观音桥商贸核心区、人和总部基地、五里店研发设计中心，加快科技研发机构、科技服务平台、高端科技人才集聚，建成内陆地区现代服务业基地的主要载体、西部一流的总部产业基地、长江上游地区的研发创新中心和金融中心。

---

① 自由贸易区（Free Trade Area），是指签订自由贸易协定的成员国相互彻底取消商品贸易中的关税和数量限制，使商品可以在各成员国之间自由流动的国家和地区。但是，各成员国仍保持自己对来自非成员国进口商品的限制政策。

2. "四带"

都市功能产业带包括大竹林、礼嘉、鸳鸯、翠云、悦来、双龙湖、回兴等街镇，培育发展国际商务功能、新兴都市功能，重点发展商务会展、汽车、电子信息、仪器仪表、生物医药等五大核心产业，重点打造悦来会展城、双龙湖国际商务新城、金山商务中心、大竹林高尚居住区，建设和谐宜居之城和现代都市新区。

高新技术产业带包括蔡家、施家梁、水土、复兴等街镇，突出研发创新、绿色低碳、清洁制造功能，重点发展新材料、生物医药、电子信息、仪器仪表、研发设计等五大核心产业，重点打造同兴工业园区、水土高新技术产业园，适当发展高品质生态居住及休闲等产业。

物流加工产业带包括保税港区、铁山坪、玉峰山、两路、双凤桥、王家、木耳、古路等街镇，突出和完善保税物流①、出口加工、临港临空功能，重点发展电子信息、仓储物流、保税加工等三大核心产业，大力发展电气机械等出口加工业及国际采购、转口贸易等服务业，加快江北机场、寸滩港、果园港、重庆北站以及物流基础设施建设，重点打造寸滩港物流园区、石坪轻加工出口基地、江北机场物流园区、临空机电出口基地，建成内陆地区最具规模和实力的保税物流及出口加工产业集聚区。

先进制造产业带包括郭家沱、鱼嘴、复盛、龙兴、石船等街镇，突出战略性新兴产业和国家级先进制造业平台功能，重点发展汽车、高端装备、新材料、节能环保、新一代信息产品等五大核心产业，以鱼复现代物流功能区、龙石先进制造功能区为载体，打造万亿工业基地，建成国内最具影响和实力的先进制造业集聚区之一、国家重要的战略性新兴产业基地。

四 浙江舟山群岛新区

根据《浙江舟山群岛新区发展规划》中的浙江舟山群岛新区的战略定

---

① 保税物流特指在海关监管区域内，包括保税区、保税仓、海关监管仓等，从事仓储、配送、运输、流通加工、装卸搬运、物流信息、方案设计等相关业务，企业享受海关实行的"境内关内"制度以及其他税收、外汇、通关方面的特殊政策。

位和发展目标,依托独特的区位条件、资源禀赋、生态环境容量①、发展基础和潜力,科学优化空间布局,充分发挥比较优势,着力构建功能定位清晰、开发重点突出、产业布局合理、集聚效应明显、陆海协调联动的"一体、一圈、五岛群"总体开发格局。

1. "一体"

"一体"指舟山本岛及联动开发的南部诸岛,是浙江舟山群岛新区开发开放的主体区域,也是舟山海上花园城市建设的核心区。重点构筑"南生活、中生态、北生产"三带协调、功能清晰的发展格局(见表1-6)。

表1-6 浙江舟山群岛新区"三带"基本布局

名称	发展定位	产业布局
南部花园城市带	依托定海、新城和普陀城区,扩大城市规模,提高城市品质,推进旧城改造,打通南部海岸城市发展走廊,联动开发南部诸岛	加快第二产业转移和第三产业培育步伐,发展以金融商贸、海事中介、医疗服务、研发创意、教育培训、休闲旅游、会展节庆等业态为主的现代服务业
中部重点生态带	加强舟山岛中央山体生态保护,构筑绿色廊道,形成以山体为核心的指状绿地系统*;科学规划、合理开发,严格保护海岛生态景观和田园风光,切实维护自然生态系统平衡和海岛生态安全	结合水系设置沿河绿带,建设成带成片的城市结构性绿地与成网成园的生活型绿地
北部海洋新兴产业带	在小沙镇至展茅街道区域范围内,形成产业转型升级先导区和海洋新兴产业集聚区	重点发展临港装备制造、海洋生物、海洋探测装备、高端海洋电子、水产品精深加工等海洋新兴产业

注:"*"城市绿地系统是指由城市中各种类型和规模的绿化用地组成的具有较强生态服务功能的整体。广义的城市绿地系统就是城市植被,包括城市范围内一切人工的、半自然的以及自然的植被,既有陆生群落,也有水生群落。

资料来源:浙江舟山群岛新区官网。

---

① 生态环境容量是指在特定自然区域中自然生态系统的结构和功能不受损害、人类生存环境质量不下降的前提下,能容纳的污染物的最大负荷量。其大小与环境空间的大小、各环境要素的特征和净化能力、污染物的理化性质等有关。通常包括饱和环境容量和适宜环境容量两部分。

2. "一圈"

浙江舟山群岛新区"一圈"基本布局如表1-7所示。

表1-7 浙江舟山群岛新区"一圈"基本布局

名称	功能定位
岱山岛	近期积极发展临港制造业,远期规划建设大宗商品加工和区域性国际港航服务平台
衢山岛及周边的鼠浪湖、黄泽山等岛	规划建设国际燃油供应中心和矿砂、煤炭等大宗商品深水中转中心
大、小洋山岛	以集装箱运输、保税物流及相配套的加工增值综合服务功能为重点,建成上海国际航运中心港航配套服务中心
大、小鱼山岛	主要发展临港工业和大宗商品加工,大长涂岛主要发展原油储运

资料来源:浙江舟山群岛新区官网。

3. "五岛群"

"五岛群"即普陀国际旅游岛群、六横临港产业岛群、金塘港航物流岛群、嵊泗渔业和旅游岛群、重点海洋生态岛群(见表1-8)。

表1-8 浙江舟山群岛新区"五岛群"功能介绍

名称	核心	定位
普陀国际旅游岛群	以普陀山国家级风景名胜区为核心,包括朱家尖岛、桃花岛、登步岛、白沙岛等	依托佛教文化,建设禅修旅游基地,加快形成世界级佛教旅游胜地 在符合风景名胜区总体规划等相关规划要求的前提下,重点开发游艇、邮轮、康体、滑翔、潜水、攀岩等旅游新业态和新项目,打造世界一流的海洋休闲度假岛群
六横临港产业岛群	以六横岛为核心,包括虾峙岛、佛渡岛、东白莲岛、西白莲岛、凉潭岛、湖泥岛等	现有企业重点发展高端特种船舶,积极发展港口物流、大宗商品加工等临港产业和海水淡化、深水远程补给装备、海洋新能源等海洋新兴产业
金塘港航物流岛群	以金塘岛为核心,包括册子岛、外钓岛等	重点发展以国际集装箱中转、储运和增值服务为主的港口物流业,打造油品等大宗商品中转储运基地,建设综合物流园区

续表

名称	核心	定位
嵊泗渔业和旅游岛群	以泗礁岛为核心,包括嵊山岛、枸杞岛、黄龙岛等	推进中心渔港建设,加快渔业转型升级 发展海洋休闲旅游,建成集港口观光、滨海游乐、海上竞技、渔家风情、游艇海钓、海鲜美食于一体的渔业和休闲旅游岛群
重点海洋生态岛群	以中街山列岛、浪岗山列岛、五峙山列岛、马鞍列岛等为重点,推进海洋生态保护	加强对海洋生态环境的监控和保育,适度发展海洋渔业和海洋旅游业,加大渔业资源增殖放流力度,逐步实现海洋生态环境良性循环,打造各具特色的海洋生态岛群

资料来源:浙江舟山群岛新区官网。

五 甘肃兰州新区

甘肃兰州新区总体规划形成"两区一城四片"总体空间结构。"两区"为北部的生态农业示范区及南部的生态林业休闲区和水秦路两侧生态修复综合试验区。"一城"为核心城区,包括保税物流、科技研发、行政办公、金融商业、职业教育、文化旅游等综合服务职能。"四片"包括石化产业片区、国际合作及物流片区、中小企业片区(树屏)以及综合产业片区,为新区主导产业空间落实的地区。规划对"一城"空间结构进行指引,为"T轴、六组团"。"T轴"由核心城区东部依托自然山体形成的生态绿化廊道①及沿纬三路、纬五路以及纬七路形成的功能轴组成,为新区风貌特色重要的组成部分。"六组团"包括综保产业组团、高新技术产业组团、综合服务组团、职教园区组团、区域中心组团及文化旅游组团。

六 广州南沙新区

2015年9月6日,国务院对广州南沙新区发展规划进行批复,原则同意《广州南沙新区发展规划》。规划对广州南沙新区的总体布局如下:以深

---

① 城市生态廊道是景观生态学中的一个概念,指不同于两侧基质的线状或带状景观要素,城市中的道路、河流、各种绿化带、林荫带等都属于廊道。

化与港澳全面合作为主线，以生态、宜居、可持续为导向，以改革、创新、合作为动力，大力推进粤港澳全面合作示范区建设，努力把广州南沙新区建设成为粤港澳优质生活圈、新型城市化典范、以生产性服务业为主导的现代产业新高地、具有世界先进水平的综合服务枢纽和社会管理服务创新试验区，为全面推动珠江三角洲转型发展、促进港澳地区长期繁荣稳定、构建中国开放型经济新格局发挥更大作用。

2015年12月17日，《国务院关于加快实施自由贸易区战略的若干意见》指出：近期，加快正在进行的自由贸易区谈判进程，在条件具备的情况下逐步提升已有自由贸易区的自由化水平，积极推动与中国周边大部分国家和地区建立自由贸易区，使中国与自由贸易伙伴的贸易额占中国对外贸易总额的比重达到或超过多数发达国家和新兴经济体水平；中长期，形成包括邻近国家和地区、涵盖"一带一路"沿线国家以及辐射五大洲重要国家的全球自由贸易区网络，使中国大部分对外贸易、双向投资实现自由化[①]和便利化。

1. 规划

广州南沙新区面积共803平方公里，辖3街6镇，依区位组团分为"一核四区"。自贸试验区占地60平方公里，分七个功能片区：蕉门河中心区区块·境外投资综合服务区（3平方公里）、明珠湾起步区区块·金融商务发展试验区（9平方公里）、南沙湾区块·国际科技创新合作区（5平方公里）、万顷沙保税港加工制造业区块·国际加工贸易转型升级服务区（10平方公里）、海港区块·国际航运发展合作区（15平方公里）、南沙枢纽区块·粤港澳融合发展试验区（10平方公里）和庆盛枢纽区块·现代服务业国际合作区（8平方公里）。

2. 规划发展重点

重点发展资讯科技、金融后台服务、科技成果转化、专业服务等，打造

---

① 投资自由化和贸易自由化是经济全球化最具实质性的内容。与贸易自由化相比，投资自由化是经济全球化的一个更高阶段，只不过直到20世纪70年代末，投资自由化才作为一种观念和政策出现，并逐渐在世界范围内展开。20世纪80年代，越来越多的发展中国家开始吸引外资，引进外国技术。

粤港澳生产性服务业①发展基地，探索内地和港澳社会管理创新及经济融合发展新机制。打造与国际接轨的营商环境，创新社会管理服务体系；拓展香港产业发展空间，构建与香港科技联合创新的新机制，打造粤港澳生产性服务业发展基地，促进粤港融合发展。

作为深化穗港合作的重要平台，南沙自贸区是广州探索和践行开放创新的热土。南沙自贸区以制度创新为核心任务，在探索构建国际化、市场化和法治化营商环境上做出很多尝试，取得了很多可复制的经验，形成广州对外开放的新优势。

七 陕西西咸新区

2018年2月2日，陕西省政府网站发布《陕西省人民政府关于咸阳市城市总体规划（2011~2030年）的批复》（陕政函〔2018〕20号），发布了陕西省人民政府2018年1月21日批复的咸阳城市总体规划。

规划范围：西起西咸北环线及涝河入渭口，东至包茂高速，北至西咸北环线，南至京昆高速，规划区范围882平方公里，城乡总建设用地360平方公里，其中城市建设用地272平方公里。

规划期限：近期为2016~2020年，远期为2021~2030年。

用地布局：沿承关中核心区空间发展结构，以"大开大合"的空间发展模式，构建陕西西咸新区"一河两带、一心三轴、五大组团"的空间结构。

基于优化空间结构、着力建设大西安新中心商务区、有机融入并推动大西安地区发展的考虑，将原"一河两带四轴五组团"调整为"一河两带一心三轴五组团"。

"一河"即渭河；"两带"即渭北帝陵带和周秦汉都城遗址带；"三轴"则是指南北纵贯的城市发展轴、西安中轴线北延至泾河新城的文化传承轴、串接西安主城中心与大西安新中心核心区的丝路经济轴；"一心"是指大西

---

① 生产性服务业是指为保持工业生产过程的连续性，促进工业技术进步、产业升级，提高生产效率而提供保障服务的行业。

安新中心商务区；"五组团"指沣东、沣西、秦汉、空港、泾河新城①。

1. 空港新城

规划范围141平方公里，主体功能是建设西部地区空港交通枢纽和临空产业园区，以临空产业②为主，重点发展空港物流、飞机维修、国际商贸、现代服务业等产业。

2. 沣东新城

规划范围161平方公里，其中遗址保护区面积13.3平方公里。主体功能是建设西部地区统筹科技资源示范基地和体育会展中心。以高新技术为主，重点发展高新技术研发和孵化、体育、会展商务、文化旅游等产业。

3. 秦汉新城

规划范围291平方公里，其中遗址保护区面积104平方公里。主体功能区是建设具有世界影响力的秦汉历史文化聚集展示区和西安国际化大都市生态田园示范新城。以生态、文化和商业为主，重点发展秦汉历史文化旅游、金融商贸、总部经济、都市农业等产业。

4. 沣西新城

规划范围143平方公里，其中遗址保护区8.6平方公里。主体功能是建设西安国际化大都市新兴产业基地和综合服务副中心。以战略性新兴产业为主，重点发展信息技术、物联网、新材料、生物医药，以及行政商务、都市农业等产业。

5. 泾河新城

规划范围146平方公里。主体功能是建设西安国际化大都市统筹城乡发

---

① 泾河新城是国家级新区——西咸新区五大组团之一，组建于2011年7月，规划面积133平方公里，下辖4个街镇。泾河新城地处大西安正北部，也是古丝绸之路的起点，是中华人民共和国大地原点所在地。2018年以来，泾河新城按照"大西安北跨战略核心聚集区"的发展定位，坚持"做最优生态环境、引最多优秀人才、聚最强高端产业"的发展思路，充分利用泾河和郑国渠这两个区内优势资源，做足"水"文章，持续强化"南山北水·灵动泾河"的城市品牌影响力。
② 临空产业是以航空运输（人流、物流）为指向的产业在经济发展中将形成具有自我增强机制的聚集效应，不断引致周边产业的调整与趋同，这些产业在机场周边形成经济发展走廊、临空型制造业产业集群以及各类与航空运输相关的产业集群。

展示范区和循环经济园区,以低碳产业为主,重点发展节能环保、高端制造业、测绘、新能源、食品加工和现代农业等产业。

八　贵州贵安新区

2014年6月15日,《贵州省人民政府关于〈贵州贵安新区总体规划(2013~2030年)〉的批复》原则同意总体规划确定的"一核两区"的空间结构。其中,"一核"指"核心职能聚集区","两区"指"特色职能引领区"和"文化生态保护区"。核心职能聚集区由贵安生态新城、马场科技新城、天河潭新城、花溪大学城、清镇职教城5个片区组成,是贵州贵安新区东部连接贵阳中心城区形成的以城市功能提升、战略性新兴产业[①]和高端人才聚集为主的成片开发区域。特色职能引领区由平坝新城、乐平产业功能区、蔡官产业功能区3个片区组成,构建以现代制造、特色装备和特色轻工为主导功能的三个产城一体片区。文化生态保护区由屯堡村寨群落、手工艺遗产群落、水脉林盘群落、滨湖湿地群落组成,强调生态和文化景观资源的整合、保护,承载特色文化旅游活动,提升打造具有世界影响力的文化生态保护区,形成贵州贵安新区生态文明和文化创新集聚的区域。

2015年1月9日,《贵州省人民政府关于〈贵州贵安新区发展规划(2014~2020年)〉的批复》。《贵州贵安新区发展规划(2014~2020年)》提出,要牢牢守住发展和生态两条底线,紧紧围绕主基调、主战略,坚持开放带动、创新驱动,着力加强基础设施和生态环境建设,提升发展保障能力;着力促进工业化、信息化、城镇化、农业现代化同步发展,构建现代产业体系;着力优化区域发展格局,带动周边地区共同发展;着力保障和改善民生,推进基本公共服务均等化;着力深化改革扩大开放,推进体制机制创新,把贵州贵安新区建设成为经济繁荣、社会文明、环境优美的西部地区重要的经济增长极、内陆开放型经济新高地和生态文明示范区,为全省科学发展、后发赶超、同步小康作贡献。

---

① 战略性新兴产业是指以重大技术突破和重大发展需求为基础,对经济社会全局和长远发展具有重大引领带动作用,成长潜力巨大的产业,是新兴科技和新兴产业的深度融合,具有科技含量高、市场潜力大、带动能力强、综合效益好等特征。

九 青岛西海岸新区

青岛西海岸新区政务网上发布了《青岛西海岸新区发展总体规划环评第一次公示》，青岛西海岸新区统筹山水林田湖草系统治理①，构建新区"一带、两区、七廊道"；同时借鉴国际湾区都市发展理念，实施城乡统筹、三生联动，形成"一主、两辅、七镇、多社区"的城乡空间布局。

"一带"即滨海城市空间发展带。"两区"即海洋生态涵养区和陆域生态涵养区。"七廊道"即依托山体、水系形成七条山海生态绿廊，起到连接山海、组团间隔的作用。

"一主"即新区中心城区。以小珠山为生态核心构筑西海岸中心城区，是新区核心区。"两辅"即董家口城区和古镇口城区两个外围城市组团，是新区承担海洋强国战略②的重要支点。"七镇"即位于陆域生态涵养区内的7个特色小镇。"多社区"即美丽乡村聚落。

十 大连金普新区

1. 总体布局

《大连金普新区总体方案》提出，按照主体功能区规划、海洋功能区规划和大连市城市总体规划、土地利用总体规划要求，根据新区资源环境承载力③、现实基础和发展潜力，科学安排空间开发时序和建设重点。近期重点推进普兰店湾沿岸地带开发建设，促进金州区优化发展；中远期着力促进新区全面发展，形成"双核、七区"协调发展格局。

---

① 2014年3月14日，习近平总书记在中央财经领导小组第五次会议上提出"节水优先、空间均衡、系统治理、两手发力"的新时代治水方针，坚持山水林田湖草是一个生命共同体，强调要用系统思维统筹山水林田湖草治理。
② 建设海洋强国，是中国特色社会主义事业的重要组成部分。习近平同志在党的十九大报告中指出："坚持陆海统筹，加快建设海洋强国。"
③ 资源环境承载力（Resource Environmental Bear Capacity），是指在一定的时期和一定的区域范围内，在维持区域资源结构符合持续发展需要区域环境功能仍具有维持其稳态效应能力的条件下，区域资源环境系统所能承受人类各种社会经济活动的能力。

2. 重点发展区

（1）"双核"发展区：普湾城区和金州城区。

（2）"七区"发展区：大小窑湾区、金石滩区、登沙河—杏树屯区、金渤海岸区、七顶山—三十里堡区、复州湾—炮台区和华家—登沙河区。

十一 成都天府新区

《四川成都天府新区总体方案》指出，四川成都天府新区将构建"一带两翼、一城六区"的总体布局。

"一带"：居中的高端服务功能集聚带。成都天府新区中轴线向南延续，并向东延伸至龙泉山边，沿线主要布局金融商务、科技研发、行政文化等高端服务功能集聚带。

"两翼"：东、西两翼产业功能带。以现有成眉乐产业走廊为基础，打造成眉高技术和战略性新兴产业集聚带；以现有经开区和成资工业园为基础，打造高端制造产业功能带。

"一城"：天府新城。集聚发展中央商务、总部办公、文化行政等高端服务功能，建设区域生产组织和生活服务主中心，为专业功能区提供完善的生产生活配套服务。

"六区"：依据主导产业和生态隔离划定的六个产城综合功能区，集聚新型高端产业功能，并独立配备完善的生活服务功能。各功能区内按照产城一体的模式，强化城市功能复合，生活区安排与产业区布局相适应，形成产业用地、居住用地和公共设施用地组合布局、功能完善的功能单元。六个产城综合功能区分别为：成眉战略性新兴产业功能区、空港高技术产业功能区、龙泉现代制造产业功能区、创新研发产业功能区、南部现代农业[①]科技功能区和"两湖一山"国际旅游文化功能区。

---

① 现代农业是在现代工业和现代科学技术基础上发展起来的，主要特征是：广泛地运用现代科学技术，由顺应自然变为自觉地利用自然和改造自然，由凭借传统经验变为依靠科学，成为科学化的农业，使其建立在植物学、动物学、化学、物理学等科学高度发展的基础上；把工业部门生产的大量物质和能量投入农业生产中，以换取大量农产品，成为工业化的农业；农业生产走上了区域化、专业化的道路，由自然经济变为高度发达的商品经济，成为商品化、社会化的农业。

十二　湖南湘江新区

湖南湘江新区根据国务院批示及新区实际情况提出了构建"两走廊、三轴、五基地"的产业发展空间布局。

1. "两走廊"

湘江西岸现代服务业发展主轴：以湘江西岸岸线为主轴，提升大王山旅游度假区、洋湖总部经济区、岳麓山风景名胜区、滨江金融商务区、麓谷高技术服务区规划建设品质，建设望城滨水新城，加快形成具有国际品质、湖湘特质的金融总部经济区、区校合作示范区、现代都市滨水区和文化旅游目的地，向南辐射湘中、湘南地区，向北带动洞庭湖生态经济区，引领带动长株潭城市群现代服务业发展。

319国道战略性新兴产业走廊：依托长沙高新区、宁乡经开区、望城经开区等国家级园区和宁乡高新区、岳麓工业集中区等省级园区，加强产业布局联动、基础设施互通和公共平台共享，重点发展先进装备制造（智能制造）、新能源与节能环保、新一代信息技术、新材料、生物医药等产业集群，向东对接长沙主城区、长沙县和浏阳市，向西辐射带动益阳等经济发展腹地，打造国内领先、国际先进的战略性新兴产业走廊。

2. "三轴"

岳长潭产业功能轴：沿岳长潭城际铁路打通南北区域，沿线串联望城高星组团、岳麓中心城区、坪浦组团，构筑产城融合、创新驱动、智造引领的综合性发展轴。

北部发展次轴：沿望京大道形成联动高星组团、宁乡组团，打造联动城乡、交通便捷的开放型发展轴。

南部产业发展次轴：沿长韶娄高速—莲坪大道形成联系坪浦组团，辐射道林镇、花明楼镇等周边区域，按照符合长株潭生态绿心规划和绿心保护条例[①]

[①] 《湖南省长株潭城市群生态绿心地区保护条例》于2012年11月30日经湖南省第十一届人民代表大会常务委员会第三十二次会议通过并予公布，自2013年3月1日起施行。

的要求，形成人文彰显、生态优美的绿色化发展轴。

3. "五基地"

自主创新引领基地：以长沙高新区为核心，辐射带动岳麓山大学城、岳麓工业集中区、宁乡高新区、沩东新城等区域，促进科技、教育与产业的协同发展，加快建设各类人才创新创业、工作学习、生活游憩的优质平台，重点发展研发、设计、教育培训等生产性服务业。

先进制造业发展基地：充分发挥长沙高新区、宁乡经开区和望城经开区等国家级园区制造业规模优势，以工程机械、电子信息、航空航天、食品加工、有色新材、再制造等产业为重点，推动制造业向高端化、集成化发展。

总部经济集聚基地：依托区内优越的自然生态环境，高标准建设梅溪湖总部经济区、洋湖总部经济区、滨江金融商务区、金桥国际商务区和望城滨水新城，强化商务商贸、教育医疗、文化娱乐等配套服务，培育发展电子商务、文化创意、移动互联网、服务外包、科技服务等新兴服务业，着力吸引国内外企业总部以及研发中心、营销中心、结算中心集聚落户，打造国际化、智能型总部经济基地。

生态旅游休闲基地：推进岳麓山风景名胜区、大王山旅游度假区、乌山森林公园、凤凰山森林公园、洋湖湿地公园、金洲湖湿地公园建设和莲花山、桃花岭、象鼻窝等生态资源保护与开发，重点发展旅游度假、医疗健康、体育健身、养老服务等产业，打造完整的旅游休闲产业链，建设生态旅游休闲目的地。

现代都市农业[①]示范基地：加快望城农业科技园、宁乡县农业科技园、岳麓都市农业带等特色农业功能区和特色村镇建设，推进现代农业适度规模

---

① 都市农业是指地处都市及其延伸地带，紧密依托并服务于都市的农业。它是大都市、都市郊区和大都市经济圈以内，以适应现代化都市生存与发展需要而形成的现代农业。都市农业是以生态绿色农业、观光休闲农业、市场创汇农业、高科技现代农业为标志，以农业高科技武装的园艺化、设施化、工厂化生产为主要手段，以大都市市场需求为导向，融生产性、生活性和生态性于一体，高质高效和可持续发展相结合的现代农业。

经营，重点发展有机农业、高效农业、观光农业和都市休闲农业，打造融生产性、休闲性和生态性于一体的都市农业示范基地。

十三　南京江北新区

按照"以人为本、生态优先①，区域统筹、产城融合"的总体思路，规划南京江北新区形成"一轴、两带、三心、四廊、五组团"的总体布局结构。

"一轴"指沿江城镇发展轴，由轨道交通、高速公路、快速路支撑和串联，形成的沿江、带形、组团布局的江北城镇密集发展地区。

"两带"分别指外环山水生态带、沿江生态带。外环山水生态带包括山、水及农业生态空间，串联各新市镇和新社区，形成沿江集中城市化地区外围生态保育空间；沿江生态带主要包括滨江生态与休闲空间，形成南京江北新区生态维护与公共活动空间塑造的重要地区。

"三心"指浦口、雄州综合型城市中心及大厂生产性服务专业型中心，是按照相对江南独立发展的标准建设的中心区，是辐射苏北、皖北地区的区域生活和生产中心。

"四廊"指方山—八卦洲、马汊河—八卦洲、龙王山—八卦洲、老山—三桥四个楔形廊道，是区域绿地系统的重要组成、城镇组团的主要增长边界，以及江北保护南京主城环境的清洁空气廊道。

"五组团"指桥林、浦口、高新—大厂、雄州、龙袍五个城镇功能组团，是空间相对集中、功能相对完善、职住相对平衡、集中高效发展的城镇集中建设地区。

此外，南京江北新区也协同推进新型工业化②、信息化、城镇化、农业现代化和绿色化，促进生产空间、生活空间和生态空间等协调发展。

---

① 2019年3月5日，习近平总书记在参加他所在的十三届全国人大二次会议内蒙古代表团审议时强调："要探索以生态优先、绿色发展为导向的高质量发展新路子。"
② 新型工业化是发展经济学概念，指知识经济形态下的工业化，增长方式是知识运营，知识化、信息化、全球化、生态化是其本质特征。

十四　福建福州新区

按照国家战略定位和发展规划，福建福州新区初步规划"一核两翼、两轴多组团"的空间结构。

"一核"：新区核心区，包括三江口、闽江口和长乐滨海新城，是福州中心城区"东进南下、沿江向海"空间发展战略的重要拓展空间，重点发展商务金融、经贸交流、创新研发、文化会展等高端服务功能，打造海峡两岸极具影响力、辐射力和竞争力的服务中枢。

"两翼"：新区南翼发展区和北翼发展区。其中，南翼发展区是以福清为重点的综合发展区，是推动与平潭岛区一体化发展的重要对接区域。依托闽台蓝色产业园、江阴经济开发区、融侨经济技术开发区等，重点发展海洋经济[①]、临港重化、电子信息等产业，打造新区临港产业崛起的主战场。北翼发展区是以环罗源湾为主的产业发展区，依托罗源湾港口作为区域散货枢纽的优势，推动临港产业发展，打造以能源、冶金、机械制造业为主的产业发展区。

"两轴"：沿江综合发展轴和沿海蓝色经济轴。其中，沿江综合发展轴，为福州中心城区经三江口连接滨海新城的城市发展轴线，重点承担综合服务、区域商贸、总部经济[②]、高端科技研发等职能，是实现福州城市由"河口城市"向"滨海城市"转变的重要标志；沿海蓝色经济轴，北接宁德、南联莆田，由北至南串联起福建福州新区内罗源、连江、长乐、福清等沿海地区，是推进"海上福州"建设的重要载体，也是联系福建福州新区众多港口及产业区的重要纽带。

---

① 海洋经济，一般包括为开发海洋资源和依赖海洋空间而进行的生产活动，以及直接或间接开发海洋资源及空间的相关产业活动，由这样一些产业活动形成的经济集合均被视为现代海洋经济范畴。主要包括海洋渔业、海洋交通运输业、海洋船舶工业、海盐业、海洋油气业、滨海旅游业等。

② 总部经济（Headquarters Economy）是指一些区域由于特有的优势资源吸引企业总部集群布局，形成总部集聚效应，并通过"总部—制造基地"功能链条辐射带动生产制造基地所在区域发展，由此实现不同区域分工协作、资源优化配置的一种经济形态。

"多组团"：核心区的三江口组团、闽江口组团、滨海新城组团；南翼的福清湾组团、江阴湾组团、福清城区组团；北翼的罗源湾北岸组团、罗源湾南岸组团、连江城区组团。

十五　云南滇中新区

按照"城乡统筹、产城互动、节约集约、生态宜居、和谐发展"的要求，因地制宜采取组团式、卫星城[①]式布局，规划形成城市建设区、产业发展区、历史文化区、生态保护区等功能区，全力打造绿色低碳、特色鲜明、配套完善的美丽新区。

城市建设区：围绕打造紧凑高效的山地组团城市的建设目标，坚持"强化山水、融合现代、宜居宜业、低碳智慧、绿色发展"的开发理念，建设布局合理、功能互补、配套完善、特色鲜明的美丽新城和高原特色山地城镇建设示范区。

产业发展区：主要依托安宁工业园区、杨林经济技术开发区、昆明空港经济区等重点园区，重点发展现代生物、高端装备制造、电子信息、新材料、节能环保等战略性新兴产业和以金融、商贸物流、康体休闲与文化创意为重点的现代服务业。

历史文化区：重点依托嵩明县杨林镇、安宁市温泉街道等文物、文化资源富集区域，规划历史文化区，进行文物和非物质文化遗产展示，彰显民族地域文化、自然生态文化、休闲养生文化、现代创意文化，促进文化遗产传承保护与开发利用。

生态保护区：构建平衡适宜的城乡建设空间体系，将城市建设区、产业发展区、历史文化区范围以外的区域全部划入生态保护区，重点对山地、河流、湖泊、湿地、林地等进行保护与修复，保持生态多样性，打造绿色生态屏障，实现可持续发展。

---

① 卫星城镇是大城市体系中的一个层次，是依附于大城市、与大城市联系紧密、处在大城市周边而又与大城市相对独立的中小城市。其目的在于缓解大城市的人口、就业、住房、交通压力。

十六　黑龙江哈尔滨新区

《哈尔滨市国民经济和社会发展第十三个五年规划纲要（草案）》提出，到2020年，黑龙江哈尔滨新区体制机制不断创新，综合实力显著提高，与国际接轨的开放合作和自主创新发展环境基本形成，先进制造业和现代服务业竞争力大幅增强，经济增速在黑龙江省处于领先地位，基础设施承载力明显提升，对俄产业、经贸、科技合作层次全面升级。

坚持"一江居中、两岸繁荣"战略构想，以松花江北部地区为核心区，以哈南工业新城平房区部分为新区产业支撑区，推动临空经济区、哈东现代物流产业带与黑龙江哈尔滨新区联动发展，构建"一核、一带、三组团、双枢纽"协调发展新格局。

"一核"即黑龙江哈尔滨新区核心区。以大松北为核心重点发展战略性新兴产业，加快建设科技、信息、金融、国际商贸、文化旅游合作平台，打造国家对俄合作中心城市重要承载区、重要的健康产业[①]基地。

"一带"即沿松花江现代服务产业带。重点建设中俄文化合作交流中心、东北亚商务中心、太阳岛国际冰雪避暑旅游区等现代服务业集聚区。大力发展科技服务、特色旅游、金融商务、文化、健康养生等高端服务业。

"三组团"即以三个国家级开发区为支撑，着力打造松北科技创新组团、利民健康产业组团、哈南现代制造业组团。

"双枢纽"依托临空经济区打造国际航空物流门户枢纽。重点发展面向俄罗斯、北美、东北亚、欧洲的国际航空物流，培育发展电子信息制造、国际商务服务等产业。依托综保区、内陆港打造东北亚国际铁路物流门户枢纽。充分发挥铁路集装箱中心站、综保区、内陆港、传化公路港、华南城在加快对外开放中的带动作用，进一步放大哈欧国际班列、中亚班列开行的带

---

① 健康产业是辐射面广、吸纳就业人数多、拉动消费作用大的复合型产业，具有拉动内需增长和保障改善民生的重要功能。

动效应，大力发展国际商贸、电子商务、商务服务、会展博览等现代服务业，培育发展保税加工产业。

同时黑龙江哈尔滨新区围绕新定位，将落实以下四大功能建设。

开放门户的打造：加强哈尔滨与中俄、哈欧、哈以合作，依托中俄口岸①的建设，打造能源、旅游合作、资源交流、港口贸易四大对接通道，促进哈俄全面合作，辐射整个黑龙江省，带动省域全面发展。注重新区对外开放的枢纽、平台建设，在新区内布局对青山对外货运枢纽、北站客运枢纽等两大枢纽、三大自由贸易试验区、七大产业合作平台，落实对外开放的空间承载核心点。

发展引擎的建设：抓住"一带一路"建设、东北老工业基地振兴等机遇，以改革创新和转型升级为动力，着力激发产业创新活力、注重黑龙江哈尔滨新区产业的引领示范作用，打造以大健康产业、高端装备制造业②和新兴产业为重点的三大创新集群。注重落实产业的空间承载，围绕"特色农业＋先进制造＋服务引领"，布局新区发展引擎，规划形成"五带、十园、多基地"的产业格局，切实落实重点产业的空间布局。

科创智谷的建设：利用新区内现有哈尔滨工业大学等重点高校的优势资源，打造"科学园＋技术园＋产业园"多层级创新模式，提高资源转化效率；重视平台的建设，搭建四大创新平台——"一带一路"科技合作地、"中国制造2025"③科技支撑地、国家服务贸易创新示范地、东北地区大众创业示范区。

魅力江城的塑造：利用黑龙江哈尔滨新区丰富的生态与文化资源，面向

---

① 位于黑龙江的中俄口岸有漠河、黑河、孙吴、逊克、嘉荫、萝北、同江、抚远、饶河、虎林、密山、绥芬河（公铁两用）、东宁、富锦。
② 高端装备制造业又称先进装备制造业，是指生产制造高技术、高附加值的先进工业设施设备的行业。高端装备主要包括传统产业转型升级和战略性新兴产业发展所需的高技术、高附加值装备。高端装备制造业是以高新技术为引领，处于价值链高端和产业链核心环节，决定着整个产业链综合竞争力的战略性新兴产业。
③ "中国制造2025"以体现信息技术与制造技术深度融合的数字化网络化智能化制造为主线，主要包括八项战略对策：推行数字化网络化智能化制造；提升产品设计能力；完善制造业技术创新体系；强化制造基础；提升产品质量；推行绿色制造；培养具有全球竞争力的企业群体和优势产业；发展现代制造服务业。

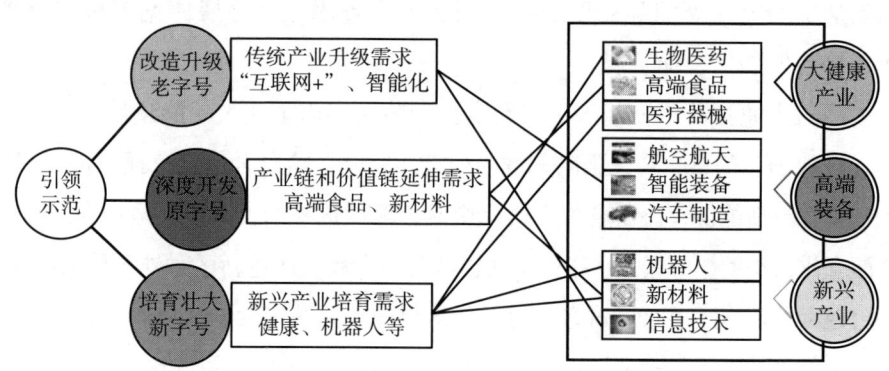

图1-1 黑龙江哈尔滨新区现代制造业体系

国际，尤其是俄罗斯、日韩等城市开发旅游市场，打响国际冰雪文化品牌，推进旅游文化和现代服务业的提升发展，建设特色国际文化旅游聚集区。结合新区自然基底，深入挖掘新区内涵，突出"大江大河"的空间肌理。加强城市设计，塑造魅力江城，为市民提供丰富宜人、充满活力的城市公共空间，建设令人愉悦的美丽新区。

十七 吉林长春新区

根据新区资源环境承载能力、现实基础和发展潜力，围绕战略定位和产业布局，构建"两轴、三中心、四基地"的发展格局。

"两轴"即哈长战略性新兴产业发展轴、长吉高端服务业发展轴。

哈长战略性新兴产业发展轴：依托哈大经济走廊，重点发展高端装备制造、生物医药、新材料、新能源等战略性新兴产业，规划建设一批新兴产业园区，构筑带动哈长、辐射东北的战略性新兴产业发展轴。

长吉高端服务业[①]发展轴：依托长吉图国际合作走廊，大力发展高技术

---

① 目前高端服务业没有一个准确的定义，其统计口径大相径庭。但我们认为，高端服务业通常指智力化、资本化、专业化、效率化的服务业，其研究领域包括以下17大类：科技、教育、总部经济、金融、三四方物流、休闲旅游业、医疗保健、文化娱乐、咨询信息、创意设计、节庆、展会、订单采购、商务活动、企业服务业（智力资本、商务活动）、专业中介等。

服务、现代物流、文化创意、旅游休闲、养老健康等现代服务业，打造立足长吉、面向东北亚的高端服务业发展轴。

"三中心"即科技创新中心、国际物流中心、国际交流与合作中心。

科技创新中心：依托与中国科学院合作建设的长东北科技创新综合体，进一步完善光电子、新材料、新能源、生物医药、生态农业等五大专业技术平台和政务、金融、信息、人才、科技企业孵化、知识产权及国际合作等七大公共服务平台，组建高技术产业技术创新战略联盟，集中力量实施重大创新工程，推进关键核心技术取得新的突破，加快形成科研项目孵化基地、科技成果转化基地、中小企业培育基地和企业上市融资基地，打造长吉图科技创新中枢。

国际物流中心：依托与中国铁路总公司合作建设的大型铁路综合货场，与长春兴隆综合保税区功能互补、联动发展，畅通陆海联运通道，发展跨国物流、内贸外运模式，形成吉林省对外开放的内陆港口和长吉图区域重要的物流枢纽。

国际交流与合作中心：依托长春空港周边区域良好的区位优势，抓住中韩自贸区①建设有利机遇，搭建文化交流、科技合作、金融创新、国际会展等开放平台，促进东北亚各国人文交流与经贸合作。

"四基地"即高技术产业基地、先进制造产业基地、临空经济产业基地、健康养老产业基地。

高技术产业基地：依托长春高新技术产业开发区创新资源富集及高新技术产业集聚优势，重点发展光电子、生物医药、电子商务、文化创意、软件及服务外包等新兴产业，打造区域发展创新引擎。

先进制造产业基地：依托长东北创新产业园区先进制造业发展基础，实

---

① 中韩自贸区谈判于2012年5月正式启动，旨在为两国货物贸易提供制度保障，拓展电子商务、节能环保、金融服务等新兴战略服务领域的合作，共同构建一个规范、稳定、可预期的框架。建立中韩自贸区具有里程碑意义，将有力促进亚太区域一体化。2015年2月25日，中韩双方完成中韩自贸协定全部文本的草签，对协定内容进行了确认。至此，中韩自贸区谈判全部完成。

施"互联网+"协同制造，促进新一代信息技术与制造业深度融合，重点发展汽车、轨道交通、通用航空、智能机器人等先进制造业，推动制造业向中高端发展。

临空经济产业基地：以龙嘉国际机场为中心，重点发展运输业、航空综合服务业及物流配送、商务餐饮等配套产业，不断扩大聚集与辐射带动作用，打造服务东北、辐射东北亚的临空产业经济区。

健康养老产业基地：依托长春空港周边区域优良的生态资源，建设运动员训练基地、休闲旅游度假基地、健康养老基地，大力发展旅游休闲、健康养老等现代服务业，打造健康养老产业集群。

十八 江西赣江新区

江西赣江新区根据新区发展基础和资源环境情况，统筹生产、生活、生态布局，科学划定开发边界和生态保护红线[①]，以主要交通通道和鄱阳湖、赣江等水系为依托，努力构建"两廊、一带、四组团"发展格局，实现生产空间集约高效、生活空间宜居适度、生态空间山清水秀。新区位于江西省南昌市北部的赣江之滨，包括南昌市青山湖区、新建区和共青城市、永修县的部分区域，规划面积465平方公里。

1. "两廊"

昌九产业走廊：依托福银高速、京九铁路沿线产业园区，引导产业合理布局、错位发展，推动园区联动发展、协作配套，大力发展高端装备制造、战略性新兴产业和现代服务业，向南对接南昌中心城区和南昌国家高新技术开发区、小蓝国家经济技术开发区[②]，向北对接九江沿江开

[①] 生态保护红线的实质是生态环境安全的底线，目的是建立最为严格的生态保护制度，对生态功能保障、环境质量安全和自然资源利用等方面提出更高的监管要求，从而促进人口资源环境相均衡、经济社会生态效益相统一。

[②] 南昌小蓝经济技术开发区于2002年3月成立，2006年3月成为省级开发区，2012年7月升级为国家级经济技术开发区。小蓝国家经济技术开发区是江西省汽车零部件产业基地、江西省食品产业基地、江西省生物医药产业基地、江西省首批生态工业园区。

放开发带，打造国内具有较大影响力的先进制造业和现代服务业产业走廊。

滨湖生态廊道：以鄱阳湖滨湖控制带、赣江为主体，以自然保护区、森林公园、湿地公园等生态功能区为支撑，加大河流、湖泊等生态空间和农业空间保护力度，因地制宜发展旅游休闲产业，大力实施"森林城乡、绿色通道"工程，加强环鄱阳湖生态环境综合整治，构筑滨湖立体生态廊道。

2."一带"

以昌九大道为主轴，坚持以人为本、产城融合的城镇发展理念，发挥依山傍水、滨湖临江优势，统筹规划沿线城镇布局和形态，构建适度紧凑、疏密有致、延绵发展的绿色生态城镇带，联动南昌、九江城区一体化发展，辐射带动环鄱阳湖城市群发展。

3."四组团"

昌北组团：依托南昌经济技术开发区，充分发挥集聚高端产业和科研人才的优势，引导和支持企业向产业链高端发展，重点发展汽车及零部件制造，新能源、新材料及节能环保等战略性新兴产业，建设高端装备制造业基地和科教研发基地。

临空组团：依托南昌昌北国际机场，进一步完善立体交通系统，推进航空枢纽建设，提升开放门户功能，加快构建现代临空产业体系，重点发展航空物流、高端制造、生物医药、电子信息，建设现代临空都市区和总部经济集聚区，推动南昌临空经济区发展。

永修组团：以永修县城、永修云山经济开发区为主体，重点发展新材料产业，进一步延伸产业链，提高产品附加值，培育壮大都市农业、生态旅游、高端装备制造、电子信息和现代服务业，做大做强有机硅国家新型工业化产业示范基地，建设都市观光休闲农业示范带。

共青组团：充分发挥全国青年创业基地、国家生态文明教育基地的引领示范作用，重点发展电子电器、新能源、新材料、文化创意、旅游休闲、电子商务、纺织服装等产业，深入推进纺织服装国家新型工业化产业示范基地建设和国际生态经济①合作交流，建设全国青年创业创新示范基地和国际生态文明交流平台。

十九　河北雄安新区

2018年4月，中共中央、国务院批复了《河北雄安新区规划纲要》。纲要在"城乡空间布局"部分指出，综合考虑新区定位、发展目标和现状条件，坚持城乡统筹、均衡发展、宜居宜业，规划形成"一主、五辅、多节点"的新区城乡空间布局。

"一主"即起步区，选择容城、安新两县交界区域作为起步区，是新区的主城区，按组团式布局，先行启动建设。"五辅"即雄县、容城、安新县城及寨里、昝岗五个外围组团，全面提质扩容雄县、容城两个县城，优化调整安新县城，建设寨里、昝岗两个组团，与起步区之间建设生态隔离带。"多节点"即若干特色小城镇和美丽乡村②，实行分类特色发展，划定特色小城镇开发边界，严禁大规模开发房地产。

起步区坚持顺应自然、随形就势，综合考虑地形地貌、水文条件、生态环境等因素，科学规划"北城、中苑、南淀"的空间布局。"北城"即充分利用地势较高的北部区域，集中布局五个城市组团，各组团功能相对完整，组团间由绿廊、水系和湿地隔离"中苑"即利用地势低洼的中部区域，恢复历史上的大溵古淀，营造湿地与城市和谐共融的特色景观；"南淀"即南部临淀区域，塑造传承文化特色、展现生态景观、保障防洪安全的白洋淀滨水岸线。在起步区适当区域先行规划建设启动区，面积20～30平方公里，重点承接北京非首都功能疏解，突出创新特色，提供优质公共服务，集聚一批创新型、示范性重点项目，发挥引领带动作用。

---

① 生态经济是指在生态系统承载能力范围内，运用生态经济学原理和系统工程方法改变生产和消费方式，挖掘一切可以利用的资源潜力，发展一些经济发达、生态高效的产业，建设体制合理、社会和谐的文化以及生态健康、景观适宜的环境。生态经济是实现经济腾飞与环境保护、物质文明与精神文明、自然生态与人类生态的高度统一和可持续发展的经济。

② 美丽乡村是指中国共产党第十六届五中全会提出的建设社会主义新农村的重大历史任务，有"生产发展、生活宽裕、乡风文明、村容整洁、管理民主"等具体要求。

"五辅"中,除了雄安三县的县城,寨里、昝岗是两个要新建的外围组团。其中,高铁站枢纽将布局在昝岗组团,依托国家高铁网,便捷联系全国。

美丽乡村为新区城乡体系的重要组成部分,实施乡村振兴战略[①],以产业兴旺、生态宜居、乡风文明、治理有效、生活富裕为目标,构建一体化、网络化的城乡体系。保持自然风光、田园风貌,突出历史记忆、地域特色,规划建设特色村落,充分利用清洁能源,建成基础设施完善、服务体系健全、基层治理有效、公共服务水平较高的宜居宜业宜游的美丽乡村。美丽乡村规划建设用地规模约50平方公里。

第三节 体制机制创新

在"十三五"收官之年,为落实国家"十三五"规划纲要关于鼓励国家级新区体制机制和管理模式创新的部署,遵照党中央、国务院关于国家级新区创新发展的重要批示,促进国家级新区(以下简称"新区")在深化改革创新和推动产业转型升级等方面深入探索,进一步提升发展质量和效益,多积累可复制可推广的经验,切实发挥辐射带动作用,工作要点体现如下。

2019年,各新区要在以习近平同志为核心的党中央领导下,全面贯彻党的十八大和十九大会议精神,深入贯彻习近平总书记系列重要讲话精神和治国理政新理念新思想新战略,统筹推进"五位一体"总体布局和协调推进"四个全面"战略布局,牢固树立和落实新发展理念,适应把握引领经济发展新常态,坚持以提高发展质量和效益为中心,坚持以推进供给侧结构性改革为主线,紧紧围绕率先全面深化"放管服"改革、大力发展实体经济、主动融入国家重大战略、推动全方位对外开放、实施创新驱动发展、构建市场化规范化法治化体制机制和发展环境等方面,立足各自发展阶段和比

---

① 乡村振兴战略是习近平同志2017年10月18日在党的十九大报告中提出的战略。十九大报告指出,农业、农村、农民问题是关系国计民生的根本性问题,必须始终把解决好"三农"问题作为全党工作的重中之重,实施乡村振兴战略。

较优势，坚持目标导向和问题导向相结合，因地制宜、精准发力，以新思路、新视角、新方法探索形成破除发展难题和体制障碍的特色化新路径，进一步激发新区发展动能，打造改革开放新高地、创新发展新引擎，为其他地区改革发展提供新区样板和引领示范。

一　上海浦东新区

以制度创新为抓手，推进各类功能平台融合联动、协同互促，力争在深化自由贸易试验区改革创新、推进科技创新中心建设和推进社会治理创新上有新作为，持续在构建高标准开放型经济新体制上发挥引领示范作用。

第一，全面推进自由贸易试验区建设，深化投资领域创新与商事制度改革，完善贸易监管制度，创新社会治理模式，稳健推动金融开放创新试点，提升金融中心建设水平。

第二，进一步聚焦科创中心核心功能区建设，推动张江从科技园区向科学城转型，全面提升张江园区功能。进一步优化科技创新综合环境，持续深化科技管理制度创新，完善科技综合服务体系。

第三，加强综合配套改革试验区、自由贸易试验区、科技创新中心、国家人才改革试验区建设等融合联动，探索重点改革事项、重大平台建设统筹协同、互促共进的有效方式。

二　天津滨海新区

着力在深化"放管服"改革、培育壮大新动能、扩大双向开放等方面先行先试、率先突破，全面提升开发开放水平和能级，进一步发挥在京津冀协同发展中的示范带动作用。

第一，建设电子市民中心，探索构建新型"互联网＋政务服务"体系、电子证照等政务数据跨部门共享机制和智能监管体系，努力打造全面深化"放管服"改革的新平台。

第二，加快建设天津滨海—中关村科技园和"双创"示范基地，全力推进京津冀全面创新改革试验区建设探索，率先形成个性化定制、服务型制造等新模式。

第三，深化自由贸易试验区制度创新，探索与天津港联动的"区港绿色通道"，创新港产城融合发展方式，深入开展开放型经济新体制建设创新探索，提升承接国际产业梯度转移能力。

三 重庆两江新区

以深化内陆开放领域体制机制创新为重点，以战略性新兴产业为抓手，探索开放型经济运行管理新模式，推动建立质量效益导向型外贸发展新格局，进一步发挥在"一带一路"建设和长江经济带发展方面的引领作用。

第一，创新"产业链+价值链+物流链+信息链+资金链"的内陆加工贸易发展方式，探索构建开放型产业新体系，打造内陆战略性新兴产业集聚区。

第二，探索科技创新服务新机制，发挥创新创业和"互联网+"集智汇力的乘数效应，建设有特色、高水平的国家双创示范基地。

第三，健全外商投资管理制度，探索促进国际投资合作新方式，完善境外投资活动真实性核查制度，创新专业化、精准化、集群化招商模式和共同出资、共同受益的资本运作模式。

四 浙江舟山群岛新区

依托舟山港综合保税区和舟山江海联运服务中心建设，开展自由贸易港区建设探索，推动建立与国际接轨的通行制度。

第一，以宁波—舟山港为依托，大力推进舟山江海联运服务中心建设，加快江海直达船舶研究应用和江海联运公共信息平台建设，深化港口一体化发展创新，提升大宗商品储备加工交易能力。

第二，创新外商投资便利化管理和促进机制，完善自由贸易背景下贸易服务体系，在符合相关政策前提下，开展全业态船舶供应服务探索，促进服务贸易市场拓展、品牌培育和产业发展。

五　甘肃兰州新区

探索促进产业集聚和科技创新的新机制，打造务实高效的政务服务环境，充分激发社会投资动力和活力。

第一，依托兰白科技创新改革试验区建设，深化人才引进与知识产权保护机制创新，加快创新要素集聚，完善"创业苗圃＋孵化器＋加速器＋产业园"的孵化链条，培育提升发展动能。

第二，优化开发建设秩序，聚焦核心功能区建设，集约节约利用土地，分区分步滚动开发，提高产业集聚度，严格管控审批新的房地产项目，着力推进房地产去库存。

六　广州南沙新区

深化粤港澳深度合作探索，推动建设粤港澳专业服务集聚区、港澳科技成果产业化平台和人才合作示范区，引领区域开放合作模式创新与发展动能转换。

第一，创新与港澳在资讯科技、专业服务、金融及金融后台服务、科技研发及成果转化等领域合作方式，推进服务业执业资格互认，吸引专业人才落户。

第二，完善"智慧通关"体系，推动建设全领域、全流程"线上海关"，构建国际国内资源双向流动的投资促进服务平台。探索建立法院主导、社会参与、多方并举、法制保障的国际化、专业化、社会化多元纠纷解决平台，优化法治环境。

七　陕西西咸新区

深化城市发展方式创新和特色化产业发展路径探索，进一步发挥国家创新城市发展方式试验区的综合功能及其在"一带一路"建设中的重要作用。

第一，探索凸显文化特色、注重绿色集成创新、保障群众利益的城市发展方式，创新优美小镇建设模式。

第二，加快中俄丝路创新园建设，推动与广州南沙新区等共建产业合作基地、创新型孵化器等举措实施，在跨国、跨区域园区共建和产业孵化引领产业发展方面积累经验。

八　贵州贵安新区

依托大数据产业发展集聚区、南方数据中心示范基地和绿色数据中心建设，探索以数字经济助推产业转型升级、促进新旧动能顺畅接续的供给侧结构性改革路径。

第一，创新政府服务模式，探索"人才+项目+团队""人才+基地"等人才培养新模式，大力打造集储存、挖掘、分析、清洗、展示、应用、数据产品评估和交易等于一体的大数据核心产业链条。

第二，构建"研发+孵化+制造+融合+平台+应用"科技创新模式，形成闭合的产业生态圈，催生新产业新业态，推进"大数据+大开放"，创新开放合作形式。

九　青岛西海岸新区

深入推进青岛蓝谷海洋经济发展示范区建设，持续深化海洋科技发展创新。

推进面向深海、深地、深空、深蓝的科技创新中心建设，探索科技企业阶梯培育机制，完善科技创新券机制，开展中德生态园知识产权保险试点，加快全要素孵化加速的众创平台建设。

十　大连金普新区

进一步创新管理体制，探索以科技创新和双向开放促进产业转型升级的有效途径，加快形成创新发展的内在动力。

第一，深化市场配置资源、经济运行管理、面向东北亚开放合作等方面的制度创新，加快大连东北亚航运中心建设，启动保税区管理体制改革，健全与新区发展相适应的管理体制和运行机制。

第二，推进沈大国家自主创新示范区高端装备、集成电路、通用航空等产业创新基地和专业技术研发、创新创业服务等创新平台建设，力争在园区协同开放、招商引资机制创新等方面有所突破。

十一　成都天府新区

突出"全面加速、提升发展"两大重点，加快全面创新改革，全力破解体制机制难题，进一步提升产业和区域整体竞争力。

第一，纵深推进全面创新改革试验，在产学研协调创新等关键环节和重点领域实现率先突破，围绕增强产业发展核心竞争力，创新推动产业动能转换再提速方式。

第二，健全协同管理体制，开展立法探索，构建有效统筹成都片区和眉山片区间、成都片区各区域间关系的管理运营方式，破解管理体制碎片化难题，提升区域融合发展水平。

十二　湖南湘江新区

深化要素市场创新，持续推进生态文明建设体制机制改革，在推进绿色集约高效发展与产城融合、城乡一体化发展等方面有所突破。

第一，深化土地集约节约利用、投资方式及科技成果孵化转化机制创新，加强金融创新，丰富金融业态，推动形成高效规范的资源要素市场化配置方式。

第二，完善多元化生态补偿机制，建设生态技术指标体系，开展绿色市政建设与循环化发展探索，依托水环境综合治理试点，建立特色化流域保护、管理执法机制，积极参加全国碳交易市场建设。

十三　南京江北新区

以科技创新培育发展新动能，以新技术助推行政管理体制改革，努力打造优良创新环境，积极发挥辐射带动作用。

第一，进一步理顺管理体制和运行机制，探索以法定机构形式建设运营江北新区大数据管理中心，运用大数据促进政府管理方式创新。

第二，开展专利、商标、版权"三合一"知识产权综合管理体制改革试点，推进科技创新资源集聚区建设，发挥江北高校联盟作用，创新科技成果转化方式，促进众创空间、创客联盟、创业学院发展。

十四　福建福州新区

积极对接国家"一带一路"建设，建立健全特色化综合服务平台，推进各类功能区深度融合。

第一，研究推进海洋产权交易中心和海域使用二级市场建设，为海洋产权交易积累经验。依托中国—东盟海交所等，提升海产品跨境结算平台功能。

第二，持续推进新区与平潭综合实验区、自由贸易试验区福州片区融合发展，建立健全两地共建共享机制。

十五　云南滇中新区

围绕建设面向南亚东南亚辐射中心的重要支点战略定位，进一步理顺管理体制，健全要素保障机制，夯实开发开放基础。

第一，聚焦解决新区与昆明市之间人流、物流、资金流、信息流一体化问题，进一步推进市区融合发展体制机制创新，推动形成以市带区、重点保障、市区一体的融合协同发展格局。

第二，构建沿边开放新高地的体制机制，加快构建企业自主决策、融资渠道畅通、职能转变到位、政府行为规范、法治保障健全的新型投融资体制，创新优化发展环境。

十六　黑龙江哈尔滨新区

以优化发展环境为载体，以招商引资、产业集聚、对俄合作为重点，探索促进老工业基地转型发展新路径。

第一，探索建立精简高效的管理体制和运行机制，继续推进扁平化管理体制和大部门制优化调整，促进管理职能下沉，开展功能区运营模式改革，选择基础条件较好的功能区开展市场化运营试点。

第二，探索产业转型升级有效途径，创新市场化招商方式，围绕新区重点产业的垂直供需链和横向协作链开展"精准"招商，依托中俄博览会、国际交通走廊建设等，深化对俄全方位合作，推动贸易结构优化升级。

十七　吉林长春新区

构建科技创新平台，培育经济新动能，探索深化面向图们江区域的合作开发新路径。

第一，加快长东北科技创新中心、北湖科技园等创新平台建设，积极打造创新创业平台，提高科技成果本地转化率，加快人才改革试验区建设，创新人才培养和引进模式。

第二，以东北亚国际陆港和空港经济开发区建设为载体，完善口岸服务功能，促进物流、健康养老等特色化产业集聚，提升参与图们江区域合作开发水平的新路径。

十八　江西赣江新区

围绕完善管理体制机制、创新发展平台、促进产城融合发展等方面进行探索，在促进中部地区崛起方面发挥积极作用。

第一，按照基础设施优先、环境优先、公共配套优先、产业优先原则，谋划推进空间形态有特色、功能内涵有内容的生态健康城建设，开展产城融合发展改革探索。

第二，依托共青城，建设科技创新及成果转化的示范区，多举措探索创新创业新方式，打造"双创"平台。

十九　河北雄安新区

高质量高标准支持雄安新区规划建设，统筹推进京津冀协同发展，把创造"雄安质量""雄安标准"贯穿新区规划建设各环节、全过程,举全省之力建设创新之城、智慧之城、绿色之城。

第一,落实规划纲要和总体规划,做好城市设计、街景设计、建筑设计,努力打造具有中华风范、淀泊风光、创新风尚的城市风貌。抓好容东片区和高铁站片区、启动区、白洋淀治理和保护等十大工程建设。

第二,有序承接高校、科研院所、医疗机构、企业总部、金融机构、事业单位等北京非首都功能。加快优质高端资源要素汇聚和落地,布局新一代信息技术、现代生命科学和生物技术等高新产业,努力建设贯彻落实新发展理念的创新发展示范区,打造推动高质量发展的全国样板和现代化经济体系新引擎。

第二章 国家级新区经济发展情况

第一节 经济发展情况

一 2016~2018年部分新区GDP基本情况

自1992年国务院批复设立上海浦东新区、2006年批复设立天津滨海新区，2017年4月国务院又批复设立河北雄安新区，截至2019年底，全国已有19个国家级新区。在目前设立的国家级新区中，除了设立较早的上海浦东新区和天津滨海新区以外，其他17个新区均是在2010年以后设立的。短时间里大量的新区批复成立，主要原因是我国的改革与发展进入了一个新阶段：一方面我国改革的重点已经由经济领域扩展到经济、政治、文化、社会和生态领域；另一方面我国经济发展进入了"新常态"[①]。国家级新区作为区域经济"增长极"，其地区生产总值的情况与国家经济发展密切相关，也反映了所在地区的经济发展特点。尤其是2017年河北雄安新区的设立，更是彰显中国特色社会主义制度优越性，努力建设人类发展史上的典范城市，为实现中华民族伟大复兴作出巨大贡献。

表2-1是部分国家级新区2016~2018年的GDP及增长率和新区经济发展对所在市的GDP贡献率。

由图2-1分析可得，从经济总量的总体来讲，国家级新区经济发展总量持续较快增长，绝大多数新区经济增速领先于所在地区平均水平。而且从

---

① 郝寿义、曹清峰：《论国家级新区》，《贵州社会科学》2016年第2期。

第二章 国家级新区经济发展情况

表2-1 国家级新区2016~2018年GDP情况

单位：亿元，%

新区	2016年GDP 总量	2016年GDP 增长率	2016年GDP 贡献率	2017年GDP 总量	2017年GDP 增长率	2017年GDP 贡献率	2018年GDP 总量	2018年GDP 增长率	2018年GDP 贡献率
上海浦东新区	7898.4	9.10	31.44	8731.8	8.20	31.79	9651.4	8.70	32.03
天津滨海新区	9270.3	12.80	56.05	10002.3	10.80	55.92	10602.3	6.00	57.16
重庆两江新区	2200.0	14.00	14.00	2261.0	10.90	12.88	2533.0	12.03	13.66
浙江舟山群岛新区	1095.0	9.17	100.00	1228.5	11.30	100.00	1336.6	8.80	100.00
甘肃兰州新区	125.8	6.00	30.00	151.7	6.70	20.82	164.1	8.21	6.50
广州南沙新区	1133.1	13.30	6.26	1278.8	13.80	6.52	1391.9	10.50	6.47
贵州贵安新区	170.6	28.91	5.40	240.0	40.60	7.60	264.5	10.20	7.48
陕西西咸新区	432.1	8.54	7.44	475.0	9.94	7.59	293.0	11.50	3.45
青岛西海岸新区	1095.0	9.17	100.00	1228.5	11.30	100.00	1336.6	8.80	100.00
大连金普新区	1670.0	7.90	21.60	2296.0	7.00	28.17	2342.9	7.50	31.82
成都天府新区	125.8	6.00	30.00	151.7	6.70	20.82	164.1	8.21	6.50
湖南湘江新区	1602.5	11.50	18.80	1794.8	12.00	13.31	2167.0	20.70	7.90
南京江北新区	1465.0	9.00	15.07	1839.6	8.50	17.50	2212.0	8.90	18.88
云南滇中新区	—	—	—	501.1	8.80	11.65	574.4	12.80	11.80
吉林长春新区	—	—	—	1035.0	13.50	17.46	872.0	9.50	13.30
福建福州新区	5618.1	9.60	—	6197.8	8.50	—	7104.0	8.70	—
黑龙江哈尔滨新区	5751.2	7.10	—	6101.6	7.30	—	6355.0	6.70	—

注：因福建福州新区和黑龙江哈尔滨新区的GDP数据无法获得，表中所列数据为所在市当年的GDP数据。但为了保证可比性，在进行对比分析时只涉及其他新区。

资料来源：新区相关年份国民经济和社会发展统计报告、新区政务网。

2016年至2018年，各新区的经济发展总量都处于增长状态。排在前列的有天津滨海新区、上海浦东新区、重庆两江新区和大连金普新区等。天津滨海新区2017年GDP已达到10002.31亿元，成为中国首个经济总量达到万亿级的国家级新区，2018年的经济总量更是达到10602.31亿元。上海浦东新区生产总值2018年高达9651.4亿元，比上年增长8.7%，贡献率达32.03%。重庆两江新区和大连金普新区虽然位于前列，但相比天津滨海新区和上海浦东新区的经济总量还相差甚远，主要原因是后两者批复时间较

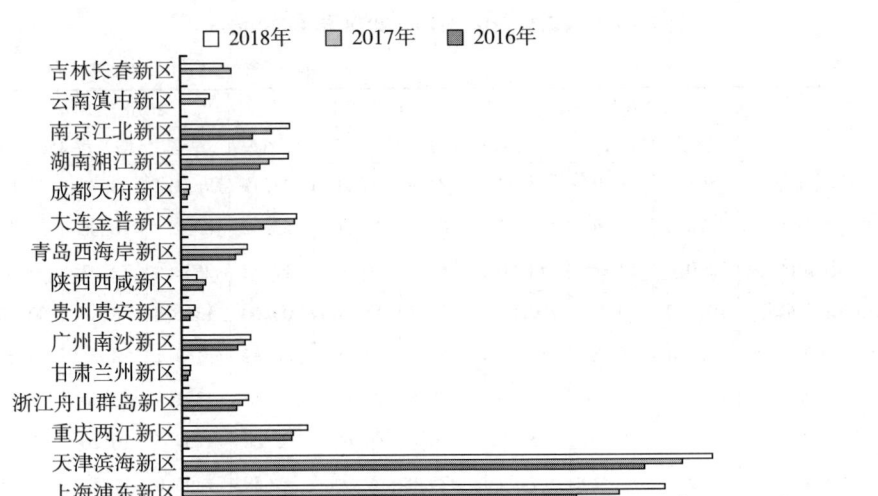

图 2-1　部分国家级新区 GDP 对比

资料来源：国家统计局网站。

早，经过多年的发展，已经形成了自身独特的发展模式和发展优势，对于资金和企业的吸引能力较强，同时也拥有更好的发展环境。尤其需要注意的是大连金普新区，于 2014 年 6 月批复成立，2018 年经济总量达到 2342.9 亿元，显示了强大的发展后劲。湖南湘江新区和南京江北新区经济总量比较接近。经济总量差距较小的还有广州南沙新区和浙江舟山群岛新区。地处西北内陆地区的陕西西咸新区和甘肃兰州新区，经济基础薄弱，经济环境优势积累不足，因此经济总量较为小，但是一直保持增长态势。

二　2016~2018 年部分新区经济 GDP 增长率对比分析

19 个国家级新区所在的区域具有不同的发展水平和资源禀赋，因此，在分析其发展态势时不能仅仅局限于经济总量的对比。经济总量高固然有更好的发展前景，却无法显示出其处于怎样的发展阶段。一般较为成熟的新区，在没有新的转折点出现的情况下，经济总量达到一定高度后，增长速度会有所放缓，不及后出现的、较有发展活力的新区。为了分析各个新区所处的发展阶段以及发展后劲、近年来在发展中取得的经济成果,我们对2016~2018年来各个新区的GDP增长率进行了对比。河北雄安新区属于新批复成立的国家级新区,因此,此处对其不进行对比分析。

表2-2 国家级新区2016~2018年GDP增长率对比分析

单位:亿元,%

新区名称	GDP 2016年	GDP 2017年	GDP 2018年	增长率 2016年	增长率 2017年	增长率 2018年
上海浦东新区	7898.35	8731.84	9651.40	9.10	8.20	8.70
天津滨海新区	9270.31	10002.31	10602.31	12.80	10.80	6.00
重庆两江新区	2200.00	2261.00	2533.00	14.00	10.90	12.03
浙江舟山群岛新区	1095.00	1228.51	1336.62	9.17	11.30	8.80
甘肃兰州新区	125.80	151.66	164.11	6.00	6.70	8.21
广州南沙新区	1133.10	1278.76	1391.89	13.30	13.80	10.50
贵州贵安新区	170.60	240.00	264.48	28.91	40.60	10.20
陕西西咸新区	432.06	475.00	293.00	8.54	9.94	11.50
青岛西海岸新区	1095.00	1228.51	1336.62	9.17	11.30	8.80
大连金普新区	1670.00	2296.00	2342.90	7.90	7.00	7.50
成都天府新区	125.80	151.66	164.11	6.00	6.70	8.21
湖南湘江新区	1602.53	1794.83	2167.00	11.50	12.00	20.70
南京江北新区	1465.00	1839.63	2212.00	9.00	8.50	8.90
云南滇中新区	—	501.11	574.43		8.80	12.80
吉林长春新区	—	1035.00	872.00		13.50	9.50

资料来源:新区相关年份国民经济和社会发展统计报告、新区政务网。

结合表2-2,可以发现批复较早、发展水平较高的天津滨海新区虽然经济总量很高,但是2016~2018年GDP增长率较低,说明发展速度逐渐放缓。而其他新区整体上来看,GDP增长率处于上升趋势,说明经济增长速度不断提高。从所有的新区GDP增长率来看,大部分新区的GDP增长率在7%~20%。值得关注的是,湖南湘江新区在2018年GDP增长率高达20.7%。贵州贵安新区的经济总量虽然在所有新区中处于靠后地位,但在

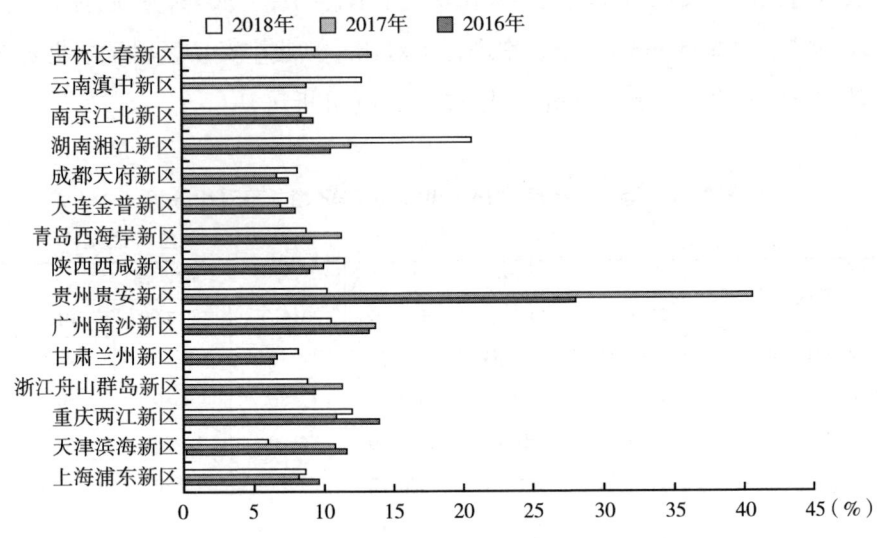

图2-2 部分国家级新区GDP增长率对比分析

2017年GDP增速高达40.6%，是GDP增速最高的国家级新区，但是2018年增长率有所回落，其中原因将在下文中进行详细分析。重庆两江新区、陕西西咸新区和云南滇中新区2018年增长率都高于2017年增长率，发展势头强劲。

三 2016~2018年部分新区对区域经济的贡献率

国家级新区是带动区域经济发展、实现国家区域经济发展战略的重要空间载体，是国家推动改革制度创新的重要空间载体。因此国家级新区作为区域经济增长极与制度创新增长极，具有重要的作用。这种作用具体体现为带动所在区域以及引领周边区域发展。随着我国经济进入新常态，国家级新区更应该积极探索创新发展的模式，发挥示范作用，带动周边区域的发展。虽然国家级新区对所在市GDP的贡献率不能完全体现出新区对所在区域的带动作用，但是这是一个很重要的指标，同时也比较直观、便于量化。

结合2016~2018年各国家级新区的GDP，以及当年所在市的GDP，计算出 2016~2018 年各国家级新区对所在区域的经济贡献率如表 2-3 所示。由于某些新区 GDP 数据缺失，只对部分新区对所在区域的贡献率进行表述。

表 2-3　国家级新区 2016~2018 年 GDP 贡献率对比分析

单位：亿元，%

新区	GDP 2016 年	GDP 2017 年	GDP 2018 年	贡献率 2016 年	贡献率 2017 年	贡献率 2018 年
上海浦东新区	7898.35	8731.84	9651.40	31.44	31.79	32.03
天津滨海新区	9270.31	10002.31	10602.31	56.05	55.92	57.16
重庆两江新区	2200.00	2261.00	2533.00	14.00	12.88	13.66
甘肃兰州新区	125.80	151.66	164.11	30.00	20.82	6.50
广州南沙新区	1133.10	1278.76	1391.89	6.26	6.52	6.47
贵州贵安新区	170.60	240.00	264.48	5.40	7.60	7.48
陕西西咸新区	432.06	475.00	293.00	7.44	7.59	3.45
大连金普新区	1670.00	2296.00	2342.90	21.60	28.17	31.82
成都天府新区	125.80	151.66	164.11	30.00	20.82	6.50
湖南湘江新区	1602.53	1794.83	2167.00	18.80	13.31	7.90
南京江北新区	1465.00	1839.63	2212.00	15.07	17.50	18.88
云南滇中新区	—	501.11	574.43	—	11.65	11.80
吉林长春新区	—	1035.00	872.00	—	17.46	13.30

资料来源：新区相关年份国民经济和社会发展统计报告、新区政务网。

结合上文对部分新区对区域经济贡献程度分析如下：国家级新区主要分布在我国东、中、西部各个区域，这些区域具有不同的经济发展水平，区位条件各有优势，资源禀赋差异较大，同时产业结构具有梯度分布的特点。同时，各个新区在所在省市的规划中承担着不同的发展重任，因此各个新区在设立以后的发展速度和发展效率也不同，对所在省份的经济贡献率存在差异。根据分析可知，天津滨海新区对所在区域的贡献率最高，2016 年为 56.05%，2017 年为 55.92%，2018 年为 57.16%，说明天津滨海新区的经济发展在天津市的发展中占据最重要的地位。同时，上海浦东新区对上海

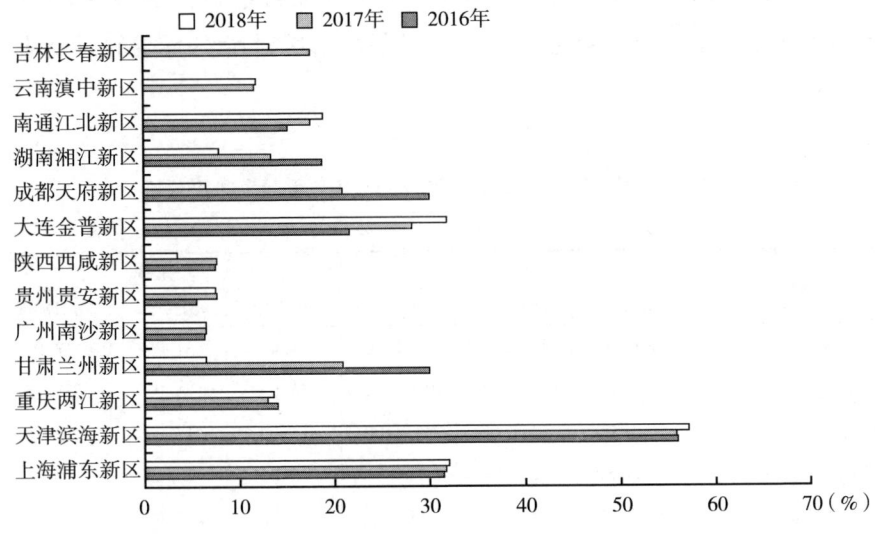

图 2-3 部分国家级新区对区域经济贡献率的对比分析

市的经济贡献率也较高,连续三年均处在30%以上,说明上海浦东新区的发展对上海市的发展具有明显的助推作用。大连金普新区2016~2018年对所在区域的贡献率逐年增加,从21.60%到31.82%,增加了10.22个百分点。大连金普新区自成立以来,不仅经济总量迅速提升,在全国所有新区中处于较为靠前的位置,而且对大连市的经济贡献率也有明显的提高,说明大连金普新区在大连市经济发展中的地位越来越重要。其中,还有一部分新区的贡献率在10%以下,对所在区域的经济拉动作用还非常微弱,需要不断探索经济发展新模式、新路径,积极发挥"增长极"作用,助推区域经济发展。

第二节 对外开放程度

提升对外开放水平是国家级新区始终坚持的发展宗旨与路径。区别于其他区域,国家级新区开放步伐领先,不仅具有更高的对外开放层次,而且探索并推广新的开放方式。这有利于新区充分发挥自身优势参与全球分工与竞争中，实现区域的外向发展。本部分着重从对外贸易依存度及外资依存度两方面讨论当前国家级新区的对外开放水平。

一　对外贸易依存度

对外贸易依存度常用来反映某个国家（或经济主体）对国际市场的依赖程度，是衡量某个国家（或经济主体）对外开放程度的重要指标。对外贸易依存度又称对外贸易系数（传统的对外贸易系数），是指一国的进出口总额占该国国民生产总值或国内生产总值的比重。其中，进口总额占国民生产总值或国内生产总值的比重称为进口依存度，出口总额占国民生产总值或国内生产总值的比重称为出口依存度。

在本部分，我们试图通过收集 2018 年新区的地区生产总值及进出口额，对当前的国家级新区对外贸易依存度进行描述。由于部分新区数据受查找渠道的限制，在数据分析中以所在市的相关数据代替。

对外贸易依存度计算公式为：

$$Z = \frac{X+M}{GDP} \times 100\%$$

式中，Z 为对外贸易依存度，X 为该经济主体的出口总值，M 为该经济主体的进口总值，GDP 表示该地区生产总值。

2018 年人民币兑美元平均汇率中间价为 6.7518，故在计算对外贸易依存度时，应考虑汇率的影响。相应地，对外贸易依存度计算公式改写为：

$$Z = \left[\frac{(X+M) \times 6.7518}{GDP}\right] \times 100\%$$

部分新区 2018 年对外贸易依存度如表 2-4 所示。

通过分析表 2-4 的数据，可以明显发现大部分新区的进出口总额增长率稳中有进。

表2-4 部分新区2018年对外贸易依存度一览

单位：亿美元，%

新区名称	统计口径	进出口总额	进出口总额增长率	对外贸易依存度
上海浦东新区	新区	965.90	9.40	67.00
天津滨海新区	新区	802.70	12.01	76.30
重庆两江新区	新区	244.67	5.10	65.20
浙江舟山群岛新区	新区	107.40	2.80	59.40
甘肃兰州新区	新区	8.23	5.40	31.50
广州南沙新区	新区	289.07	15.20	140.20
陕西西咸新区	西安市	343.65	24.70	31.70
贵州贵安新区	新区	25.50	1347.60	49.10
青岛西海岸新区	新区	253.26	195.00	53.20
大连金普新区	新区	421.62	29.13	121.50
成都天府新区	成都市	456.50	11.00	22.19
湖南湘江新区	新区	27.10	146.00	8.20
南京江北新区	新区	—	—	—
福建福州新区	福州市	346.00	12.00	32.88
云南滇中新区	新区	—	—	—
黑龙江哈尔滨新区	新区	35.00	132.10	26.50
吉林长春新区	新区	15.03	1.90	15.21
河北雄安新区	新区	—	—	—

资料来源：新区2018年国民经济和社会发展统计报告、新区政务网。

结合图2-4可以明显发现，上海浦东新区及天津滨海新区的进出口总额高于其他新区。其中，上海浦东新区2018年进出口总额达到965.9亿美元，天津滨海新区为802.7亿美元。相较这两个新区，部分新区的进出口总额未突破两位数大关，如甘肃兰州新区进出口总额为8.23亿美元。

从图2-5可以看出，大连金普新区和广州南沙新区对外贸易依存度排前两位，远高于其他新区，分别为121.5%和140.20%。重庆两江新区、天津滨海新区及上海浦东新区的对外贸易依存度较为接近，这三个新区的进出口总额占该地区生产总值的比重也较高。与其他新区比较，湖南湘江新区的对外贸易依存度仍有待提高。

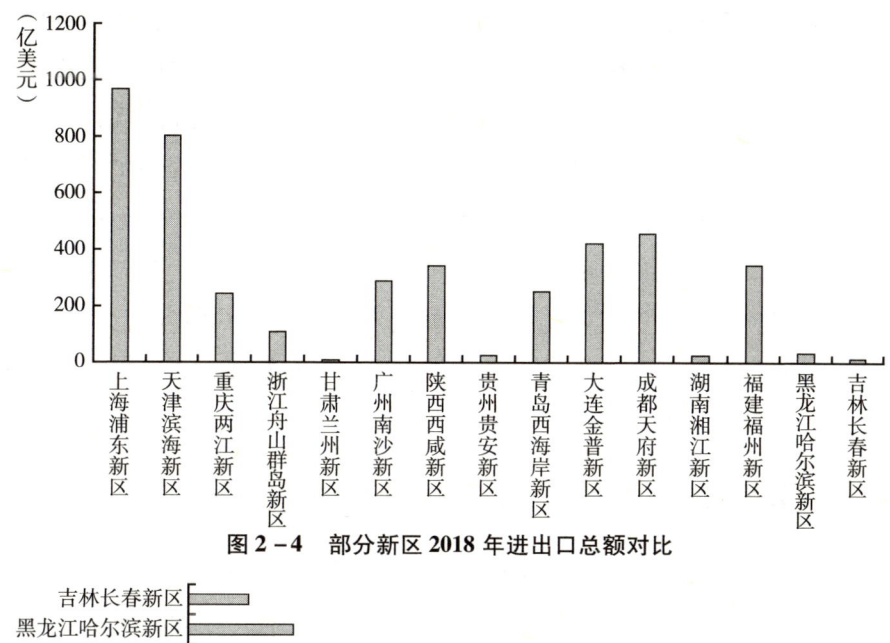

图 2-4　部分新区 2018 年进出口总额对比

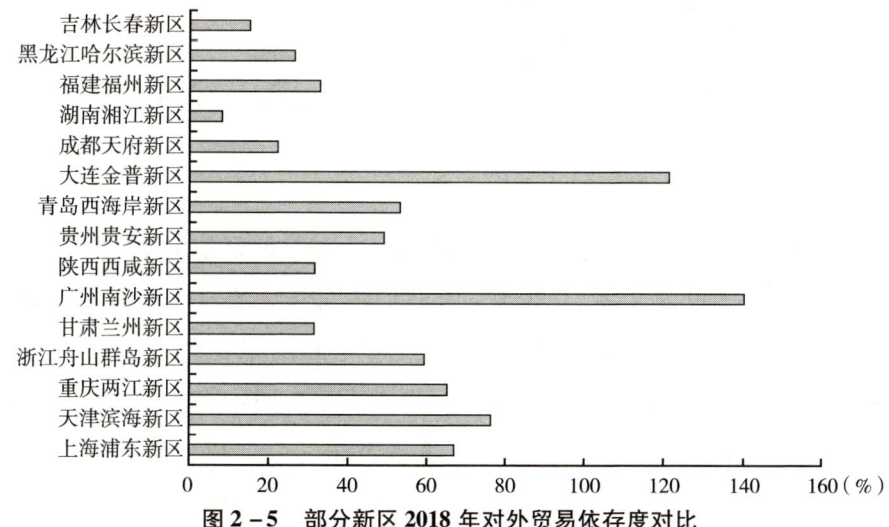

图 2-5　部分新区 2018 年对外贸易依存度对比

造成上述差异的原因，一方面是因为部分地区对外开放程度低，经济发展的动力仍需要进一步挖掘；另一方面，各新区具有不同的区位优势[①]。例

---

① 区位优势是指一些国家的投资环境优良，企业在那里投资建厂可以获得廉价的自然资源和劳动力，享受东道国政府给予的各种优惠待遇等。它说明了企业为什么要到特定的国家投资建立生产经营实体。

如，甘肃兰州新区位于西北欠发达地区，自然条件相对恶劣，区位条件欠佳。区位条件的劣势、基础设施的不完善导致新区在招商引资方面难度加大，在进出口领域与位于东部地区的上海浦东新区及天津滨海新区相比，存在一定的不足。另外，国家政策的扶持对各新区的发展起着重要的影响作用。相较于甘肃兰州新区，国家给予上海浦东新区、天津滨海新区这两大国家级新区的优惠政策更为实际，对促进新区经济发展的帮助更大。因此，各新区应明确自身功能定位及发展能力，以使区域内发展方式适应、产业选择清晰、资源开发等方向明确。各新区应明确适合自身发展需要的优惠政策，以便于国家根据其明确的功能定位给予政策上的扶持。

二 外资依存度

外资依存度，即外资与国内生产总值的比重。它表示经济增长对外资的依赖程度。外资的流入扩大了当地的投资规模，从而进一步促进地区生产总值的增加。外资依存度也可以在一定程度上反映区域经济的对外开放程度。外资依存度可以间接反映和衡量一地区吸纳外国生产要素的水平及对国外资本的开放程度。

通过整理2018年部分国家级新区的地区生产总值及使用外资额（即实际利用外商直接投资总额），在本部分我们将对新区的对外资依存度做测算。由于查找渠道的限制，在数据分析中以所在市的相关数据代替部分新区的相应数据指标。2018年人民币兑美元平均汇率中间价为6.7518，故在汇率影响的情况下，可以得到一地区（或经济主体）对外资依存度的计算方法：

$$对外资依存度 = \left(\frac{该地区使用外资额 \times 6.7518}{地区国内生产总值}\right) \times 100\%$$

部分新区2018年对外资依存度的结果见表2-5。

由图2-6中的数据可以发现，在以新区为统计口径的实际利用外商直接投资总额中，上海浦东新区、天津滨海新区优势明显，其使用外资额分别达到了78.26亿美元、78.30亿美元。而与这两个最早批复的国家级新区相

表2-5 部分新区对外资依存度

单位：亿美元，%

新区	统计口径	使用外资额	使用外资额增长率	对外资依存度
上海浦东新区	新区	78.26	11.23	5.47
天津滨海新区	新区	78.30	10.00	7.44
重庆两江新区	新区	33.87	—	9.02
浙江舟山群岛新区	新区	4.05	92.80	2.24
甘肃兰州新区	新区	—	—	—
广州南沙新区	新区	10.42	66.80	17.95
贵州贵安新区	新区	2.52	20.00	4.86
陕西西咸新区	新区	2.24	113.30	5.16
青岛西海岸新区	新区	19.10	10.90	4.01
大连金普新区	新区	20.20	51.60	5.82
成都天府新区	新区	17.68	19.50	5.01
湖南湘江新区	新区	—	—	—
南京江北新区	新区	6.82	—	2.08
福建福州新区	新区	123.60	—	50.63
云南滇中新区	新区	2.01	—	2.36
黑龙江哈尔滨新区	新区	21.20	11.00	18.73
吉林长春新区	长春市	74.20	14.20	7.67
江西赣江新区	新区	5.18	16.20	5.24
河北雄安新区	新区	—	—	—

资料来源：新区2018年国民经济和社会发展统计报告、新区政务网。

比，浙江舟山群岛新区、陕西西咸新区、贵州贵安新区、云南滇中新区和江西赣江新区的实际利用外商直接投资总额不是很理想。总体来看，实际利用外商直接投资总额较多的地区集中在东部沿海地区。这说明中西部地区的对外贸易在经济发展中发挥的作用非常弱，没有起到相应的拉动作用。

通过分析图2-7的数据，可以发现，在以新区为统计口径的对外资依存度中，国家级新区间的外资依存度存在非常大的差异。其中，广州南沙新区和黑龙江哈尔滨新区的外资依存度较高，分别达到了17.95%和18.73%。而在既有数据的基础上，浙江舟山群岛新区、南京江北新区及云南滇中新区

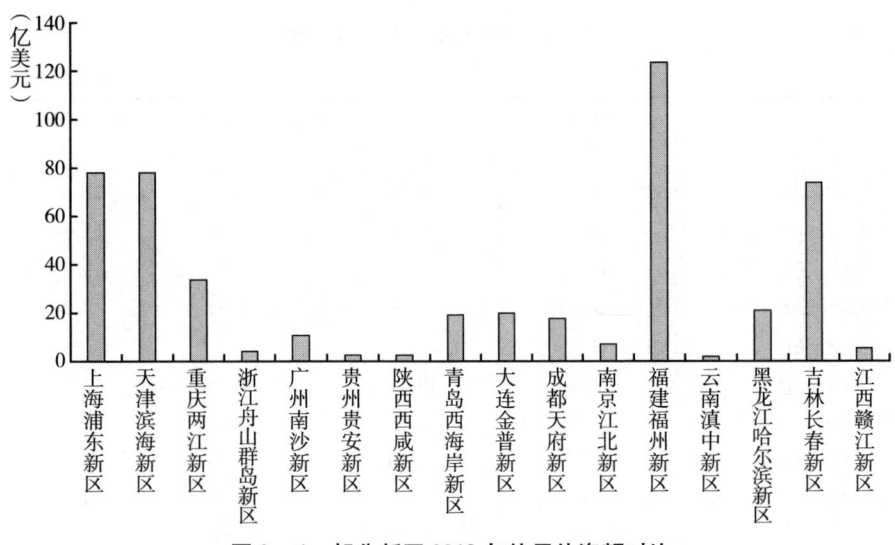

图 2-6 部分新区 2018 年使用外资额对比

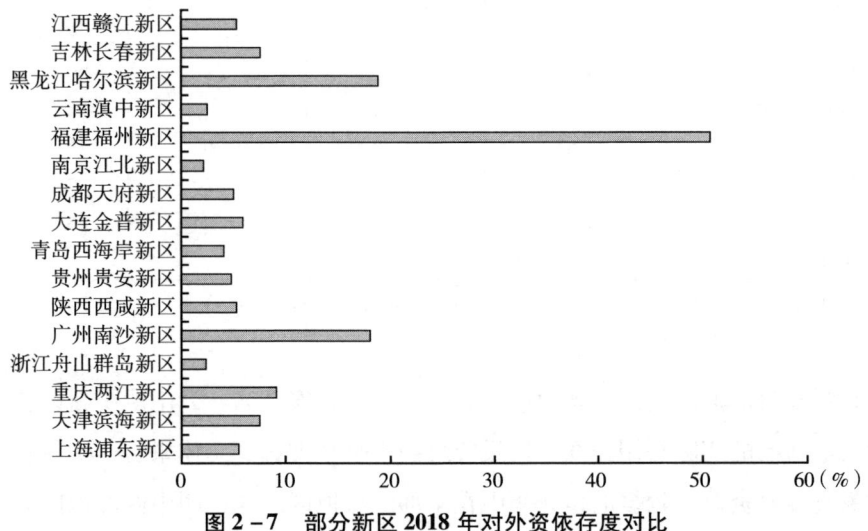

图 2-7 部分新区 2018 年对外资依存度对比

的外资依存度非常低，说明这些新区利用外商直接投资的规模非常小，外商直接投资在当地经济发展中的作用非常弱。为此，各新区应结合自身特点，充分利用国外资源发展本地区的经济。只有进一步吸引外资，才会使本地区经济全面增长。

三 商贸活动情况

本部分研究新区商贸活动情况主要从两个指标入手，一个是商品销售总额，另一个是社会消费品零售总额。商品销售总额是指对本企业以外的单位和个人出售［包括对国（境）外直接出口］的商品（包括售给本单位消费用的商品）的销售金额，是由对生产经营单位批发额，对批发零售贸易企业批发额、出口额和对居民及社会集团商品零售额项目组成。此指标反映批发零售贸易企业在国内市场上销售商品以及出口商品的总量。社会消费品零售总额由社会商品供给和有支付能力的商品需求的规模所决定，是研究居民生活水平、社会零售商品购买力、社会生产、货币流通和物价的发展变化趋势的重要资料。社会消费品零售总额反映了一定时期内人民物质文化生活水平的提高情况，反映社会商品购买力的实现程度和零售市场的规模状况。这部分我们收集了2017~2018年各新区的相关数据，对现有的国家级新区商贸活动情况进行了描述，其中部分新区因信息查找渠道限制未收集到新区数据，以所在省或市代替。

表2-6 部分新区商贸活动情况

单位：亿元，%

新区	统计口径	商品销售总额	增长率	社会消费品零售总额	增长率	时间
上海浦东新区	新区	32941.8	9.2	1905.63	5.3	2018
天津滨海新区	新区	338271.0	8.9	5533.04	1.7	2018
重庆两江新区	—	—	—	1220.00	8.7	2018
浙江舟山群岛新区	新区	—	—	505.70	10.6	2018
甘肃兰州新区	兰州市	1352.10	7.4	1352.09	7.4	2018
广州南沙新区	新区	1861.00	17.3	208.77	6.0	2018
贵州贵安新区	新区	—	—	—	20.0	2018
陕西西咸新区	新区	—	—	274.39	10.0	2018
青岛西海岸新区	新区	—	—	643.30	11.1	2018
大连金普新区	新区	—	—	3722.50	9.2	2018
成都天府新区	成都市	—	—	6801.80	10.0	2018

续表

新区	统计口径	商品销售总额	增长率	社会消费品零售总额	增长率	时间
湖南湘江新区	长沙市	—	—	4765.04	9.9	2018
南京江北新区	新区	1900.00	20.0	—	12.5	2018
福建福州新区	新区	—	—	4682.00	11.6	2018
云南滇中新区	新区			156.06	15.5	2017
黑龙江哈尔滨新区	哈尔滨市	—	—	4044.80	8.0	2017
吉林长春新区	新区			1003.20	3.1	2018
江西赣江新区	新区				30.7	2018
河北雄安新区	新区				9.0	2018

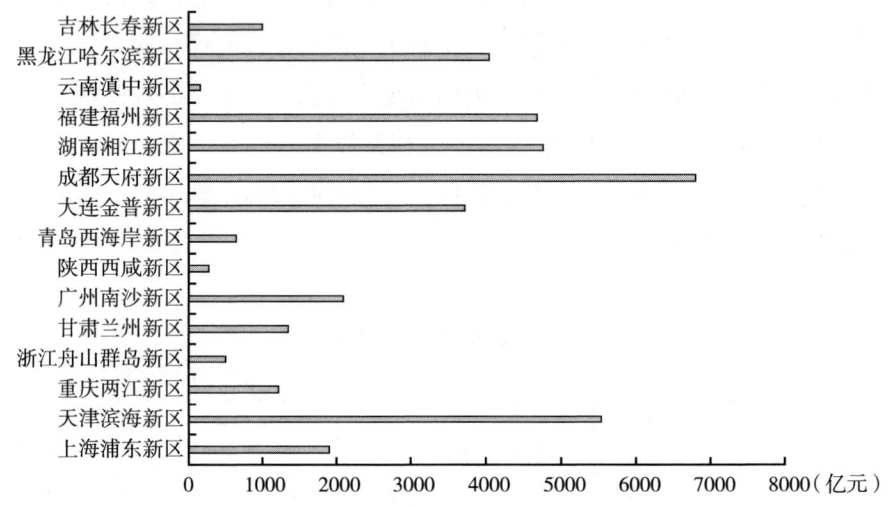

图 2-8 部分新区 2018 年社会消费品零售总额对比

从图 2-8 可以看出，天津滨海新区和成都天府新区的社会消费品零售总额要明显高于其他新区，成都天府新区更是遥遥领先，反映出两个新区较发达的商品经济实力。与其他新区相比，云南滇中新区社会消费品零售总额明显低于其他新区，这可能是因为该新区开发建设起步晚、底子薄、财力弱、任务重。

从新区 2018 年社会消费品零售总额增长率来看，江西赣江新区社会消

第二章　国家级新区经济发展情况

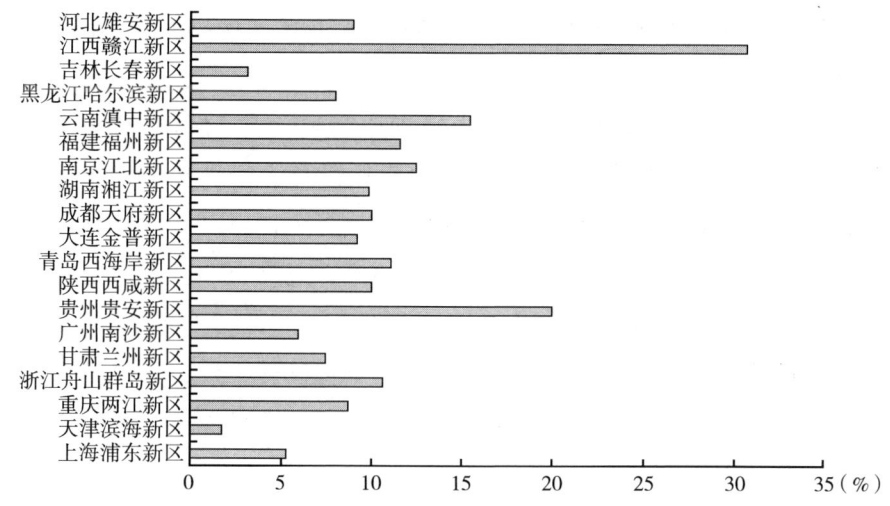

图 2-9　部分新区 2018 年社会消费品零售总额增长率

费品零售总额增长率最高，达到 30.7%，贵州贵安新区社会消费品零售总额增长率排第二位，为 20.0%，说明这两新区正在加紧对外开放，从而带动本地区商贸活动，福建福州新区、浙江舟山群岛新区、陕西西咸新区、青岛西海岸新区以及成都天府新区的社会消费品零售总额增长率接近，与之相比，天津滨海新区、吉林长春新区、上海浦东新区社会消费品零售总额增长率较低。

总体来看，各个新区批发零售行业都在发展，反映了社会需求总量的增加，说明人民物质文化生活水平不断提高，社会商品购买力不断增强，经济不断发展。

第三节　营商环境情况

"投资环境就像空气，空气清新才能吸引更多外资"，习近平总书记在博鳌亚洲论坛上的这句话，一语切中要害。可以说，抓营商环境就是抓发展，抓营商环境就是解放生产力、提升竞争力。习近平总书记强调，要营造稳定公平透明、可预期的营商环境，加快建设开放型经济新体制。对于企业而言，良好的营商环境非常重要，可以防范行政过度干预，帮助企业稳定市场预期，减少不必要的麻烦。

2018年初世界银行公布了以"改革创造就业"为主题的2018年营商环境报告，并选出评价营商环境的11个指标体系：一是开办企业，手续要简便，所需的日期要缩短；二是办理施工许可证；三是获得基础设施的支持，尤其是电力的支持；四是企业登记财产；五是企业获得信贷；六是企业需要得到保护，尤其是对中小投资者的保护；七是纳税以及税后服务；八是跨境贸易；九是合同的执行；十是办理破产手续；十一是劳动市场的监管。因此，在判断各新区的营商环境时可借鉴世界银行公布的指标体系来评价。

一 上海浦东新区

2018年，上海浦东新区为进一步服务自贸区建设，促进营商环境优化，推出"二十条"措施，其中的企业登记流程方面，推行"1+1+2"企业登记办理模式。为优化营商环境，上海浦东新区作出以下努力。企业登记流程化繁为简。"四个集中一次办"重点推出。一是浦东337项审批全部集中到行政服务中心。二是104项企业市场准入事项全部纳入"单窗通办"。"单窗通办"实现了"三个通"。三是设置投资建设审批综合受理"单一窗口"。四是重点区域建设项目集中验收全流程80天。战略招商取得突破。2019年一整年，新区新设外资项目数1534个，合同外资250.5亿美元，实到外资78.3亿美元，增长11%，占全市比重达到46%。持续推进招商安商稳商，企业版"走千听万"覆盖3100家重点企业。推动"十三五"财政扶持政策出台，鼓励外商投资和企业发展，纳税额千万元以上企业外迁数量、税额同比均降低30%。投资贸易便利化程度提高。国际贸易"单一窗口"3.0版上线运行，保税区关检"三个一"查验平台全面建成运行，货物状态分类监管试点企业扩大至39家。提高监管治理精准度。上海浦东新区检察院还正式出台了《服务保障上海浦东新区营商环境建设十二条意见》，为浦东经济持续发展提供新动能，为经济新的增长点保驾护航。

二 天津滨海新区

为了牢牢把握天津滨海新区发展的历史性窗口期，最大限度地把机遇优势变成发展优势、竞争优势，天津滨海新区正式印发《滨海新区关于进一步优化投资服务和营商环境的工作分工方案》，明确天津滨海新区将着力优化营商环境、法制环境、市场环境、人才环境、社会环境，并将建立完善监督问责机制，把进一步优化投资服务和营商环境工作纳入绩效考评指标体系。分工方案明确了天津滨海新区在五个方面实现营商环境的优化：大力推进"放管服"改革、形成依法行政制度体系、构建高度开放新型投融资体制、全力打造聚才引才新高地、推动诚信滨海建设取得新突破。

三 重庆两江新区

重庆两江新区营商环境进一步改善。全面落实营商环境建设年重点任务，推行"审批导航""同城免费邮寄送达"等服务新举措，拓宽重点项目联审绿色通道。优化财政投资基建项目审批流程，试点企业投资项目承诺制，探索批后监管新思路，扎实推进"双随机一公开"工作。在"五证一章、一照一码"基础上，将开户许可证、对外贸易经营者备案登记表等备案类涉企证照事项统一整合到营业执照上，实现"26证合一、一照一码"。截至2019年11月，全区新增市场主体24274户，增长48.6%；其中企业11366户，增长50.4%。

四 浙江舟山群岛新区

外商投资企业商务备案"多证合一"。不涉及实施准入特别管理的外商投资企业只需向市场监管部门递交申请材料，即可一次性完成商务备案和工商登记。招商引资推进"四大举措"。一是紧扣目标，全力实现招商开门红；二是注重实效，推动招商量质并举；三是突出重点，瞄准招商关键领域；四是创新方式，增强招商针对性。跨境人民币业务"多元化格局"。外商投资融资租赁"三大特点"：一是登记数量迅猛增加，二是投资者地区以香港为主，三是片区分布以本岛为主。

自2017年4月1日中国（浙江）自由贸易试验区挂牌到2019年底，自贸试验区新设立企业4167家，注册资本2173亿元；其中油品企业812家，注册资本706.9亿元；外商投资企业59家，合同外资88873万美元，实际利用外资30488万美元，固定资产投资256亿元。人民币贷款余额591.5亿元，跨境人民币结算金额17.4亿元。全年保税油供应量达到182.8万吨，比上年增长71.8%；保税油结算量480.8万吨，达到全国的45%左右。试验区新增专利申请269件，专利授权145件。新增高新技术企业8家，营业收入25.0亿元。

五 甘肃兰州新区

2018年以来，甘肃兰州新区招商引资工作紧紧围绕打造"管理效率最高、服务质量最优、运营成本最低"的目标，以《甘肃省人民政府关于进一步加强招商引资促进外资增长若干措施的通知》的全面实施和开展"转变作风改善发展环境建设年"为有利契机，进一步突出产业招商，拓宽招商渠道，强化项目落地，取得了新的实效。

实施"经合局+"招商模式。全力推进"经合局统筹协调，各部门全面支撑，三园区主导推进，全社会广泛参与"的全员招商机制。结合绩效考核，将招商引资任务分解落实到25个责任部门、3个园区和7家国有企业，协同推进招商工作。做好招商项目储备库建设。在举办2018第二十四届兰洽会期间，甘肃兰州新区成功引进签约项目59个，较上年增加20%，签约总额356亿元，较上年增加16%。此后将重点围绕产业发展需求，紧盯三个"500"强企业，着力引进符合国家政策、投资体量大、带动能力强、发展前景好的大项目、好项目，加快培育一批具有爆发力和引领力的创新型增长点。按照"强二优三"和"建链、延链、补链、强链、优链"的产业发展思路，做好招商项目储备库建设。

六 广州南沙新区

广东自贸试验区挂牌3年以来，自贸区南沙片区共形成376项改革创新成果，其中行政体制改革方面的创新达184项，涵盖政务服务创新、证照分离改革、商事制度改革、事中事后监管体制建设等重点领域，并在全国、全省、全市复制推广的创新经验超过半数，"跨境电子商务监管模式""企业专属网页政务服务新模式"入选商务部"最佳实践案例"，南沙国际化、市场化、法治化营商环境水平显著提升。为深化自贸区"放管服"改革，南沙在优化政务服务管理方面推出了《中国（广东）自由贸易试验区广州南沙新区片区关于进一步优化营商环境的十项政务服务管理改革措施》。

南沙区多举措加大营商环境制度创新力度：一是降低市场准入门槛。实施"先照后证"改革，目前商事登记前置审批事项仅保留20项，116项改为后置审批。二是提升企业开办便利度。探索开启全面推行商事登记确认制改革，依托"人工智能+机器人"商事登记系统，实现无人审批，自动确认，最快10分钟可领取营业执照。三是构建信用监管为核心的新型监管模式。建设上线市场监管和企业信用信息平台，已连通南沙区内47个部门，汇集9万余户市场主体、150多万条各类监管、信用信息，围绕信息共享与数据治理、大数据市场监管应用、信用联合奖惩应用等内容，促进监管全程信息化、智能化，提升监管能力和水平。

七 陕西西咸新区

陕西西咸新区作为经济发展国家级新区和西安建设国家中心城市的最大增量、全省奋力追赶超越的新引擎，高度重视中央、省市有关部署，认真贯彻落实省市行动方案任务安排，通过顶层设计、系统部署、全面统筹、重点突破，打出了一套优化营商环境的高效组合拳。

高度重视，周密部署，构建新区营商环境强保障。首先，加强制度建设，明确奋斗目标。陕西西咸新区对照省市行动方案要求，制定印发《西咸新区优化提升营商环境实施方案》。其次，建立组织机构，提供有效保障。陕西西咸新区专门成立了优化提升营商环境工作领导小组，管委会主任康军同志亲自担任组长，9名委领导担任副组长，包含28个成员单位。最后，完善运行机制，推进任务落实。陕西西咸新区建立了一整套完善的制度运行机制，确定每月召开新区营商环境领导小组月例会，每两周分别召开"七个专项组"双周例会，每周召开优化提升营商环境周例会。

着眼特色，重点突破，跑出新区营商环境加速度。首先，全面落实"3450"行政效能提升改革，即建立提前介入、优化流程、一窗受理、集中审批、限时办结、信息共享、全城通办的运行机制，要求实现"3个工作日办结企业设立商事登记，4个工作日办结经营许可，50个工作日办结建设工程项目审批"。其次，系统构建"五星级店小二"服务体系。在项目招商、项目建设、投资运营三个阶段分别建立"招商服务店小二""项目审批店小二""项目建设店小二"服务体系，制定落实方案，确保一人一户，责任到人，为企业提供设立、落地、开工、运营全流程的五星级服务。再次，科学设置多维度考核评价体系。为确保考核结果准确反映陕西西咸新区优化提升营商环境工作客观实际，新区从省市任务完成情况、新区任务完成情况、社会舆论综合评价、精准服务实时评价四个维度设置考核体系，制定考核方案。最后，扎实推进"证照分离"审批制度改革。为切实降低市场准入门槛，解决企业"准入不准营"的问题，省政府决定在陕西西咸新区试点"证照分离"改革。此外，陕西西咸新区还积极加强宣传推介，打造新区营商环境金字招牌。

八 贵州贵安新区

贵州贵安新区设立近五年来，在产业发展、城市建设、民生改善等方面取得了令人称赞的成绩。作为全国相对集中行政许可权改革试点，近年来贵州贵安新区大胆探索，纵深推进"放管服"改革工作，不断打出"组合拳"，着力提高"线下"实体政务大厅服务质量，持续完善"线上"服务平台功能，不断提升审批效率，为办事群众提供更高效、更便捷的办理流程。

简政放权活力迸发。一方面，贵州贵安新区对"六个一批""证照分离"改革事项进行调整充实，着力解决"办照容易办证难""准入不准营"等突出问题，开展了98个"证照分离"事项试点改革。另一方面，贵州贵安新区大力减轻市场主体负担，全面贯彻落实行政事业性收费目录。铆足干劲抓好监管。贵州贵安新区全面推行监管工作标准化，完善落实事中事后监管"标准清单"，细化部门责任事项和追责情形，实现事中事后监管全覆盖；完善优化"审管分离"系统功能，强化审批、监管部门有效应用，将应用情况纳入新区政务服务考核内容，打通部门"信息壁垒"，实现审批信息和监管信息实时互动推送。同时，贵州贵安新区还建立以统一社会信用代码为唯一标识的企业信息共享平台，加强市场主体信用信息收集、存储和应用，突出对违纪、失信、违约信用信息的记录、交换和共享。通过这一平台，贵州贵安新区加大企业信用信息公示力度，建立守信激励、失信惩戒联动约束机制，实行经营异常名录、失信企业黑名单制度，对守信主体予以支持和激励，对失信主体实施联合惩戒，依法予以限制或禁入，形成"一处失信，处处受制"的联合惩戒机制。

九　青岛西海岸新区

为深入推进"放管服"改革，打造一流营商环境，青岛西海岸新区坚持以群众需求为导向，持续优化公共资源交易流程，压减办事环节，缩短办事时限，既为服务对象提供了更加优质的服务，又为新区重点项目落地赢得了宝贵时间，实现了经济效益和社会效益的双丰收。首先，建立和完善网上交易平台，将受理登记、信息发布、投标报名、专家抽取、评标评审、现场监督、中标公示、保证金收退、资料存档备查等环节全部纳入平台，积极促进局域网、政务网和交易系统平台"三网"有机融合，确保信息传递及时有效，让服务对象"多跑网路，少跑马路"。其次，实行公共资源交易全程记录，制定出台业务受理备案、开评标现场全程留痕、质疑投诉处置和档案资料管理等4个方面30余项系列制度办法；在服务大厅、办事窗口、开标室、评标室、专家通道等主要交易场所专门增设了视频音频实时监控设备，对交易过程实施无死角监督；对纳入新区重点项目或敏感度、社会关注度较高的民生项目，实行公共资源交易监督员制度，邀请社会人士全程参与。

十　大连金普新区

辽宁自贸区大连片区成立至今，作为自贸大连片区的承接地，大连金普新区各部门单位积极推出创新服务举措：149项复制自上海等自贸区的创新经验，89项各部门支持大连自贸片区建设的措施和66项自创举措，使新区的营商环境进一步优化，竞争力和吸引力显著增强。比如，"允许海关特殊监管区企业委内加工"，使濒临关闭的海尔大连工厂重获生机；"批次进出、集中申报""区内自行运输"，让大连爱丽思欧雅玛公司每年可累计节约通关时间1248小时，节省费用41.6万元；利用"保税展示交易平台"，大连山崎马扎克有限公司节约通关成本20余万元。大连海关推出的归类尊重先例试点、口岸部门联合推动的"三互"大通关、关检联合推动的保税混矿、国税局的出口退税平台、人民银行大连市中心支行的自贸在线服务平台等制度创新在全国推广。"一般纳税人简易设立、迁移、注销"、质量监督"许可服务专员"制度、检验检疫企业远程自助放行模式、大豆期货交割与加工原料之间快速变更检疫许可证、"外汇收支企业名录"在线登记、一般纳税人增值税发票在线办理、联动联勤综合执法机制等先行先试措施正在积极推动并总结经验。

十一　成都天府新区

作为"一带一路"建设和长江经济带发展重要节点的成都天府新区，积极推进法治化建设进程，以更加坚定的信心、更加有效的措施，加快建设符合国际惯例的法治营商环境，努力为"一带一路"建设贡献更多力量。与此同时，将继续对标国际一流，培养高素质国际法律人才，复制推广有益经验和最佳实践，提升法治能力建设水平，以实际行动促进法治营商环境构建。

十二　湖南湘江新区

在2019年的工作中,湖南湘江新区对标先进城市,不仅努力改善了基础设施等"硬环境",还通过体制机制创新,优化营商环境,在"软环境"上有新突破。通过行政改革,进一步简化手续,优化审批制度,推进法治化,深化"互联网+政务服务",推行市场准入负面清单,着重做好减费、减税、减证等降低制度性交易成本文章,提高办事效率,降低企业成本。建立企业服务中心,全程为企业做好各项服务,解决服务企业"最后一公里"难题。

十三　南京江北新区

南京江北新区加快新型研发机构的聚集,配套出台和落地相应的优惠政策,仅2019年就制定和发布重大优惠政策26项。2019年以来,南京江北新区签约新型研发机构项目25家,孵化企业数居南京首位。2019年,新区人力资源总量超10万人,累计入选江苏省"双创"、"333工程"、"六大人才高峰"等计划人才161名,入选市级各类人才计划630余人,仅2019年市级以上人才计划和海外高层次人才就在南京江北新区新创办企业172家。集聚留学人员创业企业共175家,吸纳留学人员就业263人。在152家重点高新技术企业中,拥有硕士4270人、博士339人,引进外籍专家33人、外籍常驻专家40人,引进海外归国人员303人,形成高端创新创业人才的集聚效应。2019年南京江北新区创新资源集聚能力指数比上年增长7.77%,呈现出广聚顶尖人才的图景。2014~2019年,南京江北新区创新资源建设与集聚能力指数由88.37增加到115.16,虽然整体累计增长幅度不大,但在新区成立后呈现出强劲的加速增长态势。从创新资源建设与集聚能力的维度看,经济建设与集聚能力指数增长保持相对稳定;人口资源集聚能力指数在新区成立后,出现了明显的加速增长拐点。

十四　福建福州新区

福建福州新区根据福建省委、省政府要求，对标并复制推广上海市"证照分离"改革试点经验，从中确定98项行政许可等事项予以实施。通过改革审批方式和加强综合监管，进一步破解"准入不准营"的问题，降低企业制度性交易成本，打造稳定公平透明、可预期的营商环境。

十五　云南滇中新区

截至2019年2月，新区审批事项流程和申报材料压缩40%，相对集中行使的审批权提速75%以上，共计完成企业设立审批4255件次，其中投资项目类审批1923件次，涉及项目总投资1796.88亿元。

十六　黑龙江哈尔滨新区

黑龙江哈尔滨新区坚持先行先试流程再造，创新行政审批制度改革，为优化营商环境除障。创新审批制度，优化营商环境。成立行政审批局，首批将原分散在7个区直部门的47项审批事项划转到行政审批局，集中审批。审批时限由原先的86个工作日压缩到18个，企业设立审批实现了"即审即办，立等可取"，公共事务审批实现了"平行审批，多证同发"。通过对全区2251项行政权力的要件、时限、环节进行流程再造，共优化行政权力和公共服务事项185项，涉及全区13个部门，共计精简要件83个，压缩时限2352天，整合环节92个，全面优化了服务流程，服务效率进一步提升。全面推行"最多跑一次"改革。经过对标学习全国先进、认真设计流程、精简要件、完善网上办事等措施，现已向社会公布了两批共437项"最多跑一次"事项，"最多跑一次"和网上办事数量均居哈尔滨市九区前列。

十七　吉林长春新区

全面启动"千户企业万张服务卡"行动。"千户企业万张服务卡"行动是牢固树立"企业至上、服务优先"理念，构建具有新区特色的服务企业工作机制，进一步优化营商环境的重要创新举措。细化落实《长春新区打造一流营商环境"二十条"措施》。2019年，对标国际营商标准和国内先进水平，吉林长春新区向社会发布了《吉林长春新区打造一流营商环境"二十条"措施》，涉及优化市场准入环境、优化生产经营环境、优化对外贸易环境、优化人才引进环境、优化市场监管环境五方面共二十条具体措施，既有突破性，又具有可行性，是充分发挥国家新区"先行先试"、创新发展优势，不断深化"放、管、服"改革举措，找准症结，综合施治，精准发力，打造更加便利、更低成本、更具保障的国内一流营商环境重大创新举措。

十八　江西赣江新区

2019年一季度，临空组团共实施招商引资项目21个，总投资金额达到125亿元，较2017年一季度增长51.4%。临空组团着眼优化项目结构，紧紧围绕LED、电子信息、新能源等主导产业，重点以"强链""补链"为突破口，重点引进了总投资20亿元的能源互联网综合产业基地项目、15亿元的光电产业园项目等重大重点项目，同时，引进了5个LED产业链下游产业配套项目，进一步提升了LED产业链的竞争力。

2019年，临空组团通过强招商、推项目、优服务、兴建设，园区经济实现了跨越式发展。园区总收入超过300亿元，增速实现"两位数二字头"；规模以上主营业务收入约200亿元，同比增长115%；规模以上工业增加值增长10%；完成固定资产投资约115亿元，同比增长38.5%，其中工业投资完成约60亿元，同比增长85.3%，工业投资占全区固定资产投资比例为52.1%；工业用电量20527.62万千瓦时，累计增速275.19%；实现财政总收入3.38亿元，同比增长60%；实现一般公共预算收入1.16亿元，同比增长28.9%；实现全区社会消费品零售总额0.6亿元，同比增长22%；实际利用外资1亿美元、外贸出口额1亿美元。

十九　河北雄安新区

河北雄安新区管理委员会改革发展局表示，将持续改善营商环境，不断优化服务民营企业的各项工作，加紧研究出台河北雄安新区传统产业转型升级指导意见，推动企业发展动力向创新驱动转变。目前，河北雄安新区已经与百度、阿里巴巴、腾讯等优秀民营企业签订了战略合作协议，发挥了与民营企业的协同优势，百度、京东等民营企业主导的无人驾驶等智能场景应用已经在新区落地生根。河北雄安新区将不断推进简政放权、放管结合、优化服务，持续推动商事制度改革，大力开展税费清理改革，降低市场准入门槛，加速释放投资活力，减轻企业负担，全面提升营商环境，让民营企业和河北雄安新区共成长。

第三章　国家级新区社会建设情况

国家级新区作为由国务院批准设立，承担着国家重大发展和改革开放战略任务的综合功能区，应当更加强调社会建设与经济发展并行的理念，在发展经济的同时，更要注重社会治理与建设。为此，国家级新区发展应兼顾地区特色、新区特点，有效融入社会工作理念和方法，从而抓住发展契机，推进经济社会、多元利益主体协同共治，本章重点就各新区人口聚集及公共服务情况作了梳理。其中，第一节从人口聚集角度横向对比分析了部分国家级新区2019年人口状况，第二节从各国家级新区的教育、医疗卫生、基本社会保障、公共就业服务及基础设施等角度做了分析。

第一节　人口聚集

人口的增长代表着国家和地区的繁荣，它不仅仅是经济发展的表现，同样也是经济发展的内在原因。我国19个国家级新区作为国家重要的经济发展引擎，其人口发展状态就显得至关重要，随着各个新区的全面开放推进发展，新区人口聚集明显提速。

因资料获取渠道有限，本部分仅收集到天津滨海新区、重庆两江新区、甘肃兰州新区、广州南沙新区、贵州贵安新区、陕西西咸新区、青海西海岸新区、南京江北新区、吉林长春新区等2019年常住人口数，以及部分新区2020年、2030年、2035年规划人口数。据各新区政务网及新区所属市统计局不完全统计，2019年各国家级新区常住人口、户籍人口都有了不同程度的增加。

观察分析2016~2019年各新区常住人口数据，发现新区人口数量与新区的成立时间存在相关关系。相对于2015年后成立的新区，2015年之前成立的新区，特别是2014年以前最先成立的上海浦东新区、天津滨海新区和重庆两江新区人口数量相对较多，其后获批的新区发展时间尚短，还未形成足够的人口集聚效应。

从地域角度来看，新区人口数量与新区所在区位存在相关关系。相较于中西部地区，东部沿海地区的新区常住人口与户籍人口数量明显较多。中西部地区新区特别是西部地区新区，人口数量与增长率都低于东部沿海地区。

表3-1 部分国家级新区人口状况

单位：万人

新区名称	2019年常住人口数	至2020年规划人口数	至2030年规划人口数	至2035年规划人口数
上海浦东新区	555.02	—	—	558
天津滨海新区	300	400	—	—
重庆两江新区	257	500	—	—
浙江舟山群岛新区	117.30	—	—	—
甘肃兰州新区	36	60	100	—
广州南沙新区	79.61	—	230~270	—
陕西西咸新区	100	156	272	—
贵州贵安新区	100	—	200	—
青岛西海岸新区	160.82	240	410	—
大连金普新区	161	—	—	—
成都天府新区	320	350	500	—
湖南湘江新区	—	—	—	400
南京江北新区	130	225~245	300~350	—
福建福州新区	—	175	282	—
云南滇中新区	—	110	240	—
黑龙江哈尔滨新区	—	125	—	220
吉林长春新区	55	102	190	—
江西赣江新区	70.2	200~250	—	—
河北雄安新区	114.58	—	200~300	—

注：由于信息收集渠道有限，上海浦东新区、浙江舟山群岛新区、大连金普新区、成都天府新区2019年常住人口数采用2018年的数据。

资料来源：根据各新区政务网及新区所属市统计局整理。

从经济发展的角度来看,新区人口数量与经济发展状况存在相关关系。经济发达地区的新区,如上海浦东新区、重庆两江新区、成都天府新区、南京江北新区等的人口集聚程度也相对较高。

但以上分析并不能说明新区人口集聚度只与成立时间、地域、经济发展有关,新区人口数量往往还要受到新区规划、新区面积、新区所在省市人口数量等因素的影响。

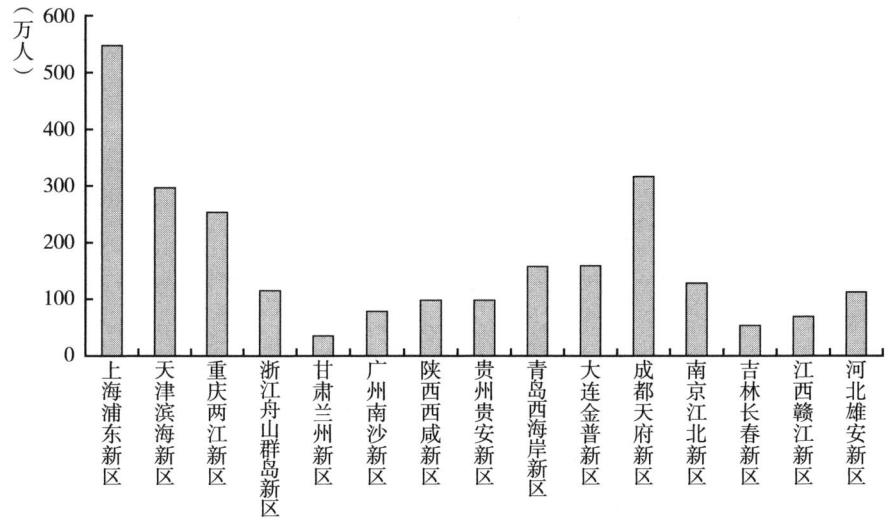

图 3-1 2019 年部分新区常住人口数量

一 上海浦东新区

2018 年上海浦东新区人口总量继续增加,受机械迁移影响,户籍人口和流动人口有所增加。2018 年底全区常住人口总量为 555.02 万人,比 2017 年增加 2.18 万人,其中外来常住人口为 235.84 万人,比 2017 年增加 0.75 万人。上海浦东新区 2018 年人口呈现如下特征。

1. 生育率下降明显,人口出生小高峰已过

上海浦东新区户籍人口 2018 年报户出生 2.32 万人,出生总数比 2017 年减少 0.34 万人,出生人数同比下降 12.6%,连续两年两位数下降。户籍

总和生育率下降至极低水平 1.04，出生率为 7.72‰，为 2007 年以来最低水平，人口出生第四次小高峰经过短暂的生育补偿后基本结束。

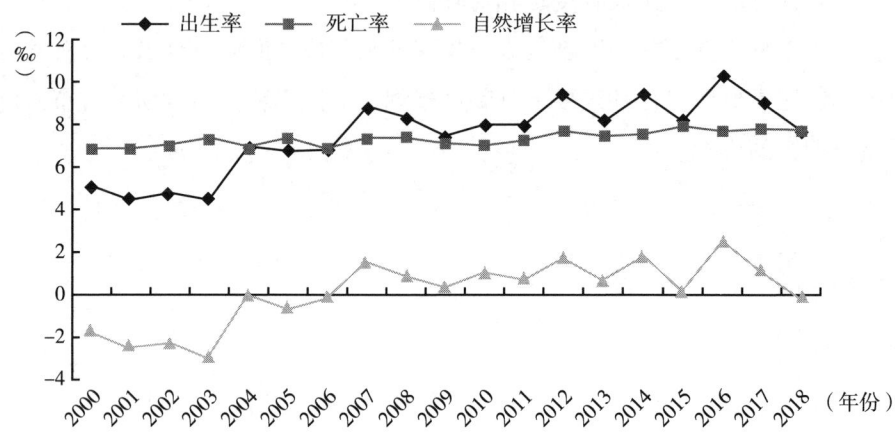

图 3-2　2000~2018 年上海浦东新区人口变动情况

2. 户籍人口老龄化加剧

户籍人口老龄化加剧，2018 年底户籍 60 岁及以上老年人口 95.38 万人，比 2017 年增加 4 万，占户籍人口总数的 31.5%，与 2017 年相比提高 0.9 个百分点。65 岁及以上老年人口 64.63 万人，占户籍人口的 21.3%，比 2017 年提高 1 个百分点；80 岁以上的老年人口为 15.09 万，占户籍人口总数的 5.0%，提高 0.1 个百分点。

3. 净迁移回升，机械迁移拉动户籍人口继续增长

受住房开发、人才引进和经济发展多重因素影响，迁移成为户籍人口增长的绝对影响因素，全年新区户籍人口机械迁移净增长 4 万人，与 2017 年相比，净迁移增长 40.8%，户籍人口净迁移在连续三年下降后出现回升，为两区合并以来第二高的水平。

4. 户籍人口总抚养比持续走高

2018 年末，上海浦东新区户籍劳动年龄人口 202.38 万人，占户籍人口的比重为 66.8%，占比持续下降。人口结构此消彼长，少年儿童占比和老龄人口占比都持续上升，社会总抚养比快速攀升，高达 49.8%，比 2017 年

高出3个百分点。上海浦东新区社会抚养负担已达2个户籍劳动年龄人口负担1个老人/儿童的水平。

5. 实有人口总量继续增长，来沪人员小幅回升

（1）本市户籍实有人口方面，街道降速趋缓，镇域稳定增长

2018年末上海浦东新区实有人口中上海户籍人口324.38万人，与2017年相比，增加2.93万，增长0.9%，增速回升，占实有人口的比重与2017年相当，为57.9%。各街道本市户籍实有人口继续减少，但下降速度趋缓，住房开放较多的镇（如周浦、惠南）和重点开发区域周边镇（如张江、唐镇）户籍实有人口增长较快，南片农村化地区上海户籍实有人口继续小幅下降。

（2）来沪人员小幅回升

2018年底来沪人员226.97万人，增加1.6万，同比增长0.7%，占实有人口的比重40.5%，下降0.1个百分点。外来人口出生减少，2018年全年外来人口出生1.89万人，减少0.17万人，下降8.3%。流动人口大量集聚在城郊接合部的康桥、川沙、三林、北蔡、惠南、曹路和张江7镇，街道流动人口基本保持流出态势，镇域范围过半的镇流动人口减少，增量相对集中，基数较高的川沙、曹路，以及临港周边各镇和金桥、高桥等镇来沪人员增长明显。

（3）境外人员略有下降，分布缓慢朝外围扩散

2018年底上海浦东新区境外人员总数8.6万人，减少0.23万，下降2.6%，占实有人口的比重为1.5%。从分布看，境外人员依然集中在张江、金桥、潍坊、花木、金杨、康桥和陆家嘴等街镇，境外人员相对集中的街镇其占比下降，境外人员缓慢向郊区流动。

《上海市浦东新区国土空间总体规划（2017~2035）》指出，严格管控浦东新区常住人口规模，优化人口布局。到2035年，常住人口调控目标不超过558万人，其中城镇常住人口539万人左右。

二 天津滨海新区

2019年，天津滨海新区的常住人口约300万人。根据《天津市滨海新区人口发展"十三五"规划》，受京津冀协同发展等因素影响，作为天津承

接产业转移以及非首都功能疏解平台的滨海新区或将迎来新一轮人口增长，预测到2020年，新区外来人口或将超240万人，占常住人口的比重将超60%。规划提出，"十三五"期间，天津滨海新区保持经济适度较快增长，需要一定规模劳动力支撑，预测新区就业人口和总人口的年均增长率分别为3.84%和5.23%。该规划提出，新区将在满足经济发展对劳动力需求基础上，适度从严控制人口增长，2020年常住人口控制在400万人左右，其中户籍人口在145万人左右。

三 重庆两江新区

2019年，重庆两江新区的常住人口为257万人。在未来人口规划方面，两江新区规划明确提出，到2020年要形成500万人口的城市规模，相当于一个特大城市。

四 浙江舟山群岛新区

2018年末浙江舟山群岛新区常住人口为117.3万人，出生率为9.1‰，死亡率为6.4‰，城镇化率为68.1%。《浙江舟山群岛新区（城市）总体规划（2010~2030年）》（2018年修改）规划期限为2012~2030年，规划期末保持中心城区人口规模为120万人。

五 甘肃兰州新区

2019年，新区新增常住人口6万、总人口突破36万，现代中型城市初步形成。根据《兰州新区总体规划（2011~2030）》，到2020年兰州新区总人口增至60万人，到2030年将达到100万人，其中妇女和儿童人口将达到70万人。

六 广州南沙新区

2019年南沙新区常住人口79.61万人，在全广州市排名倒数第二，城镇化率72.89%；户籍人口46.33万，较2018年增加2.4万，城镇化率64.6%。

表 3-2 广州南沙 2016~2019 年常住人口数据统计

单位：万人，%

年份	常住人口	人口增量	增速
2016	68.74	5.21	8.2
2017	72.50	3.76	5.47
2018	75.17	2.67	3.68
2019	79.61	4.44	5.91

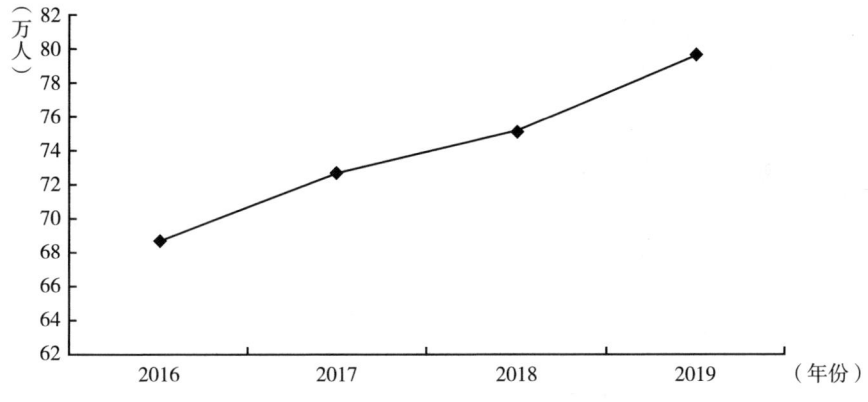

图 3-3 广州南沙 2016~2019 年常住人口数据统计

《广州南沙新区城市总体规划（2012~2025 年）》指出，至 2025 年，广州南沙新区经济社会发展将实现重大跨越，预测常住人口规模为 230 万~270 万人，城市公共设施、市政基础设施按 300 万人口进行配置。

七 贵州贵安新区

根据贵州省人民政府网站，2019 年贵安新区人口超过 100 万。《贵安新区总体规划（2013~2030 年）》指出，到 2030 年，城乡人口达到 230 万人左右，其中，城镇人口达到 200 万人左右，乡村人口逐渐减少且稳定在 30 万人左右。

八 陕西西咸新区

截至 2019 年底，西咸新区人口超过 100 万。《西咸新区城市总体规划

（2016～2030）》指出，2020年，人口容量为156万人；2030年，人口容量为272万人。

九 青岛西海岸新区

2019年，青岛市常住总人口949.98万人，比上年末增加10.5万人。其中，西海岸新区常住人口共计160.82万人，比上年末增加1.09万人。

《关于推进实施青岛西海岸新区发展总体规划的意见》提出，到2020年，常住人口达到240万左右，人才总量达到70万人。《青岛西海岸新区城市总体规划（2013～2030）》指出，2030年常住人口达到410万人左右。

十 大连金普新区

大连金普新区2018年第四次党政联席（扩大）会议上，市委常委、金普新区党工委书记、管委会主任王强强调，新区人口现已超过160万。据金普新区统计，金普新区2018年底常住人口161万。

十一 成都天府新区

2018年，成都天府新区常住人口约320万。《四川天府新区总体规划（2010～2030年）》指出，规划总人口2020年为350万人，2030年为500万人。其中，城镇人口2020年为320万人，2030年为480万人。

十二 湖南湘江新区

湖南湘江新区国土规划局将对新区行政区全域进行考虑研究，对湘江新区的空间发展战略规划、城市设计相关成果、生态、交通、建筑高度分区、公共开敞空间、水资源保护建设等进行专项研究，计划远期至2035年新区规划人口不低于400万。

十三 南京江北新区

2019年，江北新区总人口约130万，其中，直管区常住人口84.34万人，出生率13.30‰，死亡率5.08‰，自然增长率8.22‰，城镇化率为77.69%。

《南京江北新区总体规划（2014~2030）》指出，2020年，江北新区总人口225万~245万人，城镇口人170万~190万人，村庄人口约55万，城镇化水平约80%。2030年，江北新区总人口300万~350万人，城镇口人270万~315万人，村庄人口约35万，城镇化水平约90%。

十四 福建福州新区

《福州新区总体规划（2018~2035年）》指出，至2020年新区常住人口总量达到175万人，其中城镇人口95万人，城镇化率达到55%；至2035年，新区常住人口总量达到282万人，其中城镇人口232万人，城镇化率达到80%以上。

十五 云南滇中新区

预计到2020年，云南滇中新区常住人口规模将达到110万人，常住人口城镇化率达到70%左右，地区生产总值突破1000亿元。预计2030年，新区常住人口规模达将到240万人，常住人口城镇化率达85%左右，地区生产总值突破6000亿元。

十六 黑龙江哈尔滨新区

2019年，黑龙江哈尔滨新区新增常住人口约10万人，江北一体发展区常住总人口达到88万。《哈尔滨新区总体规划（2018~2035年）》指出，近期至2021年，新区城镇人口达到125万人；远期至2035年，新区城镇人口达到220万人。

十七 吉林长春新区

2019年，吉林长春新区常住人口约55万人。在发展规模方面，规划至2020年，长春新区人口规模为102万人；2030年，人口规模为190万人。

十八　江西赣江新区

江西赣江新区2016年常住人口约65万人，2017年常住人口约70.2万人。

十九　河北雄安新区

2019年雄安新区人口特征发生了很大的变化。除去周期性因素，雄安新区的人口总量逐步增加。2019年10月雄安新区的人口总量，较2018年10月增长了9.43%；而流动人口的占比与2018年相比，同比增长31.15%，这说明雄安对外来人口的吸引力持续增强。常住人口高学历人群同比增加9.7%，流动人口高学历人群同比增加26.4%，雄安新区不断吸引越来越多的人才。[①]

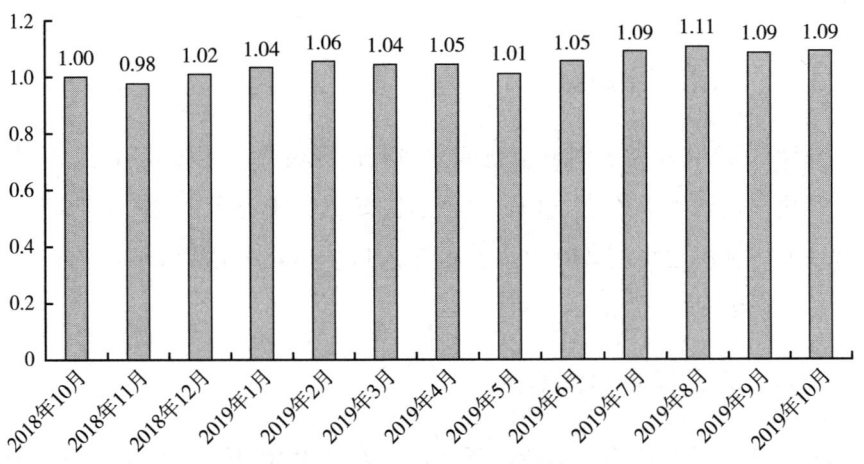

图3-4　河北雄安新区人口总量（常住人口+流动人口）变化

第二节　公共服务

公共服务，是21世纪公共行政和政府改革的核心理念，包括加强城

---

① 高学历指的是大专及本科以上学历。

乡公共设施建设，发展教育、科技、文化、卫生、体育等公共事业，为社会公众参与社会经济、政治、文化活动等提供保障。公共服务以合作为基础，包括加强城乡公共设施建设，强调政府的服务性，强调公民的权利。

随着信息化水平和人民生活水平的不断提高，公众对公共服务需求越来越大、质量要求越来越高，对国家级新区之间公共服务的差异也越来越敏感，已经不再仅仅满足于知道政府在公共服务上花了多少钱，更关心这些支出取得了哪些效果，对公众的工作生活带来了什么切实的改善。从满足信息需求的层面来看，加快政府公共服务绩效评估，并形成定期公开报告制度，不仅为政府进一步改善我国公共服务提供决策参考，而且可以满足公众的信息需求，提高他们参与政府管理和监督的能力，有利于推动决策的科学化和民主化，有利于提升政府在公众心中的公信力。

一　上海浦东新区

1. 教育事业

2019年，新区加快急需的公建配套学校建设，实现高水平开办学校20所、新开工学校22所。扩大优质教育覆盖面，新组建6个教育集团，新建设10所区级公办初中"强校工程"实验校，推动学校创建市特色高中如高桥中学创建市实验性示范性高中等。探索基础教育改革创新，推动"未来学校"试点。完善托幼一体化，新增普惠性托育机构20家。加大教育人才引进力度，规范教师聘用制度。

主要推进教育类重大工程项目4项。上科大配套附属学校竣工；国际医学园区、川沙中学迁建工程和急需建设的公建配套学校项目，均按计划加快推进。项目建成后，将进一步完善浦东教育配套服务体系，推进新区教育均衡优质发展。

2. 医疗卫生

2019年，新区积极引进市级优质医疗卫生资源，复旦大学附属肿瘤医院东院开业运行，推动国际医学园区建设为肿瘤医学高地，支持龙华医院东院、国家儿童医学中心、第一妇婴保健院以及祝桥卫生项目建设，推动沪东、曹路2个区域医疗中心和区精神卫生中心建设。完善公立医院治理机制，新建5个专科联盟。做实"1+1+1"签约服务，努力实现浦东居民有自己的家庭医生。

主要推进医疗卫生类重大工程项目4项。新场综合医疗卫生中心项目、浦南医院改扩建工程、公利医院科教综合楼新建工程、龙华医院浦东分院迁建工程项目均在按计划推进。项目建成后，将进一步完善浦东医疗卫生服务体系，对推进新区基本医疗和公共卫生服务起到重要作用。

3. 基本社会保障

2019年，新区上钢社区综合服务中心项目、临港新城老年养护院、曹路南块B09-14福利院等3个"东西南北中"区级公办养老机构项目正有序推进。项目建成后，将均衡布局"东西南北中"浦东养老机构，充分发挥区级养老设施的示范引领作用，不断完善社会养老服务体系，满足日益增长的服务需求。加密社区嵌入式养老设施，鼓励社会力量开办养老机构，新增床位3000张、长者照护之家5家、老年人日间照料中心5家、农村养老睦邻互助点100家，综合为老服务中心实现街镇全覆盖。深化医养结合，引导新增养老设施与医疗机构毗邻设置，鼓励内设护理院、门诊部等。

4. 公共就业服务

截至2019年11月底，浦东新区的各街镇均圆满完成各项年度工作目标。一是市府实事项目。共完成长期失业青年（启航人员）就业1286人，完成全年指标的108%，完成建档立卡农民6767人，完成市下达指标4964人的136%，实现就业4070人，完成市下达指标2978人的136%。二是重点人群就业服务。共标记重点服务对象8193人，服务结案率100%，"1+1+3"服务（1次政策咨询、1次就业指导、3次岗位推荐）共计3.78万人次，目前已实现就业4441人，就业率54.2%，超过2018年46.1%的就业率。三是"家门口"招聘会。新区共举办"家门口"就业服务招聘（面试）会189场，参与企业2610家，意向录用2450人，推荐成功432人。

2020年，新区将继续找差距、抓落实，多措并举进一步攻克就业难关，推进稳就业工作，兜牢就业这条民生底线。①

5. 基础设施建设

2019年，浦东新区全面落实国家战略、持续提升城市能级和核心竞争力，围绕城市基础设施领域全年推进重大工程项目共计71项，其中市级17项，区级54项。

表3-3 2019年浦东新区重大工程项目主要情况

类别	重大工程项目及完成情况
对外交通(6项)	沪通铁路(浦东段)完成部分腾地，先开段实现开工，在浦东新区境内正线长度约70公里；机场联络线(浦东段)完成前期调查摸底，为全线开工做好准备；大芦线、赵家沟航道整治航道区域基本清盘腾地。项目建成后对深入落实长三角区域一体化发展国家战略、增强浦东对长三角区域的服务功能具有重要意义
轨道交通(4项)	轨交10号线二期、14号线、18号线居民动迁全部清盘；崇明线前期工程已启动。项目建成后，将有效改善市域交通网络，为百姓提供便利，提升区域互动效能
区域交通(59项)	周家嘴路越江隧道工程隧道主线、沿江通道隧道已竣工通车；东西通道工程主体结构已进入施工收尾阶段；龙东大道(罗山路-G1501)改建工程、江浦路隧道工程、龙耀路隧道济阳路—长清路段正在加紧建设中；南六公路、北洋泾路、拱极东路等22项工程开工；杨高路、杨高路—芳甸路立交等17项竣工；其余项目正在有序推进。项目建成后将完善浦东快速路网骨干架构，完善交通基础设施
城市安全(2项)	公共消防站项目中，华夏、芦八、书院消防站已建成，六灶、江镇消防站已开工。ES6地块雨水泵站新建工程主体结构完成。城市基础设施建设是城市经济发展的前提，是城市安全的保障，项目建成将进一步推动社会效益、环境效益和经济效益齐头并进，协同发展

6. 生态环境建设

2019年，上海浦东新区主要推进生态文明建设类重大工程项目23项，其中市级8项，区级15项。老港固废基地周边防护林建设项目、三八河（吕家浜—龙东大道）河道综合整治工程、浦东新区有机质固废处理厂扩建

---

① 资料来源于上海市浦东新区就业促进中心。

项目等7项工程开工,S2沪芦高速生态廊道(一期)、浦东新区合庆镇生态廊道(一期)工程等4项工程竣工。三林楔形绿地、G1501绕城高速生态廊道建设工程项目等12项工程正在加紧建设。项目建成后,将有效提升浦东生态发展水平,营造良好生态环境,为宜居浦东提供有力保障。

二 天津滨海新区

1. 教育事业

自2013年9月接管教育以来,针对各校校园环境简陋、教育资源落后等问题,滨海新区坚持高起点规划、高强度投入、高水平建设,举全区之力打造教育强区品牌,创办让人民满意的教育。近年来,共投入教育创强资金2.3亿元,教育创现资金8000多万元,新建校舍6.19万平方米,改建及维修校舍8.96万平方米,新建改造运动场42个,新增大量图书,配置现代化电教设备,各学校"三通两平台"实现了全覆盖,全面提升教育现代化水平。科学统筹规划,大力促进学前教育提质发展,实行小学撤高留低,实施中学片区联盟,加强高中品牌建设,积极引入优质办学资源,华南师范大学附属茂名滨海学校已顺利落户,2020年秋季开始招生,形成品牌驱动地方教育发展的新态势。

2. 医疗卫生

近年来,滨海新区卫生技术队伍持续壮大,截至2018年底,新区卫生技术人员达到14814人,其中医生6122人,注册护士5865人,药师761人,技师962人,其他人员1104人。随着家庭医生签约服务不断推进,目前新区成立家庭医生团队301个,有效签约居民58.21万人,重点人群签约覆盖率达到80%。

滨海新区各类卫生机构不断聚集。截至2018年底,全区共有各类医疗卫生机构748家,其中政府办161家,社会办287家,其他类型300家。全区床位总数为7973张,其中医院、卫生院床位数为7511张。目前共有三级医院6家,其中综合医院、专科医院各3家;二级医院19家,包括15家公立医院和4家民营医院,其中综合医院10家,中医医院3家,专科医院6

家，社区卫生服务中心（站）共 677 个，专科疾病防治院（所、站）共 40 个。[①]

3. 基本社会保障

2019 年养老金增幅约 5%，企业和机关事业单位退休人员养老金于 2019 年迎来 15 连涨，标准为：企业退休人员养老金由人均 2912 元提高到 3073 元，实现连续 14 次上调；城乡居民基础养老金标准，由每人每月 277 元调整为每人每月 295 元。老年人生活补助标准，60~70 岁提高到 113 元、71~80 岁提高到 123 元和 80 岁以上提高到 133 元。

从 2019 年 1 月 1 日起，将基本养老保险费、基本医疗保险费、失业保险费、工伤保险费、生育保险费等各项社会保险费交由税务部门统一征收，部分企业不给员工上社保或是不给员工全额上社保的情况得到改变。

自 2019 年 1 月 1 日起，个人所得税在提高基本减除费用的基础上，新设子女教育、继续教育、大病医疗、住房贷款利息或者住房租金、赡养老人等专项附加扣除，居民可支配收入增加。同时，纳税人可以通过"个人所得税"手机 App 和各省电子税务局网站申报个人所得税专项附加扣除，手续大大简化。

4. 公共就业服务

2019 年滨海新区就业形势总体稳定，全年新增就业 12.5 万人，转移农村劳动力 6500 人，城镇登记失业率 3.3%。农民工工资清欠实现"三个下降"和"两个清零"，成为国家首批深化构建和谐劳动关系综合配套改革试点。依托区人力资源促进中心、人力资源运营中心，强化区、街镇、村居（社区）三级就业服务平台建设管理，开展企业用工摸底调查，建立 300 人以上企业信息库。合理安排招聘场次，适时组织高校毕业生、退伍兵、"海河英才"等各类主题招聘会，搭建供需对接平台，促进就业。

5. 基础设施建设

2019 年新区新建改造提升道路 26 条，持续打通一批交通堵点。港城大

[①] 资料来源于滨海发布。

道北环铁路桥等6条道路竣工，海河下游航道技术等级调整获国务院批准，西外环高速跨海河大桥、津石高速等加快建设，津歧公路拓宽改造工程全面启动。轨道交通滨铁1号线、2号线9座车站加快建设，2号线、3号线PPP项目顺利入库。新开提升公交线路25条，改造中途站50对，新增停车泊位8200个。

建成5G网络基站1020个，已投入使用698个。改造燃气管网50公里、供热管网15公里，"一户一环"改造6500户，实施11条背街里巷综合整修。农村城市化建设和棚户区改造加速推进，7800余户农村居民实现回迁，改造农村危房526户。

6. 生态环境建设

大气环境质量持续改善。打好蓝天保卫战，严控燃煤电厂产能，完成大港电厂、北塘电厂等11家企业煤电机组治理改造，整治VOC重点企业44家。严控机动车等移动源污染，遥感监测机动车22万辆次。加强扬尘污染治理，建筑施工和拆迁工地全部采用智能渣土运输车。建立饮食服务单位动态管理名册，整治餐饮油烟企业4217家。建成船舶岸电设施48个，实现26个泊位全覆盖。PM2.5年均浓度50微克/立方米。

水土污染治理持续加强。坚持陆海统筹、分类施策，突出抓好渤海综合治理，制定12条入海河流"一河一策"治理方案，10条入海河流实现消劣，其中3条域内河流全部消劣，近岸海域水质优良比例达81%，提高31个百分点。实施14个片区雨污分流改造。排查涉水企业689家，整治疏浚河道666公里。加大农业面源污染治理力度，划定近岸海域水产养殖区、限养区和禁养区，清退水产养殖11万亩，完成40家规模化畜禽养殖企业粪污治理和16家工厂化水产养殖尾水治理。利用无人机遥感等先进技术，加强入海排放口监管。坚决限采压采地下水，封堵机井252眼，完成市级沉降量限制指标。编制净土保卫战重点任务清单，开展257家重点行业企业信息核实工作。

生态保护修复力度持续加大。坚决守护华北之肾，加快打造京津城市绿肺，对标国家级湿地自然保护区标准，加强北大港湿地功能恢复，"五退"工作基本完成，生态补水3.2亿立方米，有水湿地达240平方公里。构建全天候、立体式"人防+技防"野生动物保护体系，为候鸟栖息、迁徙撑起了"安全网"。推进双城间绿色生态屏障建设，高标准提升片区规划水平，完成造林7015亩，加快打造林网交织、路网贯通的生态体系。

三 重庆两江新区

1. 教育事业

通过一系列的改革创新，两江新区的教育事业得到了蓬勃发展。近5年来，两江新区学生入学率不断增加，2019年净增7000余人，幼儿园从67所增加到111所、年均增加8所，中小学从21所增加到39所、年均增加4所。义务教育阶段质量监测居全市前列。高考成绩屡创新高，一本上线实现6年翻五番、增长30倍。

近年来，通过大力发展公办幼儿园，支持民办普惠园建设，两江新区学前教育公益普惠发展取得明显效果。截至2018年，两江新区公办园由过去的1所增至30所，公办率由1.07%提升到38%，普惠率由38%提高到52%。两江新区在发展学前教育过程中，既注重硬件设施的打造，更着力于软件提档升级，坚持通过内涵发展，不断提高普惠性幼儿园的品质和质量。

从2018年开始，新区按照"政府主导、学校组织、家长自愿、公益免费"的原则，面向辖区内全体中小学生提供免费课后服务，相关经费由区财政全额承担并纳入财政预算。目前，两江新区各中小学已实现课后延时服务全覆盖，共开设课后延时服务1200余项，共惠及学生4.1万人，学生参与率达95%。为进一步提升课后服务品质，两江新区正逐步开发实施语文"开口即美"、分级阅读、英语听说能力、数学思维训练、科创STEAM课程等形式多样、内容丰富的课后延时服务，使课后服务成为学校更好发展和学生更好成长的平台。

两江新区将智慧教育作为特色，在中小学推进人工智能教育，大力推进智慧校园建设。目前，新区学校已实现机器人配置全覆盖，全面配置多媒体教学终端，42所中小学及公办幼儿园配置了65间人工智能机器人教室、10间乐聚创客实验室、215个优必选CRUZR机器人。此外，还在校内开设人工智能、机器人编程、STEAM课程等课程，所有学校均已开展标准教材编程教学，实施STEAM跨学科课程和创客课程，学生在国家级、市级编程大赛、电脑制作大赛、机器人竞赛等竞赛中多次获奖。

如今，两江新区正在加快国际教育发展步伐，预计未来5年，每年将投入15亿元，围绕"做大国际学校、做强国际交流、探索国际合作新领域"三个方面，着力打造高端化国际化教育高地，为新区发展汇聚更多人才，为新区创造高品质生活奠定坚实的教育基础。

2. 医疗卫生

截至2019年底，1580余种质量可靠、疗效确切、供应充足、价格低廉的药品进入联合体目录。以重医附一院为龙头，区一院与重医附一院建立"紧密型"医联体，全面提升医疗服务质量和服务能力。推进"互联网+医疗服务"体系建设，重庆铭博医院成为重庆市首家互联网医院，两江新区组建家庭医生服务团队34个，重点人群签约5.5万人，老年人健康管理2.6万人，0~6岁儿童健康管理3.44万人，医防融合成效明显。

通过高标准规划和高水平建设，两江新区医疗卫生事业进入快速发展新阶段。近年来，新区成功引进新加坡莱佛士医院、佑佑宝贝妇儿医院等外资医院，积极推动重庆医科大学附属第一医院金山医院、重庆医科大学附属儿童医院两江院区、重庆市人民医院两江新院的建设，以及区属公立医院扩建、迁建项目，基层卫生机构逐步完善。据统计，目前两江新区直属区8个街道现有各级各类医疗机构342家，全区审批编制床位7485张。

两江新区将持续推进医药卫生体制改革，全力推动重点卫生项目建设，全面实施智慧健康项目，支持"美丽医院"建设，加强卫生健康行业监管，提升公共卫生服务保障能力，让新区群众享受更加优质的服务、提升获得感幸福感。同时，深化与高校、医院、科研院所在国家级实验室集群、高端产业聚合体和创新服务平台等的合作，进一步整合资源力量，推动打造西部医疗中心，加快构建生命科学高地。

3. 基本社会保障

2019年以来，两江新区新添养老机构2个，新建社区养老服务设施7

个，累计建成社区养老服务设施29个，社区养老服务覆盖率已达85%。新区新投运椿萱茂老年公寓与美瑞嘉年人和小筑等养老机构，为新区新增养老机构床位290余张，在硬件建设上实现了跃进性加快。两江新区社会保障系统也在同步推进社区居家养老服务全覆盖，试点嵌入式社区养老服务设施建设，满足老年人的多样化需求。

社保业务方面，2019年两江新区做好扩面征缴和待遇支付，落实社保制度改革，强化基金监督管理及提升经办服务水平等工作。其中，两江新区重点推进社保业务"通城通办"，深化社保平台改革，探索实施社保标准化建设，推进"金保工程"二期建设，完善微信公众号功能，提升社保服务事项网上可办率，扩大网上业务办理覆盖面。

未来，两江新区将加强"互联网＋社会保障"建设，推行社会保障行政审批容缺办理机制，推动服务窗口优化设置，规范下沉业务，增强社会保障服务效能。同时，围绕社会热点和工作重点，组织开展工作调研，坚持为基层办好十件实事，完善服务民企发展、优化营商环境。

4. 公共就业服务

2019年，两江新区就业创业环境持续优化。全区1/2的直属街道完成"更高质量就业"创建并通过区级验收。通过抓好重点群体就业服务、组织开展专项就业服务活动等，全年新增高校毕业生就业见习基地210家，新增就业近20000人，帮促困难人员就业3300余人。两江新区在西部率先探索建立和谐劳动关系企业指数评价体系，创新制定和谐劳动关系企业评定管理办法，构建多元化调节机制，新区创建各类劳动关系和谐企业356家，新创和谐劳动关系示范点1个，劳动争议案件结案率95%，劳动监察举报投诉结案率96%。

5. 基础设施建设

2019年两江新区计划投资400亿元，重点围绕机场、港口、轨道交通、水厂、电站等基础设施建设。两江新区成立以来，通过大规模推进以基础设施建设为重点的大建设大开发，城市功能得到大幅提升和完善。城市道路、水电气以及公租房、安置房等配套建设快速推进，基础设施实现了"逐年稳增长、三年三大步"的跨越式发展，确保了新区持续稳定发展。据初步统计，两江新区全域内每年完成基础设施投资平均超过350亿元，三年半共完成投资超1200亿元。

两江工业开发区，每年用于基础设施的投入超过100亿元。目前，该区开工道路超280公里，竣工道路超200公里，在建房屋超1200万平方米。三年来，两江新区累计开建水厂3座、污水处理厂4座、电站12座，建成配气站2座、供气管37条，安装完成3.9万户民用气，迁建完成各种管网1064公里。

6. 生态环境建设

截至2018年底，两江新区已建成公园109个，建成区绿地率32.08%，绿化覆盖率42.17%，人均公园绿地面积28.16平方米。大小公园星罗棋布，实现"开门见绿，7分钟可达"。置身两江，城在林中、家在园中、人在绿中的生态美景随处可见，青山绿水成就了两江生态版图。此外，两江新区还有64个公园在建，其中建成区在建公园17个，鱼复园区在建公园11个，龙兴园区在建公园12个，水土园区在建公园16个，悦来新城在建公园8个。生态产业体系逐步完善。

2019年，两江新区就将投入48.6亿元用于环保能力建设、五大环保行动和贯彻落实"大气十条""水十条""土十条"等工作。其中，五大环保行动和贯彻落实"大气十条""水十条""土十条"共投入28.05亿元，比上年增长64.7%。

四　浙江舟山群岛新区

1. 教育事业

不断完善教育基础设施。新建和改建完成了舟山第五小学、新城第七幼儿园、胜山三期幼儿园、褐石公元幼儿园；启动舟山第二初级中学、第六小学等建设工程；根据人口变化，协助市教育局修订了《新城义务教育招生办法》；积极开展流动人口居住证量化管理积分入学申请受理工作，通过积分管理，让他们的子女按积分高低顺利入读新城辖区各中小学，享受高质量的义务教育；扎实做好农函大培训工作，共组织举办农函大培训58548人次，培训总人数1620人，其中考证633人。

深入推进科普活动。投入6万元在丹枫社区、甬东社区建造了标准的科普宣传画廊并投入使用;联合舟山市科学技术协会主办了舟山市第十六届科普节暨2018年全国科普日新城科普嘉年华活动;指导千岛街道成立了科协组织,建立了基层"青少年创客联盟",搭建大学生双创联盟总部、新龙电子有限公司等创客教育基地;与南海学校合作举办了首届沉浸式科普阅读嘉年华活动。

2. 医疗卫生

稳步推进健康舟山创建。全面推进责任医生签约服务工作,共有13518人落实了有偿签约,重点人群签约率超过65%;有序开展城乡参保居民免费体检,共完成65岁以上老年人体检5760人;深化红十字现场应急救护培训,完成考证培训185人,普及培训1006人;继续规范做好计生奖扶、特扶工作,扎实做好新城计生特殊家庭、0~24周岁独生子女的保险工作,将14536名独生子女和163名特殊家庭纳入了保险;顺利完成了2018年城乡居民医疗保险年度参保工作任务;全面开展健康细胞创建活动,2018年共创建健康示范单位3家、健康促进学校7家、健康示范家庭43户;加大病媒生物防治力度,对新城病媒生物防治项目开展首次招投标,进一步推进病媒生物防治市场化运作;积极开展了环境卫生大整治、病媒生物防治大检查等专项行动,顺利通过了我市第二轮"国家卫生城市复审"和省爱卫办对我市的病媒生物C级评估工作。

3. 基本社会保障

截至2019年底,舟山市全市参加企业职工基本养老保险人数为56.24万人,比上年增加2.29万人。其中参保缴费人员32.86万人,离退休人员22.48万人,分别比上年增加1.35万人和1.28万人。全市参加城乡居民基本养老保险人数为19.62万人,其中参保缴费人员10.13万人,领取养老金人数9.49万人。全市参加工伤保险人数为39.51万人,比上年减少2.61万人。其中农民工参加工伤保险人数为13.34万人。[1]

---

[1] 资料来源于舟山市人力资源和社会保障局。

4. 公共就业服务

积极做好稳定就业工作。进一步推动就业困难人员就业，实施就业困难人员灵活就业社保补助；加大就业培训力度，提高劳动者就业能力，共有1620人次享受职业技能培训补贴，考证633人；为鼓励大学生、"40""50"人员积极参与创业，实行创业担保贷款政策，帮助创业人员落实相关优惠政策；新城全面开展企业稳定岗位补贴工作，一年来共受理中小微企业稳定岗位补贴19笔，补贴金额236261.05元，促进了新城区域的就业稳定。

5. 基础设施建设

全市城市建成区面积74.4平方公里，实有城市道路面积1408.9万平方米，建成区绿地率36.5%，人均公园绿地面积13.8平方米。城市生活垃圾无害化处理率100%，全年新建污水管网102.6公里，河湖库塘清污（淤）量178.3万方，城市污水处理率95.2%。2017年城区排水管道长度1201公里，供水总量6038万立方米，液化石油气供气总量3.4万吨，天然气供气总量3860万立方米。全年完成治理改造C级危房95幢，9.5万方；D级危房40幢，4.8万方。

6. 生态环境建设

在生态环境建设方面，舟山群岛新区编制浙江省首个市级乡村振兴战略规划，制定实施美丽乡村建设三年行动计划，率先实现美丽乡村创建全域化。按期消除劣V类水体，县以上集中式饮用水水源地水质全部达标。成功创建国家环保模范城市、国家节水型城市，空气质量稳居全国前列，能源"双控"处于历史最好水平。高度重视渔业资源和生态修复，已建成万亩海洋牧场和50万空方人工渔礁，渔场渔业资源出现恢复迹象。

五 甘肃兰州新区

1. 教育事业

2019年，兰州新区新增学位5310个，学位适度富余，满足产业快速发展、人口急剧增长需求。建成标准化幼儿园、中小学13所，普惠性幼儿园占比达到96%。教育经费投入、师资力量配备、基础设施水平均为全省最高。兰州新区新建成院校3所、入驻师生总数达7万人，兰州理工大学技术工程学院实现当年建成、当年招生，甘肃政法大学等6所院校加快建设，引进兰州交大博文学院、兰州航空旅游职业学院，共享区工业4.0实训中心、孵化基地等公共配套全面投运，成为名副其实的高技能人才"摇篮"。

2. 医疗卫生

2019年，兰州新区公立医疗机构门诊量增长300%，转诊率下降13个百分点。建成社区卫生服务机构3个、改造提升3个，40个村卫生室实现"七统一"标准化。公立医疗机构全面实现药品零差率销售和"两票制"。柔性引进上海、天津和外籍专家开展诊疗手术，医疗卫生综合体启动前期工作，建成城乡居民15分钟就医圈、应急圈。家庭医生签约6.5万人、签约率43%。开展城乡居民健康促进行动，全年未发生重大传染病疫情。加大职业病防控力度，实现公共场所监督管理全覆盖。超额完成省定"两癌"筛查惠民实事，严重精神障碍患者管理水平位列全省第一。新区荣获"全国无偿献血促进奖"。

3. 基本社会保障

社会保障水平稳步提升。农村一、二类低保在省定标准基础上提高10%，城乡居民医保参保率达99.3%、养老金增长13%。新增城镇化就业5.1万人，城镇登记失业率控制在2%以内。获批"国家康复辅助器具社区租赁试点"。

4. 公共就业服务

为促进就业，兰州新区采取了一系列措施。一是大力发展人力资源服务机构，充分调动和发挥人力资源服务机构和劳务派遣机构等市场资源优势，进一步提高劳务输转组织化水平。截至2019年3月底，新区共有人力资源服务机构12家、劳务派遣机构9家，劳务输转组织化输转率达到72.9%。二是针对有劳动能力、有就业意愿的贫困劳动力，持续加大就业技能培训力度，增强培训内容与市场需求的匹配度，着力提高劳动力输转质量。一季度累计组织开展各类技能培训1000余人（次）。三是加强与企业、贫困劳动力需求对接，充分发挥新区落地企业吸纳本地劳动力的优势，强化人力资源市场供求信息监测,广泛收集适合城乡劳动力就业的岗位信息,为城乡劳动力提供精准对接服务,支持引导劳动力就近就地转移就业。四是加大政策宣传力度,多渠道宣传鼓励城乡富余劳动力通过外出务工增加收益,及时解答群众特别是农民工关心关注的劳动合同签订、工资支付、社会保险待遇等问题。提高劳动者依法维权意识,有效保护劳动者合法权益。

5. 基础设施建设

2019年,兰州新区基础设施日趋完善。高效优质保障国家和省列重大项目建设,中兰客专新区段进度全线最快,朱中铁路通车运营,机场三期总体规划获批。景中高速、中白高速、中通道、G109、机场连接线加快建设。新建城市道路30公里,铺设给排水、燃气、电力、通信管网276公里。

建成棚改安置房5540套、租赁性住房5000套,加快建设保障房1.1万套,商品房销售面积124万平方米、同比增长30%,现房销售率100%,足额供应公租房、经适房和高品质市场化商品房,有效满足人口快速增长居住需求。省体育馆交付使用。城际铁路公交化运营,新增公交线路12条、投放公交车99辆,改造提升城市公厕46座,群众生活更便捷。

6. 生态环境建设

2019年,兰州新区通过一系列改革措施,生态环境大幅改善。一体推进生态建设、产业发展、城市建设,新增绿化面积3万亩,城市绿地率35%、达到国家园林城市标准,空气优良天数达330天,达标率95%。水土流失治理程度不断提高,建筑垃圾、生活垃圾分级分类处置,饮用水源地水质达标率、垃圾无害化处理率、污水收集处理率全部达到100%。修复生态5万亩,科学治理"山水林田湖草",把垅丘缓坡修复成高标准农田、生态用地,系统性解决干旱、风沙、盐碱、水土流失等问题,为黄河上游黄土高原地区生态治理、绿色发展探索新路径,获评"2019绿色发展优秀城市"。

六　广州南沙新区

1. 教育事业

广东自贸区挂牌以来，南沙教育整体办学水平不断提升，优质教育资源不断增多。在引进省、市属优质教育品牌方面，引进了广州市教研院实验教育集团的南沙实验幼儿园、广州市湾区实验学校、广州市湾区实验幼儿园，广州外国语学校及其附属学校，广州第二中学南沙天元学校，广州大学附属中学南沙实验学校等。在加强与高校的合作方面，引进了广东外语外贸大学附属南沙学校和香港科技大学（广州）。此外，还引进了广东优联教育集团和广州修仕倍励国际实验学校。

未来，南沙区将继续按照"存量提质、增量提速"的思路，不断扩充优质学位。通过大力开展新学校项目建设，对现有学校进行改、扩建，以及集团化、学区化办学等方式扩大全区优质教育资源总量。到2020年，南沙区总学位数将达13万个，可满足未来南沙区达到110万常住人口时居民子女入读需求。

2. 医疗卫生

2019年，新区参加免费孕前优生筛查率99.3%，免费产前筛查率98%，59.44%的常住老年人完成体检，健康档案建档率98.07%，实现全区常住人口家庭医生签约覆盖率在30.42%以上，重点人群签约覆盖率为67.89%以上。

此外，中山大学附属第一（南沙）医院、广州市妇女儿童医疗中心、广东省中医院南沙医院加快建设。

3. 基本社会保障

2019年，新区在基本社会保障方面积极开展工作。增加11个爱心食堂晚餐服务点，在新区养老区内建设护理院；设立2个婚姻家庭辅导室，累计开展2216件婚姻家庭辅导和10场婚姻家庭辅导系列讲座；残疾人康复综合服务中心和托养中心主体结构建设完成47%；实现岗位补贴惠及劳动者2.99万人次，技能提升培训补贴劳动者3383人。

落实人才公寓相关政策，2019年底前分配了143套人才公寓，新建人才公寓超过500套。开展首筑花园共有产权人才住房的申请、配售，完成100户城镇户籍中低收入家庭住房保障申请审核。

4. 公共就业服务

2019年，新区计划进一步提高岗位质量，结合南沙产业发展方向和港澳青年学生特点，在人工智能、生物医药、新材料等顶尖行业中开发出逾140家实习单位，如小马智行、科大讯飞、暗物智能等，共提供超过1200个实习岗位。实习规模进一步扩大，聚焦"准大学生"群体，并巩固内地高校生源，扩大吸引香港十大院校和港澳各大院校以及在台湾高校就读的港澳青年学生。

同时，新区进一步创新实习形式，联合香港文化艺术发展中心、澳门中华教育会、澳门发展策略研究中心分别发起香港准大学生"明日力量"培养计划、澳门内地高校保送生来南沙课业辅导提升计划和澳门青年学生社会调研课题实习计划，不断提升实习实践实效。

5. 基础设施建设

2019年，新区继续推进实施基础设施建设工作。优化调整南沙27路、南沙54路等24条公交线路，珠江源昌花园站、越秀滨海新城站等48个公交站点；开通南沙K5路（蕉门公交总站至市桥汽车站）、蕉门公交总站至东莞虎门汽车站临时公交线路；完善市政路网功能，广丰路金洲村段、蒲州大道2条市政道路已完工通车；60座老旧村道桥涵改造完成，同时制定城市道路内涝应急工作预案，落实水浸黑点布防。

6. 生态环境建设

2019年，新区新建276个市政消火栓，加强对企业偷排污水行为整治、开展全区农村生活污水查漏补缺工作，已完成90%。建设市政污水管网89千米，完成南沙污水厂等提标改造，对20条内河涌进行综合治理。

七 贵州贵安新区

1. 教育事业

新区成立至2018年，教育资金累计投入近60亿元，其中义务教育投入约30.7亿元，新建学校7所、改扩建学校10所，拆并整合学校8所，确保实现了义务教育经费投入连续"三个增长"。小学六年巩固率为102.68%、初中三年巩固率为93.54%，进城务工人员随迁子女在公办学校就读比例为100%，"三类"残疾适龄儿童少年入学率为97.56%，小学师生比为1：17，初中师生比1：15，校长、教师交流率11.54%，均达到义教均衡验收标准。这一组数据背后，是贵安新区在巩固提高义务教育普及水平的基础上，以共享优质教育为目标，合理配置资源，努力缩小义务教育区域、校际办学差距而取得的阶段性成果。

2. 医疗卫生

经历5年的发展，如今贵安新区实现了医疗事业从无到有的质的转变，据了解，贵安新区辖区范围内目前共有医疗卫生机构117个，其中基层医疗卫生机构110个（包括社区卫生服务中心1个、卫生院4个、村卫生室87个、门诊部及诊所15个等），专业公共卫生机构1个，其他机构4个，二级医院1个，综合医院5所。

为了给人民群众提供更好的医疗环境和服务，贵安新区对卫生服务体系、医药卫生体制、分级诊疗制度进行了改革，在实现对医疗资源重置分配、远程医疗及药品监督的同时，基于大数据，启动"贵安健康云"建设，通过上级远程医疗平台联动，运用大数据思维对城乡居民的医疗情况进行跟进和管理，使得新区老百姓的医疗环境更上了一层台阶。

3. 基本社会保障

2018年，新区参加城镇职工养老保险35668人（含离退休人数），城镇职工医疗保险35598人（含离退休人数），失业保险30098人，工伤保险32523人，生育保险32291人，机关事业养老保险3510人（含离退休人数），城乡居民医疗保险145624人，城乡居民养老保险56477人（含退休人数），机关事业职业年金2945人（含退休）。新区率先实施城乡低保一体化试点，保障标准提高到每人每年8076元。城镇、农村居民可支配收入预计分别达29300元、13700元，同比分别增长8%、9%。

4. 公共就业服务

2019年以来，贵安新区把稳就业放在更加突出的位置，支持帮助企业平稳发展，加大就业创业扶持力度，积极组织实施就业培训，全方位开展精准就业帮扶。据统计，2019年，新区转移农村劳动力5000人，完成就业创业培训8000人，完成职业技能培训4000人。

5. 基础设施建设

自设立以来，新区下大力修建交通路网，实现村村通和组组通，2018年新区完成141条约132公里的硬化路修建工程，全面实现组组通。与此同时，在新区农村电网升级改造方面，贵安供电局2016年启动了农村电网升级改造工程，截至2018年12月，新区农村供电可靠率达99.81%、综合电压合格率达99.3%、户均配变容量达2.81kVA，为贵安新区农村居民生产生活用电提供了坚强保障，有力助推了新区全面同步实现小康。

6. 生态环境建设

污染防治攻坚战深入推进，中央环保督察反馈的25个问题中完成整改22个；投入3亿元依法拆除松柏山饮用水源一级保护区内违法建筑112处；坚决打好污染防治"三大战役"，空气质量优良率保持在98.5%，饮用水源保护区水质达标率100%，土壤质量总体安全；加快海绵城市试点建设，深入实施"绿色贵安行动计划"，完成植树造林10.5万亩，松柏山水库、云漫湖获批国家级森林康养基地。

八 陕西西咸新区

1. 教育事业

2019年，西咸新区新建（改扩建）中小学、幼儿园18所，新增学位1.7万个，秋季已投入使用。由教育部和陕西省人民政府共同建设，国内首个没有围墙的大学——西安交通大学中国西部科技创新港正式投入使用，第一批7000多名海内外硕士、博士研究生及26所研究院已经入驻，未来还将集聚海内外高端科研人才近3万人，将成为带动国家及区域经济发展的"新引擎"。

2. 医疗卫生

2019年，西咸新区空港新城在提升医疗卫生水平方面持续发力，不断完善社区医疗体系，启动2所基层医疗机构，提升改造15家村卫生室，其中太平中心卫生院按照二级医院服务能力进行提升。全面完成3个卫生院接种门诊数字化建设，幸福里、阳光里社区卫生服务站建成投用，新增全科医生7名，贫困人口住院合规费用报销比例达到85%，与咸阳市中心医院、咸阳市第一人民医院签署"危重孕产妇、新生儿救治服务协议"，弥补了辖区母婴保健专业技术人员数量少的薄弱项；持续推进家庭医生服务。截至目前，西咸新区空港新城签约居民27681人，677户贫困人口全部签约家庭医生服务，有力地推动了医疗卫生事业再上新台阶。

2019年12月18日，西咸新区中心医院（陕西中医药大学第二附属医院）全面开启门诊试运行，新区群众在区内就诊正式进入三甲时代。西咸新区中心医院占地300余亩，建筑面积23万平方米，目前拥有职工1400余人，其中高级职称204人，硕博士332人，开设床位1500张，设置有停车位2000余个，共开设临床医技科室37个、护理单元50个。医院设有西咸新区急救中心、妇产医院、儿童医院、名医馆、治未病体检中心、临床检验中心、医学影像中心、产前筛查中心、病理诊断中心、消毒供应中心等，是一所集医疗、教学、科研、健康管理与文化传承于一体的大学附属医院和区域诊疗中心。

3. 基本社会保障

截至2018年底，西咸新区累计建成各类养老服务机构107个，共设置床位5253张，每千名老人拥有床位29张。正在推动5处综合福利园区建设，7家养老机构被西安市评为星级养老机构。企业退休人员基本养老金实现"14连调"，城乡居民人均月养老金提高到168元。2019年西咸新区结合宜居环境建设，安排10处老年人日间照料中心、10处居家养老服务中心、14处农村幸福院建设任务，全面推进补齐基础设施短板。

4. 公共就业服务

落实更加积极的就业政策，2018年举办综合人才招聘会30场以上，就业创业培训8491人以上，发放小额贷款3504万元，完成城镇新增就业6164人，农村转移劳动力52969人，城镇登记失业率控制在4%以内。实施高校毕业生就业创业促进计划，对有意愿来新区见习的大学生全部推荐见习。免费为入区人才提供人事代理、流动人员社保缴纳、流动党员管理等公共服务。

5. 基础设施建设

2019年，西安地铁1号线二期、西安北至机场城际铁路正式运营。西安地铁16号线一期工程项目正式启动，5号线二期加速推进。崇文大桥、秦皇大道文教园段等连接西安、咸阳的"五路四桥"全线贯通。全年新开通公交线路64条，实现了新区街镇、建制村通车全覆盖，西咸交通一体化取得重大进展。

6. 生态环境建设

2019年，西咸新区完成幸福公园一期、汉溪湖公园、渭柳公园等25个公园建设，沣河湿地生态修复理念和治理经验在全市推广。全面推行海绵城市、中深层地热无干扰供热技术，全年新增绿化面积1189万平方米，空气优良天数同比增加27天，"绿色西咸"成为新区靓丽名片。

九 青岛西海岸新区

1. 教育事业

五年来，西海岸新区始终坚持教育优先发展，坚持全域统筹、城乡一体，科学编制教育体育设施布局专项规划，制定领先全市、高于全省的学校（幼儿园）建设"西海岸标准"。财政性教育投入累计达212亿元，新建、改扩建学校、幼儿园163所，是新区成立之前20年的总和，创造学校建设"西海岸速度"。西海岸新区还率先出台《关于鼓励民间资本进入教育领域扶持民办教育改革发展的意见》，极大增强了新区教育对社会资本的吸引力，多元化投资、多形式办学的民办教育格局逐步形成，极大丰富了西海岸新区百姓多元教育选择。全区新建学校突出绿色理念，运用海绵城市理念、被动房技术及新风系统，校园内游泳馆、艺术馆、地下停车场等成为"标配"，学校成为西海岸最美的建筑。

为扩大优质教育资源覆盖面，为每一个孩子提供公平而有质量的教育，西海岸新区积极深化办学模式改革。通过实施集团化办学、"1+1"联盟办学、跨区域合作办学、引进知名教育集团、建立学前教育城乡发展共同体、公民办学校发展共同体等方式，不断做大优质教育资源"蛋糕"，有效缩短了新建学校成长周期。新建学校着力实施课程综合改革，努力提升教育教学质量，促进学生德智体美劳全面发展。

2. 医疗卫生

为推进健康新区建设，提高了30万名少年儿童和6万名大学生门诊统筹医保待遇，提高了86万名居民医保参保人的财政补贴标准。智慧医疗全科中心投入使用，长江路街道等2处社区卫生服务中心开工建设，248处村卫生室提升项目全部完成。累计完成应急救护培训人数3010人，宣传教育两万余人。

3. 基本社会保障

深化养老保险制度改革。深化机关事业单位养老保险制度改革，有序推进新制度征缴工作；做实机关事业单位职业年金，做好基金上解工作并交省级统一投资运营，更好地保障了新区机关事业单位退休人员待遇。全面推进新被征地农民养老保险工作，加快养老保障资金分配，往年累积资金已分配落实到位15.32亿元，落实率达到92%以上。

推进全民参保计划。加大社保基金扩面征缴力度，加强数据库动态更新管理，累计征缴各项企业社会保险基金67.33亿元，同比增长1.72%；其中，征缴养老保险基金64.35亿元，工伤保险基金0.95亿元，失业保险基金2.03亿元。积极落实国家关于降低社保费率有关部署，累计减轻企业负担2.99亿元，其中，减征养老保险1.82亿元，失业保险4404万元，工伤保险3640万元。

落实社会保险待遇调整政策，提高企业职工基本养老保险待遇标准，建立居民基本养老保险基础养老金正常调整机制，做好各项待遇测算和发放工作。企业职工退休待遇实现"十五连涨"，人均养老金水平达到每月2100元；及时足额发放各项社会保险待遇41.79亿元。

4. 公共就业服务

截至 2019 年底，新区城镇新增就业 14.4 万人，完成市对区全年考核指标的 242%，城镇登记失业率控制在 2.26% 的较低水平。用足用好就业困难人员帮扶政策，为招用就业困难人员的用人单位发放补贴 3896 万元，帮扶 9608 名就业困难人员实现稳定就业。

持续加大创业扶持力度，降低政策门槛，精简受理资料，简化办事程序，落实好创业补贴、创业担保贷款等政策，积极鼓励和扶持创业。全区政策性扶持创业 5175 人，同比增长 78.3%，完成市对区全年考核指标的 259%，创业人数实现明显突破。新增创业担保贷款 1.22 亿元，完成市对区全年考核指标的 311%；落实创业扶持资金 7203 万元，新区"敢创业、愿创业"的氛围日趋浓厚。

深入开展"一户一策"培训、"先垫后补"培训和创业培训，全面开展企业新录用职工培训及在职提升培训，累计开展各类职业技能培训 1.7 万余人；其中，开展城乡劳动者技能提升培训 10161 人，完成全年考核指标的 127%；农村劳动力向非农产业和城镇转移培训 4100 人，完成乡村人才振兴市对区全年考核指标的 208%；创新创业培训 3277 人，完成考核指标的 126%；企业新录用培训 3804 人，完成考核指标的 112%；有效提升城乡劳动者技能水平，为稳定就业、促进创业、推进乡村振兴发挥了积极作用。

5. 基础设施建设

2019 年，新区完成住房保障 645 套（户），新开工建设 10 万平方米人才公寓；建成 12 处港湾式公交站，对 40 条公交线路进行了优化调整；新建公厕 10 座，对具备条件的 20 座公厕实现 24 小时开放；完成农村公路大中修和生命安全防护工程 60 公里，成功创建市级美丽乡村示范村 21 个，100 户农村危房改造任务全部完成并验收，新建了 12 处笼式足球和多功能运动场地。

2020 年初，青岛市发布了《2020 年全市重大基础设施项目建设计划》，在全市 144 个重大基础设施项目中，有 17 个项目建设地点位于西海岸，计划总投资442.5亿元,连接青岛主城区与西海岸新区的胶州湾第二海底隧道也在此次公开推介项目中。

表3-4 2020年西海岸新区17个重大基础设施项目

单位:亿元

序号	项目类别	项目主要情况	计划总投资
1	轨道交通	地铁6号线一期项目	189.9
2	公路建设	开城路西段改造提升工程首开段、董家口至梁山高速公路(董家口至沈海高速段)	15.2
3	港口建设	青岛港董家口港区胡家山作业区防波堤工程	11.6
4	城市建设	地铁井冈山路地下开发项目、海洋活力区经济中心基础设施配套工程	21.6
5	市政公用	海水源供能1号站	7.4
6	社会民生	清华大学附属青岛医院、中国海洋大学海洋科教创新园区(西海岸校区)一期工程、中央美术学院青岛校区、青岛西海岸肿瘤医院等8个项目	153.8
7	新型基础设施	中昌数创青岛大数据产业园、西海岸智慧医疗中心	43.0

6. 生态环境建设

青岛西海岸新区获批国家生态保护与建设示范区;加快推进蓝色海湾整治,清理恢复自然岸线137公里,修建蓝湾路慢行系统和沿海视觉通廊78公里,打造世界级最美海湾;5年新造林9.6516万亩,林木覆盖率47.4%;6项管廊工程稳步推进,全部列入国家试点项目,总长度19公里。累计形成廊体约19公里;积极推进海绵城市建设工作,全区93条市政道路、52项园林工程运用了海绵城市理念;旅游度假区、滨海大道等区域亮化工程获评ISA全球半导体照明示范工程100佳。

十 大连金普新区

1. 教育事业

教育体育事业蓬勃发展。投资1.6亿元,完成校舍维修改造工程146项,开办公办普惠制幼儿园4所,中考优秀率和全科及格率稳步提高,职教中心获评2019年全国教育系统先进集体，新区社区教育被评为全国"终身学习品牌项目"；成功举办金普新区第二届全民运动会，新区被授予"辽宁省县（区）级校园足球优秀单位"。

2. 医疗卫生

医疗卫生事业健康发展。持续深化家庭医生服务，在全市率先推行"家庭医生服务车进社区"；在东北率先实施"日间手术"模式，有效解决患者住院难、看病难、手术迟等问题，改善百姓就医感受；中医药发展取得长足进步，省级以上"名老中医专家工作室"达到3个。

3. 基本社会保障

发放入伍义务兵优待金、退役士兵一次性经济补助金近4000万元，组织4515名退役军人"免试免费"就读省市高职院校；建立农民工工资保障长效机制，全年为农民工补发工资3129万元；城乡居民最低生活保障标准提高至每人每月720元，"互联网+社保经办"服务模式让数据多跑路、群众少跑腿；全市首个医养结合养老社区投入运营，每千名老人享有养老床位34张。

4. 公共就业服务

城镇登记失业率再创新低，劳动者实现充分就业；为2458户企业发放失业保险稳岗返还资金7000万元，为832名高校毕业生发放一次性求职创业补贴近百万元。

5. 基础设施建设

城乡基础建设力度加大。开工建设振兴路—滨海路立交工程，完成永安大街金州段、金七线等道路工程；实施"亮绿工程"，对金马路、斯大林路等"七条通道"和银帆广场、沈大五一路收费口等"六大门户"进行升级改造。建设污水管网15公里，实现燃气并网和入户改造1.2万户，完成大魏家街道5300户居民自来水入户工程。

启动18个美丽示范村村庄规划编制；探索美丽乡村建设土地盘活、投资融资、开发建设和经营管理新模式；实施农村人居环境整治，推进农村垃圾治理、污水治理和改厕工作，绿化造林3095亩；新建及维修农村公路43

条68公里，提前一年实现"屯屯通油路"，惠及32个行政村62个自然屯1100户近3万名农村居民，新区荣获省级"四好农村路"示范县称号。对口帮扶扎实推进，完成盘州市等地区对口帮扶任务。

6. 生态环境建设

环保治理取得重大进展。中央环保督察交办案件整改销号率97.8%，中央生态环保督察"回头看"及渤海生态保护修复专项督察交办案件整改完成率89.7%，国家海洋督察反馈整改任务全部完成，港口污染治理成效明显，新增人工造林89万株，新区森林公安局被国家森林公安局授予"集体二等功"，金普新区荣获"全国绿化模范单位"称号。

十一 成都天府新区

1. 教育事业

天府新区新开办天府六小、成都哈密尔顿麓湖小学等13所新学校，新增幼儿园学位4230个、小学学位3240个；大力推进学前教育公益普惠发展，持续缓解"入园难""入园贵"矛盾，通过进一步挖潜扩容，最大化扩增普惠性学位2000余个；会同发展和经济运局等部门对56所民办非公益性园在收费、招生、安全管理等方面进行了专项整治，在整理过程中，有33所民办园下调收费标准。同时，减免幼儿保教费、资助家庭经济困难学生、推进社区教育发展。

2. 医疗卫生

纵深推进医疗服务供给改革。创建"一平台多供给"医疗卫生体制，推动天府新区人民医院现代管理制度改革，实施办法已正式印发。深化"1+13"医联体建设，已制定印发2019年工作要点和考核指标体系。已确定卫生院全面托管敬老院医养融合模式，并完成各街道、卫生院开展医养融合改革调研。同时，在医疗健康建设板块，积极推进华西天府医院等合作重点项目建设，省二医院天府院区、安琪儿医院、泰康康养中心等5个社会投资类项目已全部开工建设，总投资55.2亿元。

3. 基本社会保障

2019年，新区计划提高30.6万名城乡居民基本医疗保障水平，提高48466名城乡居民基本养老保障水平，城乡居民基本医疗保险参保率达98%，城乡居民基本养老保险参保覆盖率保持在90%以上。代缴1099名贫困人口、低保对象、特困人员等困难群体城乡居民基本养老保险个人费用。持续为58.32万名城乡居民免费提供基本公共卫生服务。为符合条件的计划生育对象提供计划生育扶助保障。

4. 公共就业服务

2019年，新区计划城镇新增就业12525人，城镇失业人员再就业4000人；农村富余劳动力向非农产业转移就业4000人；新增吸纳大学生就业创业10200人。对创业的在校大学生和毕业5年内的高校毕业生给予创业补贴、创业担保贷款等政策扶持，其中，大学生创业实体补贴45人。

另外，新区还计划建成示范性青年之家1个，开展活动60场，服务青年蓉漂、青年人才1200人次；运营青年人才驿站1个，为青年大学生提供7天以内免费住宿，全年入住800人次。完善《成都天府新区直管区"天府英才计划"实施办法》，制定《四川天府新区成都直管区精准引才实施办法》。成立天府英才发展促进会，争创成都"蓉漂"人才学院。举办"校企蓉通·科学家走进园区"天府新区专场活动。引进培育科技型中小企业1000家。推进国家双创示范基地建设，提供全方位创新创业服务，科技型企业数量达到5000家。

5. 基础设施建设

新区规划启动天府中央商务区西区基础设施建设，基本实现天府中央商务区东区、兴隆湖周边等路网全覆盖。新（改）建农村公路6公里，启动实施三星镇1路、太平镇1路、白沙镇2路等道路建设，方便学校周边区域居民出行。实施2条"断头路"打通工程，其中建成益州大道锦江桥（南湖公园处），启动实施锦江花园安置小区西侧道路。同时，在天府新区成都直管区五环路以南区域全面推行"准点公交"服务，新增准点公交8条，进一步扩大新能源公交的覆盖范围，开通公交车移动扫码支付乘车功能。实施30条道路人行道提升整治，完成城市道路检查井盖病害治理300个。

2019年天府新区"厕所革命"深入环卫公厕、旅游公厕、行业公厕，已完成新改建公厕18座，其中，新建环卫公厕4座、改建环卫公厕5座；新建行业公厕1座、改建行业公厕8座，同时还新建环卫工人休息房5座。

6. 生态环境建设

2019年天府新区垃圾分类民生目标已全面完成新增垃圾分类户数3.54万户。参与垃圾分类家庭总数已达12万户（有分类设施、知晓分类知识、开展垃圾分类实践），居民生活垃圾分类覆盖率达到35%。华阳、万安生活垃圾分类示范街道建设，万安街道成建制推进垃圾分类，天府新区垃圾分类教育示范基地（华阳街道锦华苑小区）等重要目标全面完成。

十二　湖南湘江新区

1. 教育事业

南雅蓝月谷学校是在2019年新建的一所九年制公办学校，由宁乡经开区投资1.6亿元建设，占地75.6亩，计划开设54个教学班，其中小学36个班、初中18个班，可接纳学生约2520名。学校建筑和教育教学设备按照标准化、科学化、现代化的标准建设和配备，有现代化智慧黑板、理化生实验室、小学科学实验室、精品录播室、音乐教室、舞蹈教室等。学校本年度开设6个班，其中一年级4个班、七年级2个班，共计招收新生近300人，开学前各项准备工作现已基本就绪。此外，长沙高新区新增博才云时代小学和湖南师范大学附属高新实验小学两所公办小学，新增学位近3800个。

表3-5　2020年湖南湘江新区新建学校规划

学校名称	学校状况	建设规划
梅溪湖国际学校	国际学校项目（双语），拟通过联合体或合资公司（占股30%~49%），以招拍挂方式摘得梅溪湖二期L09-B67、L09-B78地块（或捆绑住宅用地）。办学体系采用IB或A-LEVEL或AP的教学体系并在义务教育阶段结合国家课程	开工日期：2020年12月

续表

学校名称	学校状况	建设规划
湖南大学附属中小学	位于靳江河北岸,约有60个班	完工日期:2021年
白石湖中学	白石湖中学位于望城区月亮岛街道万家塘路以西、银松路以东、白石路以北、银月路以南,学校净用地面积约70.79亩(以最终国土测绘数据为准),规划设立48个班。主要建设内容包含建筑工程(含土方、主体及内外装修)、人防工程、水电安装工程、消防、空调安装工程、弱电系统集成工程、电梯采购及安装工程、室外及园林绿化工程等	完工日期:2021年
连塘中小学	占地面积约38200平方米,有15个初中班、36个小学班	完工日期:2022年

2. 医疗卫生

2019年12月5日,长沙华大梅溪湖医学检验所在湘江新区揭牌成立,是长沙首个华大医学检验所。医检所投入使用后,将开展出生缺陷防控、病原微生物等基因检测项目,可为市民提供疾病个性化预测、预防和个性化治疗等健康医疗服务,力争成为湖南省最先进的第三方基因检测机构。

近年来,湘江新区以大数据产业、基因产业、精准医疗、智慧康养、科技研发等为攻坚重点,已引进了爱尔国际医疗健康产业城、亿达健康科技产业园、泰康之家湘园医养社区、人和未来总部、前海人寿智慧医养项目、神州数码健康医疗大数据南方总部、绿地梅溪国际健康城等支柱性项目。

3. 基本社会保障

到2020年,全面建成以居家为基础、社区为依托、机构为支撑的功能完善、规模适度、覆盖城乡的养老服务体系。养老服务法规政策不断健全、养老服务产品更加丰富、养老服务市场机制进一步完善、养老服务业健康有序发展。

养老服务体系建立健全。生活照料、医疗护理、精神慰藉、紧急救援等养老服务覆盖所有居家老年人。符合标准的日间照料中心、老年人活动中心等服务设施覆盖所有城市社区，90%以上的乡镇和60%以上的农村社区建立包括养老服务在内的社区综合服务设施和站点。全省新增养老床位35万张，养老床位总数达到53万张，实现养老床位数达到每千名老年人35张以上。养老服务补贴制度逐步健全，到2020年，基本养老服务补贴覆盖率达到70%以上。公共服务设施的养老服务功能不断增强，养老服务模式不断创新，养老服务网络平台进一步建立，到2020年建成养老服务信息平台150个以上。

4. 公共就业服务

湘江新区为解决人才就业难、企业招聘难的问题，开办了湖南湘江新区创业就业学院。该学院是"区校才企"多方联动融合的平台。新区五大园区、四大片区和湖南金融中心接收学生参观考察、组织企业深度参与；11所高校密切配合，积极发动学生报名参加；50余家新区企业敞开大门接受参观、拿出岗位接纳实习、推荐师资为学院学生提供职业培训，为学院的顺利举办创造了良好条件。

相比"湘江一期"，"湘江二期"的专业针对性更强、产业结合度更高、各方参与度更广、才企获得感更强。"湘江一期"是综合类，兼收并蓄。"湘江二期"是金融班，学院学生主要来自各大高校金融相关专业，培训课程主要为金融实务操作知识，实习单位主要是湖南金融中心的金融机构，以及新区国有公司和园区重点企业的金融财务岗位，实现了"需求端"和"供给端"的无缝衔接和有序承接。

5. 基础设施建设

2020年湘江新区重大项目投资计划铺排重大投资项目计划585个，预估年度投资1357.11亿元，同比增长10.44%。其中基础设施和民生项目年度计划投资251.36亿元，产业项目年度计划投资1105.75亿元。

6. 生态环境建设

继续推进岳麓山风景名胜区周边生态环境、坪塘老工业环境污染和靳江河、龙王港等流域水资源环境的综合治理，开展湿地、绿地、林地生态环境资源补偿和农村环保自治模式试点，加强环保辅助设施建设。

表3-6　2020年湘江新区重大项目投资计划

序号	项目类别	项目主要情况
1	新启动的交通路网	梅浦联络线
		新学士路西延线长潭高速公路大王山互通工程
		西二环(岳麓大道立交节点)交通改善工程
		夏娟路隧道
2	高铁西站	高铁西站市政综合配套工程(一期)项目(PPP)
		长沙高铁西站产业新城市政配套项目
3	大王山旅游度假区	大王山片区交通提质及停车设施配套工程PPP项目(山塘游客集散中心、观音港游客集散中心、大王山社会停车场工程、欢乐城社会停车场工程)
		大王山旅游基础设施项目(空中轨道交通观光系统)
		桐溪湖一期、二期(一期湖体面积12万平方米、二期10.39万平方米),湘江女神公园
		朗豪五星级酒店、欢乐海洋、华谊电影小镇二期
4	梅溪湖国际新城一期、二期	看云中学:规划27个班,占地面积53亩;看云小学:占地面积57亩,规划42个班
		梅溪湖基因谷:用地面积约700亩,定位医疗健康产业集群
		前海人寿智慧医养产业投资项目(梅溪湖二期L09-B93地块)
		市口腔医院河西新址项目、市妇幼保健院河西新址项目
		祥源象鼻窝森林配套项目(L06-D28)、梅溪湖森林康养合作示范基地项目
		梅溪湖国际学校:(L09-B67、L09-B78)地块
5	洋湖生态新城	洋湖湿地公园一期入口北广场
		湖南大学附属中小学:位于靳江河北岸,约有60个班
		柏宁酒店综合体项目(复工):完成酒店式公寓、办公楼的商业改建、装修,确保酒店开业
		中建洋湖:占地278亩,总投资90亿元,建设商务办公、大型商业、购物餐饮、写字楼
6	滨江新城	西江小学:共建24个班
		滨江C9项目:42.8万平方米商业、公寓式办公、写字楼
		万科金域国际总建筑面积7万平方米和万科金域国际总建筑面积6万平方米,包含酒店、公寓
		绿岛明珠项目(A3卓越中寰):商业约9.23万平方米,包含酒店、公寓
7	湘江智谷	智能网联汽车检验检测总部及产业孵化基地
		杨柳公园:用地面积9.89万平方米
		湘江智谷—人工智能科技产业城
		中国计量科学研究院长沙基地:占地110亩,总投资10.8亿元
		华为鲲鹏计算产业硬件产线项目
		长沙智能驾驶研究产业园

续表

序号	项目类别	项目主要情况
8	月亮岛文旅新城	白石湖公园:面积28352平方米
		婚庆园项目:长润奇乐园项目及星悦湖公园
		白石湖中学:净用地面积70.79亩,规划48个班级
9	岳麓山国家大学科技城	华锐金融第二总部:双楼6000平方米,打造全国第二总部
		岳麓山人工智能产业中心(上海德必集团)、玛尚定制
		绿地湖湘中心(完成部分主体工程)

十三 南京江北新区

1. 教育事业

2019年,江北新区确保一中江北新校区按期竣工,做好扬子一中教育集团长城分校、复兴小学新校区启用工作,胡桥路小学、定向河小学、京新小学新学校开办工作。启动迎江路小学、健康城小学、绿地小学项目建设工作。

2. 医疗卫生

近年来,江北新区先后制定出台一系列相关政策文件,计划到2021年,投入10亿元,对基层医疗卫生和专业公共卫生机构基础设施、医疗设备配置、人才队伍和信息化建设等进行全面提升。并通过改革人员备案制管理、绩效工资分配等模式,提升基层医务人员的积极性。

位于国际健康城核心功能区的南京鼓楼医院江北国际医院Ⅰ期建筑面积为16.7万平方米,有25个学科在江北国际医院常规开设门诊,涵盖了鼓楼医院几乎所有的国家重点专科和江苏省临床重点专科,医院所有医疗科室均为南京鼓楼医院本部科室在江北的延伸。自开诊以来,门诊有24个专科,每周派出专家百余人次坐诊。

此外,江北新区与南京医科大学进行校府合作,共建南京医科大学第四附属医院的项目也在有条不紊地进行中。建成后的南医大四附院将着力打造心脑血管、创伤骨科、消化科、妇产科、儿科、肿瘤放疗等优势科室,为周边百姓提供医疗服务。目前,该院已完成主体建设。

2019年2月，江北新区与东南大学签署合作建设中大医院江北新院区框架协议，中大医院本部主体力量将迁移至江北，新院区设置床位2500张，总建筑面积约40万平方米，院区将按照国家高水平三级甲等综合性及教学医院建设。

3. 基本社会保障

2019年，位于南京江北新区盘城街道的盘城红叶林居家养老服务中心举行开业启动仪式。这一社区居家养老服务中心以"智慧+"为特色，由盘城街道投资基础设施建设，由南京孝德智能科技有限公司负责整体智慧化设计与智能建设。

依托云计算与人工智能技术平台，孝德智能公司将"智慧化"元素融入养老服务，推出人工智能陪伴机器人、人脸智能识别、防跌倒告警系统、防走失电子围栏告警系统、生命体征监测与告警系统等养老服务设备及产品。让老人在享受科技带来的便捷同时，能感受到人性化服务的温度。

2020年，新区加快保障性住房建设，全年计划推进38个保障房项目，总建筑面积约900万平方米。其中，计划新开工项目3个，约50万平方米；计划竣工项目7个，约60万平方米。加大人才安居住房筹集力度，全年计划实施江北新区人才公寓1号地、研创园人才公寓二期等7个人才安居住房项目，总面积约38万平方米。

4. 公共就业服务

2018年，新区积极推动高质量就业创业工作，全年共举办各类招聘会101场，组织7000多家招聘单位，提供60000多个空岗信息；完成创建省级大创园1家、市级大创园10家、示范园2家；加大就业扶持力度，帮助855名就业困难人员实现就业，累计发放各类补贴1.36亿元；健全基层服务平台，强化和完善基层服务平台服务功能；建成"新南京人服务中心"6个，为农民工服务提档升级打下了坚实基础。

2019年，新区新增城镇就业2.8万人，新增大学生就业3.1万人。

5. 基础设施建设

2019年，新区实施城建项目89个，完成总投资278亿元。核心区建设不断提速。地下空间工程先行示范区施工至地下48米，综合管廊累计完成30公里；"两馆一中心"主体建筑陆续完工，新区市民中心基本建成。城市功能逐步完善。同步推进5条过江通道建设，长江五桥、浦仪公路跨夹江主桥开始桥面吊装，西坝港区铁路专用线完成扩能改造；浦泗立交、江北大道快速化改造二期顺利通车，桥北微循环工程全面完工，浦园路等一批断头路顺利打通；精细化建设项目中完成江北大道环境整治二期工程、雍庄立交景观提升工程。

6. 生态环境建设

长江的保护取得阶段性成效。全面启动长江岸线湿地保护与环境提升工程，完成22家港口码头水污染防治和5家生产性码头搬迁，扬子江生态文明创新中心即将启用，青龙绿带一期建成开放，滨江岸线环境明显改善。

污染防治整改坚决有力。绿色发展指数位居全省第一。实施21条河道整治，完成桥北污水处理厂改扩建，省考断面全部实现稳定达标，空气质量优良率高于全市平均水平。

十四　福建福州新区

1. 教育事业

在教育均衡化发展方面，编制《福州市中心城区及福州新区幼儿园布局规划》，目前已形成编制成果并已由市政府专题会议研究审议通过，即将出台。至2035年，中心城区共规划城镇幼儿园910所9498个班，可提供28.49万个学位；福州新区共规划城镇幼儿园2936个班，可提供8.81万个学位，预留0.32万个学位弹性空间。

2. 医疗卫生

根据新区提出的"平台福州"行动方案，打造医疗大数据和康养平台，综合运用新兴信息技术，结合"榕医通"打造一个卫生健康资源配置效率高、群众健康获得感强的医疗大数据平台，加快连通闽东北便民服务平台，辐射优势医疗资源至全市乃至全省基层医疗机构。鼓励和扶持护理院、康复中心等医疗机构发展，完善治疗、康复、中长期护理服务链，推动医疗和养老机构资源互动融合，打造一批设施完善、医养结合的康养业综合发展平台。

2016年11月，国家健康医疗大数据中心与产业园建设试点工程（福州）在福州新区中国东南大数据产业园正式揭牌。自建设运营以来，国家健康医疗大数据中心（福州）已联通超过2000家生产企业、5000家经营企业，汇聚了全市37家二级以上公立医疗机构、174家基层医疗卫生机构的健康医疗数据。其中，已入库结构化存量数据200多亿条，超10TB，非结构化数据130TB，制定元数据规范约10000条、数据字典超500个以及临床数据集近300个。

3. 基本社会保障

为保障低收入群体生活，福州市通过价格补贴联动机制发放价格补贴，补贴金额位于全省乃至全国前列。同时，推动平价商店建设，积极发挥平价商店稳价惠民作用。截至2019年10月，全市共计建立农副产品平价商店门店33家，平价商店采用常态化平价销售运行模式，取得良好的惠民效果。

4. 公共就业服务

2019年，福州市7.2万家企业降低社保费率近10亿元，安排3亿元失业保险金用于援助困难企业稳定用工、稳定生产。企业职工基本养老保险单位缴费率从18%降至16%，工伤保险单位缴费率普降50%，失业保险单位缴费率从1%降至0.5%，全年为企业减负达9.72亿元。对2019年经市、县（市）区经济部门认定，面临暂时性生产经营困难且恢复有望，又坚持不裁员或少裁员的企业，返还其上年度实际缴纳失业保险费的50%，全年预计返还失业保险金3亿元。

5. 基础设施建设

目前，地铁1号线二期4个车站主体结构全部完成，隧道全部完工，正在开展附属结构及机电安装等施工；6号线14个车站全部动工，其中，13个已完成主体结构，隧道施工累计完成总量的约83%；5号线20个车站中已动工19个，其中11个完成主体结构，隧道施工正在推进；4号线23个车站已全部动工，其中3个完成主体结构，隧道施工正在推进。此外，滨海快线（福州至长乐机场城际铁路）的工程可行性研究报告已经获批，计划在2019年底前动工建设。

6. 生态环境建设

福州新区推进三江口"海绵城市"试点建设，设立湿地自然保护区、海洋保护区以及饮用水源保护区等，确保新区基本生态控制线控制范围面积不低于新区面积的50%。

滨海新城森林城市景观带总长度11.8公里，外侧100米宽防风林带种植木麻黄，中间100米宽为混交林的绿色景观带，已完成苗木种植面积1800亩、苗木数量28万株，将为福州新区增添一道绿色生态屏障。

三江口片区作为城市新旧结合典型区域，将实施建筑与小区类、道路与广场类、公园与绿地类、源头海绵改造、水系治理、管网修复等各类海绵城市建设项目137项，目前已完工101项。其中，濂水路的低影响开发海绵建设得到住建部、财政部、水利部联合专家组的高度评价。

琅岐岛控制性详规草案专门规划绿地系统，立足片区山水资源和主要水系，规划形成"一核、一环、四廊、八园"的绿地结构，形成人与自然协调可持续发展的人居环境和生态系统良性循环的生态城区。

十五　云南滇中新区

1. 基础设施建设

截至2019年6月，滇中新区综合交通投资累计完成707.07亿元，三年路网建设启动实施212个项目共计1040公里，东片区基本建成"两横两纵"高速路网和"两横三纵"城市骨干路网。未来，滇中新区将形成机场、高铁、地铁、轻轨及高速路网"空铁联袂、五轨合一、有机互联"的综合交通体系。同时，大力推进重点园区和重点片区内部路、供水、供电、供气、排污、通信等生产性配套项目建设，已建成地下综合管廊36.07公里，综合承载力不断增强。

预计到2020年，滇中新区结构性骨干路网完成率将达80%以上，组团之间主要联系通道完成率将达90%以上，建成区路网平均密度将达到8公里/平方公里，基本形成与昆明、滇中城市群互联互通、共建共享、配套完善、一体运行的现代化综合交通体系。

2. 公共就业服务

云南滇中新区重点推进了"滇中聚才"工程，出台政策惠人才，搭建平台强基础。将人才工作纳入党建年度综合考评体系，印发了《云南滇中新区聚才工程工作方案》，建立招商引资招才引智（简称"双招双引"）工作机制，切实把人才引进嵌入产业和项目，促进人才与产业的契合度，推动产业发展。

十六　黑龙江哈尔滨新区

1. 教育事业

2019年新增幼儿园、中小学校"明厨亮灶"食堂1000家，创建足球、冰雪、航天科普特色学校222所，组建中小学冰球队120支。区县（市）全部通过国家义务教育基本均衡发展评估认定，哈尔滨职业技术学院入选中国特色高水平高职学校。

2. 医疗卫生

公共卫生应急指挥系统建成投用，城乡居民基本医保门诊统筹和大病保险报销比例分别提高5个和10个百分点，农民工跨省异地就医纳入直接结算。

2020年，新区将新建5所医院［新区公立二级综合医院（含区急救中心）、新区三级综合医院（含疫情防控中心）、哈尔滨新区中医第一医院、哈尔滨新区国际心血管医院、哈尔滨新区利民中心医院（含妇幼保健中心）］及一处疾病预防控制中心（新区疾病预防控制中心及结核病防治中心）。

3. 基本社会保障

2019年城乡低保标准实现十三连增。新建社区老年人日间照料中心和服务驿站34个，打造老年宜居试点社区22个。退役军人服务保障体系基本建立，国防动员和双拥预备役工作进一步加强。

4. 基础设施建设

2019年，新区继续推进基础设施建设。二环乐松广场高架桥、三环王岗地道桥和向东街地道桥等75个项目竣工投用，地铁1号线三期载客运营，哈尔滨站改造全面完成。改造老旧供热管网102公里，新增集中供热能力700万平方米。清理历史动迁遗留的"城市疮疤"，启动改造项目18个，涉及征拆800余户、近4万平方米；复建历史遗留长达10余年的龙凤、国贸"烂尾楼"；拆除违法建设2万余处、392万平方米。

5. 生态环境建设

突出抓好中央环保督察"回头看"反馈意见整改工作，治理大气污染源头，淘汰改造燃煤锅炉1106台，新增更新新能源公交车1267台，推进秸秆禁烧和综合利用，人工造林7.86万亩，PM2.5平均浓度低于省要求26.4个百分点；综合治理水环境，清理整治河湖"四乱"问题1429个，启动文昌、平房等5个污水处理厂改扩建项目，实施城区内河水系治理项目24个、专项点位整治2082处，以沿水系两岸耕地为重点完成农业"三减"453万亩，松花江流域国考断面优良比率超过国标23.1个百分点；立足满足未来15年垃圾处理需求，完成全市垃圾处置规划编制，并启动建成玉泉固废综合处理园区填埋区一期，向阳、小月亮湾等存量垃圾场治理完成中央环保督察要求的45%，主城区四环路内废品收购站和四环路沿线、出入城口垃圾堆放点全部清除，城市生态环境面貌极大改观。

城市宜居环境再现新变化。空气质量优等天数144天，比上年增加21天。垃圾围城、违法建设、交通拥堵等城市顽疾得到治理。城区新植补植树木9万余株，焕然一新的太阳岛公园、儿童公园和新建的15个公园游园全部免费开放，获得了百姓的普遍赞许。

十七 吉林长春新区

1. 教育事业

在学校网点建设上，新区投入力度大，先后投入10亿元资金，建成慧谷等5所学校，新增公办学位1.1万个，既确保了配套学校建设与住宅建设项目同步规划、同步建设、同步使用，也充分保障了区域内适龄儿童就近入学的合法权益，更为全市积累了与人口增长相协调一致的网点布局规划建设经验。同时，教育的育人功能、文化功能、社会功能和经济功能日益彰显。

教师队伍建设上，新区力度空前。招聘教师360多人，强化专业培训，积极选树典型，充分彰显、践行了教师是教育发展第一资源的理念。北师大、吉大、东北师大、长春十一高等众多省内外优质教育资源入区合作办学，这是新区厚植发展优势的具体体现，也是缩短教育发展周期、实现教育弯道超车的重要保证。

作为长春市两个实验区之一，新区率先启动开展"百万学生上冰雪"等活动；率先启动"蓓蕾计划"，解决小学生课后免费托管"三点半"难题；区域学生软式棒垒球活动连续两年获得全国冠军。长春新区教育在很多方面走在了全市、全省乃至全国前列。

2. 医疗卫生

2019年5月9日，吉林大学中日联谊医院北湖医院正式开业接诊，有效填补了长春新区北湖区域高水平综合医院的空白，优化了长春新区医疗资源整体布局，提升了长春新区医疗环境，将有效提高长春新区整体医疗卫生事业水平，加快促进高端服务业集聚，助力长春新区经济快速发展。

3. 基本社会保障

2019年，企业退休人员基本养老金人均增长5.4%。深入实施"菜篮子"工程。针对猪肉价格过快上涨，及时向困难群众发放价格临时补贴。向4.3万名残疾人提供精准康复服务。新建第二福利院和15个社区养老中心。大病保险报销比例提高5%，抗癌药物个人先行自付比例降低5%，异地就医更加便捷。启动实施惠及3.9万户居民的老旧小区改造工程。完成"无籍房"确权1161万平方米。改造棚户区6294户。安置超期回迁居民3098户。进入全国住房租赁市场首批试点，利用中央财政奖补资金筹集2万套租赁房源。

4. 基础设施建设

2019年新建19条城市道路，完成5条街路大中修，实施8座桥梁维修加固。着力突破拆迁"老大难"，一汽物流铁路线、机场大道等停工受阻多年的工程顺利复工，吉林大路快速路和一汽大众物流专用通道投入使用。全面启动第三轮轨道交通建设，地铁6号线以及地铁2号线东延、轻轨4号线南延工程相继开工。

5. 生态环境建设

坚决打好污染防治攻坚战。2318家"散乱污"企业全部完成整治，淘汰20蒸吨以下燃煤锅炉597台，秸秆综合利用率达到88%。深入落实河（湖）长制，新建改造12座污水处理厂，启动建设85处乡镇污水集中处理设施，饮马河、伊通河流域水质显著改善。石头口门、新立城水源地一级保护区1.9万亩耕地退耕还草还湿，水质达标率100%。主城区生活垃圾分类覆盖率达到60%。

加强生态保护。营造林4591公顷，恢复矿山生态636.9公顷。按时完成大棚房整治及自然保护区、水源地保护区违建别墅清查整治。新建3座公园，新植改造75处绿化精品，增加绿地251公顷。

开展"农村人居环境集中整治"。430个村整村推进厕所改造，1393个行政村实现生活垃圾收集转运处理，完成1972公里"畅返不畅"农村公路整治，涌现出以10个市级示范村为代表的一批美丽乡村先进典型。

十八　江西赣江新区

1. 教育事业

巩固义务教育基本均衡成果。促进县域义务教育均衡发展，继续消除"大班额"，解决"城镇挤""乡村弱"等问题。推进高中阶段教育发展。加快普通高中教育事业发展，支持改善贫困地区普通高中基本办学条件，实施高中阶段教育普及攻坚计划。推动中职、高职建设。巩固中职、高职生经费保障水平。加强基层体育发展。加快群众体育健身场地建设，改善县级田径运动场、健身场馆等群众体育健身设施条件，推进体育场馆免费/低收费开放。继续推进教育惠民便民工程、南昌市朝阳中学建设工程、航空城学校项目、绿地国博城学校建设项目、红谷滩育新学校九龙湖分校建设项目、万达文化城M区小学项目等。

2. 医疗卫生

新区为推进医疗卫生事业的发展采取了一系列改革措施。提高城乡居民基本医疗保险补助标准。将财政补助标准提高30元，达到每人每年520元；个人缴费标准提高30元，达到每人每年250元。积极实施医疗保险和医疗救助扶贫。全额补助特困供养人员、最低生活保障对象、建档立卡贫困人口等困难人群参加城乡居民医保，落实各项医疗保险和医疗救助扶贫政策。资助困难企业职工参加城镇职工医疗保险。继续做好财政资助关闭破产改制及困难企业职工享受城镇职工基本医疗保险待遇工作。推进基本公共卫生服务均等化。将基本公共卫生服务财政补助标准提高5元，达到每人每年60元，为城乡居民提供免费的基本公共卫生服务。实施村卫生室订单定向医学生培养。在南昌市卫生学校培养农村医学专业、中专层次定向生，优化乡村医生队伍。继续推进南昌市第九医院重大疾病防控体系建设项目、第一医院九龙湖分院建设工程项目、洪都中医院二期工程、进贤县人民医院搬迁项目等。

3. 基本社会保障

提高城乡低保保障标准和财政补差水平。将城市低保月人均保障标准提高60元，达到670元；财政月人均补差水平提高30元，达到435元；将农村低保月人均保障标准提高50元，达到445元；财政月人均补差水平提高30元，达到290元。提高农村特困人员供养标准。将农村特困人员集中供养标准提高67元，达到每人每月580元；分散供养标准提高67元，达到每人每月580元。提高城镇特困人员救助供养标准。将城镇特困人员救助供养标准提高82元，达到每人每月875元。开展城乡特困人员照料护理服务工作。失能特困人员照料护理补助标准每人每月1200元，半失能特困人员照料护理补助标准每人每月300元。提高各类困难群体财政补助标准。提高20世纪60年代精简退职老弱残职工月人均救济补助标准。城市人员由每人每月425元提高到485元；农村人员由每人每月386元提高到440元。提高城镇大集体困难企业未参保退休职工、手工联社大集体企业未参保退休职工、未参保返城未安置就业知青月人均养老生活补助标准。提标所需资金按属地原则由当地财政负担。

4. 基础设施建设

为方便市民出行，实施公交优先战略项目。科学编制新辟及优化调整公交线路方案，新增公交线路4条以上，新增及更换公交车辆200台；将三、四级残疾人纳入享受免费乘坐范围，全市所有持证残疾人享受免费乘坐市内公共交通。加强消防基础设施建设。增补既有道路1094个消火栓建设，新建道路同步建设市政消火栓。继续推进老旧燃气管网改造工程。改造市区及市郊范围老旧管网铸铁管103公里，覆盖12000户，杜绝燃气泄漏隐患，提升稳定供气能力。推进轨道交通工程。加快轨道交通2号线一期工程、3号线、4号线工程建设。实施昌南大道快速路改造工程。计划2019年底完成保障全线通车任务。

十九 河北雄安新区

1. 教育事业

雄安新区设立后，不断深化京津冀优质教育卫生资源对口帮扶，目前已有54所京津冀优质学校与新区56所学校开展多种形式帮扶合作，其中15所在新区建立了合作校区或协作校区。

三年来，雄安新区印发了《关于扩大京津冀优质教育资源援助雄安学校办学自主权的通知》《关于全面深化新时代教师队伍建设改革的实施方案》，三年内共培训校长及教师6000人次；雄安新区成功申建全国首批"智慧教育示范区"，启动《雄安新区智慧教育发展专项规划》和三年行动方案编制工作；持续推进三年教育提升计划，加大教育投入改善办学条件；圆满通过国家义务教育均衡化验收；认真开展教育督导工作，切实提高了学校管理和教学水平。

2. 医疗卫生

2019年，雄安新区计划推出智能化健康医疗服务，开展5G远程检测等新兴服务。目前，雄安新区已从规划编制期转入大规模建设期。北京市援建的医院已经开始开工建设，45所京津冀三级医院和100多名专家入驻雄安新区建设国家医学中心。

3. 公共就业服务

2019年，雄安新区规划新增4万个就业岗位，培育500个创业实体，实现3.5万人就业。此外，新区要完成职业技能培训1.5万人，城镇登记失业率控制在3.8%以下，农村劳动力未转移就业控制在1.5万人以下。

新区就业创业工作要完善劳动力就业创业信息平台，实现动态管理。通过运用雄安云平台、大数据等信息技术，积极引导未就业群众主动进行网上实名登记，采集基本情况、就业状态、培训需求、就业创业意愿等信息，实现网上求职和岗位信息推介，推动线下服务与线上互联网服务深度融合。

4. 基础设施建设

近年来，中国铁塔雄安分公司充分发挥统筹和共享的作用，在新区三县高效建设塔类项目1500余个，是运营商历年存量基站数的1.23倍；建设室内分布100余万平方米，是存量的10倍，快速支撑了运营商在新区的网络布局，推动了新区信息通信基础设施快速发展，为新区经济社会高质量发展奠定了信息通信基础。

在5G建设方面，中国铁塔雄安分公司已配合电信企业完成了新区170多个5G基站建设，试点建设了传统DAS、漏缆和数字室分三种室内5G解决方案，率先在国内开通5G室分，验证了现有4G设备升级5G的可实施性，提供了多场景室内定位解决方案，为新区智慧城市建设、5G高效布局解决了技术瓶颈。

5. 生态环境建设

雄安新区坚持生态优先的建设理念，加大新区生态环境整治力度，让新区百姓在天蓝、水清、土净中感受到生态环境改善所带来的实实在在的幸福感和获得感。2019年，白洋淀南刘庄断面水质由劣Ⅴ类好转至Ⅴ类，湖心区断面水质稳定在Ⅳ类；雄安新区PM2.5浓度同比下降9.68%；空气质量综合指数同比下降3.23%；新区三县优良天数平均197天，占比54.0%。

雄安新区加快实施唐河污水库污染治理与修复、白洋淀淀区环境治理和生态修复、上游入淀河流水环境综合整治、白洋淀淀外环境综合治理、生态补水配套工程、生态环境监测能力建设工程6大类45个白洋淀治理工程项目。截至2019年底，已完工20个，在建21个，准备开工4个。此外，白洋淀78个村农村污水、垃圾、厕所一体化综合治理项目于12月底前全部完成，实现污水全收集、全处理、全达标，出水水质达到Ⅳ类水标准，开创了农村污染治理先河，打造了农村污染治理"样板工程"。

第四章　国家级新区治理体系建设情况

国家级新区的发展没有历史包袱，也没有体制惯性。通过新区管委会的"筹建"，能够展现出体制建设的后发优势，探索出更适合市场经济发展的行政模式。从目前来看，国家级新区的治理体系主要表现出了"机构少、大部制、扁平化"的特征，其背后凸显的是"重效率、重服务"的治理理念。国家级新区通过推进优化行政管理架构、规范权力运行机制，极大地提升了政府管理的服务效能。通过大部制改革、压缩行政审批步骤等做法，推进了政府职能的转变，从而对于驱动新区发展起到了极为关键的作用。

一　精准发挥政府的推动作用

构建新区社会治理体系，其中一项核心内容就是政府自身的改革，保证政府在新区发展中的准确定位，既不越位更不缺位，以政府改革推进社会治理体系的创新。政府改革的目标应该是建立"小而强"的政府，也就是说新区政府能够及时回应民众的利益诉求、提供更优质的公共服务，但不干涉公民的个人生活、企业的生产经营活动等具体事务。

当下，各地新区、行政区、功能区之间关系尚未清晰明朗，新区管委会缺乏明确的法律定位使其地位、权限、责任都处于模糊状态。首先，应当通过立法的形式明确管委会的定位、职能和权限。国家级新区由于自主创新的政策支持、局部实验的固有优势、治理创新的较低成本，具备全新、彻底的社会治理创新的可能性和必要性。从这个意义上讲，为了探索行政职能、社会治理改革创新，虽然本质上管委会体制只是一种过渡形态但会较长期存在。因此，要在立法层面明确新区管委会的法律地位，法定授予管委会职权，并以权力清单的形式划分新区、行政区、功能区的权力边界。其次，每个国家级新区都有着各自的使命和区位优势，新区政府（管委会）应当准确定位，形成新区错位发展战略，以城市定位和主体功能区战略为导向制定统一的发展规划蓝图，以指导经济社会发展城乡建设、土地利用、生态环境保护和社会治理。最后，建立健全三级（新区、街道、社区）政务服务平台体系，充分发挥社区的公共服务和社会治理职能，解决各式"最后一公里"难题。

从国家级新区实践来看，上海浦东新区和天津滨海新区在政府定位方面较为准确和先进。例如，上海浦东新区目前主要进行分级管理创新，在市级层面理顺上海市与浦东新区的事权关系、在新区层面理顺对经济功能区的管理体制；推进政府与社会组织分开，培育和发展社会中介组织和行业协会，不断弱化浦东新区微观经济管理职能。天津滨海新区采取统一管理方法，成立"城区管理"和"功能区管理"两类区委、区政府派出机构，形成了统一的管理架构。其他多个新区也都在围绕发改委关于推动国家级新区深化重点领域体制机制创新的要求进行改革，重点进行行政管理体制改革，总体上和域外新区社会治理中政府定位趋向一致，即简政放权，精准定位，深化政府服务创新能力，开辟多元社会治理模式，以求更好地为新区建设提供社会力量。

二　提升新区的公共价值

国家级新区并不是单一的功能区，而是集工作、生活、商务、娱乐等于一体的现代化区域。国家级新区应通过建设核心区，完善科教文化社区、现代商务、现代生活居住、公共交通、医疗、学校、生态休闲场所等配套设施，为生活在其中的居民尤其是科技创新人才提供舒适便利的工作环境以及生态宜居的生活环境。应将和谐、生态、可持续、绿色、低碳等发展的新价值、新理念融入新区建设，将其打造成为舒适宜人、富有情怀的公共活动区域，吸引更多的公众参与；推动基层民主建设，以社区代表大会为平台，吸纳民众参与地方事务的决策，增强居民参与社区治理的意识和能力；以新区的环境综合整治为抓手，提升群众对社会治理的感知度，切实提高居民群众的获得感、成就感。通过参与新区的社会管理实践，增强民众的公共意识，提升公民在生态环境保护、社区管理、基层民主建设等地方性公共事务方面的综合治理能力。此外，地方政府可以通过购买公共服务的形式，支持企业参与公共事务治理，直接为民众提供公共产品和公共服务。通过培育和发展市场中介服务体系和行业协会，提高服务的专业化水平，架起沟通政府、企业和社会公众的桥梁，为政府退出市场机制可以自由发挥作用的领域创造条件。

目前，天津滨海新区构建了以"泰达模式"为代表的基层服务管理创新模式，对社区建设共同体之间的权利义务进行重新分配，由实现公共利益最大化的"共同体"对公共生活进行合作治理；广州南沙新区创新社区公共服务供给模式，以社区居民需求为导向，推进服务供给多元化，推动公共服务无偿和低偿方式相结合，积极探索社区服务机构收支平衡的运营模式。

三 培育多元化的社会自治组织

中央政府应当不断下放权力，激活基层智慧，培育社区自治能力。地方政府尤其是基层政府应加强与社会组织和私人机构的合作，充分发挥行业协会、社会团体、商会和中介机构的作用。当前，我国的社会组织还不健全、自主性不强、制度供给不足，限制了社会组织功能的发挥。新区的社会治理创新，一方面，应培育和发展城乡社区服务类社会组织，引导各类社会组织、志愿者参与社区治理，创新社区居民民主参与机制和基层社会治理方式，实现政府治理和社会自我调节、居民自治良性互动；另一方面，政府应当创新社会治理模式，可参考江北新区（浦口区）建立新区、街道、社区（村）三级联勤工作平台和新区、街道两级联勤指挥工作体系，推行"联体指挥、联队巡防、联动处置、联合监督"的"大联勤"工作模式，优化网格化管理的模式，真正形成整体联动的治理格局。

当前，上海浦东新区设立"陆家嘴社区公益金"用于募集社会资金，资助公益服务项目，帮助弱势群体；天津滨海新区设专项资金向社会组织征集公益项目、改革非公经济组织服务中心；广州南沙新区建立区政府部门和镇（街道）工作年报及其公开制度、引导港澳社会公益和慈善基金向南沙新区投入、推广"专业社工＋义工"模式等。各新区正努力协调政府与社会组织之间的关系，拓展公民参与渠道，健全公众参与机制，逐步过渡到"社会的事情社会处理"的理想状态。

四 善用柔性社会治理机制

当前我国的法制仍有待完善，在新区的建设上很多问题尚处于探索阶段，在此背景下，传统社会的情理可以补充现代社会的法理。可以积极借鉴传统社会中儒家伦理教化人的方式方法以及传统文化中的优秀成分，以伦理美德来维持基层社会的有序运转。将传统美德引入社会治理，用道德打造人、用传统文化塑造公民，提高公民自我管理和自我服务的能力和水平。在日常工作中，鼓励公民参与社区的项目管理，通过参与、互动、合作和交流，共享社区治理的价值。在基层的社会治理中，应当把居委会从长期的被动局面中解脱出来，使其回归自治的功能，让其专心开展居民自治的各项工作，推动居民的自我教育、自我服务、自我管理。充分发挥基层党组织和党员的引领作用，培育和推动邻里互助，营造良好的邻里互助文化。考虑到当前社区是陌生人的居所这一现状，新区政府可以通过政府购买邻里互动社工服务的形式，打造熟人社区，建立"三社联动"机制（即以社区为依托，以社工为支撑，以社会组织为载体），实现资源共享、优势互补、相互促进。

从国家级新区的实践来看，部分新区已采取一定的柔性机制，填补法律和行政机制的缝隙，促进社会治理弹性、柔性、良性发展。例如，南沙新区以党代表为牵头人，以党代表工作室为阵地，建立"代表、委员"倾听民意、联系社区制度；舟山新区试点成立乡镇（街道）社会服务管理中心暨社会矛盾纠纷大调解中心等，运用群众路线，倾听民众问题，采取协商对话等方式化解社会矛盾。

理论基础篇

自1992年国务院批复设立上海浦东新区以来，我国已先后设立19个国家级新区，承担着国家重大发展和改革开放的战略使命。除保持了较高的经济增长速度之外，新区对周边区域的辐射带动的效果显著。这背后涉及经济学理论基础、产业经济学理论基础、区域经济学理论基础。基础理论是指一门学科的基本概念、范畴、判断与推理。要想研究好新区的发展，研究好新区的辐射作用，就要对国家级新区建设的理论基础予以叙述和解释，本篇从经济学中经典的经济基础理论、中心地理论、城市群理论、核心—边缘理论、外部性理论出发，阐述了国家级新区发展背后涉及的经济学知识，为更好地分析全国19个新区打下坚实的理论基础。

第一章 经济基础理论

城市发展的经济学理论认为，在影响和决定城市发展的诸多因素中，城市的经济活动是最为重要和最为显著的因素之一。任何有关城市经济在质和量上的增加都必然地导致城市整体的发展，在相当的程度上城市发展的指标是由经济发展来衡量的。

经济基础理论提出，在组成城市经济的各种要素中，城市的基础产业是城市经济力量的主体，是城市发展的关键。只有基础产业发展了，城市经济才能整体发展。根据经济基础理论，基础产业是指那些产品主要销往城市之外地区的产业。由于基础产业把城市内生产的产品输送到其他地区，同时也把其他地区的产品及财富带到本城市，使其能够进一步的扩大再生产。

在基础产业发展的过程中，通过其所产生的乘数效应，促进了辅助性行业和地方服务部门的发展，并且由此而创造新的工作机会与改善就业者的生活水平，带动当地经济整体性发展。

第二章　中心地理论

德国地理学家克里斯·泰勒于1933年提出了著名的中心地理论。这一理论是在西欧国家工业化和城市迅速发展的历史背景下产生的，中心内容是："论述一定区域（国家）城镇等级、规模、职能间关系及其空间结构的规律性"，该理论被认为是20世纪人文地理学最重要的贡献之一。

中心地，是指区域内向其周围地域的居民点居民提供各种货物和服务的中心城市或中心居民点。由中心地提供的商品和服务就称为中心地职能。中心地职能以商业、服务业方面的活动为主，同时还包括社会、文化等方面的活动，但不包括中心地制造业方面的活动。

中心地理论的假设条件：研究的区域是一块均质的平原，人口均匀分布，居民的收入水平和消费方式完全一致；有一个统一的交通系统，对同一等级规模的城市的便捷性相同，交通费用和距离成正比；厂商和消费者都是经济人；平原上货物可以完全自由地向各个方向流动，不受任何关税或非关税壁垒的限制。

中心地理论要遵循三个原则：市场原则、交通原则和行政原则。在三个原则中，市场原则是基础，而交通原则和行政原则是对市场原则的修正。克里斯·泰勒认为，高级中心地按交通原则布局，中级中心地按行政原则布局，低级中心地按市场原则布局。

第三章 城市群理论

城市群是在特定的区域范围内云集相当数量的不同性质、类型和等级规模的城市，一般以一个或两个（有少数的城市群是多核心的例外）特大城市（小型的城市群为大城市）为中心，依托一定的自然环境和交通条件，城市之间的内在联系不断加强，共同构成一个相对完整的城市"集合体"。

城市群（又称城市带、城市圈、都市群或都市圈等）是相对独立的城市群落集合体，是这些城市城际关系的总和。城市群的规模有一定的大小，都有其核心城市，一般为一个核心城市，有的为两个，极少数的为三四个，核心城市一般为特大城市，有的为超大城市或大城市。城市群是以这个中心城市为核心，向周围辐射构成城市的集合。城市群的特点反映在经济紧密联系、彼此之间的产业分工与合作，交通与社会生活、城市规划和基础设施建设相互影响。由多个城市群或单个大的城市群即可构成经济圈。

中文"城市群"（城市圈）为中国大陆地区自1990年代以后常用的地域经济用语，1994年5月版《结构论》（上海、北京图书馆，1991~1993年曾邦哲论文集）用了"城市群"来分析大河流域与湖泊、海岸交汇区域形成的亚文化圈城市网络，提出长江、黄河的上、中、下游城市群，美国的东西海岸线、五湖区与密西西比河流域，以及欧洲的城市群与著名大学网络等地缘文化学。之前常直接借用日文"都市圈"（都市群）来表示同一概念，日文"都市圈"即英文 Metropolitan Coordinating Region 之含义，北美地区的 Metropolitan Area，中文译作"大都会"或"都会区"，概念上和"都市圈""城市圈"表示的意义相同或相近。

城市群是在城镇化过程中，在特定的城镇化水平较高的地域空间里，以区域网络化组织为纽带，由若干个密集分布的不同等级的城市及其腹地通过空间相互作用而形成的城市—区域系统。城市群的出现是生产力发展、生产要素逐步优化组合的产物，每个城市群一般以一个或两个（有少数的城市群是多核心的例外）经济比较发达、具有较强辐射带动功能的中心城市为核心，由若干个空间距离较近、经济联系密切、功能互补、等级有序的周边城市共同组成。发展城市群可在更大范围内实现资源的优化配置，增强辐射带动作用，同时促进城市群内部各城市自身的发展。

对城市群概念的表述学者们并不一致，但认识在渐趋一致，即城市群是由很多城市组成的，彼此的联系越来越紧密，共同对区域发展产生影响。城市群是工业化、城市化进程中区域空间形态的高级现象，能够产生巨大的集聚经济效益，是国民经济快速发展、现代化水平不断提高的标志之一。

从概念的起源看，城市群是从大城市演化而来的。戈特曼首次以Megalopolis来为城市群命名，而更重要的在于：一是超越了19世纪以来城市社会学对Megalopolis的道德批判语境和价值态度，使一种针对城市群的客观和理性研究成为可能；二是为这个概念赋予了全新的质的内涵和意义，揭示出当今城市从传统的单体城市向城市共同体转型发展的新模式与新形态。进一步说，Megalopolis既是传统大城市概念的进一步延展，也是人类城市发展的当代模式与最新形态，最突出的特征在于：这种新型大都市不再是单体城市而是一个城市共同体。就此而言，也可以说"大都市就是城市群"。

此外，在中国城市群研究和现实中，有一个具有"准城市群"内涵的概念必须给予重视，这就是在当下几乎和城市群一样随处可见的"经济区"。国家批准的经济区在数量上已相当可观，它们基本上是以数量不等的城市为主体框架，从长远看，这些经济区必定要选择城市群的发展模式。因而，由国家相关部委批准建立的经济区，也包括以进入国家战略为目的的部分省部级城市群或经济区，均应纳入我国城市群研究的范围内。

截至2019年2月18日，国务院共先后批复了10个国家级城市群，分别是：长江中游城市群、哈长城市群、成渝城市群、长江三角洲城市群、中原城市群、北部湾城市群、关中平原城市群、呼包鄂榆城市群、兰西城市群、粤港澳大湾区。

案例：粤港澳大湾区

粤港澳大湾区（Guangdong-Hong Kong-Macao Greater Bay Area，GBA）由香港、澳门两个特别行政区和广东省广州、深圳、珠海、佛山、惠州、东莞、中山、江门、肇庆九个珠三角城市组成，总面积5.6万平方公里，2018年末总人口已达7000万人，是中国开放程度最高、经济活力最强的区域之一，在国家发展大局中具有重要战略地位。

推进粤港澳大湾区建设，是以习近平同志为核心的党中央作出的重大决策，是习近平总书记亲自谋划、亲自部署、亲自推动的国家战略，是新时代推动形成全面开放新格局的新举措，也是推动"一国两制"事业发展的新实践。推进建设粤港澳大湾区，有利于深化内地和港澳交流合作，对港澳参与国家发展战略、提升竞争力、保持长期繁荣稳定具有重要意义。

2017年7月1日，习近平出席《深化粤港澳合作 推进大湾区建设框架协议》签署仪式。2019年2月18日，中共中央、国务院印发《粤港澳大湾区发展规划纲要》。按照规划纲要，粤港澳大湾区不仅要建成充满活力的世界级城市群、国际科技创新中心、"一带一路"建设的重要支撑、内地与港澳深度合作示范区，还要打造成宜居宜业宜游的优质生活圈，成为高质量发展的典范。以香港、澳门、广州、深圳四大中心城市作为区域发展的核心引擎。粤港澳大湾区与美国纽约湾区、旧金山湾区、日本东京湾区并称为世界四大湾区。

2019年1月11日，国务院港澳事务办公室主任张晓明表示，中央对粤港澳大湾区的战略定位有五个：一是充满活力的世界级城市群。二是具有全球影响力的国际科技创新中心。三是"一带一路"建设的重要支撑。四是内地与港澳深度合作示范区。五是宜居宜业宜游的优质生活圈。

2019年2月18日，中共中央、国务院印发《粤港澳大湾区发展规划纲要》并发出通知，要求各地区各部门结合实际认真贯彻落实。

2019年12月，由国务院参事室指导，国务院参事、国务院推进政府职能转变和"放管服"改革协调小组专家组成员王京生领衔的课题组发布

《"大众创业、万众创新"研究（2019）——粤港澳大湾区创新报告》指出，粤港澳大湾区因"一国两制、三关税区"的独特性，使其在区域创新市场构建上具有两个重大意义：区域性创新市场的结构升级路径探索、国际创新市场一体化的区域性探索。

《粤港澳大湾区发展规划纲要》指出粤港澳大湾区发展的战略定位如下。

充满活力的世界级城市群。依托香港、澳门作为自由开放经济体和广东作为改革开放排头兵的优势，继续深化改革、扩大开放，在构建经济高质量发展的体制机制方面走在全国前列、发挥示范引领作用，加快制度创新和先行先试，建设现代化经济体系，更好融入全球市场体系，建成世界新兴产业、先进制造业和现代服务业基地，建设世界级城市群。

具有全球影响力的国际科技创新中心。瞄准世界科技和产业发展前沿，加强创新平台建设，大力发展新技术、新产业、新业态、新模式，加快形成以创新为主要动力和支撑的经济体系；扎实推进全面创新改革试验，充分发挥粤港澳科技研发与产业创新优势，破除影响创新要素自由流动的瓶颈和制约，进一步激发各类创新主体活力，建成全球科技创新高地和新兴产业重要策源地。

"一带一路"建设的重要支撑。更好发挥港澳在国家对外开放中的功能和作用，提高珠三角九市开放型经济发展水平，促进国际国内两个市场、两种资源有效对接，在更高层次参与国际经济合作和竞争，建设具有重要影响力的国际交通物流枢纽和国际文化交往中心。

内地与港澳深度合作示范区。依托粤港澳良好合作基础，充分发挥深圳前海、广州南沙、珠海横琴等重大合作平台作用，探索协调协同发展新模式，深化珠三角九市与港澳全面务实合作，促进人员、物资、资金、信息便捷有序流动，为粤港澳发展提供新动能，为内地与港澳更紧密合作提供示范。

宜居宜业宜游的优质生活圈。坚持以人民为中心的发展思想，践行生态文明理念，充分利用现代信息技术，实现城市群智能管理，优先发展民生工程，提高大湾区民众生活便利水平，提升居民生活质量，为港澳居民在内地学习、就业、创业、生活提供更加便利的条件，加强多元文化交流融合，建设生态安全、环境优美、社会安定、文化繁荣的美丽湾区。

《粤港澳大湾区发展规划纲要》要求，坚持极点带动、轴带支撑、辐射周边，推动大中小城市合理分工、功能互补，进一步提高区域发展协调性，促进城乡融合发展，构建结构科学、集约高效的大湾区发展格局。

1. 构建极点带动、轴带支撑网络化空间格局

（1）极点带动。发挥香港—深圳、广州—佛山、澳门—珠海强强联合的引领带动作用，深化港深、澳珠合作，加快广佛同城化建设，提升整体实力和全球影响力，引领粤港澳大湾区深度参与国际合作。

（2）轴带支撑。依托以高速铁路、城际铁路和高等级公路为主体的快速交通网络与港口群和机场群，构建区域经济发展轴带，形成主要城市间高效连接的网络化空间格局。更好发挥港珠澳大桥作用，加快建设深（圳）中（山）通道、深（圳）茂（名）铁路等重要交通设施，提高珠江西岸地区发展水平，促进东西两岸协同发展。

2. 完善城市群和城镇发展体系

优化提升中心城市。以香港、澳门、广州、深圳四大中心城市为区域发展的核心引擎，继续发挥比较优势做优做强，增强对周边区域发展的辐射带动作用。

（1）香港。巩固和提升国际金融、航运、贸易中心和国际航空枢纽地位，强化全球离岸人民币业务枢纽地位、国际资产管理中心及风险管理中心功能，推动金融、商贸、物流、专业服务等向高端高增值方向发展，大力发展创新及科技事业，培育新兴产业，建设亚太区国际法律及争议解决服务中心，打造更具竞争力的国际大都会。

（2）澳门。建设世界旅游休闲中心、中国与葡语国家商贸合作服务平台，促进经济适度多元发展，打造以中华文化为主流、多元文化共存的交流合作基地。

（3）广州。充分发挥国家中心城市和综合性门户城市引领作用，全面

增强国际商贸中心、综合交通枢纽功能，培育提升科技教育文化中心功能，着力建设国际大都市。

（4）深圳。发挥作为经济特区、全国性经济中心城市和国家创新型城市的引领作用，加快建成现代化国际化城市，努力成为具有世界影响力的创新创意之都。

建设重要节点城市。支持珠海、佛山、惠州、东莞、中山、江门、肇庆等城市充分发挥自身优势，深化改革创新，增强城市综合实力，形成特色鲜明、功能互补、具有竞争力的重要节点城市。增强发展的协调性，强化与中心城市的互动合作，带动周边特色城镇发展，共同提升城市群发展质量。

发展特色城镇。充分发挥珠三角九市特色城镇数量多、体量大的优势，培育一批具有特色优势的魅力城镇，完善市政基础设施和公共服务设施，发展特色产业，传承传统文化，形成优化区域发展格局的重要支撑。建设智慧小镇，开展智能技术应用试验，推动体制机制创新，探索未来城市发展模式。加快推进特大镇行政管理体制改革，在降低行政成本和提升行政效率的基础上不断拓展特大镇功能。

促进城乡融合发展。建立健全城乡融合发展体制机制和政策体系，推动珠三角九市城乡一体化发展，全面提高城镇化发展质量和水平，建设具有岭南特色的宜居城乡。加强分类指导，合理划定功能分区，优化空间布局，促进城乡集约发展。提高城乡基础设施一体化水平，因地制宜推进城市更新，改造城中村、合并小型村，加强配套设施建设，改善城乡人居环境。

3. 辐射带动泛珠三角区域发展

发挥粤港澳大湾区辐射引领作用，统筹珠三角九市与粤东西北地区生产力布局，带动周边地区加快发展。构建以粤港澳大湾区为龙头，以珠江—西江经济带为腹地，带动中南、西南地区发展，辐射东南亚、南亚的重要经济支撑带。完善大湾区至泛珠三角区域其他省区的交通网络，深化区域合作，有序发展"飞地经济"，促进泛珠三角区域要素流动和产业转移，形成梯度发展、分工合理、优势互补的产业协作体系。依托沿海铁路、高等级公路和重要港口，实现粤港澳大湾区与海峡西岸城市群和北部湾城市群联动发展。

依托高速铁路、干线铁路和高速公路等交通通道，深化大湾区与中南地区和长江中游地区的合作交流，加强大湾区对西南地区的辐射带动作用。

粤港澳大湾区的发展目标在《粤港澳大湾区发展规划纲要》中具体体现如下。

到2022年，粤港澳大湾区综合实力显著增强，粤港澳合作更加深入广泛，区域内生发展动力进一步提升，发展活力充沛、创新能力突出、产业结构优化、要素流动顺畅、生态环境优美的国际一流湾区和世界级城市群框架基本形成。

（1）区域发展更加协调，分工合理、功能互补、错位发展的城市群发展格局基本确立。

（2）协同创新环境更加优化，创新要素加快集聚，新兴技术原创能力和科技成果转化能力显著提升。

（3）供给侧结构性改革进一步深化，传统产业加快转型升级，新兴产业和制造业核心竞争力不断提升，数字经济迅速增长，金融等现代服务业加快发展。

（4）交通、能源、信息、水利等基础设施支撑保障能力进一步增强，城市发展及运营能力进一步提升。

（5）绿色智慧节能低碳的生产生活方式和城市建设运营模式初步确立，居民生活更加便利、更加幸福。

（6）开放型经济新体制加快构建，粤港澳市场互联互通水平进一步提升，各类资源要素流动更加便捷高效，文化交流活动更加活跃。

到2035年，大湾区形成以创新为主要支撑的经济体系和发展模式，经济实力、科技实力大幅跃升，国际竞争力、影响力进一步增强；大湾区内市场高水平互联互通基本实现，各类资源要素高效便捷流动；区域发展协调性显著增强，对周边地区的引领带动能力进一步提升；人民生活更加富裕；社会文明程度达到新高度，文化软实力显著增强，中华文化影响更加广泛深入，多元文化进一步交流融合；资源节约集约利用水平显著提高，生态环境得到有效保护，宜居宜业宜游的国际一流湾区全面建成。

第四章　核心—边缘理论

核心—边缘理论是由美国地理学家弗里德曼提出来的。他认为，发展可以看作一种由基本创新群最终汇成大规模创新系统的不连续积累过程，而迅速发展的大城市系统，通常具备有利于创新活动的条件。创新往往是从大城市向外围地区进行扩散的。核心—边缘理论中，核心区是具有较高创新变革能力的地域社会组织子系统，外围区则是根据与核心区所处的依附关系，而由核心区决定的地域社会子系统。核心区与外围区共同组成完整的空间系统，其中核心区在空间系统中处于支配地位。

国家应该把具有高科技含量、高技术水平的生产机构设置在核心地区，边缘区依托于核心区进行发展，应将劳动密集型的生产设置在边缘地区，这样便形成了核心区带动边缘区发展、边缘区为核心区提供支持的相互依存的局面。这与增长极理论具有一定的相似之处，都认为应该通过特定区域的优先发展来辐射带动周边地区的发展。而我国国家级新区的建设也正是先集聚大量的资本、劳动力、技术等要素，再加上政府释放的政策红利，在国家级新区内培育增长核心，再反过来辐射带动周边地区的发展，实现以点带面，进而推动区域经济发展。

第五章　外部性理论

外部性是由马歇尔和庇古于20世纪初提出的，又称外部效应，是指某个经济主体对另一个经济主体产生一种外部影响，而这种外部影响又不能通过市场价格进行买卖。

外部性分正外部性和负外部性，正外部性最典型的例子就是消防设备的交易，一批消防设备的购买，除买方享受到其带来的益处外，附近的居民也可享受到其带来的益处，且附近居民并未为此支付费用；负外部性最典型的例子是环境污染，企业的生产活动带来了环境污染，给周围居民带来了影响，但企业并未付出相应的成本。国家级新区的建设是通过政策和资金的集中投入实现特定区域的经济增长和对外开放，进而辐射带动周边地区的发展，是对外部性理论非常典型的一种诠释。政府在特定区域设立国家级新区，实行特殊的金融、税收、土地等优惠政策，吸引了大量的内资和外资，重大投资项目纷纷落地，科技创新不断涌现，经济总量持续增长，对外开放日益扩大。然而新区空间范围有限，许多产业在集聚到一定规模后便需向周边地区扩散和转移，一方面吸纳了其所在城市和周边地区大量的人才和劳动力，促进了当地就业水平的提高；另一方面，新区先进的生产方式和科技创新成果也得以扩散和转移，带动了周边地区的经济增长。可见，国家级新区在实现自身发展的同时，辐射带动了周边地区的发展，使得周边地区并未付出成本也可享受到新区所带来的正外部性。[1]

---

[1] 姚佳利：《国家级新区：发展绩效与政策建议——以浦东新区、滨海新区为例》，东北财经大学硕士学位论文，2018。

政策政务篇

自1992年国务院批复设立上海浦东新区以来，通过20多年的经济建设，国家级新区在数量上不断增加，在布局上逐步优化，在功能上趋于完善，成为区域经济发展、对外开放、产城融合发展、创新机制体制等方面的桥头堡和试验区，进而带动周边地区形成辐射效应。截至2019年底，经国务院批复，先后成立上海浦东新区、天津滨海新区、重庆两江新区、浙江舟山群岛新区、甘肃兰州新区、广东南沙新区、陕西西咸新区、贵州贵安新区、青岛西海岸新区、大连金普新区、成都天府新区、湖南湘江新区、南京江北新区、福建福州新区、云南滇中新区、黑龙江哈尔滨新区、吉林长春新区、江西赣江新区及河北雄安新区等19个国家级新区。按照《关于促进国家级新区健康发展的指导意见》文件精神，在今后较长一段时期内，国家级新区与所在省（自治区、直辖市）的总体发展水平相比，经济增长速度应具有明显优势，努力提升经济发展的质量，着力打造成为全面扩大对外开放的示范窗口、机制体制创新的首要平台、辐射带领地区发展的重要经济增长极、产城融合发展的重要示范区。在全国改革开放和现代化建设中，切实提升新区的战略地位。

国家级新区具有改革先行先试区、新产业集聚区等特征。这些区域是国家重点支持开发的区域，从促进改革的角度说，这些新区实际上就是新的特区。

国家为了使新区促进所在区域加快发展，带动周边地区，在政策、资金等方面往往会给予较大力度的支持。规划建设新区就是培育新的经济增长极。新区的持续发展离不开国家、所在省份，以及新区本身的政策支持，而对这些政策进行梳理和对比分析，有利于各个新区发现自身的优势和不足，为今后的政策制定和政策侧重方向提供依据。本篇梳理了2019年以来各个新区不同层级的政策数量，在此基础上进一步分析了金融政策、财税政策、人才政策、土地政策、招商引资政策、区域经济政策、科技创新政策等，并在提出现存问题的基础上给出政策建议。

本篇对各国家级新区现有政策进行统计，具体统计结果如表1所示。

表1 国家级新区政策支持情况

单位：项

新区	金融政策	财税政策	人才政策	土地政策	招商引资政策	区域经济政策	科技创新政策	对外贸易政策	营商环境政策	环境保护政策
上海浦东新区	1	2	—	7	6	6	8	4	5	5
天津滨海新区	2	—	2	2	—	—	3	1	2	—
重庆两江新区	—	—	4	1	2	1	2	1	3	—
浙江舟山群岛新区	—	—	1	2	—	—	1	1	2	3
甘肃兰州新区	4	—	—	2	—	1	2	1	2	2
广州南沙新区	2	1	1	2	1	1	1	2	2	—
陕西西咸新区	6	2	4	3	2	3	1	2	2	3
贵州贵安新区	1	2	1	1	—	—	1	—	1	3
青岛西海岸新区	3	1	—	3	1	1	1	1	2	—
大连金普新区	2	2	—	1	1	—	2	—	—	2
成都天府新区	1	2	—	1	—	2	2	1	2	2
湖南湘江新区	—	—	—	1	1	2	1	—	1	1
南京江北新区	—	—	4	1	—	3	2	1	2	2
福建福州新区	—	—	—	2	—	—	2	—	1	—
云南滇中新区	—	2	—	3	—	—	—	—	1	—
黑龙江哈尔滨新区	1	2	1	4	—	3	1	—	4	1
吉林长春新区	1	—	—	1	—	1	2	—	1	1
江西赣江新区	1	—	—	2	3	1	3	—	2	—
河北雄安新区	1	1	—	1	1	2	2	—	1	1

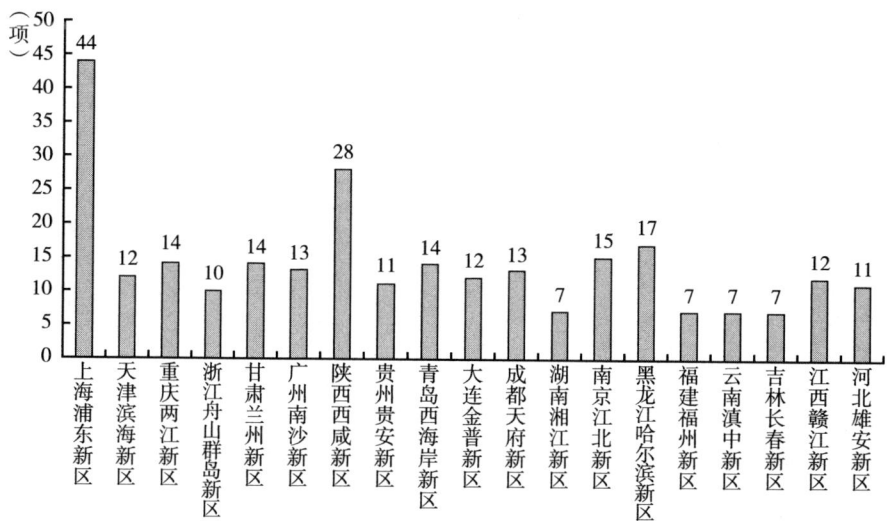

图 1　国家级新区政策扶持总数情况对比

毫无疑问,较早批复的新区有着更为充分的政策支持,尽管国家级新区设立是为了在新区推行一些新的改革政策,不是一味提供优惠政策,但我们都知道,早期成立的上海浦东新区、天津滨海新区在资金使用、政策倾斜和企业落户等方面还是享受到了优厚待遇,这些"特区"的优惠政策对新区经济快速发展起到非常明显的作用。成立之初的十年内,上海浦东新区、天津滨海新区的GDP年增长速度都在20%以上。但从图1可以明显看出,2019年,国家的总体开发战略已经发生改变,在国家宏观政策转向区域均衡发展的情况下,除上海浦东新区和陕西西咸新区以外其他新区能享受到的优惠政策基本趋于均衡,而之前类似上海浦东新区和天津滨海新区的优惠政策已经不可能再有。从图2可以看到,总体来说国家在土地、科创、营商环境方面出台了相对较多的政策。

为进一步进行详细分析,本篇对各类别政策总数予以统计并选取2019年政策出台数量较多的上海浦东新区、陕西西咸新区、黑龙江哈尔滨新区和南京江北新区在政策类别上加以分析(见图2和图3)。

从图2可以看出,科技创新政策、营商环境政策、区域经济政策是近年各新区比较关注的,各新区在政策制定方面都比较全面。科技创新政策能保障各项创新活动的有效开展与创新资源

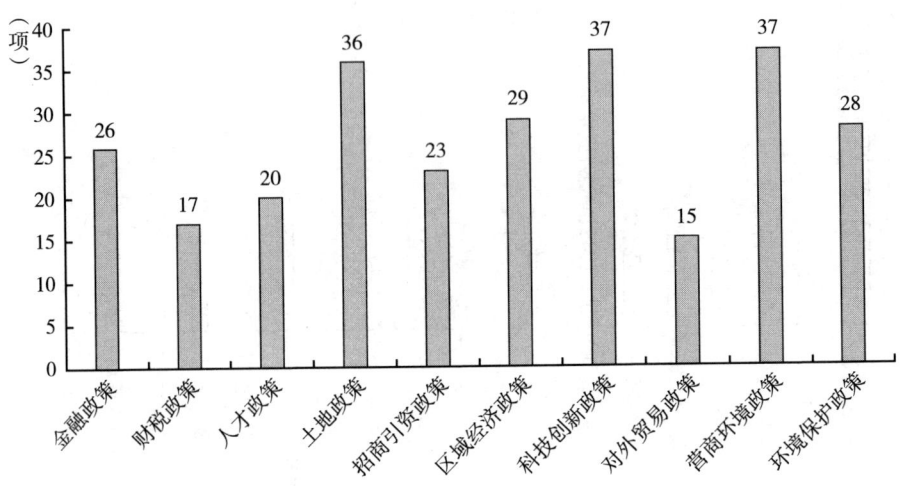

图 2 国家级新区各类别政策扶持情况对比

的合理配置,有助于提高创新绩效从而促进国家创新体系的构建;营商环境一直被认为是一地乃至一国经济发展重要的软实力,既关系到招商引资,又影响经济发展的活力与质量。而环境保护是经济实现可持续发展的前提条件,因此各新区都紧抓这几个方面的发展机会,制定相应的战略,为经济更好发展做足准备。尤其是上海浦东新区,更加重视政府引领作用,各方面政策制定比较完善。

此外,近年来,营商环境、区域经济和科技创新成为经济发展的新动力,部分新区虽然有制定相应政策措施,但是重视度明显偏低,因此,为使经济能够更加优化、发展更加全面,在这方面的发展还需要引起重视,给予关注。除此以外,政府不仅仅负责政策的制定,还应关注政策执行力度、执行效果。因此,需要市场和公众积极参与监督评估,以便政策效果更好发挥。

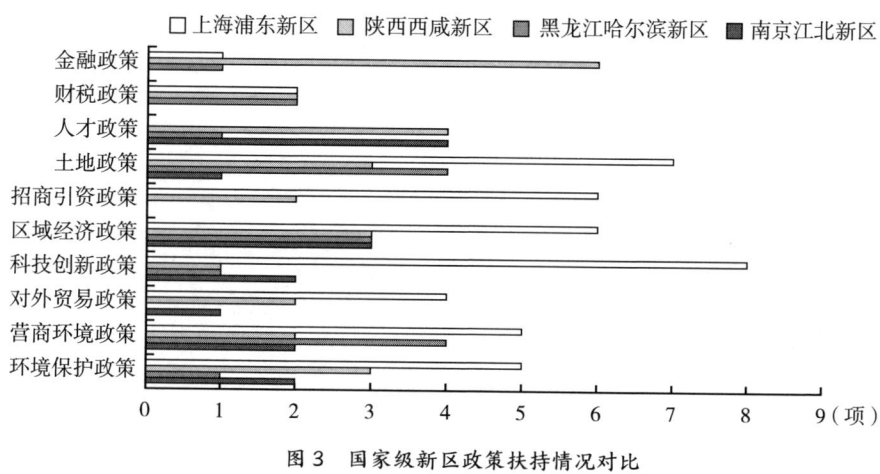

图3 国家级新区政策扶持情况对比

第一章　金融政策

第一节　金融政策总述

金融是现代经济的核心，发达的金融业能为国家级新区快速发展提供至关重要的支撑。从全国范围看，各国家级新区都把金融业作为主导产业予以培育。各国家级新区根据自身需要，陆续出台了金融扶持政策，促进金融业发展。本节整理了部分2019年各新区出台的支持金融业发展的政策。

表1-1　部分新区金融政策支持情况

新区	政策文件
上海浦东新区	《关于金融支持浦东新区改革开放再出发 实现新时代高质量发展的指导意见》（2019）
天津滨海新区	《天津市雏鹰企业贷款奖励及瞪羚企业、科技领军企业和领军培育企业股改奖励管理暂行办法》（2019）
	《滨海新区创新型企业领军计划实施方案》（2019）
甘肃兰州新区	《兰州新区产业发展扶持及奖励政策（修订）》（2019）
	《兰州新区企业投资项目 代办服务实施细则》（2019）
	《兰州新区精准扶贫专项贷款到期收回及续贷工作方案》（2019）
广州南沙新区	《广州南沙新区（自贸区南沙片区）关于支持国际金融岛发展的若干措施》（2019）
	《广州南沙新区（自贸片区）促进外贸综合服务企业发展扶持办法》（2019）
陕西西咸新区	《西咸新区丝路经济带能源金融贸易区投资优惠政策》（2019）
	《西咸新区丝路经济带能源金贸中心园区优惠政策》（2019）
	《陕西省西咸新区秦汉新城产业发展扶持政策（试行）》（2017）
	《西咸新区沣东新城统筹科技资源改革示范基地科技创新专项基金管理暂行办法》（2019）
	《西咸新区沣东新城关于促进金融业发展的扶持办法（暂行）》（2019）

续表

新区	政策文件
青岛西海岸新区	《关于促进"双招双引"二十条政策》（2019） 《青岛西海岸新区关于促进"双招双引"二十条政策配套实施细则》（2019） 《青岛西海岸新区关于入驻青岛海洋活力区总部经济项目扶持政策》（2019）
大连金普新区	《大连口岸优化营商环境促进跨境贸易便利化工作实施方案（2019～2021年）》（2019） 《金普新区知识产权质押融资风险补偿基金管理办法（试行）》（2019）
成都天府新区	《关于印发四川天府新区成都直管区加快数字经济高质量发展若干政策的通知》（2019）
黑龙江哈尔滨新区	《哈尔滨市人民政府关于印发哈尔滨市服务贸易创新发展试点实施方案的通知》（2019）
吉林长春新区	《吉林省优化口岸营商环境促进跨境贸易便利化工作实施方案》（2019）
江西赣江新区	《江西省高铁经济带发展规划（2019～2025年）》（2019）
河北雄安新区	《中国（河北）自由贸易试验区管理办法》（2019）

第二节 金融政策分析总结

政府宏观调控作为"看得见的手"对金融支持国家级新区的企业发展有着极其重要的影响。对以上政策的研究分析可得，各国家级新区扶持金融业的政策具有覆盖环节多、适用面广且各有侧重，与新区自身条件相适应的特点。由于各新区金融基础条件、发展程度不同，新区金融业政策的实施效果也有所差别。

新区在发展过程中应当根据产业发展需要适时调整金融扶持政策；出台促进金融业集聚发展的相关政策，吸引金融机构向指定区域集聚，形成金融核心区乃至中央商务区；鼓励科技金融、绿色金融、普惠金融等领域开放创新，积极申报和开展国家金融改革创新试点工作，提升金融服务实体经济和防范风险的能力。

第二章 财税政策

第一节 财税政策总述

经过20多年的发展，新区数量逐步增加，布局不断优化，功能日益完善，在引领区域经济发展、全方位扩大对外开放、创新体制机制、促进产城融合发展等方面发挥着重要作用，辐射带动和试验示范效应明显。19个国家级新区都十分重视财税政策对新区发展的扶持作用，一方面努力争取更多的中央财政资金和税收优惠政策倾斜，另一方面根据实际要求创新财税政策，各个新区财税政策既有一定的共性，也有一些独特之处，本节整理了部分2019年各新区出台的财税扶持政策。

表2-1 部分新区财税政策支持情况

新区	政策文件
上海浦东新区	《中国（上海）自由贸易试验区临港新片区总体方案》(2019)
	《关于促进中国（上海）自由贸易试验区临港新片区高质量发展实施特殊支持政策的若干意见》(2019)
广州南沙新区	《关于印发2019年度南沙区社会抚养费征收标准的通知》(2019)
陕西西咸新区	《西咸新区泾河新城文化旅游产业发展专项扶持资金实施办法》(2019)
	《西咸新区沣东新城科技公共服务平台认定和贴息补贴暂行办法》(2019)
贵州贵安新区	《贵安新区减税降费全社会协同共治机制》(2019)
	《关于提前下达2019年第三季度小额信贷贴息资金的通知》(2019)
青岛西海岸新区	《支持打造创投风投中心若干政策措施奖励实施细则》(2019)
大连金普新区	《大连市人民政府关于推进"飞地经济"发展的实施意见》(2019)
	《大连市航空运输业发展专项补贴资金暂行管理办法》(2019)
成都天府新区	《四川天府新区成都直管区国有资本经营预算管理办法》(2019)
	《成都市新能源汽车市级补贴实施细则》(2019)

续表

新区	政策文件
云南滇中新区	《云南省残疾人等减征个人所得税政策》(2019) 《云南省财政厅 国家税务总局云南省税务局关于贯彻落实支持民营经济发展税收优惠政策的通知》(2018)
黑龙江哈尔滨新区	《哈尔滨市人民政府办公厅印发关于促进"飞地经济"发展的实施意见的通知》(2019) 《关于调整哈尔滨市购买使用新能源汽车补贴政策有效期的通知》(2019)
河北雄安新区	《关于全面落实中央减税降费部署专项计划》(2019)

第二节 财税政策分析总结

通过梳理分析国家级新区的财税扶持政策，归纳其共性特征如下：财税扶持工业多，财税扶持三产少；财政奖励扶持政策多，税收优惠政策少；招商引资扶优做大做强，财税优惠力度大，创新创业企业受到重视。国家级新区现行财税政策在配合招商引资、鼓励企业自主创新、产业结构优化升级以及经济可持续发展方面起着积极作用，但是也存在财税政策与新区产业定位关联不紧密和优惠力度不足等问题，因此建议：一是，新区要积极争取中央财税政策支持；二是，新区制定财税政策要与其主导产业紧密相关；三是，完善地方财税支持政策和提供优质纳税服务；等等。

第三章 人才政策

第一节 人才政策总述

知识经济时代，加之市场经济体制改革，社会竞争愈发激烈，人才的战略价值及其地位愈发突出。在这样的背景下，高等教育领域呈现普及化、大众化发展态势，积蓄了大量人力资源。当前中国社会发展已经从"人口红利"阶段转向"人才红利"阶段。

因此，重视人才环境建设，提高人才环境品质，做到"筑好巢，引好凤"是大到国家小到地区都需要优先考虑的。各个国家级新区在相关人才政策制定与创新方面做出了努力，在满足自身发展需求的同时，积极推动高等教育发展，进一步促进经济增长。本节整理了部分2019年各新区出台的人才政策。

表3-1 部分新区人才政策支持情况

新区	政策文件
上海浦东新区	《2019年浦东新区人力资源和社会保障工作要点》(2019)
	《中国(上海)自由贸易试验区临港新片区支持人才发展若干措施》(2019)
天津滨海新区	《干部选拔任用工作监督检查和责任追究办法》(2019)
	《天津市职业技能提升行动实施方案(2019~2021年)》(2019)
重庆两江新区	《关于实施人才强区战略 助推高质量发展的意见》(2019)
	《"两江人才"十条》(2019)
	《重庆两江新区高技能人才培养引进激励办法(试行)》(2019)
广州南沙新区	《广州市南沙区就业补助资金使用管理办法》(2019)
陕西西咸新区	《西咸新区沣西新城关于促进大众创业万众创新的若干政策》(2019)
	《西咸新区沣西新城关于促进高层次人才引进的若干政策》(2019)
	《陕西省西咸新区秦汉新城鼓励大众创业万众创新发展暂行办法》(2017)
	《西咸新区秦汉新城引进和鼓励高端人才发展暂行办法》(2019)

续表

新区	政策文件
贵州贵安新区	《贵安新区青年就业见习工作管理实施细则(试行)》(2019)
青岛西海岸新区	《关于鼓励人口人才发展的十六条意见》(2019)
大连金普新区	《大连市人民政府关于做好当前和今后一个时期促进就业工作的实施意见》(2019)
南京江北新区	《南京市江北新区人才安居服务工作办法(试行)》(2019) 《南京市江北新区高技能人才培养办法(试行)》(2019) 《南京江北新区集成电路人才试验区政策(试行)》(2019) 《灵活就业人员社保补贴办理》(2019)
黑龙江哈尔滨新区	《哈尔滨市贯彻落实〈黑龙江省做好就业创业工作十二条政策措施〉实施细则》(2019)

第二节　人才政策分析总结

人才资源是第一资源，高层次人才是在经济全球化竞争日趋激烈条件下制胜的核心战略资源，人才竞争直接关乎区域经济发展，政策环境对人才流动起着很大的作用。

各地政府及国家级新区为促进地方发展，推出了一系列人才政策以留住人才并充分发挥其在城市建设中的作用。现有人才政策普遍存在一些问题，如政策宣传不到位、政策定位不清楚、政策体系不完整，政策内容不丰富，政策条款不明确、操作程序不便捷、人才培养不配套等。未来，人才政策需要进一步完善。根据对各新区人才政策的总结并借鉴先进地区人才政策体系的建设经验，提出一些对策建议：制订满足发展需求的高效人才政策，明确人才政策体系对经济发展的基础性作用，理顺人才政策管理机制，畅通人才信息供求渠道，建立完整的人才流动政策体系。

第四章 土地政策

第一节 土地政策总述

土地资源是发展之基,是国家级新区开发建设中最重要的资源,完善且系统的土地政策是保障新区健康发展的重要前提。本节整理了部分新区出台的支持土地发展的政策。通过表4-1可以发现,大部分新区对于土地政策还是比较重视的,都相应出台了土地政策。但已经出台的土地政策有些是本省市出台的促进土地发展的整体政策,而不是针对新区发展状况的具体实施方案,比如浙江舟山群岛新区的《开展调整城镇土地使用税政策促进土地集约节约利用试点工作方案》等。

表4-1 部分新区土地政策支持情况

新区	政策文件
上海浦东新区	《上海市浦东新区外高桥船厂单元(PDP0-0203单元)控制性详细规划》(2019)
	《关于支持临港新片区产业、研发用地提高容积率的实施意见》(2019)
	《关于支持临港新片区园区平台提升创新服务能力工作的实施意见》(2019)
	《上海市浦东新区规划和土地管理局责令交出土地催告书沪》(2018)
天津滨海新区	《天津市加强滨海湿地保护严格管控围填海工作实施方案》(2019)
	《关于贯彻落实规划用地"多审合一、多证合一"改革的实施意见》(2019)
浙江舟山群岛新区	《开展调整城镇土地使用税政策促进土地集约节约利用试点工作方案》(2019)
	《舟山市新城长峙岛控制性详细规划(2019年局部调整)》(2019)
甘肃兰州新区	《兰州新区精细化工园区工业用地租让供应实施办法》(2019)
	《兰州新区国土资源局兰州新区规划维护(2019年)项目》
广州南沙新区	《广州市南沙区人民政府关于修订广州南沙国有出让土地上住宅和商业用房征收补偿指导意见的通知》(2019)
	《关于修订广州南沙新区(自贸片区)支持新兴产业园发展的用地管理意见土地供后评价实施细则的通知》(2019)

续表

新区	政策文件
陕西西咸新区	《陕西省西咸新区沣西新城自然资源局征地补偿安置方案公告》(2020)
	《西咸新区住宅项目社区综合服务用房配套建设品质标准(试行)》(2019)
	《西咸新区"十三五"农村公路建设管理办法(试行)》(2019)
贵州贵安新区	《贵州省500亩以上坝区种植土地保护办法》(2019)
青岛西海岸新区	《青岛西海岸新区自然资源局关于部分地块控规优化调整社会公示的通告》(2019)
	《关于深化产业小镇高质量发展机制的意见》(2019)
	《关于加快解决民营企业土地房屋产权历史遗留问题的指导意见》(2019)
大连金普新区	《大连普湾经济区规划建设国有土地使用权招拍挂出让成交公示》(2019)
湖南湘江新区	《湘江新区国土空间总体规划(2019~2035)(初步成果)》(2019)
南京江北新区	《关于南京西坝港区铁路专用线扩能改造工程建设用地的批复》(2019)
福建福州新区	《福州新区三江口南台岛东部片区控制性详细规划(修编)》(2019)
	《福州市人民政府转发福建省人民政府关于福州市2019年度第十五批次农用地转用和土地征收实施方案的批复的通知》(2019)
黑龙江哈尔滨新区	《哈尔滨新区管理委员会自然资源局国有建设用地使用权公开出让公告》(2019)
	《哈尔滨市自然资源和规划局国有建设用地使用权拍卖出让公告》(2019)
	《哈尔滨市自然资源和规划局 No.2019HTS(G)008 地块国有建设用地使用权挂牌出让公告》(2019)
	《哈尔滨市自然资源和规划局国有建设用地使用权挂牌出让公告》(2019)
江西赣江新区	《赣江新区临空组团关于2019年度第二批次城市征收土地补偿安置方案预公告》(2019)
	《江西省国土空间规划(2019~2035年)》(2019)
河北雄安新区	《关于征收土地和补偿安置方案的公告》(2019)

第二节 土地政策分析总结

通过综合对比以上政策，可以发现多数新区建设用地产出效率都低于所在城市市辖区平均水平。在一些国家级新区开发建设中，有一些所谓的重点项目，圈占超出实际需求的土地面积，而实质性开发建设又迟迟不推进，导致国有资产变相流失。此外，新区发展较为强调新增用地拓展，忽视或者绕开存量用地的更新改造。总的来说，国家级新区要因地制宜，积极提高用地质量与效率。我国经济发展已经进入十分关键的转折时期，经济增长在很大程度上也已经进入相应的转换期。在新常态下，我国各新区土地政策也存在许多问题：传统的发展模式已经很难继续，城市化进程高速推进，城市的外延范围以及扩展速度大大超越了人口城镇化，这使得土地的出让收入受到了很大的影响，并且收入的波动性较大，传统的发展运行模式已不再适用。除此之外，土地征地的拆迁成本上升幅度较大，与低成本的城市化时代告别。通过土地出让收入以及抵押融资来实现对整个城市发展的支持也面临很大的波动性，相应的征地拆迁风险也明显增加。

第五章 招商引资政策

第一节 招商引资政策总述

招商引资是国家级新区加快经济快速发展的重要手段，一个好的投资项目可以促进新区的经济发展，带动基础设施建设，为其他行业的发展提供各种各样的机会。为此，国家级新区要把握"一带一路"建设中的机遇，充分发挥区位、资源等各种优势，广泛吸引海内外的投资项目。本节通过梳理近年来各国家级新区的招商引资（含贸易）政策，对各国家级新区的招商引资政策进行详细阐述。通过分析发现，当前国家级新区存在产业园区规划缺乏前瞻性、实用性和持续性，以及重外资、轻内资等问题。为此，国家级新区在发展过程中，应发挥"一张蓝图绘到底"的坚持精神，提高政府诚信度，依法依规制定招商政策，杜绝恶性竞争。

表5-1 部分新区招商引资政策支持情况

新区	政策文件
上海浦东新区	《关于支持浦东新区改革开放再出发实现新时代高质量发展的若干意见》(2019)
	《自由贸易试验区外商投资准入特别管理措施（负面清单）(2019年版)》(2019)
	《关于上海市进一步促进外商投资的若干意见》(2019)
	《上海市新一轮服务业扩大开放若干措施》(2019)
	《进一步推进中国（上海）自由贸易试验区外汇管理改革试点实施细则（4.0版）》(2019)
	《本市贯彻〈关于支持自由贸易试验区深化改革创新若干措施〉实施方案》(2019)
重庆两江新区	《重庆市人民政府关于加强和改进新形势下招商投资促进工作的意见》(2019)
	《重庆市人民政府关于做好促进综合保税区高水平开放高质量发展有关工作的通知》(2019)

续表

新区	政策文件
广州南沙新区	《广州南沙新区（自贸区南沙片区）关于支持国际金融岛发展的若干措施》(2019)
陕西西咸新区	《陕西省西咸新区与社会资本合作(PPP)模式操作指南》(2019)
	《西咸新区支持总部经济发展优惠政策》(2019)
贵州贵安新区	《贵州新区建城市、聚人气、广招商、招大商若干支持措施（试行）》(2019)
青岛西海岸新区	《关于印发〈青岛市深入开展"双招双引"攻势作战方案（2019~2022年）〉的通知》(2019)
成都天府新区	《成都天府新区大林街道2019年招商引资工作方案》(2019)
湖南湘江新区	《湖南湘江新区2019年重大招商引资产业项目推进计划》(2019)
福建福州新区	《福州市"2019招商年"行动实施方案》(2019)
云南滇中新区	《云南滇中新区制造业招商引资扶持政策试行办法》(2019)
	《云南滇中新区现代服务业招商引资扶持政策试行办法》(2019)
	《云南滇中新区代理招商引资奖励暂行办法》(2019)
黑龙江哈尔滨新区	《黑龙江省招商引资项目服务保障暂行办法》(2019)
吉林长春新区	《长春新区支持金融集聚推动实体经济发展若干政策的通知》(2019)
江西赣江新区	《赣江新区2019年重大重点项目投资计划》(2019)
	《赣江新区中国（南昌）中医药科创城招商引资优惠政策（暂行）》(2019)
	《南昌临空经济区（赣江新区临空组团）关于加强招商引资产业项目推进工作若干措施（试行）》(2019)
河北雄安新区	《中共中央 国务院关于支持河北雄安新区全面深化改革和扩大开放的指导意见》(2019)

第二节 招商引资政策分析总结

各个新区的招商引资政策存在以下问题：第一，在区域内规划产业园区进行招商引资是各地常见的发展模式，然而，有些园区在制定产业发展规划时缺乏前瞻性、实用性和持续性；第二，随着竞争加剧和发展压力增大，政策底线不断被突破，政府招商成本不断增加；"重外资、轻内资"使很多地方政府在招商引资过程中往往只注重对外来企业特别是外商投资企业的引进、支持和服务。针对这些问题，需要制定相应的政策措施。各新区政府可以实行地价优惠，吸引大中型企业投资，在制定优惠政策的时候要考虑到企业投资规模、发展阶段及运营效益三个层面，以减少不同类型企业前期投资及生产成本，帮助企业成长壮大。由于龙头企业、大型项目对地方经济整体格局的影响更为明显，应给予大客户地价优惠政策。同时鼓励本地企业发展，地价及租金优惠政策能大大降低企业在前期的投资成本，进一步减轻企业运营压力，帮助企业做大做强，制定系列优惠政策，如企业生产一旦达到相应的标准便可获得现金奖励。

第六章 区域经济政策

第一节 区域经济政策总述

区域经济政策是指政府制定和实施的旨在协调、促进区域经济发展的各种法令、条例和措施。它是政府规范区域经济主体的经济行为、诱导和保证区域经济按既定目标发展的重要手段。随着经济全球化和区域一体化，区域经济政策分化为两种类型：超国家层次的区域经济政策和国家层次的区域经济政策。超国家层次的区域经济政策是指区域性组织制定的涉及该组织内部成员经济发展的相关政策，如美洲经济圈、欧盟、东盟经济圈等的有关政策。超国家层次的区域经济政策涉及关税、货币发行、外汇管制、移民限制等多方面。国家层次的区域经济政策主要指一国各级政府为协调各区域体系之间经济发展关系而制定的经济政策。国家层次的区域经济政策只涉及国家内部的区域公平发展、产业合理分布和地区利益协调等，并基于全国各地区的发展需要，制定一系列具有指导性的产业、投资、科技、劳动、环保等方面的政策。因此，科学而合理的区域政策应该是由一系列相互联系、综合协调的单项政策组成，是中央政府和地方政府制定的、旨在明确各区域的产业重点及方向、协调区际关系的政策总和。

表 6-1 部分新区区域经济政策支持情况

新区	政策文件
上海浦东新区	《关于促进中国（上海）自由贸易试验区临港新片区高质量发展实施特殊支持政策的若干意见》(2019)
	《关于支持浦东新区改革开放再出发实现新时代高质量发展的若干意见》(2019)

续表

新区	政策文件
上海浦东新区	《中国(上海)自由贸易试验区临港新片区总体方案》(2019)
	《长江三角洲区域一体化发展规划纲要》(2019)
	《中国(上海)自由贸易试验区临港新片区管理办法》(2019)
	《关于金融支持浦东新区改革开放再出发实现新时代高质量发展的指导意见》
重庆两江新区	《重庆市人民政府办公厅关于印发促进我市国家级开发区改革和创新发展若干政策措施的通知》(2019)
甘肃兰州新区	《兰州新区建设绿色金融改革创新试验区总体方案》(2019)
陕西西咸新区	《西咸新区规划建设品质标准》(2019)
	《西咸新区关于加快金融服务业及多层次资本市场发展的奖补政策》(2019)
	《西咸新区产业发展规划(2019~2025年)》(2019)
青岛西海岸新区	《关于印发青岛市重点工业产业集聚区创建提升三年行动计划(2019~2021年)的通知》(2019)
	《青岛西海岸新区关于促进相关产业发展系列政策》(2019)
大连金普新区	《金普新区支持制造业产业协作配套实施办法(试行)》(2019)
成都天府新区	《四川天府新区成都直管区国有资本经营预算管理办法》(2019)
	《中共四川省委四川省人民政府关于加快天府新区高质量发展的意见》(2019)
湖南湘江新区	《湖南湘江新区管理委员会关于支持金融科技发展的实施意见》(2020)
	《关于做好2019年度湖南湘江新区高端制造业扶持资金申报工作的通知》(2019)
南京江北新区	《关于2019年度江北新区股权投资机构奖励和补贴资金的申报通知》(2019)
	《江北新区国有企业股权划转调整方案》(2019)
	《关于进一步深化创新名城建设加快提升产业基础能力和产业链水平的若干政策措施》(2020)
江西赣江新区	《江西省高铁经济带发展规划(2019~2025年)》(2019)
黑龙江哈尔滨新区	《哈尔滨新区江北一体发展区进一步压缩企业开办时间的实施方案》(2019)
	《创新金融服务方式组建哈尔滨新区金融服务中心的实施方案》(2019)
	《哈尔滨新区暨黑龙江自由贸易试验区哈尔滨片区关于鼓励产业集聚推动高质量发展的若干政策措施(试行)》(2019)
吉林长春新区	《长春新区加快产业集聚促进高质量发展若干政策》(2019)
河北雄安新区	《河北雄安新区起步区控制性规划》(2019)
	《关于支持新区三县传统产业转型升级工作的指导意见》(2019)

第二节　区域经济政策分析总结

近年来我国区域经济发展十分迅速。然而现存的宏观经济问题和微观经济问题都与区域格局和区域关系问题密不可分。区域格局和区域关系问题诱发或导致了重大的宏观、微观经济问题。如今的区域政策并没有发挥应有的作用，这正是区域格局和区域关系问题依然存在的重要原因之一。如今的区域政策在理论层面存在认知上的误区，如对区域政策泛化、混淆、忽视等问题。这种认知上的误区使得相关管理者把所有跟空间有关的政策都视为区域政策，混淆了区域规划、区域政策与区域战略之间的关系，忽视了区域管理的制度基础设施建设。区域管理的制度基础包括"四管"问题，即"谁管、管谁、咋管、管效"。并且区域政策立法等问题也没有提上议程。强国的标志是区域发展均衡，不同区域都得到充分发展。中国正致力于构建人类命运共同体，而最基本的前提就是国内各区域一体化，形成区域利益共同体。这个区域利益共同体的形成需要区域政策的完善。因此，区域经济政策聚焦具有重大的战略意义。虽然各个区域特点不一，政府对各个地方也制定了差异化的政策，但区域经济政策有一个共同的重要指针——开放与改革。无论是东部地区还是中西部地区，都非常强调以改革开放促发展，推进区域基础设施互联互通、统一市场体系建设，形成优势互补、良性互动的区域发展格局，并且要坚持民生优先。

第七章 科技创新政策

第一节 科技创新政策总述

科技创新涉及政府、企业、科研院所、高等院校、国际组织、中介服务机构、社会公众等主体，包括人才、资金、科技基础、知识产权、制度建设、创新氛围等要素，是各创新主体、创新要素交互作用下形成的一类开放的复杂巨系统。从技术进步与应用创新构成的技术创新双螺旋结构出发，进一步拓宽视野，技术创新的力量来自科学研究与知识创新，来自专家和人民群众的广泛参与。信息技术引领的现代科技发展以及经济全球化，进一步推动了管理创新，这既包括宏观管理层面上的创新——制度创新，也包括微观管理层面上的创新。现代科技引领的管理创新无疑是我们所在这个时代创新的主旋律，也是科技创新体系的重要组成部分。知识创新、技术创新、现代科技引领的管理创新之间的协同互动共同演化形成科技创新。

表7-1 部分新区科技创新政策支持情况

新区	政策文件
上海浦东新区	《关注小微创新企业及社会组织青年成才成长，助力浦东经济和社会发展》(2019)
	《浦东新区科技创新和科学普及融合示范基地实施办法（试行）》(2019)
	《关于推进国家级经济技术开发区创新提升打造改革开放新高地的意见》(2019)
	《关于加快推进上海金融科技中心建设的实施方案》(2020)
	《上海市科学技术奖励规定》(2019)
	《上海5G产业发展和应用创新三年行动计划（2019~2021年）》(2019)
	《上海市加快推进数据治理促进公共数据应用实施方案》(2019)
	《关于支持上海科创中心建设的行动方案》(2019)

续表

新区	政策文件
天津滨海新区	《滨海新区创新型企业领军计划实施方案》(2019)
	《天津市滨海新区科技计划项目和资金管理办法(试行)》(2018)
	《关于滨海新区科技创新券的实施细则》(2018)
重庆两江新区	《重庆两江新区促进科技创新高质量发展的若干政策》(2019)
	《重庆市加快推动5G发展行动计划(2019~2022年)的通知》(2019)
甘肃兰州新区	《关于认定2019年度兰州市产学研科技合作基地和研发机构的通知》(2019)
	《甘肃省人民政府办公厅关于进一步支持5G通信网建设发展的意见》(2019)
浙江舟山群岛新区	《关于印发〈关于鼓励科技创新与加快科技型企业发展的若干政策(试行)〉的通知》(2019)
广州南沙新区	《广州南沙新区(自贸片区)鼓励支持港澳青年创新创业实施办法(试行)》(2019)
陕西西咸新区	《西咸新区关于加快科技研发产业发展的奖补政策》(2019)
贵州贵安新区	《关于加快推进全省5G建设发展的通知》(2019)
青岛西海岸新区	《青岛西海岸新区关于促进先进制造、科技创新、大数据和信息产业发展若干政策》(2019)
大连金普新区	《"5G+金普新区"战略合作协议》(2019)
	《关于促进科技创新的若干措施(试行)》(2018)
成都天府新区	《四川天府新区成都直管区加快数字经济高质量发展若干政策》(2019)
	《成都市人民政府办公厅关于印发成都市促进5G产业加快发展若干政策措施的通知》(2019)
湖南湘江新区	《关于做好2019年度湖南湘江新区创新创业扶持资金申报工作的通知》(2020)
南京江北新区	《关于组织开展2019年度第一批南京江北新区科技创新平台支持政策申报通知》(2019)
	《2019年度南京江北新区科技创新券申报指南》(2019)
福建福州新区	《2019年度第二批福州市科技计划项目申报指南》(2019)
	《福州高新区关于鼓励引进创业创新创造人才扶持奖励的若干措施》(2019)
吉林长春新区	《长春新区促进科技创新发展若干政策》(2017)
	《长春新区创新券实施管理办法(试行)》(2019)
江西赣江新区	《关于公示江西省2019年第二批拟认定高新技术企业名单的通知》(2019)
	《关于组织申报2019年赣江新区直管区科技创新券科技服务机构入库的通知》(2019)
	《加快推进5G发展的若干措施》(2019)
河北雄安新区	《河北省人民政府办公厅关于加快5G发展的意见》(2019)
	《关于深化科技改革创新推动高质量发展的意见》(2019)

第二节 科技创新政策分析总结

一直以来，国家级新区都是承担国家重大发展和改革开放战略任务的综合功能平台。自20世纪90年代以来，新区建设发展取得了显著成效，但也不同程度地面临着规划建设不够集约节约、主导产业优势不够突出、管理体制机制不够健全、改革创新和全方位开放不够深入等问题。新区要坚持把创新生态作为发展的核心竞争力，加快补齐创新服务体系短板，发挥科技创新对产业发展的重要支撑作用，重点依托新区自主创新服务中心，紧扣"为科技创新赋能，为企业发展服务"的主题，提供涵盖政策服务、项目申报、科技金融、技术合同登记、知识产权等类别的全领域科技服务，打造线上线下、一网一厅相结合的"一站式"科技服务平台，通过强势集聚优势科技资源、提升科技服务软实力，助力新区科技企业顺利起航、乘风破浪。为促使新区加大创新创业力度，强化改革系统集成，扩大高水平开放，打造实体经济发展高地，引领高质量发展，首先应该着力提升关键领域科技创新能力，制定更高质量的科技创新政策，深入打造若干竞争力强的创新平台，不断完善创新激励和成果保护机制，积极吸纳和集聚创新要素，不断提升我国科技创新能力。

第八章 对外贸易政策

第一节 对外贸易政策总述

2019年,国新办举行《中共中央 国务院关于推进贸易高质量发展的指导意见》(以下简称《指导意见》)有关情况发布会。商务部将会同中央财办、发展改革委、工业和信息化部、财政部等29个部委和单位共同推进《指导意见》的落实,在优化国际市场布局、国内区域布局、经营主体、商品结构和贸易方式等"五个优化"方面发力,并研究出台具体政策措施,制定贸易高质量发展行动计划。近年来,"五个优化"取得积极成效,与2012年相比,2019年1~10月,对新兴市场出口占比提高5.5个百分点至48.8%,中西部地区出口占比提高3.9个百分点至18.1%,机电产品出口占比提高0.7个百分点至58.3%,民营企业出口占比提高13.8个百分点至51.4%,一般贸易出口占比提高10个百分点至58.2%。2020年是全面建成小康社会和"十三五"的收官之年,商务部将根据《指导意见》,研究出台具体政策措施,制定贸易高质量发展行动计划,强化与各相关部门、各地方的协同配合,形成工作合力,稳步推进贸易高质量发展。

表8-1 部分新区对外贸易政策支持情况

新区	政策文件
上海浦东新区	《上海市人民政府关于本市促进跨国公司地区总部发展的若干意见》(2019)
	《上海口岸深化跨境贸易营商环境改革若干措施》(2019)
	《关于支持自贸区新片区建设的行动方案》(2019)
	《国务院关于促进综合保税区高水平开放高质量发展的若干意见》(2019)
天津滨海新区	《天津市鼓励跨国公司设立地区总部及总部型机构的若干规定》(2019)

续表

新区	政策文件
浙江舟山群岛新区	《关于进一步促进开放经济稳定增长的若干意见》(2019)
广州南沙新区	《中国(广东)自由贸易试验区南沙片区医疗教育行业对外开放清单指引(2019年版)》(2019)
	《中国(广东)自由贸易试验区南沙片区航运物流业对外开放清单指引(2019年版)》(2019)
陕西西咸新区	《西咸新区丝路经济带能源金融贸易区投资优惠政策》(2019)
	《陕西省财政厅、陕西省商务厅关于印发〈外经贸发展专项资金管理实施细则〉的通知》(2019)
成都天府新区	《关于支持天府新区成都片区保税物流中心(B型)发展的若干政策(试行)》(2019)
南京江北新区	《中国(江苏)自由贸易试验区南京片区实施方案》(2019)
河北雄安新区	《中国(河北)自由贸易试验区管理办法》(2019)

第二节 对外贸易政策分析总结

总体而言，我国对外贸易政策是指一国政府根据政治经济利益和发展目标而制定的在一定时期内的进出口贸易活动的准则。我国对外贸易集中体现为一国在一定时期内对进出口贸易所实行的法律、规章、条例及措施等。它既是一国总经济政策的重要组成部分，又是一国对外政策的重要组成部分。在对外贸易政策的执行和贯彻方面，国家一般设立一系列专门机构，按照对外贸易政策的规定对进出口商品进行管理。比如，在政府中设立外贸部或商业部作为对外贸易的行政管理机构，在对外开放的口岸地点设立海关作为进出口商品的通道，对商品进行监督查验、征收关税、查禁走私，设立进出口银行，从金融上支持商品的进出口，发放出口信贷、办理国际支付结算，设立商品检验局和卫生检疫机构，从进出口商品的质量、卫生和技术标准等方面进行把关。当前全球疫情仍在蔓延，世界经济严重衰退，我国外贸形势依然严峻复杂，对此必须有充分的估计和准备。要研究出台稳外贸、稳外资的措施。在稳外贸方面，完善出口退税方式，加快退税进度；引导金融机构加强信贷、信保、担保等融资支持；加快发展跨境电商等外贸新业态新模式；鼓励建设海外仓，加大对外贸服务平台建设的支持力度。在稳外资方面，加快落实新版外商投资准入负面清单，抓紧修订鼓励外商投资产业目录，进一步扩大鼓励的范围，协调解决外资企业和重点外资项目面临的困难，同时修订出台《外商投资企业投诉工作办法》等规章。

第九章 营商环境政策

第一节 营商环境政策总述

国务院新闻办公室于2019年4月9日举行国务院政策例行会议,财政部、国家市场监督管理总局和国家发展改革委的有关负责人介绍了我国"放管服"改革优化营商环境的最新进展。据介绍,近年来,我国通过全面深化改革,推进"放管服",极大地激发了市场活力和社会创造力。2018年我国营商环境排名从全球第78位提升至第46位,大幅跃升32个位次,成为营商环境改善幅度最大的经济体之一。2019年,我国优化营商环境的改革力度更大、精准度更高。

表9-1 部分新区营商环境政策支持情况

新区	政策文件
上海浦东新区	《浦东新区促进小微企业创新创业财政扶持办法》(2019)
	《浦东新区企业研发机构认定管理办法》(2019)
	《上海市进一步优化营商环境实施计划》(2019)
天津滨海新区	《天津市人民政府关于印发天津市推进"证照分离"改革全覆盖试点工作方案的通知》(2019)
	《关于精简和规范作业手续促进加工贸易便利化的公告》(2019)
重庆两江新区	《重庆市人民政府办公厅关于印发重庆市营商环境优化提升工作方案的通知》(2019)
	《重庆市人民政府关于向两江新区和中国(重庆)自由贸易试验区下放一批市级行政权力事项的决定》(2019)
	《重庆市人民政府关于印发〈重庆市推进自由贸易试验区"证照分离"改革全覆盖试点方案〉的通知》(2019)

第九章　营商环境政策

续表

新区	政策文件
浙江舟山群岛新区	《关于印发〈浙江舟山高新技术产业园区工业企业发展扶持政策(修订)〉的通知》(2019)
	《舟山市(浙江自贸试验区)开展"证照分离"改革全覆盖试点实施方案》(2019)
广州南沙新区	《广州南沙开发区(自贸区南沙片区)、南沙区关于创新建设工程项目行政审批服务的实施意见》(2019)
	《中国(广东)自由贸易试验区广州南沙新区片区优化电力营商环境实施办法(试行)》(2019)
陕西西咸新区	《西咸新区政府采购支持中小企业信贷融资实施办法》(2019)
	《西咸新区政务服务事项清单》(2019)
贵州贵安新区	《省人民政府办公厅关于印发贵州省营商环境优化提升工作方案的通知》(2019)
青岛西海岸新区	《关于进一步简化流程优化服务加快落实就业创业政策有关问题的通知》(2019)
	《青岛市人民政府关于印发青岛市支持实体经济高质量发展若干政策的通知》(2019)
大连金普新区	《优化营商环境全面对外开放　大连金普新区奋力推动经济高质量发展》(2019)
成都天府新区	《2019年成都市深化"放管服"改革优化营商环境工作要点》(2019)
	《天府新区建设国际化营商环境行动计划》(2019)
湖南湘江新区	《湖南湘江新区"营商环境优化年"实施方案》(2019)
南京江北新区	《南京江北新区关于应对当前复杂形势促进企业健康发展的若干政策意见》(2020)
	《关于在江北新区推开"证照分离"改革的通知》(2019)
福建福州新区	《2019年福州高新区优化营商环境工作要点》(2019)
云南滇中新区	《云南省营商环境提升十大行动》(2019)
黑龙江哈尔滨新区	《关于入驻哈尔滨新区金融商务区金融机构办公用房扶持办法》(2018)
	《哈尔滨新区(江北一体发展区)守信联合激励和失信联合惩戒机制实施方案》(2020)
	《废止哈尔滨市松北区市场准入负面清单》(2019)
吉林长春新区	《长春新区促进民营经济高质量发展若干政策》(2019)
江西赣江新区	《江西省人民政府印发关于进一步降低企业成本30条政策措施的通知》(2019)
	《关于优化提升赣江新区直管区营商环境的若干措施》(2019)

第二节　营商环境政策分析总结

为进一步优化营商环境，应重点做好以下工作：一是围绕"巩固"推进改革。深化投融资体制改革，深化价格改革，推进市场主体退出制度改革，推进国有企业资产负债约束制度改革，以更加有效的降成本、补短板、去产能、去杠杆。二是围绕"增强"推进改革。加大国有企业混合所有制改革力度，加大支持民营企业改革力度，加大产权保护改革力度，加大激发和保护企业家精神改革力度，加大优化营商环境改革力度。三是围绕"提升"推进改革。推进要素市场化改革，提升要素流动性；推进创新创业改革，提升产业链水平；推进服务业改革，提升服务业供给质量。四是围绕"畅通"推进改革。加快建立统一开放、竞争有序的现代市场体系，将全面实施市场准入负面清单制度，打通国内市场和生产主体的循环；破除妨碍劳动力流动的体制性障碍，打通经济增长和就业扩大的循环；提升金融体系服务实体经济的能力，打通金融和实体经济的循环。优化营商环境就是解放生产力、提升竞争力，是增强市场活力、稳定社会预期、应对经济下行压力、促进发展和就业的有效举措。《优化营商环境条例》（以下简称《条例》）总结了近年来深化"放管服"改革、优化营商环境的成效和经验，从法制层面明确了打造市场化、法治化、国际化营商环境的要求。各地各部门要深刻认识我国营商环境还需更大努力加以改善和优化，这方面不平衡问题仍然突出。要抓紧出台《条例》配套措施，加快清理、修改或废止不符合《条例》的规章和规范性文件，确保《条例》落地。

第十章　环境保护政策

第一节　环境保护政策总述

2019年1月11日，据国家发展改革委官网消息，发展改革委、财政部、自然资源部等9个部门印发《建立市场化、多元化生态保护补偿机制行动计划》，明确到2020年初步建立市场化、多元化生态保护补偿机制，初步形成受益者付费、保护者得到合理补偿的政策环境，到2022年市场化、多元化生态保护补偿水平明显提升，生态保护补偿市场体系进一步完善。2019年1月29日，生态环境部、发展改革委两部门联合印发《长江保护修复攻坚战行动计划》。在长江经济带覆盖的上海、湖北、贵州等沿江11省市范围内，以长江干流、主要支流及重点湖库为重点开展保护修复行动。

表10-1　部分新区环境保护政策支持情况

新区	政策文件
上海浦东新区	《上海市绿化和市容管理局关于进一步加强公益林管护工作的通知》(2019)
	《关于上报2019年浦东新区北蔡镇公益林建设工程作业设计的请示》(2019)
	《关于加快推进浦东新区绿地林地建设的建议》(2019)
	《上海市生活垃圾管理条例》(2019)
	《上海市发展改革委、上海市财政局关于印发〈上海市循环经济发展和资源综合利用专项扶持办法〉的通知》(2019)
浙江舟山群岛新区	《新城全面建立生态环境状况报告制度实施办法》(2019)
	《新城创建全国文明城市专项工作组及工作职责》(2019)
	《关于核定舟山市新城区域餐厨垃圾清运处置费收费标准的批复》(2019)
甘肃兰州新区	《兰州新区2019~2020年冬季大气污染防治工作方案》(2019)
	《兰州新区2019年度土壤污染防治工作方案》(2019)

续表

新区	政策文件
陕西西咸新区	《西咸新区2019~2020年秋冬季大气污染综合治理攻坚行动方案》(2019) 《西咸新区城镇污水处理厂运行监督管理办法(试行)》(2019) 《西咸新区美国白蛾防控方案(2019~2021)》(2019)
贵州贵安新区	《贵安新区直管区打赢蓝天保卫战三年行动计划实施方案》(2019) 《贵安新区环境保护局工业炉窑大气污染综合治理实施方案》(2019) 《贵安新区散烧燃煤治理和煤炭消费减量替代专项行动方案》(2019)
大连金普新区	《关于进一步做好元宵节期间殡葬管理文明祭祀的紧急通知》(2019) 《辽宁省生态环境保护督察工作实施办法(试行)》(2019)
湖南湘江新区	《湖南湘江新区2019年污染防治实施方案》(2019)
南京江北新区	《南京市生态环境部门对环境违法行为情节轻微认定的意见》(2019)
黑龙江哈尔滨新区	《哈尔滨市人民政府关于禁止燃放烟花爆竹的工作方案》(2019)
吉林长春新区	《长春新区水污染防治2019年度计划》(2019)
河北雄安新区	《2019年河北省土壤污染防治工作要点》(2019)

第二节 环境保护政策分析总结

各新区虽然已经在不同方面制定相应的环境治理政策，环境治理效果也取得一定成效，但与推进环境保护与经济高质量发展融合、迎合"绿水青山就是金山银山"的理念还存在一定的距离。尤其是国家级新区作为国家经济发展的重要引领，积极追求绿色GDP，对整个国家追求绿色发展具有带头作用。通过对各新区环境保护政策的梳理，可以发现在政策制定和实施过程中还存在以下问题：一方面政府以命令—限制型政策为主。各新区在政策制定过程中，基本以政府命令式政策为主，以市场为主导的经济激励型政策和以民众监督为核心的公众参与型政策较少。该种政策结构使得参与人群较少，政策执行效果可能不尽如人意。另一方面新区在政策制定过程中的监管力度较小，下级部门和人员在执行过程中可能存在不作为和"搭便车"行为，最终结果是政策实施效果无法达到预期目标。近年来，受国家加快推动生态文明建设、多个循环经济领域示范试点创建实施以及社会公众节能环保意识提高等多因素推动,我国节能环保产业快速发展。而民企在节能环保领域一直占据着重要地位。加大绿色金融支持力度,积极发展绿色信贷,支持符合条件的各新区民营节能环保企业发行绿色债券,丰富节能环保产业增信方式。不少业内人士认为,如果政策能够真正落地,取得实实在在的效果,那么对民营企业彻底摆脱经营困境的意义十分重大。

产业发展篇

近年来，国家级新区一直致力于改革创新，激发企业活力，在促进经济发展、扩大对外开放、推动改革创新中发挥了重要作用。各个新区在所在区域中都发挥了重要的带动和示范引领作用。国家级新区是重要的综合性经济功能区，地域宽广，规划范围一般涵盖开发区、高新区等园区，尤其是具有区域特色的园区，部分新区甚至包括综合保税区、自贸区、自主创新示范区等。各国家级新区都重视大众创业与万众创新相结合，积极发展新兴产业。本篇通过对19个国家级新区的产业规划、重点发展产业、新区内园区发展概况等进行梳理，让读者对新区内的产业现状具有全面细致的了解。

第一章 产业布局

产业布局是对一个国家或者地区未来产业演化路径的预想,是建立在对一个国家或者地区的经济发展现状、要素禀赋、国际和国内产业发展态势,以及市场潜力等因素的理性分析和经验判断基础上,最终提出产业经济开发和空间布局的具体安排以及保障措施。[①]

本章主要对国家级新区产业规划中的产业布局和产业发展重点领域进行阐述,以期让读者对不同发展程度的国家级新区的产业重点发展领域有所了解。

一 上海浦东新区

在《关于浦东新区2018年国民经济和社会发展计划执行情况与2019年国民经济和社会发展计划草案的报告》中,对浦东新区2019年的产业发展进行了详细规划。2019年新区将着力推动高质量发展,坚持科技创新驱动,取得产业发展新突破,旨在提高新区经济密度,推动全方位高水平对外开放。

(一)聚焦主导产业发展瓶颈,加强创新驱动,在破解高质量发展瓶颈上实现新突破

坚持创新是第一动力,把科技创新摆到更加重要的位置,踢好"临门一脚",增强创新策源能力。抓住设立科创板并试点注册制的重大机遇,加快构建高水平科技创新平台,推动创新政策加快落地、创新成果加快转化,使创新成为高质量发展的强大动能。

(二)全面推进张江综合性国家科学中心建设,深化南北科技创新走廊布局,进一步增强创新策源能力

加快实施"五个一批"重点项目,同步积极储备推动一批新项目。加快

[①] 黄辛婷、胡汉辉:《产业发展规划的范式研究》,《科学学与科学技术管理》2012年第9期。

吸引具有国际先进水平的实验室、科研院所、研发机构在张江集聚。加快临港科创中心主体承载区建设，放大张江"双自"和临港"双特"政策效应。以张江和临港两大区域为极核，向北延伸至金桥、外高桥，辐射带动周边园区，抓好项目和资源统筹，发展关联配套产业，形成产业集群发展态势。

（三）聚焦"七大板块"，优化重点优势产业发展布局

聚焦"最强光"，全力推进硬 X 射线自由电子激光装置建设；聚焦"中国芯"，建设上海集成电路设计产业园；聚焦"蓝天梦"，启动大飞机总装产业基地配套园区建设；聚焦"创新药"，打造张江生物医药协同创新平台；聚焦"未来车"，加快新能源、自动驾驶、智能网联等汽车龙头企业集聚；聚焦"智能造"，建设智能制造市级功能平台；聚焦"数据港"，推动大数据技术产业创新发展。

二　天津滨海新区

2019 年，滨海新区实施了高新技术和战略性新兴产业发展行动计划，推进先进制造业集聚集群发展，着力扶持新产业、发展新经济、培育新业态，整体产业结构持续优化，新增长点拉动作用不断增强，高质量发展态势进一步显现。

（一）八大重点产业持续发展，产业聚焦、创新驱动、功能集成的发展格局初步形成

人工智能和新一代信息技术快速发展，可穿戴智能设备增长 3 倍以上，计算机制造业增长 25%。航空航天保持两位数增长，空客 A320 机身装配项目开工建设、A350 完成和交付中心落户，大型航天器项目顺利推进。京津冀特色"细胞谷"建设规划启动实施，国家合成生物技术创新中心获批建设。新能源新材料集聚化多元化发展，三星动力电池建成投产，中环高端半导体产业园加快建设。汽车产业逆势上扬，整车产量突破 100 万辆，推出一汽大众探岳、丰田亚洲龙、长城 F7 等一批主打车型。文化产业迅速发展，文化场馆数字化工程实施，建成一批数字图书馆、博物馆、文化馆、社区文化服务站。培育特色公共文化服务品牌，举办高水平文化活动 300 场以上。

（二）着力构建现代产业体系，推进世界一流产业创新中心建设

加快打造先进制造业集群。持续放大实体经济优势，坚定不移发展先进制造业，着力建设制造业强区。推动滨海产业发展基金落地见效，制定重点支持产业目录、项目清单，加速新动能引育。大力发展现代服务业。围绕大数据、互联网、区块链等科技前沿产业，积极发展电子商务、互联网服务等新兴业态，加快建设北方大数据交易中心，推进京津冀大数据综合试验区建设。

（三）主动服务重大国家战略，加快京津冀协同发展示范区建设

高水平建设非首都功能疏解承接平台。精准对接北京优质资源，实施一批承接非首都功能疏解标志性工程，打造首都溢出功能重要承接地。加快滨海中关村科技园建设，完善协同创新体制，加大科创资源引育力度，布局一批高水平创新载体，全面提升协同创新效能。加快推进未来科技城京津合作示范区项目引进落地。积极探索京津冀产业转移合作利益分享机制，探索京津冀审批协同机制，实行档案互存、内容互认、见照发照、见证发证。

（四）把创新作为第一动力，打造创新驱动发展先导区

提升自主创新能力。推动优质创新资源集聚发展，打造自主创新的重要源头和原始创新的主要策源地。聚焦自主可控软硬件、细胞治疗等前沿领域，实施10个重大科技专项，集中突破一批核心关键技术，加快新一代超级计算机等国家级创新平台建设。发挥国家自主创新示范区政策优势，建设京津冀科技成果转化联盟和科技成果转化交易中心，贯通科技与产业对接通道，推动科技成果孵化转化产业化。

三 重庆两江新区

根据战略布局和功能定位，两江新区以"一心四带"为总体产业布局，重点建设"八城八园"，促进人口、产业集聚，形成产业支撑有力、功能更加完善、人口集聚明显的发展格局。

"一心四带"总体产业布局具体如下。

"一心"即以江北嘴为主体的金融商务中心，主要集聚银行、证券、保

险等区域总部，各类新型金融机构，金融及大宗商品交易市场。"四带"即以直属区和悦来、两路为主体的都市功能产业带，重点布局总部经济、会展旅游、文化创意、服务外包等产业；以两路寸滩保税区为主体的物流加工产业带，重点布局加工贸易、保税贸易、现代物流、临空经济；以水土工业开发区和蔡家为主体的高新技术产业带，重点布局电子信息、生物医药、新材料、机器人、科技研发服务等高新技术产业；以鱼复、龙兴工业开发区为主体的先进制造产业带，重点布局汽车、高端装备、通用航空、节能环保等先进制造业。

四　浙江舟山群岛新区

浙江舟山群岛新区海洋产业集聚区是省委、省政府重点打造的 15 个省级产业集聚区之一，规划定位建设成为我国海洋综合开发示范区、长三角主要的海洋产业集聚发展区和浙江海洋经济发展引领区。

作为舟山群岛新区经济发展的核心区块，集聚区总规划面积约 98 平方公里，规划打造海洋清洁能源、港口物流与港航服务、船舶与临港装备、临港石化、海洋旅游、现代渔业、水产品精深加工与海洋生物和大宗物资加工等八大产业集群。旗下的两大平台——经济开发区和舟山港综合保税区，合力发挥产业引导和培育优势，重塑舟山海洋经济。

（一）舟山高新技术产业园区

舟山高新技术产业园区是浙江省级高新技术产业园区，规划总面积约 27.5 平方公里。舟山经济开发区重点发展海洋平台甲板机械、舱室内装件、轮机设备、钻井设备等海工装备专用配套设备，以及大型港口机械、工程机械等临港先进装备制造产业，打造高端临港装备制造业；围绕舟山建设绿色石化基地，重点引进发展石油化工成套生产装置、自动化控制系统以及石油化工污染物处理装备制造产业，打造绿色石化装备产业；重点发展大型甲板机械、舱室设备、自动化控制系统、船用电子产品等高端船舶配件制造产业，打造高端船舶配件制造产业；重点发展飞机零部件、机载设备、航空电子仪表、航空救生器材等航空设备；汽车动力装置、传动、制动、转向系统、汽车灯具等汽车零部件以及新能源汽车和特种重型车辆等其他整车制造产业，打造航空、汽车装备及配套产业；重点发展 LNG 冷能应用、LNG 发电、太阳能光伏产业、海水淡化、海上风能、潮汐能设备制造以及海洋防腐涂料、新能源材料、高强度高性能结构材料等新兴产业，打造海洋新能源、新材料产业。此外，还包括海洋生物医药产业、海洋电子信息等新兴产业。

（二）舟山港综合保税区

舟山港综合保税区于 2012 年 9 月 29 日经国务院正式批复设立，属于我国目前保税层次高、政策优惠、功能齐全、区位优势明显的海关特殊监管区。保税区功能定位为"一中心、两基地"。"一中心"指建设成为我国大宗商品的国际物流配送中心，"两基地"指建设成为富有特色的现代海洋产业基地、我国重要的进口商品基地。综保区重点发展以海洋装备制造等先进制造业和保税仓储、保税物流、保税加工为重点，发展海事服务、商品展示、金融租赁等相关服务业，建设进口船配配件、石油化工、进口水产品与冷链、进口商品、大宗基础原材料等专业交易市场。衢山分区重点发展油品、煤炭、矿石等大宗商品的仓储、配送业务，建成我国重要的保税大宗商品仓储、加工中转基地。空港分区以干线飞机、支线飞机及通用飞机生产制造等保税加工功能为核心，以航空零部件保税物流和航空保税物流功能为支撑，做强航空检测、航空维修、航空培训、航空研发、融资租赁、保税商品展示等保税服务功能。

五 甘肃兰州新区

新区经过多年发展，改革体系基本建立，产业框架基本形成，开放格局进一步深化，已由以基础设施投资拉动为主的起步阶段转向产业支撑发展的新阶段。

（一）空间布局突出长远发展

按照"产业集聚、组团分布、北工南居、产城融合"的总体布局，兰州新区未来将形成"两区八园两通廊"的空间结构。"两区"指中心城区和综合保税区，"八园"指石油化工产业园、新材料产业园、现代物流产业园、生物医药产业园、科教产业园、装备制造产业园、航空产业园和文化旅游产业园,"两通廊"指连接新老城区的东西通廊。

(二)产城融合突出服务完备

按照"以产促城、以城兴产"的发展思路,着力构筑功能完备的现代化基础设施网络,加快完善教育、医疗、商贸、交通、文化旅游等公共服务设施,推动产业布局、城市发展和生态建设同步推进、良性互动,实现产业与城市融合发展、人口与产业协调集聚。

(三)突出高质量发展道路

新区抢抓沿江、沿海化工企业搬迁改造机遇,高标准规划建设100平方公里千亿级绿色化工产业园,着力打造国家化工产业搬迁转移最佳承接地和新区第一个过千亿的产业。同时,新区依托甘肃省丰富的中药材资源优势和兰州生物制药研究、中成药品牌优势,布局建设生物医药产业园区,初步形成中成药、化学药品、动物疫苗、医疗器械、医药物流等生物医药产业集群。依托综保区、铁路口岸、国际空港开放平台,大力发展通道经济,进口肉类指定查验场、进境粮食口岸、跨境电商监管中心等九大特殊口岸建成运营,肉类、木材、棉纱等进口业务常态化开展。新区瞄准绿色高科技、高附加值、都市型农业发展方向,规划建设全省规模最大现代农业公园、示范园、生态循环养殖园,引进新希望、中天羊业等龙头企业项目。

六 广州南沙新区

广州南沙新区规划建成北连广州中心城区,南面海洋,东西联系湾区两岸的"一轴、四带"的联合、开放的空间结构;以核心明珠湾为城市服务核心,外围北部、西部、南部三个组团有机联系的"一城、三区"的组团分区结构。

(一)"一城、三区",四大特色功能组团助力产业发展

1. 中部组团

中部组团总面积约220平方公里,由城市综合服务区、合作配套区、明珠湾城和岭南"钻石水乡"示范区四个功能区块组成。"一城"即核心明珠

湾,以蕉门水道、凫洲水道、横沥水道、龙穴水道的交汇水域为生态景观核心,以生态岛链的组合布局方式,将南沙街、珠江街、横沥岛尖、龙穴北有机组合,构建以航运服务、科技研发、商务金融、商贸会展、行政会议等高端服务为主要职能的城市服务中枢。

2. 北部组团

北部组团总面积约130平方公里,以丰田基地为产业基础,以庆盛高铁枢纽为高端化依托,以促进区域传统产业升级、转型为主题,重点发展面向区域的职业教育、科技研发、产品测试、公共服务和高端装备制造等产业。

3. 西部组团

西部组团总面积约190平方公里,以大岗装备基地为基础,联合五沙装备产业园,以高端装备制造业为主题,重点发展工程机械、大型机床、精密仪器和海洋装备配套等产业。

4. 南部组团

南部组团总面积约260平方公里,以龙穴岛港口及临港产业为基础,以保税港区和国际水乡社区为高端化发展依托,以海洋产业和新兴产业为主题,重点发展港口物流、临港制造、国际贸易、服务外包、生态旅游以及海洋装备、海洋生物、新能源等战略性新兴产业。

(二)"一轴、四带"联合,优化产业布局

"一轴"即城市发展主轴,是引导城市主导职能空间发展的核心轴,轴上的功能区和节点强调服务功能和辐射带动效应。南沙新区城市发展主轴是广州城市南部发展轴的重要组成,是广州综合职能有机疏散、空间有序拓展、产业提升优化的重要路径依托。

"四带"即区域联络带。北部联络带以南二环高速、鱼黄支线及其延长线、广深港高铁为依托,以高端制造业基地为支撑,形成区域高端装备制造业协调发展带;中部两条联络带以虎门、京珠、中南莞高速公路和西部沿海高速铁路、区域城际铁路为依托,以核心明珠湾为支撑,形成区域综合服务协调发展带;南部联络带以海洋经济区、保税港和国际社区为支撑,形成珠江口宜居湾区战略性新兴产业和新型城市化转型发展带。

（三）七大功能片区，助力产业深度发展

1. 海港区块

作为国际航运发展合作区，总面积共 15 平方公里。区域内重点发展航运物流、保税仓储、国际中转、国际贸易、大宗商品交易、汽车物流等航运服务业。在国际航运服务和通关模式改革领域先行先试，联手港澳打造泛珠三角地区的出海大通道。

2. 明珠湾起步区区块

作为金融商务发展试验区，总面积共 9 平方公里。区域内重点发展总部经济、金融服务和商业服务。推动粤港澳金融服务合作，探索开展人民币资本项下可兑换先行试验。进一步构建粤港澳金融和商贸服务合作新机制。建成服务珠三角、面向世界的珠江口湾区中央商务区。

3. 南沙枢纽区块

作为粤港澳融合发展试验区，总面积共 10 平方公里。区域内重点发展资讯科技、金融后台服务、科技成果转化、专业服务等，打造粤港澳生产性服务业发展基地，探索内地和港澳社会管理创新及经济融合发展新机制。

4. 庆盛枢纽区块

作为国际教育和医疗合作试验区，总面积共 8 平方公里。区域内重点发展教育培训、健康医疗等产业，率先探索在教育、医疗等领域对港澳和国际深度开放。

5. 南沙湾区块

作为粤港澳科技创新合作区，总面积共 5 平方公里。区域内重点发展科技创新、文化创意、服务外包和邮轮游艇经济。创新粤港科技研发合作模式，建设粤港澳创新成果产业化基地和国际化科技创新服务中心。

6. 蕉门河中心区区块

作为境外投资综合服务区，总面积共 3 平方公里。区域内重点发展商务服务产业、培育外贸新业态，集聚中小企业总部。为港澳中小企业开拓国内市场、国内中小企业开拓国际市场提供支撑，建设成为国内企业和个人"走出去"的窗口和综合服务平台，构建"走出去"政策、促进服务保障和

风险防控体系。

7. 万顷沙保税港加工制造业区块

作为加工贸易转型升级服务区，总面积共10平方公里（其中南沙保税港区加工区面积1.36平方公里）。区域内重点发展加工制造、研发孵化、数据服务、电子商务、检测认证服务等生产性服务业。搭建促进加工贸易企业转型升级的技术研发、工业设计和知识产权等公共服务平台。

七 陕西西咸新区

2019年6月20日，陕西省西咸新区管理委员会发布《西咸新区产业发展规划（2019~2025年）》。在建设国家中心城市的背景下，西咸新区紧盯打造大西安新中心，在现代化建设和对外开放格局中具有独特的战略地位。

（一）功能定位："一节点、二示范、三高地"

规划围绕"创新城市发展方式"主线，以建设大西安新中心为目标，结合国内外产业发展趋势和新区发展总体要求，西咸新区未来产业发展将在以下定位上实现突破，总体形成"一节点、二示范、三高地"的功能定位。

"一节点"指全球创新网络重要节点。充分把握全创区、自贸区建设和创新城市发展方式等战略机遇，争取形成国家实验室、大科学装置、多学科研究等平台布局，建设"一带一路"创新高地，主动融入全球创新网络，打造全球创新网络重要节点。

"二示范"指建设国家高质量发展产业示范区和"三个经济"创新发展示范区。以创新城市发展方式为统领，以高端、高质、高新为特色，大力发展战略性新兴产业、现代服务业和都市农业，夯实产业基础，优化产业结构，提升发展质量，打造大西安新的经济增长极，塑造高质量发展的"西咸模式"，引领带动关中平原城市群产业转型升级，建设国家高质量发展产业示范区。

"三高地"指建设国家战略性新兴产业高地、传承中华文明的文化旅游产业高地以及内陆地区产业开放合作高地。把握全球新兴产业发展规律和国家战略性新兴产业总体布局，打造战略性新兴产业集群；以文化旅游为核心，通过重大项目带动，打造一批具有世界级影响力的历史文化旅游品牌；紧抓国家深入推进"一带一路"倡议的机遇，将新区建设为大西安对外开放的窗口和国际产能金融合作的重要平台。

（二）产业发展布局

依托新区资源分布和产业发展现状，统筹推进沣东、沣西、空港、秦汉、泾河五个新城和园办既有规划与西咸新区总体规划的有机衔接，引导各新城、重点产业园区、特色小镇有序开发建设，以构建"6+1"主导产业集群为重点，总体上形成"一轴、五新城、一园"的"151"产业发展空间格局。

"一轴"即大西安新轴线，纵贯空港新城、秦汉新城、沣东新城中心区域，串接临空经济区、自贸区、能源金贸区、科技统筹区、文化生态区等重要功能区，以聚集企业总部为目标，重点布局总部经济、科技研发等现代服务业，打造西咸新区产业发展主轴。

"一园"即能源金贸区。依托区位优势，发挥大西安新中心、新轴线核心区的重要作用，重点发展总部经济、金融与人居配套，积极发展现代服务业、文化创意产业，打造大西安新中心中央商务区和大西安国际高端社区。

"五新城"即以空港、沣东、秦汉、沣西、泾河五个新城为载体，形成产业发展组团。

（三）"6+1"主导产业集群

1. 先进制造

以秦汉、沣东、沣西、泾河新城为核心承载，统筹产业链研发、制造、应用各环节，增强产业协作配套能力，推动先进制造装备研制与产业化应用，做大做强新能源汽车、智能制造装备、新能源新材料、节能环保与资源综合利用产业。加快人工智能与制造业深度融合，推动制造业向智能化、高端化、绿色化方向发展。

2. 电子信息

以沣西、沣东、空港、秦汉、泾河新城为承载，加快发展集成电路、智能终端、新型显示、军工与行业电子设备等电子信息硬件产业，大力发展大数据与云计算、高端软件服务、物联网等软件与信息服务业，积极发展人工智能产业，创新发展下一代通信网络、虚拟与增强现实、数字创意与区块链等信息技术前沿产业。

3. 临空经济

以空港、秦汉新城为承载，发挥西咸新区在区位、交通、资源等方面的优势，紧抓西安临空经济示范区建设和"临空＋自贸＋保税＋跨境＋口岸＋航权"的叠加优势，结合自贸区发展需求，以建设国际航空枢纽为目标，着力推动航空企业总部聚集，大力发展临空偏好型制造、临空指向型服务和临空枢纽型物流等外向型产业，打造国内一流的临空经济产业集群，助推"三个经济"建设。

4. 科技研发

以沣东、沣西新城为核心承载，充分发挥大西安科教、军工资源优势，鼓励高校、院所、实验室、大中企业研发部门等科研主体设立研发服务机构，对外提供专业的科技研发服务。以国际技术交易市场为枢纽、以全球硬科技创新大会为门户，推动科技服务和产品向全球流动，重点发展科技研发服务、技术交易服务和专业技术服务，推动科技研发产业规模化发展，建成大西安科技研发副中心。

5. 文化旅游

围绕大西安建设传承中华文化的世界级旅游目的地目标，依托区域丰厚的历史文化和生态资源优势，以全域旅游为主要方向，以"旅游＋"为抓手，通过要素资源整合，推动旅游业"全要素、全行业、全过程、全时空、全方位、全民化"发展，重点发展历史文化旅游、滨水生态旅游和休闲体验旅游产业，积极发展文化创意产业，建成传承中华文明的文化旅游产业高地。

6. 总部经济

以五大新城核心区、能源金贸区和陕西自贸区西咸主体功能区为承载，发挥区位、产业、政策以及自贸区功能优势，面向国内外企业，吸引企业机构法人总部、区域总部、功能总部和中小企业专营中心入驻，重点发展在岸和离岸总部经济，打造具有西咸特色的总部经济集群。

7. 都市农业

以践行国家乡村振兴战略为统领，推动"美丽乡村"建设，以促进农村一二三产业融合为目标，以西咸新区全域为承载，发挥新区丰富的农村和农业资源优势，加快推动城镇化和农业化同步发展，按照城市功能分区布局对应产业类别，重点发展生态立体农业、休闲观光农业和现代高效农业。

八 贵州贵安新区

根据《贵安新区总体规划（2013~2030年）》，新区规划了核心职能集聚区（贵安生态新城、马场科技新城、天河潭新城、花溪大学城、清镇职教城）、特色职能引领区（平坝新城、乐平产业功能区、蔡官产业功能区）、文化生态保护区（屯堡村寨群落、手工艺遗产群落、水脉林盘群落、滨湖湿地群落）三大功能区，同时，规划了八大产业园区和综合保税区，重点打造大数据、高端电子信息制造、高端特色装备制造、高端文化旅游养生、高端服务业等现代产业集群。

近年来，贵安新区坚持以大数据为核心竞争力，以电子信息工业、高端装备制造工业、大健康医药工业、文明旅行业、现代效劳业①等五大主导工业为渠道，主动出击、精准对接，形成六大产业集群。

九 青岛西海岸新区

2018年3月2日，青岛西海岸新区管委印发了《青岛西海岸新区管委关于印发加快建设四大基地 促进先进制造业高质量发展的意见》，明确提出在西海岸新区建设智能制造基地、信息技术基地、循环经济基地、海洋制造基地"四大产业基地"。为推动四大基地的建设，配套制定了四个产业基地的建设方案。

---

① 现代效劳业是指围绕制造业、文明工业、现代物流业等供给技术性、常识性效劳的事务劳动，包含研制和技术效劳、信息技术效劳、文明构思效劳、物流辅佐效劳、租借效劳、鉴证咨询效劳、播送影视效劳、商务辅佐效劳和其他效劳。

第一章　产业布局

（一）智能制造基地

以中德生态园启动区为核心，以国际经济合作区为支撑，以团结路和珠宋路为两个发展轴，组团布局重点产业，形成"一核驱动、双轴展开、组团发展、配套服务"的战略布局。以家电及专用设备智能制造产业群为核心，团结路和珠宋路为两个发展轴，新能源智能制造产业群、高端装备智能制造产业群、集成电路智能制造产业群等多个产业群为支撑，基地周边建设生活配套区、教育配套区等。

（二）信息技术基地

以青岛经济技术开发区为主要载体，依托国家智能化工业园区示范试点，大力推进云计算、大数据、互联网、人工智能等新一代信息技术与实体经济的深度融合，重点发展集成电路、智能家电、人工智能、云计算、仪器仪表、高端软件等产业。信息技术基地规划面积约30平方公里。基地规划沿小珠山山麓向南北东三面扇形展开，形成"一带展开，五区联动，六业并举"发展格局。"一带展开"即沿小珠山山麓向南北东三面扇形展开，打造小珠山信息产业带；"五区联动"即小珠山以南信息谷片区，以北山科大片区，以东海尔、海信、澳柯玛三大家电产业园片区，以及中电科片区、中电光谷片区，五大片区根据现有产业基础各有侧重，联动发展；"六业并举"即集中精力发展人工智能、云计算、仪器仪表、智能家电、集成电路、高端软件等六大重点产业。

（三）循环经济基地

以董家口循环经济区为主要载体，围绕绿色化工新材料、高端装备制造等产业，横向耦合、纵向延伸，加快构建行业链条内、关联产业间和组团基地间等三个层面的循环经济产业链，立足于行业内、产业间、组团间和公用设施间四大循环体系建设，把安全、环保、绿色、低碳循环经济发展理念作为顶层设计，使水循环利用率达到80%以上，年实现节电20亿度、回收蒸汽70万吨，节能量折合标准煤35万吨，实现经济效益超过10亿元，最终实现从原材料到产品、副产品、废气、废水、废渣等"吃干榨净"。到2022年，按照"产业链—产业集群—产业基地"总体思路，初步培育起化工新材料、粮油与冷链、木材深加工、特钢与高端装备制造四个千亿级产业集群。

（四）海洋制造基地建设方案

以海洋高新区为主要载体，聚焦高端海洋领域，提升自主创新能力，加速科技成果产业转化，促进海洋装备产业和海洋生物产业结构升级，全面提升高端产业引领能力，努力把海洋高新区打造为具有国际竞争力的现代海洋装备产业、海洋生物产业集聚区。海洋装备产业园重点发展海洋机械装备、海洋电子装备、海洋新材料、海洋科技研发等产业，着力打造海洋科技发展的创新高地、海洋高端人才的培育基地、海洋装备制造产业的集聚基地。海洋生物产业园重点发展海洋生物、海洋医药及海洋食品、保健品、化妆品等产业。围绕大型海藻、微藻和微生态三大领域，突破重大关键技术和产品，完善产业发展链条，在现有产业基础上，做精做深做大优势产业；重点发展海洋生物医药产业和海洋生物制品产业；积极发展海洋功能食品保健品、海洋生物农用制品、海洋生物酶制剂和海洋化妆品特色产业。

十　大连金普新区

新区按照主体功能区规划、海洋功能区规划和大连市城市总体规划、土地利用总体规划要求，根据新区资源环境承载力、现实基础和发展潜力，科学安排空间开发时序和建设重点。重点推进普兰店湾沿岸地带开发建设，促进金州区优化发展；中远期着力促进新区全面发展，最终形成"双核七区"。

"双核"发展区即普湾城区和金州城区，依托经济技术开发区、保税区和出口加工区，创造有利于多元文化融合发展的开放合作环境，集聚高端人才、资本、技术等要素，建设成为面向东北亚区域产业、技术和人才合作的核心区。

"七区"发展区即七顶山—三十里堡区、大小窑湾区、华家—登沙河区、金石滩区、金渤海岸区、登沙河—杏树屯区、复州湾—炮台区。

大连金普新区为提升产业国际竞争力，充分利用现有产业基础和研发能力，发挥临港靠海区位优势，推进制造业与服务业、工业化与信息化深度融合，加快传统产业升级改造，大力发展战略性新兴产业，延伸产业链条，打造区位特色突出、国际竞争力强的产业集群。形成五大产业集群：以集成电路研发设计和加工制造为核心的电子信息产业集群，以生物制药、新材料、新能源产业为核心的战略性新兴产业集群，以数控机床及关键件、专用设备、汽车及零部件制造为核心的高端装备制造业集群，以空海航运、保税物流、国际贸易、现代商务、科教研发、创意设计、金融保险为核心的现代生产性服务业集群，以休闲购物、旅游度假、影视娱乐为核心的高端生活服务业集群。

十一 成都天府新区

成都天府新区按照"产业高端、布局集中"的原则，根据区域自然特点、资源环境承载力、土地利用和城乡规划布局、产业发展定位等，形成产城融合的"一带两翼、一城六区"。

"一带"即高端服务功能集聚带，沿天府中轴向南延伸，并向东延伸至龙泉山边。

"两翼"即东西两翼的产业功能带，包括成眉高技术和战略性新兴产业集聚带、龙泉经开区的高端制造产业带。

"一城"即天府新城，集聚发展中央商务、总部办公、文化行政等高端服务功能，建设成区域生产组织和生活服务的主中心。

"六区"即依据主导产业和生态隔离划定六个产城综合功能区，发挥产业集聚效应，配套完善的生产生活服务功能。

表1-1 成都天府新区"六区"产业发展重点

六区	产业发展重点
成眉战略性新兴产业功能区	战略性新兴产业集聚区、现代服务业
空港高技术产业功能区	电子信息、新能源、生物产业
龙泉现代制造产业功能区	汽车制造、装备制造
创新研发产业功能区	重点布局企业创新总部,吸引科技成果转化、孵化中试等集聚发展
南部现代农业科技功能区	农业社会化服务、农产品深加工、现代种业
"两湖一山"国际旅游文化功能区	休闲度假、会议展览、文化交流

2018年7月，成都市委第十三届委员会第三次全体会议提出，高标准规划高质量建设天府新区，围绕"一带一路"建设和长江经济带发展重要节点的战略定位，聚焦发展新经济、会展经济、文创产业，加快形成天府中心、西部博览城、成都科学城、天府文创城"一中心三城"的城市产业布局。以突出产业为导向，在本轮规划中，天府新区成都直管区还规划了7个特色产业小镇，包括国际基金小镇、白沙京东云小镇、太平镇、合江镇、三星镇及籍田镇等，根据不同产业定位进行分类打造。有别于传统意义的行政镇，这7个特色产业小镇将各自引入完善的产业链，通过明确的主体产业吸引大量相关企业聚集，从而形成规模效应，对外打造独具竞争力的产业名片。

十二　湖南湘江新区

2016年12月1日，湖南湘江新区管委会发布《湖南湘江新区"十三五"发展规划》。在产业发展方面，构建"两走廊"（湘江西岸现代服务业走廊、319国道战略性新兴产业走廊）、"三轴"（岳长潭产业功能轴、北部发展次轴、南部产业发展次轴）和"五基地"（自主创新引领基地、先进制造业发展基地、总部经济集聚基地、生态旅游休闲基地、现代都市农业示范基地）的产业发展空间布局，实施制造业"521"工程，重点发展先进装备制造、智能装备制造、新材料、新一代电子信息、食品精深加工等五大千亿元产业集群，生物医药与健康、新能源与节能环保等两大500亿元产业集群，家纺服装等一个200亿元产业集群，打造具有国际竞争力的高端制造研发转化基地。

（一）"两走廊"

1. 湘江西岸现代服务业发展主轴

以湘江西岸岸线为主轴，提升大王山旅游度假区、洋湖总部经济区、岳麓山风景名胜区、滨江金融商务区、麓谷高技术服务区规划建设品质，建设望城滨水新城，加快形成具有国际品质、湖湘特质的金融总部经济区、区校合作示范区、现代都市滨水区和文化旅游目的地，向南辐射湘中、湘南地区，向北带动洞庭湖生态经济区，引领带动长株潭城市群现代服务业发展。

2. 319 国道战略性新兴产业走廊

依托长沙高新区、宁乡经开区、望城经开区等国家级园区和宁乡高新区、岳麓工业集中区等省级园区，加强产业布局联动、基础设施互通和公共平台共享，重点发展先进装备制造（智能制造）、新能源与节能环保、新一代信息技术、新材料、生物医药等产业集群，向东对接长沙主城区、长沙县和浏阳市，向西辐射带动益阳等经济发展腹地，打造国内领先、国际先进的战略性新兴产业走廊。

（二）"三轴"

1. 岳长潭产业功能轴

沿岳长潭城际铁路打通南北区域联系，沿线串联望城高星组团、岳麓中心城区、坪浦组团，构筑产城融合、创新驱动、智造引领的综合性发展轴。

2. 北部发展次轴

沿望京大道形成联动高星组团、宁乡组团，打造联动城乡、交通便捷的开放型发展轴。

3. 南部产业发展次轴

沿长韶娄高速—莲坪大道形成联系坪浦组团，辐射道林镇、花明楼镇等周边区域，按照符合长株潭生态绿心规划和绿心保护条例的要求，形成人文彰显、生态优美的绿色化发展轴。

（三）"五基地"

1. 自主创新引领基地

以长沙高新区为核心，辐射带动岳麓山大学城、岳麓工业集中区、宁乡高新区、沩东新城等区域，促进科技、教育与产业的协同发展，加快建设各类人才创新创业、工作学习、生活游憩的优质平台，重点发展研发、设计、教育培训等生产性服务业。

2. 先进制造业发展基地

充分发挥长沙高新区、宁乡经开区和望城经开区等国家级园区制造业规模优势，以工程机械、电子信息、航空航天、食品加工、有色新材、再制造等产业为重点，推动制造业向高端化、集成化发展。

3. 总部经济集聚基地

依托区内优越的自然生态环境，高标准建设梅溪湖总部经济区、洋湖总部经济区、滨江金融商务区、金桥国际商务区和望城滨水新城，强化商务商贸、教育医疗、文化娱乐等配套服务，培育发展电子商务、文化创意、移动互联网、服务外包、科技服务等新兴服务业，着力吸引国内外企业总部以及研发中心、营销中心、结算中心集聚落户，打造国际化、智能型总部经济基地。

4. 生态旅游休闲基地

推进岳麓山风景名胜区、大王山旅游度假区、乌山森林公园、凤凰山森林公园、洋湖湿地公园、金洲湖湿地公园建设和莲花山、桃花岭、象鼻窝等生态资源保护与开发，重点发展旅游度假、医疗健康、体育健身、养老服务等产业，打造完整的旅游休闲产业链，建设生态旅游休闲目的地。

5. 现代都市农业示范基地

加快望城农业科技园、宁乡县农业科技园、岳麓都市农业带等特色农业功能区和特色村镇建设，推进现代农业适度规模经营，重点发展有机农业、高效农业、观光农业和都市休闲农业，打造融生产性、休闲性和生态性于一体的都市农业示范基地。

十三 南京江北新区

2018年12月25日，《南京市城市总体规划（2018～2035）》发布，明确江北新区将聚焦聚力"两城一中心"（即芯片之城、基因之城，新金融中心）建设，加快形成以战略性新兴产业为引领、先进制造业为核心、现代服务业共同发展的现代产业格局。

新主城是与"三区一平台"定位（即逐步建成自主创新先导区、新型城镇化示范区、长三角地区现代产业集聚区和长江经济带对外开放合作重要平台）一脉相承的，江北新区立足于科技创新的背景，做大做强三大产业。

成电路产业方面，江北新区作为全市"一核、两翼、三基地"产业布局中的核心，依托台积电等龙头企业，以集成电路设计产业为突破，重点打造具有国际影响力的集成电路产业基地。

生物医药产业方面，江北新区以国家健康医疗大数据试点和国际健康城"三中心一高地"建设为契机，着力构建"一谷一园一示范"空间布局，打造具有全球影响力的"基因细胞城"。

新金融产业方面，江北新区采取了构建开放共享的"金融+科技"生态圈的策略，提出了"汇聚全球智慧助推新区发展"的口号，先后引入SAS科技、苏宁金融科技、荣泽科技等一批金融科技代表企业，加速推动传统金融机构对金融科技的应用。

十四 福建福州新区

福州新区初期规划建设范围主要包括中部、南部片区及北部片区部分区域。中部片区为新区核心区，与福州主城区构成市域双核，重点发展现代商贸、金融、科技研发、总部经济等高端服务业。南部片区按照港城模式组织内部空间布局，发挥港口优势，依托江阴、松下港区建设，重点发展临港重化工、电子信息、机械制造、新能源、航运物流产业。北部片区围绕交通枢纽布局，重点发展滨海休闲度假、航运物流、特色都市农业等产业。

福州经济技术开发区重点发展高新技术产业、产业金融、服务贸易（跨境电商）。

福州报税区重点发展国际贸易、保税仓储、城市物流配送、冷链物流、进口商品展示交易和总部经济、文化创意等。

福州出口加工区大力发展加工贸易、保税仓储、冷链物流等。

福州元洪投资区依托粮油食品、防治化纤、轻工机械、能源精化等优势产业为主题的产业集群，打造以高新产业、科技研发、港口物流为主的产业基地。

福州保税港区重点以汽车整车进口口岸为依托，打造汽车进出口贸易、汽车物流、整车改装、汽车配件以及汽车金融、汽车保险等产业链，发展保税仓储及保税展示交易。

闽台（福州）蓝色经济产业园推动以海洋文化创意、海洋信息服务、海洋科技服务为主导的海洋现代服务业集聚发展，建成重要的现代海洋服务业集聚区。

福州临空经济区重点发展制造业、总体经济、保税物流、创意产业和航空配套服务业，适度发展商务会展、休闲旅游、酒店购物等产业；依托空港申请设立福州空港综合保税区，集口岸通关、出口加工、保税物流、文化创意、综合服务等功能于一体，打造海峡西岸国际空港物流核心枢纽。

长乐滨海工业集中区重点发展轻纺、化纤、高端信息技术，打造千亿产业集群基地。

江阴工业集中区重点发展集装箱、散货航运物流、加工贸易等。

根据《福州新区总体规划（2018~2035年）》，结合特有的滨海特色，构建"一心五组团"的空间结构。"五组团"包括三江口、闽江口、滨海新城、福清湾、江阴湾5个核心组团，其中三江口、闽江口、滨海新城3个组团组成新区核心区。规划区内福清湾、江阴湾和规划控制区内福清城区3个组团构成新区的南翼发展区，规划区内罗源湾北岸、罗源湾南岸、连江城区3个组团构成新区的北翼发展区。

十五 云南滇中新区

近年来，国家级新区的设立带动了区域经济增长，云南滇中新区抢抓机遇，大力实施"533"产业发展战略，做大做强汽车及高端装备、石化、新材料、电子信息、生物医药五大高端制造业集群，培育发展高端商务和总部经济、商贸及现代物流、旅游和健康服务三大现代服务业集群，高水平打造安宁工业园区、杨林经开区、空港经济区三大千亿级产业园区平台，着力构建布局优化、分工合理、错位发展、特色鲜明的现代产业体系。

云南滇中新区形成了以石油炼化、新能源汽车及现代装备制造、电子信息、生物医药、大健康、现代物流等为支柱的产业格局。依托新区优越的地理环境和生态条件，凭借长水国际机场人流物流资源，大力发展基础服务（包括通信服务和信息服务）、生产和市场服务（包括金融会计、物流、批发、电子商务以及中介和咨询等专业服务)、个人消费服务(包括教育、医疗保健、住宿、餐饮、文化娱乐、旅游、房地产、商品零售等)、公共服务(包括政府的公共管理服务、基础教育、公共卫生、医疗以及公益事业信息服务)等现代服务业。

十六 黑龙江哈尔滨新区

2019年8月,哈尔滨市出台了《关于加快构建现代产业体系的意见》。意见提出打造"4+4"现代产业新体系,重点发展绿色农产品深加工、先进装备制造、现代生物医药、特色文化和旅游4个主导产业,以及信息、新材料、金融、现代物流4个优势产业。

(一)绿色农产品深加工产业

平房区、香坊区、双城区、呼兰区和临空经济区重点布局高品质食品加工产业,打造高品质食品产业功能区,重点发展粮油精深加工、高品质肉制品加工、高品质乳制品制造、酒类和饮料制造,以及休闲食品、功能食品、方便食品、航空食品。

阿城区和五常市、尚志市、巴彦县、通河县、方正县、延寿县、木兰县、依兰县、宾县重点布局粮油加工、农副食品加工等绿色食品产业,打造各具特色的农产品精深加工产业功能区,重点发展优质稻米、玉米深加工、乳制品、酒类和饮料、高品质畜牧加工、林下经济、富硒食品等领域。

(二)先进装备制造产业

平房区(哈经开区)重点布局飞机、卫星、新能源汽车、机器人等高端装备、智能制造及相关配套产业,打造高端装备产业功能区、"大智移云"新一代信息技术产业功能区,涵盖航空汽车产业基地、机器人智能装备产业园、北斗导航卫星产业园。

松北区(哈高新区)重点布局卫星、北斗导航、燃气轮机、环保装备等高端装备研发制造、智能制造、人工智能等产业以及配套产业,打造高新技术产业功能区,涵盖蓝天产业园、碧海产业园、卫星制造及应用产业园、深哈合作产业园、中小型燃气轮机产业园。

香坊区重点布局火电、水电、核电等清洁能源装备及配套产业,以及冰雪装备产业,打造高端装备产业功能区,涵盖"三大动力"企业集群和冰雪装备产业园。

(三)现代生物医药产业

松北区(哈尔滨新区江北一体化发展区)重点布局生物技术药、化学药、现代中药、生物医学工程等生物医药产业涉及的重点领域,打造松北生物医药产业功能区,进一步提升生物医药产业孵化、研发、产业化的公共服务能力和重大项目的承载能力。

五常市重点布局现代中药及相关研发配套产业,打造现代中药产业功能区,进一步提升现代中药研发、配套产业的服务承载能力。

尚志市重点布局北药产业。

(四)特色文化和旅游产业

松北区、呼兰区、道里区、道外区围绕沿松花江区域,南岸主要布局文化游、休闲游、购物游,北岸主要布局冰雪游、湿地游、体验游,中上游区域重点布局历史街区、特色餐饮街区、休闲度假、文化体验等旅游景点,下游区域重点布局湿地旅游、冰雪观光体育等旅游景点。

香坊区、阿城区、尚志市和亚布力重点布局冰雪体验、特色小镇、人文历史、避暑度假等旅游项目。

(五)信息产业

平房区重点布局云计算、大数据存储及应用、电子信息制造、电子商务服务、软件服务等产业,打造"大智移云"新一代信息技术产业功能区,涵盖"中国云谷"产业园、动漫产业园,围绕先进制造业产业,提升汽车电子、光学器件研发生产的配套能力。

松北区重点布局基于云计算、大数据技术的软件研发服务、信息安全、传感器研发制造、智慧城市运营、光电等产业,打造高新技术产业功能区,涵盖深圳(哈尔滨)产业园,以及各类孵化器、加速器平台。

(六)新材料产业

平房区重点布局铝镁合金材料、有色焊接材料等高端金属材料产业,以及先进复合材料、先进高分子材料等高性能复合材料产业，打造高端材料产业功能区，涵盖龙江（国际）铝镁产业园，以及为汽车、飞机制造产业提供航空复合材料及高分子材料的企业集群。

松北区重点布局钛合金材料、高端石墨材料等高端材料产业，打造高新技术产业功能区，涵盖钛合金产业园、石墨产业园，构建新材料产业研发产业化一体的公共服务平台。

南岗区重点布局石墨烯产品、碳纤维材料等相关产业。打造新材料产业功能区，加强项目承载能力，促进新材料技术本地转化。

（七）金融产业

松北区打造金融产业集聚区，重点布局金融机构总部、大型财富管理机构总部和上市公司投融资总部，吸引各类产业基金、创投基金、母基金（FOF）、私募股权和证券投资基金、货币基金、专业化财富管理机构集聚。

道里区打造普惠金融区，重点布局以小额贷款、融资担保、互联网金融为主的民间金融交易业务，以私募基金、股权交易中心为主的PE业务，以及各类中介机构、餐饮、零售集聚的金融配套服务。

南岗区、香坊区和哈南工业新城打造南岗金融资本创新大厦、香坊金融小镇和哈南金融谷，重点布局融资租赁、互联网金融、民间金融、科技金融、对俄跨境金融等业务。

（八）现代物流产业

哈东物流产业带布局在道外区、香坊区、阿城区、宾县等区域构成的新城市拓展区，涵盖综合保税区、集装箱中心站、华南城、禧龙、传化等核心物流节点，打造基于物流环境条件支撑的产业集聚发展带。

哈南产业集群物流集中区布局在哈尔滨新区现代制造业组团和双城区域，围绕京东、普洛斯、招商物流、哈飞物流、苏宁、正阳家电、韵达等企业和园区，打造服务哈南制造业集群的物流基地和产业聚集区。

哈尔滨航空物流发展区围绕哈尔滨临空经济区，重点布局国际中转物流、航空快递和服务于高端产业的专业物流，支撑临空经济区发展，形成高端物流集聚效应。

十七　吉林长春新区

根据新区资源环境承载能力、现实基础和发展潜力，围绕战略定位和产业布局，构建"两轴、三中心、四基地"的发展格局（见表1-2）。

长春新区所辖四个开发区的具体定位如下。

长春高新技术产业开发区位于长春市南部，是一处建成区，是国家级开发区，是长春新区申报的基础。这个区的规划特点是开发区职能转型，主要有两项任务：一是都市产业升级，主要是加强创意与软件、光电、医药、汽车等优势产业升级；二是国家级开发区转型，重点是加强公共服务设施网络建设，加强轨道交通的基础设施建设，加强文化和多元魅力空间的融入，成为东北地区高新技术产业基地、长春市西南部生态宜居的综合型新城区、产城融合示范区。

表1-2　长春新区"两轴、三中心、四基地"发展格局情况

格局	涵盖范围	发展方向
"两轴"	哈长战略性新兴产业发展轴	依托哈大经济走廊，重点发展高端装备制造、生物医药、新材料、新能源等战略性新兴产业，规划建设一批新兴产业园区，构筑带动哈长、辐射东北的战略性新兴产业发展轴
	长吉高端服务业发展轴	依托长吉图国际合作走廊，大力发展高技术服务、现代物流、文化创意、旅游休闲、养老健康等现代服务业，打造立足长吉、面向东北亚的高端服务业发展轴
"三中心"	科技创新中心	依托与中国科学院合作建设的长东北科技创新综合体，进一步完善光电子、新材料、新能源、生物医药、生态农业等五大专业技术平台和政务、金融、信息、人才、科技企业孵化、知识产权及国际合作等七大公共服务平台，组建高技术产业技术创新战略联盟，集中力量实施重大创新工程，推进关键核心技术取得新的突破，加快形成科研项目孵化基地、科技成果转化基地、中小企业培育基地和企业上市融资基地，打造长吉图科技创新中枢
	国际物流中心	依托与中国铁路总公司合作建设的大型铁路综合货场，与长春兴隆综合保税区功能互补、联动发展，畅通陆海联运通道，发展跨国物流、内贸外运新模式，形成吉林省对外开放的内陆港口和长吉图区域重要的物流枢纽
	国际交流与合作中心	依托长春空港周边区域良好的区位优势，抓住中韩自贸区建设有利机遇，搭建文化交流、科技合作、金融创新、国际会展等开放平台，促进东北亚各国人文交流与经贸合作

续表

格局	涵盖范围	发展方向
"四基地"	高技术产业基地	依托长春高新技术产业开发区创新资源富集及高新技术产业集聚优势,重点发展光电子、生物医药、电子商务、文化创意、软件及服务外包等新兴产业,打造区域发展创新引擎
	先进制造产业基地	依托长东北创新产业园区先进制造业发展基础,实施"互联网+"协同制造,促进新一代信息技术与制造业深度融合,重点发展汽车、轨道交通、通用航空、智能机器人等先进制造业,推动制造业向中高端发展
	临空经济产业基地	以龙嘉国际机场为中心,重点发展运输业、航空综合服务业,以及物流配送、商务餐饮等配套产业,不断扩大聚集与辐射带动作用,打造服务东北、辐射东北亚的临空产业经济区
	健康养老产业基地	依托长春空港周边区域优良的生态资源,建设运动员训练基地、休闲旅游度假基地、健康养老基地,大力发展旅游休闲、健康养老等现代服务业,打造健康养老产业集群

资料来源:《长春新区发展总体规划(2016~2030)》。

长春北湖科技开发区重点打造东北亚国际陆港和物流枢纽,东北亚科技创新与交流中心,高端装备制造、新材料新能源、生物医药产业基地,生态旅游休闲区。

长春空港经济开发区覆盖面积363平方公里,既有吉林省最大的航空港,又拥有吉林省中部最优质的生态资源,重点建设东北亚国际航空港和物流枢纽、东北亚国际合作综合服务中心、国际绿色健康产业基地,成为独具特色的东北亚区域开放与合作的核心区、中国北方生态智慧城市示范区。在设计上,打造流动绿色生命网络+活力单元的三翼共生的空间结构。

长德经济开发区是以现代农业、先进装备制造业为支撑的产业集聚区:一是航空产业园,二是引入了亚太农业与食品检测中心及产业园,不仅有基地型产业,更有检测检疫平台,能够助推吉林省的主导产业走向世界。另外,长德经济开发区有着很好的生态资源,雾海河和春明湖在这个区,有利于发展养老产业和旅游产业等。

十八　江西赣江新区

赣江新区产业发展规划围绕"战略机遇与整体思路、产业选择与发展路径、组织实施与平台支撑"三方面展开。规划中，科学审视赣江新区发展的战略机遇、对标借鉴重点国家级新区建设、深入分析赣江新区发展的基础条件，并对重点产业选择与布局提供具体可行方案。围绕新区光电信息、高端智能装备、新能源、新材料、现代轻纺、生物医药这六大主导产业和绿色金融、临空产业、创意设计这三大服务支撑行业，提出"1323"产业体系发展策略。

（一）未来发展"1323"产业体系

"1"是指一大特色主导产业"光电信息"，主攻方向：智能终端、人工智能、大数据物联网、LED。

"3"是指三大优势支柱产业：高端智能装备、新材料、现代轻纺，其中，高端智能装备主攻方向：汽车及零部件、智能制造装备、智能家电、轨道交通装备；新材料主攻方向：有机硅、石墨烯、特种金属材料；现代轻纺主攻方向：纺织服装和绿色食品。

"2"是指两大战略培育产业：生物医药和新能源，新能源主攻方向是光伏装备。

"3"是指三大服务支撑产业：绿色金融、临空产业、创意设计。

（二）目前六大主导产业

赣江新区是中部地区重要的先进制造业和战略性新兴产业集聚区，已形成以光电信息、高端智能装备、新能源、新材料、生物医药、现代轻纺六大主导产业为基础，以儒乐湖光电信息产业园、中医药科创城等N个专业园区为载体，以若干个科技创新平台为支撑的产业发展体系。

十九　河北雄安新区

雄安新区规划范围包括雄县、容城、安新三县行政辖区（含白洋淀水域），任丘市鄚州镇、苟各庄镇、七间房乡和高阳县龙化乡，规划面积1770

平方公里。雄安新区选择特定区域作为起步区先行开发，在起步区划出一定范围建设启动区，条件成熟后再有序稳步推进中期发展区建设，并划定远期控制区为未来发展预留空间。

（一）"一主、五辅、多节点"

"一主即"起步区，选择容城、安新两县交界区域作为起步区，是新区的主城区，按组团式布局，先行启动建设。

"五辅"即雄县、容城、安新县城及寨里、昝岗五个外围组团，全面提质扩容雄县、容城两个县城，优化调整安新县城，建设寨里、昝岗两个组团，与起步区之间建设生态隔离带。

"多节点"即若干特色小城镇和美丽乡村，实行分类特色发展，划定特色小城镇开发边界，严禁大规模开发房地产。

（二）起步区空间格局："北城、中苑、南淀"

"北城"：充分利用地势较高的北部区域，集中布局五个城市组团。

"中苑"：利用地势低洼的中部区域，恢复历史上的大溵古淀。

"南淀"：南部临淀区域，塑造传承文化特色、展现生态景观、保障防洪安全的白洋淀滨水岸线。

（三）发展高端高新产业

1. 新一代信息技术产业

围绕建设数字城市，重点发展下一代通信网络、物联网、大数据、云计算、人工智能、工业互联网、网络安全等信息技术产业。近期依托5G率先大规模商用、IPv6率先布局，培育带动相关产业快速发展。发展物联网产业，推进智能感知芯片、智能传感器和感知终端研发及产业化。搭建国家新一代人工智能开放创新平台，重点实现无人系统智能技术的突破，建设开放式智能网联车示范区，支撑无人系统应用和产业发展。打造国际领先的工业互联网网络基础设施和平台，形成国际先进的技术与产业体系。推动信息安全技术研发应用，发展规模化自主可控的网络空间安全产业。超前布局区块链、太赫兹、认知计算等技术研发及试验。

2. 现代生命科学和生物技术产业

率先发展脑科学、细胞治疗、基因工程、分子育种、组织工程等前沿技术，培育生物医药和高性能医疗器械产业，加强重大疾病新药创制。实施生物技术药物产业化示范工程、医疗器械创新发展工程、健康大数据与健康服务推广工程，建设世界一流的生物技术与生命科学创新示范中心、高端医疗和健康服务中心、生物产业基地。

3. 新材料产业

聚焦人工智能、宽带通信、新型显示、高端医疗、高效储能等产业发展对新材料的重大需求，在新型能源材料、高技术信息材料、生物医学材料、生物基材料等领域开展应用基础研究和产业化，突破产业化制备瓶颈，培育新区产业发展新增长点。

4. 高端现代服务业

接轨国际，发展金融服务、科创服务、商务服务、智慧物流、现代供应链、数字规划、数字创意、智慧教育、智慧医疗等现代服务业，促进制造业和服务业深度融合。集聚银行、证券、信托、保险、租赁等金融业态，依法合规推进金融创新，推广应用先进金融科技。围绕创新链构建服务链，发展创业孵化、技术转移转化、科技咨询、知识产权、检验检测认证等科技服务业，建设国家质量基础设施研究基地。发展设计、咨询、会展、电子商务等商务服务业，建设具有国际水准的总部商务基地。发展创意设计、高端影视等文化产业，打造国际文化交流重要基地。发展国际仲裁、律师事务所等法律服务业。

5. 绿色生态农业

建设国家农业科技创新中心，发展以生物育种为主体的现代生物科技农业，推动苗木、花卉的育种和栽培研发，建设现代农业设施园区。融入科技、人文等元素，发展创意农业、认养农业、观光农业、都市农业等新业态，建设一二三产业融合发展示范区。

第二章 产业规模与结构

城市产业结构是指城市经济中各类产业的构成与各产业之间量的比例和质的联系的总和。产业是城市经济的基础，城市的经济功能总是建立在一定的产业结构之上的。产业结构演进是资源配置并追求经济总体水平提高的过程，产业结构随经济增长而变动，并且反过来作用于经济增长。产业结构越合理，城市的经济实力越强，对周边区域产生的集聚效应和扩散效应就越明显。本章通过对比各个新区及其所在省市近年来三次产业总值增长率和三次产业占比数据，分析各个新区及其所在省市产业结构的变化和现状，以期让读者了解各新区的产业结构现状及其经济发展的潜在空间。

一 上海浦东新区

2019年，浦东经济社会总体平稳、稳中有进、进中固稳、进中提质，保持了持续健康发展态势。一是经济实现整数平台上高质量发展。地区生产总值增长7%，规模以上工业总产值稳定在万亿元。一般公共预算收入稳定增长，有效发挥了其作为全市经济发展稳定器、压舱石、动力源的作用。全社会固定资产投资在工业投资的有力拉动下达到2126亿元。实到外资87.7亿美元，外贸进出口总额保持在2万亿元以上。二是发展动力与市场活力不断增强。金融业、科技服务业拉动第三产业快速增长，战略性新兴产业产值占规模以上工业总产值比重达到43.2%。创新成果持续涌现，全社会研发经费支出相当于地区生产总值的比重提高到4.15%。5G、人工智能、大数据全面赋能经济社会领域，新兴产业发展提速。

由于资料收集渠道有限，接下来将对浦东新区所在市上海市进行介绍。2018年，上海市在产业结构优化方面取得重大突破。上海市全年实现生产总值（GDP）32679.87亿元，比上年增长6.6%，继续处于合理区间。从表2-1可以看出，第一产业增加值104.37亿元，下降6.9%；第二产业增加值9732.54亿元，增长1.8%；第三产业增加值22842.96亿元，增长8.7%。第三产业增加值占上海市生产总值的比重为69.9%，比上年提高0.7个百分点。按常住人口计算的上海市人均生产总值为13.50万元。2018年，上海的经济增长以第三产业拉动为主，保持着"三、二、一"的产业格局。经过多年的发展，上海市的产业结构更为优化，充分说明浦东新区对全市经济的拉动作用。

此外，在上海市生产总值中，公有制经济增加值15896.97亿元，比上年增长6.6%；非公有制经济增加值16782.90亿元，比上年增长6.5%。非公有制经济增加值占上海市生产总值的比重为51.4%。

全年战略性新兴产业增加值5461.91亿元，比上年增长8.2%。其中，工业增加值2377.60亿元，增长4.2%；服务业增加值3084.31亿元，增长11.3%。战略性新兴产业增加值占上海市生产总值的比重为16.7%，比上年提高0.3个百分点。

表2-1 2014~2018年上海市三次产业变化情况

单位：亿元，%

年份	第一产业 增加值	第一产业 增长率	第二产业 增加值	第二产业 增长率	第三产业 增加值	第三产业 增长率
2014	124.26	0.1	8164.79	4.3	15271.89	8.8
2015	109.78	-13.2	7940.69	1.2	16914.52	10.6
2016	109.47	-6.6	7994.34	1.2	19362.34	9.5
2017	98.99	-9.5	9251.40	5.8	20783.47	7.5
2018	104.37	-6.9	9732.54	1.8	22842.96	8.7

资料来源：《上海市国民经济和社会发展统计公报》。

二 天津滨海新区

2018年，经初步核算，天津滨海新区的地区生产总值可比增长4.4%。其中，第一产业增长1.5%，第二产业增长2.1%，第三产业增长7.9%。三次产业结构为0.2∶54.0∶45.8，经济结构进一步优化。天津滨海新区2013～2018年三次产业变化情况如表2-2所示。

表2-2 2013~2018年天津滨海新区三次产业变化情况

单位：亿元，%

年份	第一产业 增加值	第一产业 增长率	第二产业 增加值	第二产业 增长率	第三产业 增加值	第三产业 增长率
2013	10.07	2.9	5403.03	17.8	2607.30	16.7
2014	10.95	3.2	5828.43	16.4	2920.77	13.6
2015	11.39	3.3	5796.34	13.7	3463.58	11.2
2016	11.81	2.3	5943.76	11.4	4046.74	10.1
2017	11.77	-0.3	6044.80	1.7	4512.12	11.5
2018	11.94	1.5	6171.74	2.1	4868.58	7.9

资料来源：《天津市滨海新区国民经济和社会发展统计公报》。

天津滨海新区2013~2018年，第一产业的增长幅度波动不是很大，所占比重不是很大；第二产业与第三产业所占比重的代数和几乎达到了100%。以工业为主的第二产业增长率从2016年的11.40%急剧下降为2017年的1.70%，对新区经济的贡献总量从2016年的5943.76亿元增长至2018年的6171.74亿元，说明新区下决心对第二产业进行产业转型。第二产业的经济贡献水平仍然很高。新区以现代服务业为主的第三产业增速减缓，但总量突破4500亿元的大关，这离不开第三产业中现代服务业的迅猛发展。

在本部分的分析中，通过研究新区所在省市的三次产业总量、增长率及占比状况，进一步说明国家级新区的发展力度及态势。2018年，天津市生产总值18809.64亿元，比上年增长3.6%。其中，第一产业增加值172.71亿元，增长0.1%；第二产业增加值7609.81亿元，增长1.0%；第三产业增加值11027.12亿元，增长5.9%。三次产业结构为0.9∶40.5∶58.6。

表2-3 2013~2018年天津市三次产业变化情况

单位：亿元，%

年份	第一产业 增加值	第一产业 增长率	第二产业 增加值	第二产业 增长率	第三产业 增加值	第三产业 增长率
2013	188.45	3.7	7276.68	12.7	6905.03	12.5
2014	201.51	2.8	7765.91	9.9	7755.03	10.2
2015	210.51	2.5	7723.6	9.2	8604.8	9.6
2016	220.22	3.0	8003.87	8.0	9661.30	10.0
2017	218.28	2.0	7590.36	1.0	10786.74	6.0
2018	172.71	0.1	7609.81	1.0	11027.12	5.9

资料来源：《天津市国民经济和社会发展公报》。

从表2-3可以看出，天津市第一产业的增长率变化较为平缓，第二产业和第三产业的增长率较之前年度有明显的下降。具体来看，第二产业增长率从2016年的8.0%下降到了2017年的1.0%，第三产业增长率从2016年的10.0%下降到了2018年的5.9%。此外，通过对比天津滨海新区及全市2013~2018年三次产业增长率可以发现，2018年滨海新区的第二产业及第三产业增长率高于全市，其中，滨海新区第二、第三产业增长率分别达到了2.10%、7.90%，分别高于全市第二、第三产业增长率，滨海新区的经济带动作用明显。

天津市2013~2018年三次产业中，对经济的贡献能力从大到小分别是工业、服务业及农业。2012年第二产业占比最大，达到了51.70%，天津市的产业结构为"二、三、一"，到2017年，第三产业赶超第二产业居龙头地位，产业结构调整为"三、二、一"。通过第二、第三产业的联动互动作用，天津市的经济总量不断增加。对比天津滨海新区及全市的相关指标可以发现，滨海新区产业结构为"二、三、一"，相较于天津市"三、二、一"的产业结构而言，仍需要通过政府的支持引导、合理利用政策、高度重视产业集群效应，促进现代服务业的大规模发展，以推动新区经济的发展。

三 重庆两江新区

2017年两江全局实现地区生产总值2533亿元，增长10.2%，占全市比重达到13%；规模以上工业总产值突破5000亿元大关，达到5076亿元；固定资产投资2167亿元，增长12.4%。两江新区直管区核心作用进一步发挥，实现地区生产总值1240亿元，增长11.6%，固定资产投资1302亿元，增长17.2%，一般公共预算收入147亿元，增长10.1%，实际利用外资26.5亿美元。

从发展特点来看，两江新区现代化经济体系建设有新进展，结构更优、质量更高。三产比重优化为0.8∶48.5∶50.7，工业、服务业双轮驱动格局进一步巩固。工业发展质效不断提升，汽车、电子等传统支柱行业产业链逐步健全，加快向高端化、智能化、绿色化转型升级，一批新的"十亿级""百亿级"企业涌现。服务业发展持续向好，金融业增加值占GDP比重达到14.7%，科技推广和应用、商务服务、互联网相关业态增长30%以上。战略性新兴产业快速壮大，制造业产值增速达到27.4%，液晶显示屏、光电子器件、智能手机产量成倍增长，跨境电商、保税贸易等战略性新兴服务业蓬勃发展，在全市率先实现跨境电商"7×24小时"通关，咖啡交易中心交易额突破百亿元，新型金融业营业收入增长40.4%。以国家自主创新示范区和双创示范基地建设为抓手，创新驱动发展能力全面提升，R&D投入占GDP比重达到4%，聚集了国家级创新基地11个、国家级研发平台17家、院士工作站5个，新建孵化器及众创空间5万平方米，新增中建院等高端研发平台，新申报高新技术企业202家、高新技术产品434项，万人发明专利拥有量达到9件。

2018年两江新区直管区第三产业实现增加值698亿元，同比增长19.3%，大大高于全市9.1%的平均增速，占新区同期生产总值的比重为52.2%，再次刷新历史纪录。重庆市的产业结构不断优化升级，二、三产的占比从5年前的45.6∶46.2调整到2018年的44.1∶49.0，服务业占比逐步提升。这说明，服务业已成为推动两江新区产业转型升级的新动能，且两江新区对整个重庆市的经济带动作用明显。

四 浙江舟山群岛新区

2018年全市地区生产总值为1316.7亿元,按可比价格计算(下同),比上年增长6.7%。其中,第一产业增加值142.6亿元,第二产业增加值428.2亿元,第三产业增加值745.7亿元,分别增长5.8%、6.0%和7.2%。第一产业增加值占地区生产总值的比重为10.8%,第二产业增加值占比为32.5%,第三产业增加值占比为56.7%。按常住人口计算,人均地区生产总值112490元,增长6.0%。

表2-4 浙江舟山群岛新区2013~2018年三次产业情况

单位:亿元,%

指标	2013年 增加值	增长率	2014年 增加值	增长率	2015年 增加值	增长率	2016年 增加值	增长率	2017年 增加值	增长率	2018年 增加值	增长率
第一产业	95.73	7.6	100.82	5.9	112	4.9	130.00	7.9	143	5.1	142.6	5.8
第二产业	411.55	9.2	430.07	11.4	453	10.9	489.34	11.2	444	9.7	428.2	6.0
第三产业	423.57	7.9	490.70	10.0	529	8.5	609.17	12.1	632	8.7	745.7	7.2
产业结构	10.3:44.2:45.05		9.9:42.1:48.00		10.2:41.4:48.44		10.6:39.8:49.66		11.7:36.5:51.88		10.8:32.5:56.7	

资料来源:《舟山市国民经济和社会发展统计公报》。

纵观舟山群岛新区2013~2018年三次产业变化可以发现,产业格局呈"三、二、一"分布,并且第三产业所占比重呈逐年上升趋势。第三产业相对于第二产业的优势越来越明显,2013年,第三产业占比首次超过第二产业。从上述数据分析可知,舟山群岛新区以海洋经济产业为主导的第三产业发展迅速,逐渐形成了第三产业带动新区经济发展的格局,海洋经济结构趋于优化,地区经济实力不断增强,并呈现出良好的经济发展势头。舟山一直围绕"海"字做文章,不断调整和优化产业结构,形成了以临港工业、港口物流、海洋旅游、海洋医药、海洋渔业等为支柱的开放型经济体系。

五 甘肃兰州新区

近年来,兰州将坚持把创新作为发展的第一动力,依托兰白国家自主创新示范区这个国字号平台,加强创新策源能力建设。

新区2018年全年完成生产总值2732.94亿元,比上年增长6.5%。其中,第一产业增加值42.98亿元,增长6%;第二产业增加值937.98亿元,增长4.9%;第三产业增加值1751.97亿元,增长7.4%(见表2-5)。三次产业结构比为1.57:34.32:64.11,与上年的1.53:35.26:63.21相比,第一产业比重提高0.04个百分点,第二产业比重回落0.94个百分点,第三产业比重提高0.9个百分点。工业增加值占GDP比重较上年提高,新区经济从投资拉动向产业发展转变。

表2-5 2014~2018年兰州新区三次产业变化情况

单位:亿元,%

年份	第一产业		第二产业		第三产业	
	增加值	增长率	增加值	增长率	增加值	增长率
2014	53.60	6.3	829.20	9.1	1030.70	11.8
2015	56.22	5.9	782.65	6.8	1257.11	11.2
2016	60.36	6.0	790.09	4.3	1413.78	10.9
2017	61.47	5.9	881.74	3.1	1580.34	7.2
2018	42.98	6.0	937.98	4.9	1751.97	7.4

资料来源:兰州市统计局。

从表2-5可知,兰州新区第一产业增长率基本稳定,第二产业和第三产业增长率呈下降趋势,但产业总值依旧稳定上升。由此可知,兰州新区的产业转型效果明显,结构逐步稳定,趋于优化,产业规模不断扩大。

2018年,兰州新区高起点建设兰白国家自主创新示范区,制定实施"1+4+7"政策体系,西脉新材料等11个高新产业项目加快推进,新组建产业研究院和科技创新工作站8个,转化科技成果138项。深入推进"大众创业、万众创新",新增国家企业技术中心2家、省级科技企业孵化器和众创空间15家、高新技术企业94家。成功举办第三届兰州科技成果博览会，签订成果转化转移项目190项、金额15.34亿元。出台十大生态产业专项行动方案和"一业一策"工作方案，谋划重点带动项目264个。工业升级步伐加快，宝方10万吨超高功率石墨电极等重大项目开工建设，获批国家智能制造、工业互联网试点示范项目2个，率先在全省创建智能工厂12家，建成重点工业和信息化项目46个。新兴产业加速成长，中科曙光先进计算中心、广通新能源汽车等项目建成投用，战略性新兴产业占比提升到14.7%。服务业提档升级，新引进万达茂、京东物流等大型项目，兰州中心启动运营，完成商品交易批发市场转型升级14家，"一带一路"兰州牛肉拉面国际联盟组建成立。电子商务交易规模达到1300亿元，增长25%。新区跨境电商监管中心通关运营，实现全省跨境电商交易零突破。举办重点展会75个，交易额突破100亿元。文化旅游产业加快发展，全域旅游示范县区创建扎实开展，兴隆山、黄河风情线大景区建设进展顺利，河口古镇、树屏丹霞等项目稳步推进，全年接待国内外游客6721.9万人次，实现旅游总收入594.1亿元，分别增长23.7%和30.13%。特色农业持续壮大，建成特色产业千亩标准化基地8个，新改扩建标准化养殖场50个，培育市级以上农业产业化龙头企业23家、农民合作社示范社48家，榆中李家庄、永登越国开心农场等田园综合体和休闲农庄成为发展农业新业态的重要载体。

六 广州南沙新区

近年来，南沙充分发挥国家级新区和自贸试验区"双区"叠加优势，以"四枢纽一窗口"建设为重点，着力提升门户枢纽核心功能，着力构建现代化产业体系，积极实施"枢纽+"战略，建设大湾区国际科技创新、航运、贸易和金融功能的主要承载区。2018年，南沙三次产业结构为3.48:58.86:37.66，全年新设企业3.8万家，新引进世界500强企业投资项目36个（累计135个），总部企业累计达到103家，产业集聚辐射带动作用明显。2018年，南沙新区实现地区生产总值1458.41亿元，比上年增长6.5%。其中，第一产业增加值为50.82亿元，比上年增长3.1%；第二产业增加值为858.31亿元,比上年增长5.9%;第三产业增加值为549.28亿元,比上年增长8.2%。

表2-6 2013~2018年南沙新区三次产业变化情况

单位:亿元,%

年份	第一产业 增加值	第一产业 增长率	第二产业 增加值	第二产业 增长率	第三产业 增加值	第三产业 增长率
2013	45.95	2.9	674.74	14.1	187.34	8.3
2014	48.85	4.9	759.86	13.8	207.64	11.3
2015	51.60	4.8	804.02	11.0	277.45	23.6
2016	54.51	2.1	843.22	9.1	381.03	28.6
2017	52.49	4.3	855.87	8.4	483.53	16.2
2018	50.82	3.1	858.31	5.9	549.28	8.2

资料来源:《广州南沙国民经济和社会发展统计报告》。

从表2-6可以看出,2013~2018年南沙新区第一产业较第二、第三产业而言增长率较低,第二产业、第三产业发展迅猛,产业结构进一步优化。这符合南沙新区在产业结构上提高三产比重的战略规划,现代服务业成为南沙新区新的经济增长点的特征。

综上可知,南沙新区正在加快经济结构调整步伐。新区在未来的发展中应基于现有优势,不断调整及优化产业结构,促进全区经济的稳定发展。

此外,2018年南沙新区突出创新驱动,高端产业加快集聚发展。不断完善"1+1+10"产业政策体系,提振实体经济,大力发展IAB、NEM等战略性新兴产业,汽车制造业成为全区首个产值超千亿元的先进制造业产业集群。同时,科技创新能力持续增强,新增高新技术企业173家,增长42%。专利申请9875件,增长98.5%;上年R&D占比首次突破3%。落户中科院南海生态环境工程创新研究院、南方海洋科学与工程省实验室,启动建设深海科技创新中心基地,形成了海洋重大科创平台集群。科大讯飞华南人工智能研究院、广州智能软件产业研究院均获批省新型研发机构。珠三角北斗卫星应用示范项目正式启动。华南技术转移中心建设取得实质性成效,入驻科技服务机构超50家。广东医谷产业园区入驻102家生物医药等领域企业，创新创业氛围日益增强。

七 陕西西咸新区

2018年，新区全年生产总值8349.86亿元，比上年增长8.2%。其中，第一产业增加值258.82亿元，增长3.3%；第二产业增加值2925.61亿元，增长8.5%；第三产业增加值5165.43亿元，增长8.3%。三次产业结构为3.1∶35.0∶61.9。按常住人口计算，全年人均生产总值85114元，比上年增长5.2%。

2014~2018年西咸新区产业结构不断优化提升，第一产业增长几乎无变化，第二、第三产业发展迅猛，其中，第三产业对地区生产总值的拉动作用明显。

2018年至2019年，西咸新区经济增速持续高位运行。一产由单一的粮食蔬菜种植向一二三产融合的都市农业转变，二产由传统工业向先进制造、电子信息等现代工业转变，三产也实现了由小到大、由弱到强的显著提升。两年多来，新区地区生产总值一直保持两位数以上增长，增速始终位列全省第一；地方财政收入保持40%以上增长，其中税收占比保持在83%以上，总量两年翻了一番。2019年上半年，地区生产总值和地方财政收入分别增长10%和51.2%，增速继续在全省乃至全国19个国家级新区中位居前列。

2019年上半年，新区服务业增加值增长14.7%，高技术制造业投资增长51.9%，规模以上工业综合能耗下降21.9%，产业结构明显优化。

八 贵州贵安新区

2018年，贵安新区"快"的态势持续巩固。初步核算，直管区实现地区生产总值138.3亿元，同比增长12.9%。工业总产值完成263.7亿元，同比增长42.9%，其中规模以上企业工业总产值完成251.5亿元，同比增长36.3%。财政总收入完成40.4亿元，同比增长31.6%，其中，一般公共预算收入完成20.2亿元，同比增长25.8%。年末金融机构存贷款余额分别达到 211 亿元和 159.9 亿元，同比分别增长 3% 和 39.2%。

初步核算，2018 年贵州省全省地区生产总值 14806.45 亿元，比上年增长 9.1%。按产业分，第一产业增加值 2159.54 亿元，增长 6.9%；第二产业增加值 5755.54 亿元，增长 9.5%；第三产业增加值 6891.37 亿元，增长 9.5%。第一产业增加值占地区生产总值的比重为 14.6%，第二产业增加值的比重为 38.9%，第三产业增加值的比重为 46.5%。人均地区生产总值 41244 元，比上年增加 3288 元。贵州省 2013～2018 年三次产业情况具体如表 2-7 所示。

表 2-7 贵州省 2013～2018 年三次产业情况

单位：亿元，%

年份	地区生产总值	第一产业 增加值	增长率	第二产业 增加值	增长率	第三产业 增加值	增长率	产业结构
2013	8086.86	998.47	5.8	3276.24	14.1	3812.15	12.6	12.3∶40.5∶47.2
2014	9266.39	1280.45	6.6	3857.44	12.3	4128.50	10.4	13.8∶41.6∶44.6
2015	10502.56	1640.62	6.5	4146.94	11.4	4715.00	11.1	15.6∶39.5∶44.9
2016	11734.43	1846.54	6.0	4636.74	11.1	5251.15	11.5	15.8∶39.5∶44.7
2017	13540.83	2020.78	6.7	5439.63	10.1	6080.42	11.5	14.9∶40.1∶45.0
2018	14806.45	2159.54	6.9	5755.54	9.5	6891.37	9.5	14.6∶38.9∶46.5

资料来源：贵州省统计局官网。

贵安新区设立以来，始终坚持广招商、招大商，以"招"做增量、以"安"强存量，聚焦聚力五大产业，狠抓项目洽谈和引进。截至 2018 年，累计引进五大主导产业项目 344 个，引进世界 500 强企业 20 家、中国 500 强企业 14 家、民营 500 强企业 4 家，总投资 3184.518 亿元，到位资金 482.2654 亿元。

九 青岛西海岸新区

2019 年，青岛西海岸新区依托区位优势，激发经济活力，加快转型升级，提质量增效益，坚持稳中求进工作总基调，不断深化改革创新，全面推进乡村振兴,实施投资大会战,推动产业链强链补链,完善功能区产业布局,着力保障和改善民生,统筹推进稳增长、促改革、调结构、惠民生、防风险、保稳定,"学深圳、赶滨海",加快建设宜居幸福的美丽新区,全区经济呈现稳中有进、稳中向好态势。从2014~2018年青岛市三次产业增加值及其增长率变化可知,青岛市三次产业增长率总体呈下降趋势,其中第二产业下降幅度最大,从2014年的8.4%降到2018年的7.3%(见表2-8)。

表2-8 2014~2018年青岛市三次产业发展情况

单位:亿元,%

项目		2014年	2015年	2016年	2017年	2018年
第一产业	增加值	362.60	363.98	371.01	380.97	386.90
	增长率	3.9	3.2	2.9	3.2	3.5
第二产业	增加值	3882.40	4026.46	4160.67	4546.21	4850.60
	增长率	8.4	7.1	6.7	6.8	7.3
第三产业	增加值	4447.10	4909.63	5479.61	6110.10	6764.00
	增长率	7.9	9.4	9.2	8.4	7.7

资料来源:《青岛统计年鉴》。

2019年,西海岸全区实现生产总值3554.4亿元(含保税区),按可比价格计算,比上年增长5.7%。其中,第一产业增加值78.6亿元,增长2.6%;第二产业增加值1355.6亿元,下降1.1%;第三产业增加值2120.2亿元,增长11.2%,三次产业结构调整为2.21:38.14:59.65。第三产业对地区生产总值增长的拉动作用明显。

服务业拉动效应持续放大,2019年新区服务业实现较大突破,增加值首次突破2000亿元,达到2120.2亿元,增长11.2%;占地区生产总值比重接近60%,达到59.65%,比上年提升3.12个百分点。其中,保税区实现增加值100.8亿元,增长6.8%。服务业成为推动新区经济发展的新引擎。从规模以上服务业企业看,2019年1~11月实现营业收入403.96亿元,增长5.6%。26个行业大类中,管道运输业、居民服务业等12个行业增加值实现两位数增长。主要行业发展态势良好，是拉动经济增长的主要动力，其中信息传输、软件和信息技术服务业增长19.4%，租赁和商务服务业增长39.0%。服务业等新兴行业和新动能不断成长壮大，规模以上战略性新兴产业和规模以上高技术服务业企业营业收入分别增长14.3%和15.8%，均高于规模以上服务业营业收入增速。

对比2014~2017年西海岸新区产业结构和青岛市产业结构可知，两者第二产业占比均呈下降趋势，第三产业占比则均呈上升趋势，青岛市的产业格局为"三、二、一"，经济增长以第三产业拉动为主。西海岸新区2014~2015年产业结构一直保持"二、三、一"，经济增长以第二产业拉动为主，但是到了2016年，第三产业占比首次超过50%，超过了第二产业，三次产业结构优化为2.2:45.4:52.4，实现了"三、二、一"。2017年，三次产业结构为3.4:41.2:55.4。但西海岸新区与青岛市相比，产业结构有待优化，未来仍有很大的提升空间。

十　大连金普新区

2018年金普新区全区实现地区生产总值增长8%；一般公共预算收入152.92亿元，增长6.1%；固定资产投资508亿元，增长15%；实际利用外资22.2亿美元，增长9.6%；规模以上工业增加值增长15%；进出口总额3105.3亿元，增长10.3%；社会消费品零售总额增长8%；城镇居民人均可支配收入增长8%；万元生产总值能耗下降3.2%，多项指标增长数据在全市乃至全省均居前列。

金普新区作为大连市的工业聚集地，对大连市工业发展起到了拉动作用。2018年，大连市工业经济强劲增长。全市规模以上工业增加值、规模以上工业利润和工业投资分别增长15%、23%、40%，在全国副省级城市中名列前茅。大连市被国务院评为"促进工业稳增长和转型升级成效明显市"，金普新区上榜"2018中国工业百强区"。新区实体经济持续壮大，夯实了大连加快全面振兴的基石。

表 2-9　2014~2018 年大连市三次产业发展情况

单位：亿元，%

项目		2014 年	2015 年	2016 年	2017 年	2018 年
第一产业	增加值	441.9	453.3	462.8	477.1	442.7
	增长率	2.9	3.0	4.1	4.4	3.0
第二产业	增加值	3696.5	3580.8	2849.9	3052.6	3241.6
	增长率	5.0	0.9	6.7	8.3	11.9
第三产业	增加值	3517.2	3697.5	3497.6	3834.3	3984.2
	增长率	7.0	8.2	6.6	6.4	2.9

资料来源：《大连市国民经济和社会发展统计公报》。

2018 年，大连市全年地区生产总值 7668.5 亿元，比上年增长 6.5%。其中，第一产业增加值 442.7 亿元，增长 3.0%；第二产业增加值 3241.6 亿元，增长 11.9%；第三产业增加值 3984.2 亿元，增长 2.9%。第一产业增加值占地区生产总值的比重为 5.7%，第二产业增加值占比为 42.3%，第三产业增加值占比为 52%。按常住人口计算，人均地区生产总值 109644 元，比上年增长 6.4%。由表 2-9 可以看出，第二、第三产业对整个大连市的经济发展起到了重中之重的作用，2015 年，第三产业增加值首次超过第二产业，并且不断上升，第三产业得到大力发展。这说明，金普新区对整个大连市第三产业增长的拉动作用明显。

十一　成都天府新区

成都天府新区 2018 年完成地区生产总值 2714.1 亿元，增长 10.1%；固定资产投资 1974.3 亿元，增长 13.5%，地方财政收入 249.8 亿元，增长 23%，实际利用外资 21 亿美元，增长 13%，外贸进出口总额 136.5 亿美元，增长 11.7%。

成都市已基本形成"三、二、一"的产业格局，天府新区成立以来，更是带动了成都市的产业发展。比较成都市相关数据，2018 年天府新区成都直管区地区生产总值增长率远超成都市，固定资产投资率也高于成都市，可以看出天府新区的经济发展速度要快于成都市，发展潜力较大，对整个成都市的发展起到了带动作用（见表2-10）。

表2-10 成都天府新区成都直管区与成都市经济数据比较

单位：亿元，%

地区	2018年地区生产总值 总量	2018年地区生产总值 增长率	2018年规模以上工业增加值增长率	2018年固定资产投资 总量	2018年固定资产投资 增长率
天府新区	2714.1	10.1	5.3（前三季度）	1974.3	13.5
成都市	15342.77	8.0	8.5	8341.1	10.0

资料来源：成都市统计公众信息网。

截至2018年底，天府新区累计完成地区生产总值1.05万亿元，年均增长9.4%；累计完成固定资产投资8508.4亿元，年均增长16%；累计引进重大产业项目590余个，协议总投资突破1万亿元。

十二 湖南湘江新区

自2015年正式授牌以来，湖南湘江新区通过不断强化产业链招商，构建全要素综合型创新平台，发挥政府产业基金引领作用，产业发展呈现集群链式迈向中高端态势。2017年，新区地区生产总值首次突破2000亿元大关，增速连续三年保持在11%以上，年均增长率达到11.2%；实现规模以上工业增加值1173.14亿元，较2015年增加318亿元，三年年均增长11.7%，2018年1~5月，实现地区生产总值441.51亿元，同比增长10.2%，其中，第一产业增加值为12.2亿元，增长率为-3.4%；第二产业增加值为262.26亿元，同比增长9.6%；第三产业增加值为167.05亿元，同比增长11.5%。主要经济指标增速持续领跑全省全市。现阶段，新区移动互联网、增材制造、北斗导航、现代金融以及创新创意等新兴百亿级优势产业集群涌现。

2014~2018年，长沙市第一产业增长率一直是负数，2015~2017年，第二产业增长率基本稳定在7%，第三产业占比逐年上升，这与湘江新区的成立与发展关系密切。截至2017年底，湘江新区共有各类创新创业服务平台近500个，其中各类众创服务平台60多个，总使用面积超过180万平方米，包含16个国家级众创空间、13个国家级科技企业孵化器、2个国家级创业基地；各类创新研发和服务平台400多个，包含120多个国家级技术创新平台。湘江新区三次产业形成了"三、二、一"的格局，新区对整个长沙市的产业结构调整优化作用明显，经济发展势头良好。

十三 南京江北新区

南京江北新区2015年6月27日由国务院批复设立，成为全国第十三个、江苏省首个国家级新区。根据国务院批复，新区战略定位是"三区一平台"，即逐步建设成为自主创新先导区、新型城镇化示范区、长三角地区现代产业集聚区、长江经济带对外开放合作重要平台。2017～2019年，江北新区围绕"两城一中心"建设，大力推进创新创业、产业转型、新城建设、改革开放等重点任务完成，经济发展质效大幅提升。2018年，江北新区地区生产总值达到1471.05亿元，可比价增长13.1%。第一产业增加值6.18亿元，下降7.6%；第二产业增加值939.33亿元，增长13.8%，其中全部工业增加值878.87亿元，增长14.5%；第三产业增加值525.54亿元，增长12%。按常住人口算，人均地区生产总值202137元，三次产业结构为0.4∶63.9∶35.7。其中，344家规上工业企业实现总产值3285.93亿元。民营企业总产值987.8亿元，占全部规上工业产值的比重为30%。2018年底，新区产值排名前15名工业企业实现产值2361.8亿元，占全部规上工业产值的比重为71.8%。规上工业企业高技术产业实现产值1730.3亿元，增长25.2%。主要经济指标增幅均明显高于全省、全市平均水平，呈现出蓬勃发展的良好势头。

从图2-1可以看出，江北新区经济发展迅速，地区生产总值不断上升。三年来，江北新区牢牢锁定"三区一平台"战略定位，聚力聚焦"两城一中心"主导产业，深入对标雄安新区和浦东新区，加快推进"六个新区"建设，较好地完成了年初市人代会确定的各项目标任务。2018年，直管区

第二章 产业规模与结构

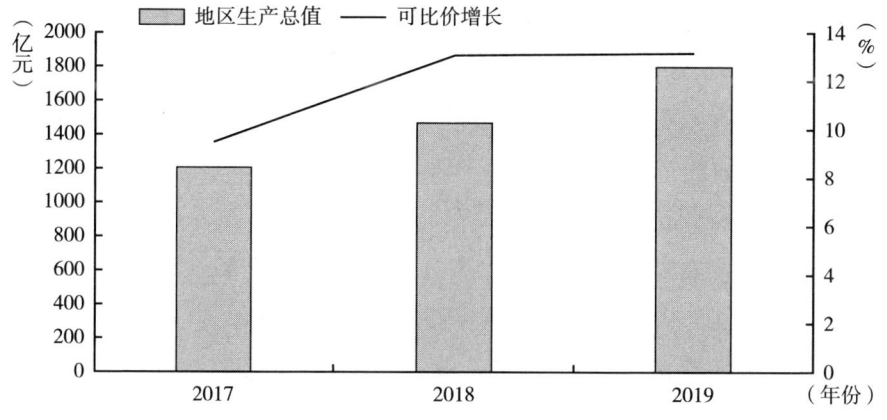

图2-1 2017~2019年江北新区地区生产总值

全年地区生产总值可比价增长13.1%，增速高于全市平均水平，主要经济指标增幅位居全市各板块前列。

正是基于先进理念和环境氛围的双重保障，江北新区创新创业成果加快显现。2018年全年新增高新技术企业238家，有效发明专利拥有量548件，PCT专利申请量150件，制定国家标准10项，高新技术产业投资增长18%，科技服务业收入增长60%。

十四 福建福州新区

2019年上半年福州市实现地区生产总值3528.53亿元，按可比价格计算，同比增长8.5%，增幅比一季度提高0.1个百分点，比全省高0.4个百分点，位列全省九地市中第2。连续8个季度地区生产总值增幅保持在8.0%~8.6%的合理区间，稳中有进。从三次产业看，第一产业增加值202.60亿元，同比增长3.6%，第二产业增加值1477.97亿元，同比增长8.3%，第三产业增加值1847.95亿元，同比增长9.2%。三次产业结构为5.7:41.9:52.4，对地区生产总值的贡献率分别为2.1%、42.3%、55.6%，分别拉动经济增长0.2个、3.6个、4.7个百分点。

2019年上半年，全市完成农业总产值361.16亿元，增长3.6%，总量持续居全省首位，农业生产基本稳定。

全市服务业增加值占地区生产总值的比重达52.4%，增长9.2%，高于地区生产总值增速0.7个百分点，服务业快速增长。其中营利性服务业、金融业增加值占服务业的比重分别为31.0%、16.2%，增长16.8%、9.2%，对服务业增加值的贡献率分别达54.9%、16.3%。

2019年，福州市新兴产业加快成长。规模以上高技术产业、战略性新兴产业增加值占规模以上工业的比重分别为10.6%、23.7%，对规模以上工业贡献率分别为9.2%、15.6%，新兴产业稳步发展。由此带动医药制造业、通用设备制造业、专用设备制造业、电气机械和器材制造业等行业快速增长。新兴服务业支撑有力。

另外，2018年以来，福州市持续推进"数字福州"建设，268家企业入驻东南大数据产业园，注册总资本达269亿元，2018年总产值达149亿元；永泰人工智能小镇、百度云（福州）AI实验室等一批人工智能重大项目快速推进；在全国率先授权健康医疗数据运营，国家健康医疗大数据试点工程扎实推进，大数据产业迅猛发展。2018年，福州市数字经济规模增速超20%，数字经济发展指数居全省第一。

从图2-2可以看出，福州市三次产业发展态势良好。2013~2018年，福州经济综合实力显著增强，产业结构持续优化，三次产业结构由2013年的8.3∶45.5∶46.2调整为2018年的6.30∶40.80∶52.90，2016年第三产业占比首次过半，达到了50.13%，呈现三产发展快于二产的良好态势。总部经济集聚福州海西现代金融中心区，很好地支撑了第三产业的快速发展。

十五 云南滇中新区

云南滇中新区自成立以来，不断发展，地区生产总值由2016年的501亿元增长到2018年的623.4亿元，年均增长11.6%；规模以上工业增加值年增长率由2016年的1.9%增加到2017年的26.2%、2018年的50%；同期，一般公共预算收入由48.8亿元增长到76.1亿元，年均增长24.8%；累计完成固定资产投资2049亿元，其中，工业投资完成412.1亿元。

2018年是滇中新区"三年见成效"决胜之年。滇中新区以"项目大建

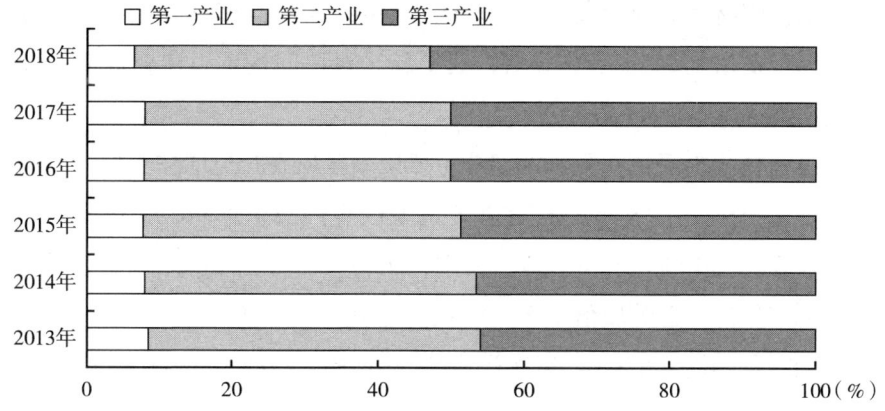

图2-2 2013~2018年福州市三次产业占比情况

设年"为主线,聚焦基础配套,不断完善硬件环境;聚焦平台搭建,加快推进片区开发建设;聚焦招商引资,加大产业培育力度;聚焦服务提升,持续优化营商环境;聚焦管党治党,全面加强党的建设。

2018年,滇中新区完成地区生产总值623.4亿元,同比增长13.1%;固定资产投资增长13%,其中,工业固定资产投资增长95.2%;规模以上工业增加值增长50.6%;社会消费品零售总额增长10%;地方一般公共预算收入76.1亿元,可比口径(扣除一次性因素)增长33.7%;招商引资实际到位内资391.5亿元,其中,工业招商引资151.6亿元。在全国19个国家级新区(雄安新区未核算数据)公布的数据中,云南滇中新区多项经济指标名列前茅,地区生产总值增速排名第三。

2019年上半年,滇中新区地区生产总值完成350.02亿元,同比增长9.6%(在公布数据的国家级新区中增速排名第五);固定资产投资增长22.2%(在公布数据的国家级新区中增速排名第二),工业投资增长24.8%;规模以上工业增加值增长10.9%(在公布数据的国家级新区中增速排名第四);一般公共财政预算收入完成49.5亿元,增长37.9%;招商引资实际到位内资增长31.1%;社会消费品零售总额完成87.72亿元,增长10.3%。除地区生产总值以外的主要经济指标均实现了两位数增长,特别是民间投资持续高速增长,同比增幅达130.1%,高于全省近100个百分点,拉动投资增长28.4个百分点,滇中新区对民间资本、社会资金的吸引力日益增强。

由于资料收集渠道有限,本部分主要以新区所在市昆明作为切入点进行相关的讨论分析。2018年,昆明市实现地区生产总值5206.90亿元,按可比价格计算,比上年增长8.4%。其中,第一产业增加值222.16亿元,增长6.3%;第二产业增加值2038.02亿元,增长10.0%;第三产业增加值2946.72亿元,增长7.3%。三次产业结构由2017年的4.3∶38.4∶57.3调整为2018年的4.3∶39.1∶56.6(见图2-3),三次产业对地区生产总值增长的贡献率分别为3.3%、47.4%和49.3%,分别拉动地区生产总值增长0.3个、4.0个和4.1个百分点。全市人均生产总值76387元,增长7.4%,按年均汇率折算为11543美元。

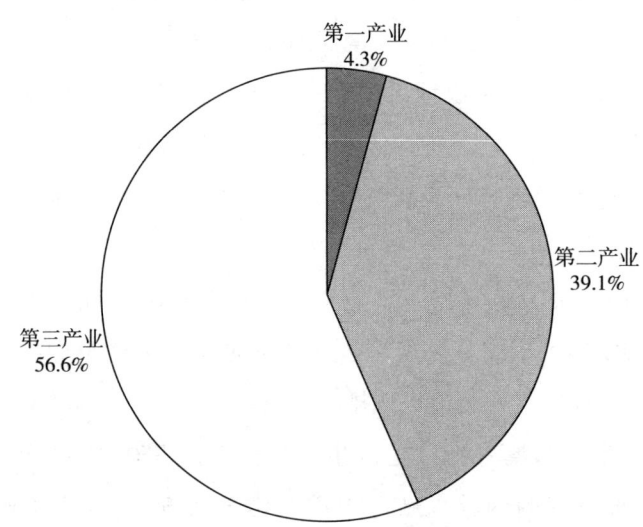

图2-3 2018年昆明市三次产业占比情况

工业经济高速增长。全年全部工业增加值1266.94亿元,比上年增长13.6%。规模以上工业增加值增长14.0%。分经济类型看,国有及国有控股企业增长20.3%,股份制企业增长4.2%,外商及港澳台商投资企业下降

4.3%,集体企业下降30.9%,股份合作企业增长11.8%。分门类看,采矿业下降10.5%,制造业增长16.6%,电力、热力、燃气及水生产和供应业增长6.9%。

全年高技术制造业增加值比上年增长2.4%,占规模以上工业增加值比重比上年下降0.8个百分点。其中,铁路、船舶、航空航天和其他运输设备制造业下降4.0%,仪器仪表制造业下降22.7%,计算机、通信和其他电子设备制造业增长45.9%。手机产量增长40.4%,汽车用发动机产量下降2.0%。

十六 黑龙江哈尔滨新区

2018年,哈尔滨新区全年实现地区生产总值6300.5亿元,比上年增长5.1%。其中,第一产业实现增加值525.5亿元,下降0.1%;第二产业实现增加值1689.3亿元,增长2.7%;第三产业实现增加值4085.7亿元,增长7.5%。三次产业结构由2017年的9.5∶29.1∶61.4调整为2018年的8.3∶26.8∶64.9。常住人口人均地区生产总值57837元,增长5.6%。县域实现地区生产总值1541.3亿元,增长2.2%,占全市地区生产总值的比重为24.5%,对全市经济增长的贡献率为11.4%。

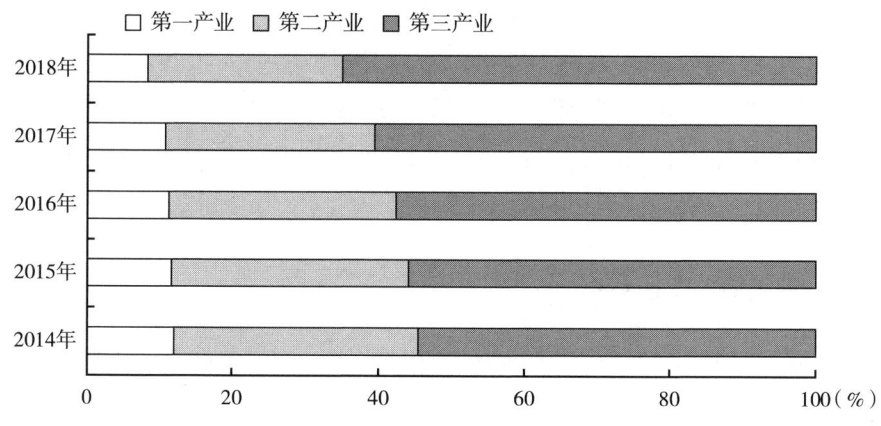

图2-4 2014~2018年哈尔滨新区三次产业占比情况

由图 2-4 可以看出，2014～2018 年，哈尔滨新区经济不断发展，第三产业比重不断增加，三次产业结构由 2014 年的 12.0∶33.5∶54.5 调整为 2018 年的 8.3∶26.8∶64.9，产业结构向着"三、二、一"的产业格局不断优化。

2018 年，哈尔滨新区产业转型升级步伐持续加快。一是农业现代化建设稳步推进。农业综合生产能力得到进一步提升，粮食总产量达到 300 亿斤，畜禽规模化养殖场达到 606 个，绿色有机食品认证面积超过 1000 万亩。二是工业扩量升级不断加快。全年规模以上工业增加值和利税分别增长 5.5% 和 6.5% 左右，高技术产业增加值增长 16%，信息技术、高端装备制造等战略性新兴产业增加值占规上工业比重提高到 24% 左右，百威英博和万鑫石墨谷成为国家绿色工厂示范企业，哈轴轨道交通用高密度轴承项目中标国家强基工程。第三产业增加值对经济增长的贡献率超过 70%。金融业加快发展，主要营业收入超过 850 亿元，同比增长 5%；新增新三板挂牌企业 2 家，新引进总规模 15 亿元的深创投、首钢等 5 支创投基金。[①]

2018 年初以来，哈尔滨新区强力推进招商引资引智工作，建立重点招商引资目标企业库，全年谋划储备项目 200 个，计划重点推进开复工亿元以上项目 150 个。截至 2018 年 3 月末，哈尔滨新区吸引外资 2.9 亿美元，同比增长 1.5 倍，占全市的 46.8%；吸引国内资金 48.5 亿元，同比增长 21.2 倍，占全市的 25.6%。其中松北片区协议引资额达到 35 亿元，实际利用内资和外资分别增长 168.9% 和 100%；平房片区阿里巴巴创新中心项目签约落地，华为云等项目启动建设；呼兰片区计划落地项目 15 个，总投资 80 亿元。

十七 吉林长春新区

2018 年，长春新区全年实现地区生产总值 7175.7 亿元，按不变价格

[①] 数据来源于《哈尔滨市 2018 年国民经济和社会发展计划执行情况与 2019 年计划（草案）的报告》。

计算，比上年增长7.2%。其中，第一产业增加值比上年增长1.7%，第二产业增加值增长7.3%，第三产业增加值增长7.8%。三次产业结构为4.2∶48.9∶46.9（见图2-5）。三次产业对经济增长的贡献率分别为1.3%、50.3%、48.4%。人均生产总值达到95663元，比上年增长7.4%，折合13914美元。

2018年长春新区固定资产投资和一般公共预算收入增幅均超过20%。2018年，长春新区突出"项目立区"不动摇，加快培育新兴产业，不断扩大有效投资，壮大实体经济规模，主要经济指标保持较快增长。新区地区生产总值同比增长8.1%，分别高于省和市3.6个和0.9个百分点；规模以上工业产值完成789.3亿元，同比增长13.4%；固定资产投资完成351.9亿元，同比增长25.2%；一般公共预算收入实现16.65亿元，同比增长24.2%，税收收入占财政收入的85%，财税构成质量明显提高。

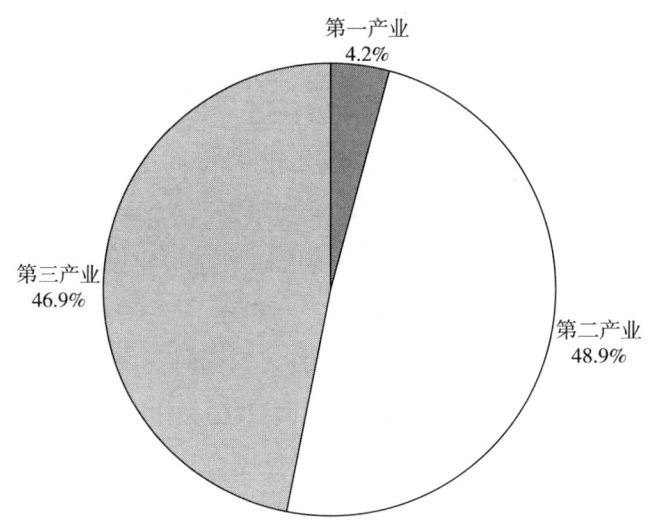

图2-5　2018年长春新区三次产业占比情况

初步核算，2019年长春新区全市地区生产总值5904.1亿元，按可比价格计算，比上年增长3%。分产业看，第一产业增加值348.1亿元，增长2.1%；第二产业增加值2495.4亿元，增长5.3%；第三产业增加值3060.6

亿元，增长1%。服务业项目占比提升。2019年，全市施工项目中，工业施工项目486个，同比减少190个，下降28.1%，其中亿元以上工业项目243个，同比减少38个，下降13.5%，占全部亿元项目的27.3%；服务业施工项目1010个，同比减少267个，下降20.9%，其中亿元以上服务业项目634个，比工业项目多391个，同比减少1个，下降0.2%，占全部亿元项目的71.2%，比上年同期提高3.1个百分点，比工业项目占比高43.9个百分点。

十八 江西赣江新区

赣江新区地处京港高铁中间地带，465平方公里的土地涵盖了经开、临空、永修、共青四组团，赣江、鄱阳湖连接起江西水运的大动脉，综合交通枢纽构建起航空、高铁、城际、城市轨道的立体交通网络，"一区三口岸"（南昌综合保税区、昌北国际机场、龙头岗码头、昌北铁路物流基地）多式联运中心畅通了国际物流通道。[①]

2018年，赣江新区财政总收入突破百亿元大关，同比增长14.8%；一般公共预算收入同比增长10.2%；固定资产投资同比增长20.2%；规上工业主营业务收入同比增长17.5%；出口总额同比增长42.9%。在全国19个国家级新区中，赣江新区各项主要经济指标增速均位居前列，处于"第一方阵"。赣江新区全力推进产业高端化、高新化。支持现代轻纺、有机硅等传统优势产业加大技术改造和技术创新投入。同时，依托新技术、新业态、新模式，大力发展工业设计、文化创意、大数据和物联网等新兴产业，洛客创意产业园、猪八戒网江西总部等一批项目成功落户。

赣江新区还依托绿色金融改革创新试验区建设，吸引多业态的金融要素落户新区，已聚集银行、保险公司、互联网金融公司、交易中心等百余家金融机构和经营性、功能性机构。制定绿色金融标准体系，建立赣江新区绿色项目数据库，入库项目106个，总投资1100多亿元；7家银行获批绿色银

---

① 国家级新区建设，http：//gjxq.chinadevelopment.com.cn/zxbd/1467833.shtml。

行，成为全国首批绿色支行网点；私募基金数量突破3300家，管理基金规模超过1万亿元。

赣江新区成立以来，一项项新技术、一个个新产业，催生了一批批新业态、新模式，也成为一个个新的经济增长点，对整个江西省的产业发展带动作用明显。初步核算，2018年江西省全年地区生产总值21984.8亿元，比上年增长8.7%。其中，第一产业增加值1877.3亿元，增长3.4%；第二产业增加值10250.2亿元，增长8.3%；第三产业增加值9857.2亿元，增长10.3%。三次产业结构为8.6∶46.6∶44.8。三次产业对地区生产总值增长的贡献率分别为3.7%、48.2%和48.1%。人均生产总值47434元，按年平均汇率计算，折合7168美元，增长8.1%。

十九　河北雄安新区

2017年4月1日，中共中央、国务院决定设立河北雄安新区。雄安新区，涉及河北省雄县、容城、安新三县及周边部分区域，地处北京、天津、保定腹地，区位优势明显、交通便捷通畅、生态环境优良、资源环境承载能力较强。2018年12月，国务院正式批复《河北雄安新区总体规划（2018~2035年）》。雄安新区三县开发程度低，发展空间充裕。从2000年公布数据时起，安新县的地区生产总值高于容城县和雄县，占当年保定市地区生产总值的4%。但从2007年开始雄县的地区生产总值首次超越安新县，之后雄县地区生产总值保持高速增长。然而从2014年开始安新县的地区生产总值开始大幅减少，到2015年安新县和容城县的地区生产总值相当，都在57亿元左右。截至2015年，三县的地区水平生产总值占整个保定市的比重为6%。雄县地区生产总值从2007年赶超安新县后一路高速增长，而安新县地区生产总值从2014年开始大幅回落18%（见图2-6）。

雄安新区所辖的雄县、容城、安新三县中，雄县经济体量最大，且以工业为主。据统计数据，2016年雄县地区生产总值达101.1亿元，比2015年增长4.7%。全年规模以上工业企业实现工业总产值235.1亿元、工业增加值72.7亿元。雄县工业部门产品以工业设备器材为主，几大支柱产业都属

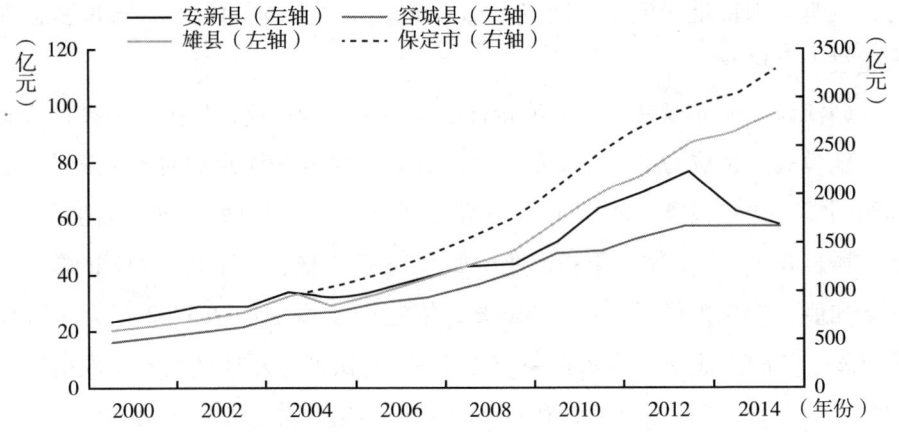

图 2-6 2000~2014 年雄安新区三县及保定市的地区生产总值走势

于劳动密集型产业，且基本上都是民营企业。2016 年雄县民营经济组织达 1.5 万个，民营经济实现主营业务收入 432.5 亿元，增加值达 81.9 亿元。2018 年，雄县地区生产总值完成 73.25 亿元。其中，第一产业增加值 10.47 亿元，增长 6.6%；第二产业增加值 35.47 亿元，下降 29.1%；第三产业增加值 27.31 亿元，增长 13.8%。三次产业结构为14.30∶48.42∶37.28。雄县产业起步于家庭作坊，在国内外市场需求增长的有力拉动下，龙头企业逐步扩厂引进生产线，技术含量逐步提高。同时，在镇域内形成主导产业后又建设专业村，形成了一定的规模优势。这表明，雄县的发展具备了培育和壮大市场经济所需的微观基础和要素禀赋，一定程度上形成了雄安新区自身经济发展的内生动力。

目前三县的产业结构层次总体偏低，都是以第二产业为主，还在努力从"二、三、一"到"三、二、一"的转变中。其中，第三产业占比较高的是新安县，达到 33%，安新县和容城县的产业结构占比很相似，同时雄县的经济增长主要是靠第二产业拉动的。三县的产业结构都是以第二产业为主。

雄安新区三县的支柱产业都已成形，产业结构互补。安新县因为拥有白洋淀 85% 的水域面积，因此是华北地区重要的水产品基地。容城县形成了

第二章 产业规模与结构

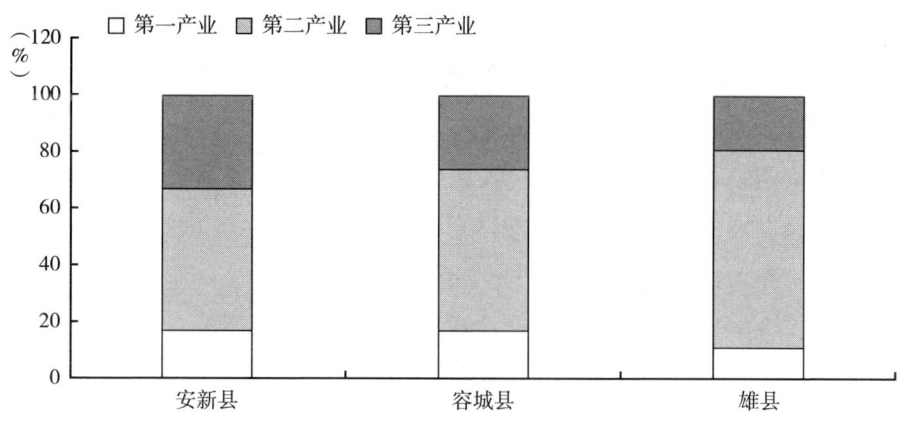

图2-7 2016年雄安新区三县三次产业情况

以服装业为主、四大支柱产业竞相发展的良好局面,剩下三大产业分别是机械制造、汽车零部件产业,箱包、毛绒玩具产业,食品加工产业。2006年,容城被中国纺织工业协会和中国服装协会评定为"中国男装名城"和全国纺织产业集群试点。雄县民营经济20世纪80年代就进入了省30强行列,民营经济组织达到13000多家,形成了塑料包装、压延制革、乳胶制品、电器电缆四大支柱产业(见图2-8)。

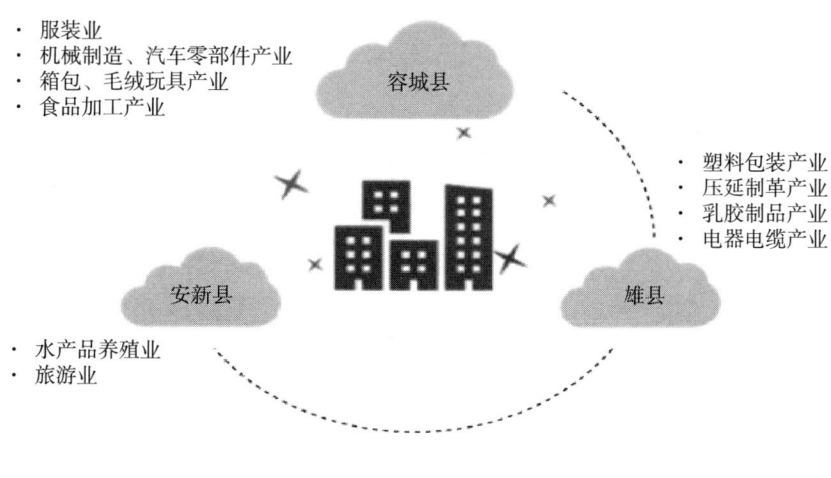

图2-8 三县支柱产业

雄安新区建设的七大任务中，首要两项就是建设绿色智慧城市，打造优美生态环境。主城区重点发展人工智能、信息安全、量子技术、超级计算机等尖端技术产业。外围布局电子信息、生命科技、文化创意等高端新产业，多节点布局网络智能、科技金融、文化创意等特色产业集聚发展。这些对河北省的经济发展带动作用明显。2018年，河北省全省生产总值实现36010.3亿元，比上年增长6.6%。三次产业比例由2017年的9.2∶46.6∶44.2调整为2018年的9.3∶44.5∶46.2，第三产业比重首次超过第二产业。

第三章 产业竞争力

产业竞争力，亦称产业国际竞争力，指某国或地区的特定产业相对于他国或地区同一产业在生产效率、满足市场需求、持续获利等方面所体现的竞争能力。[①] 竞争力实质上是一个比较的概念，因此，产业竞争力内涵涉及两个基本方面：一是比较的内容，二是比较的范围。具体来说，产业竞争力比较的内容就是产业竞争优势，而产业竞争优势最终体现为产品、企业及产业的市场实现能力。因此，产业竞争力的实质是产业的比较生产力。所谓比较生产力，是指企业或产业能够以比其他竞争对手更有效的方式持续生产出消费者愿意接受的产品，并由此获得满意的经济收益的综合能力。在产业发展篇的前两章，分析了各个新区的产业布局、产业规模与结构，在一定程度上分析了各新区的产业竞争力，本章从主导产业角度来分析国家级新区的产业竞争力。

主导产业是指能够依靠科技进步或创新获得新的生产函数，能够通过快于其他产品的"不合比例增长"的作用有效地带动其他相关产业快速发展的产业或产业群。在产业结构中，处于主要的支配地位，比重较大，综合效益较高，与其他产业关联度高，对国民经济的驱动作用较大，具有较大增长潜力的产业。对于国家级新区来说，主导产业对新区经济增长起到了支撑作用，是辐射带动区域经济发展的有力抓手，是实现国家战略任务的关键。因此，本章从主导产业的角度分析新区产业竞争力具有一定的现实意义。

---

① https：//baike. so. com/doc/4979980 - 5203028. html.

第一节 国家级新区主导产业

一 上海浦东新区

浦东新区经过多年的发展，产业结构不断优化，产业体系不断完善，构建了以现代服务业为主体、以战略新型产业为引领、以先进制造业为支撑的现代产业体系，[①] 形成了以软件和信息服务业、金融业、商贸业为代表的三大主导产业，上海浦东新区制造业与服务业"双轮驱动"，2018年，浦东新区主要经济指标迈上重要整数平台，地区生产总值超过1万亿元，财政总收入超过4000亿元，规模以上工业总产值超过1万亿元，这对上海经济实现高质量发展、对上海更好服务国家战略具有重大的意义。

2019年上半年，新区生产总值增长6.8%，其中第三产业保持较快增长，第二产业可比增速降幅较一季度收窄1.6个百分点。在减税降费大背景下，一般公共预算收入增长1.0%。全社会固定资产投资增长7.8%，其中工业投资增长70.8%。产业结构持续优化。"中国芯""创新药""未来车""蓝天梦""智能造""数据港"表现亮眼。生物医药产值增长10%，航空制造产值增长19.5%，高端装备产值增长5.1%，集成电路设计营业收入和信息服务业营业收入增长均超过10%，特斯拉项目加快建设。核心功能持续提升。新增持牌类金融机构17家，4家浦东企业获准在科创板上市，国际资管机构达76家，融资租赁资产规模占全国的30%。"一带一路"沿线国家外贸进出口增长7%。新兴购物中心和新零售快速发展。战略招商持续发力。一批生物医药、外资资管、融资租赁和央企项目接连签约。

浦东新区第一产业是金融业，2019年上半年，浦东实现金融业增加值1607.67亿元，占新区生产总值的30.8%，占全市金融业增加值的50.1%。

[①] 国家发展和改革委员会：《国家级新区发展报告（2015）》，中国计划出版社，2015，第48页。

目前，浦东已经集聚了13家金融要素市场和基础设施，主要金融市场排名居世界前列。金融机构集聚水平持续提升。数据显示，截至2019年9月，浦东共有银证保持牌类金融机构1069家，约占上海市的2/3，交银理财等重要机构先后落户。58家国际知名资产管理机构在浦东设立了80家外商独资资产管理公司。浦东不仅形成了金融业开放创新的领先优势，也形成了金融服务实体经济发展的良好局面。

浦东新区作为上海市软件和信息服务产业"一中四方"空间格局中的一方，其产业定位为移动互联网、行业应用软件、金融信息服务。从软件和信息技术服务企业数量分布来看，浦东新区企业数量最多，有27家，占上海市软件和信息服务业数量的38%。

值得一提的是，2018年，浦东生物医药产业规模达到672亿元，同比增长12.7%。其中制造业规模以上工业产值达到548亿元，同比增长16.2%，成为新区产业发展的一个亮点。全上海市获批4个新药证书全部来自新区，其中一类新药2个。同时药品上市许可持有人制度、医疗器械注册人制度试点取得突破，直观复星、药明奥测等重大项目落地。

目前，浦东新区六大"硬核"产业呈现集聚发展态势。2018年，"中国芯"方面，集成电路规模突破1000亿元、占上海市的73%，正推进上海集成电路设计产业园建设，力争集聚千家企业、形成千亿元规模、汇聚十万人才、新增百万空间。"创新药"方面，产业规模672亿元、占上海市的46%，正在建设张江创新药产业基地、张江医疗器械产业基地等10平方公里产业空间。"智能造"方面，正在以上海张江人工智能岛和临港国际智能制造中心为载体，加快工业互联网、人工智能技术发展，建设全国人工智能创新应用先导区。"蓝天梦"方面，航空航天产业持续保持两位数增长，正在加快启动建设大飞机总装产业基地配套园区。"未来车"方面，汽车产业规模超过2000亿元，正在加快发展新能源、智能网联汽车，特斯拉超级工厂力争年内建成投产。"数据港"方面，软件和信息服务业增加值938亿元、占上海市的48.7%，正在推进卡园+软件园+信息产业园"三园"融合，加快5G技术示范应用。

二 天津滨海新区

天津滨海新区自设立以来，以"现代工业化"为发展目标，连续多年第二产业和第三产业的产值比率均高于第一产业。2018年，新区全年工业增加值可比增长2.9%。在规模以上工业中，十一大优势产业完成总产值8694.54亿元，同比增长6.8%。[①] 其中，石油化工产业、生物医药产业和新能源产业分别增长20.3%、16.7%和11.2%。商品销售额同比增长3.2%，住宿餐饮业营业额增长12.6%。全年港口集装箱吞吐量1600.69万标箱，增长6.2%。值得一提的是，2018年全区在沪深交易所上市企业累计达到33家，占全市的66%；在新三板挂牌企业累计达到99家，占全市的49%。截至2018年末，全区新增境外、沪深交易所上市和新三板挂牌企业11家。全区创新型金融机构数量已达8425家。新区金融租赁公司已达到11家，位居全国前列。

目前，天津滨海新区形成了新一代信息技术产业集群、高端装备制造产业集群、生物医药产业集群、新能源汽车产业集群、新材料产业集群、新能源产业集群、节能环保产业集群、战略性新兴产业服务业集群共八大集群。

2018年，滨海新区电子信息产业实现产值1298.05亿元，占工业总产值的比重为14.37%。航空航天产业实现产值29.41亿元，机械装备产业实现产值685.68亿元，两项合计占工业总产值的比重为7.92%。滨海新区拥有国家级航空产业新型工业化产业示范基地、新一代运载火箭产业化基地、航天飞行器产业化基地三大基地。生物医药产业实现产值326.31亿元，占工业总产值的比重为3.61%。

滨海新区生物医药产业已形成全国最大的集产品研发、技术转化、生产制造、商业物流和展示交流于一体的生物医药产业链基地，正在成为我国生物医药领域新药创制成果最突出、产业集群优势最显著的地区。

汽车产业实现产值1462.69亿元，占工业总产值的比重为16.19%。滨

[①] 参见《2018年天津市滨海新区国民经济和社会发展统计公报》。

海新区已形成从动力电池、电机电控、汽车零部件到整车制造以及汽车金融、汽车后服务等配套领域的全产业链布局，在纯电驱动系统、动力电池、电磁兼容试验等方面达到国际领先水平。新材料产业实现产值769.05亿元，占工业总产值的比重为8.51%。

滨海新区新材料产业初步形成了八大新材料产业体系。新能源产业实现产值372.84亿元，占工业总产值的比重为4.13%。滨海新区新能源产业形成了绿色电池、太阳能和风力发电三大产业集群，锂离子电池生产能力和产值规模占全国的1/3以上，成为国内综合实力最强的绿色二次电池产业基地。资源循环及环保产业实现产值25.87亿元，占工业总产值的比重为0.3%。滨海新区拥有首个国家绿色发展示范区、北疆电厂等国家级循环经济示范试点，以及泰达和临港两大国家级循环经济示范园区。第三产业占比达到45.8%。

三 重庆两江新区

两江新区成立近10年来，GDP、工业产值、固定资产投资、社会消费品零售总额、一般公共预算收入、实际利用外资、进出口总额均实现翻番、年均增长率达到两位数，连续几年经济总量在19个国家级新区中排名第4位。其中，两江新区战略性新兴产业发展势头强劲，正在不断引领经济高质量发展。

依托坚实的先进制造业基础，两江新区已打造形成汽车、智能、高端装备、生物医药四大产业集群。以智能产业为例，两江新区正从传统笔电基地加紧向"芯屏器核网"全产业链升级，积极带动汽车电子、智能家电、液晶显示器、笔电、智能手机等快速发展。

2018年高技术制造业产值的增长达16.3%，占工业总产值的比重达42%。在重点发展的集成电路、平板显示、智能终端及汽车电子四大板块，以旭硕、仁宝、纬创、翊宝等落户企业为代表的笔电产业年产量超过2100万台，以海尔、格力等为代表的信息家电产业形成500亿元产业规模，以京东方、莱宝、康宁等为代表的平板显示产业形成500亿元产业集群，以奥特斯、超硅半导体等为代表的高端电子材料产业具备近500亿元产业规模，逐步聚集了以恩智浦、万国半导体等为代表的集成电路企业和以大陆集团、日本电装等为代表的汽车电子企业。

目前，两江新区按照构建"3331"产业体系的思路，优化发展汽车、电子、装备制造三大制造业，培育发展大数据、大健康、绿色环保三大特色产业，提升发展金融、贸易、国际物流三大优势服务业，集聚发展显示面板、集成电路、新能源及智能汽车、机器人及智能装备、通用航空、云计算及物联网、节能环保、新材料、生物医药及医疗器械、能源装备十大战略性新兴产业。

发展三大优势支柱产业：至2021年，汽车产业实现产值5000亿元；电子信息产业围绕芯、屏、器、核四大领域，培育和发展集成电路、显示面板、智能终端以及核心配套零部件四大产业集群，实现产值3000亿元；装备制造业重点发展通用航空、轨道交通、通机、智能装备、节能环保等产业集群，实现产值1500亿元。

培育壮大十大战略性新兴产业：至2021年，新能源及智能汽车达到50万台以上产能，实现产值1000亿元；电子核心部件重点发展显示面板、集成电路，实现产值800亿元；云计算及物联网、可穿戴设备及智能终端、通用航空、生物医药及医疗器械实现300亿元产值；机器人及智能装备、能源装备、节能环保、新材料实现200亿元产值。

发展十大战略性新兴服务业：重点发展新兴金融、国际物流、大数据及信息服务、软件设计及服务外包、跨境电子商务及结算、保税商品展示及保税贸易、总部贸易和转口贸易、专业服务、健康医疗、文创旅游等十大战略性新兴服务业。至2021年，力争金融业增加值超过500亿元，占GDP比重达到13%，服务贸易进出口额占全市的50%左右。

四 浙江舟山群岛新区

舟山群岛新区以海洋经济为核心，重点发展海洋工程装备与船舶行业、海洋旅游产业、海洋资源综合开发利用产业、海洋生物产业、现代海洋渔业等产业。目前，业已形成的主导产业是船舶修造业、石油化工业和水产加工业。

2018年，舟山群岛新区全年地区生产总值为1316.7亿元，按可比价格计算，比上年增长6.7%。其中，第一产业增加值142.6亿元，第二产业增加值428.4亿元，第三产业增加值745.7亿元，分别增长5.8%、6.0%和7.2%。规模以上工业中，高新技术产业总产值增长6.0%，产值占规模以上工业的37.9%；装备制造业总产值增长4.8%，产值占规模以上工业的38.8%；战略性新兴产业总产值增长9.1%，产值占规模以上工业的34.2%。规模以上工业新产品产值率19.3%，比上年提高5.2个百分点。

2018年，舟山全市实现渔业产量179.14万吨，比上年增长7.1%。国内捕捞产量下降，全年产量97.28万吨，同比下降6.1%；远洋渔业生产形势较好，全年产量49.13万吨，同比增长28.5%。海水养殖工厂化，全年海水养殖面积4401公顷、产量31.9万吨，同比分别增长0.5%和31.2%。

2018年，舟山全年全市水路货运量27756万吨，比2017年增长19.4%，水路货运周转量3327.9亿吨公里，增长12.0%；水路客运量2922万人次，增长4.1%，水路客运周转量4.86亿人公里，下降0.3%。公路货运量10374万吨，增长22.6%，公路货运周转量176.3亿吨公里，增长17.5%；公路客运量2584万人次，下降3.1%，公路客运周转量11.2亿人公里，增长5.5%。全年舟山港域港口货物吞吐量50787万吨，比上年增长10.9%；其中，外贸货物吞吐量15158万吨，增长5.8%。从主要品种看，石油及天然气吞吐量7119万吨，增长1.8%；金属矿石吞吐量18019万吨，增长13.7%；粮油类吞吐量681万吨，下降17.8%；煤炭及制品吞吐量2711万吨，增长9.1%。全年集装箱吞吐量125.6万标箱，增长20.6%。年末全市有生产性泊位288个，其中万吨以上深水泊位69个。

五 甘肃兰州新区

自甘肃兰州新区开发建设以来，紧紧围绕"国家重要的产业基地"和"承接产业转移的示范区"的战略定位，坚持把产业作为推动发展的生命线，加强招商引资和项目建设，初步培育形成了大数据和信息化、先进装备制造、新材料、精细化工、新能源汽车、生物医药、商贸物流、文化旅游、现代农业、职教产业等十大产业。①

2018年兰州新区实现地区生产总值205亿元，增长16%，增速在国家级新区中位居第一。兰州新区加快培育先进装备制造、精细化工、大数据、新材料、新能源汽车等九大优势产业，累计引进产业项目618个，总投资超过3000亿元。部分项目已投产运营，新引进项目正在加快建设，产业框架基本形成。

2018年，兰州新区实现工业总产值268亿元，比预计的244亿元增加24亿元，实现生产总值205亿元，固定产值投资310亿元，引进世界最薄的6微米铜箔、高档铝合金新材料等5个项目；引进益海嘉里、中亚粮油进口加工、四川高金等9个农产品加工项目。同时，16个先进装备制造产业项目落地，总投资88.9亿元；佛慈制药、申联生物等18个生物医药项目基本建成；知豆汽车、兰驼全面投产，珠海银隆、亚太新能源汽车加快建设。兰州铁路（临时）口岸、两个跨境电商监管中心、进口肉类指定查验场，以及中川国际机场冰鲜水产品、进境水果指定口岸等已通过验收，"兰州号"中欧国际货运班列实现双向常态化运营，"兰州—达卡"国际货运航线成功开通，兰州至西亚空中国际物流通道进一步畅通。

目前，已落地兰石、兰泵、亚太立体停车、甘肃建投等先进装备制造产业项目108个，计划总投资673.79亿元，建成投产项目54个，在建项目34个，完成投资240亿元，实现产值163亿元。

六 广州南沙新区

广州南沙新区立足承接港澳产业转移，力图形成以生产性服务业为主导产业的现代产业体系。经过多年的发展，形成了现代服务业与先进制造业并重的产业框架，汽车、船舶、重大装备等先进制造业和航运物流、科技创

---

① 详见兰州新区管委会官网发布的《兰州新区总体规划（2011~2030）》。

新、服务外包、创新金融、融资租赁、跨境电商等现代服务业快速发展，汽车产业、船舶制造业、电器制造业和化工制造业已经成为新区的主导产业。

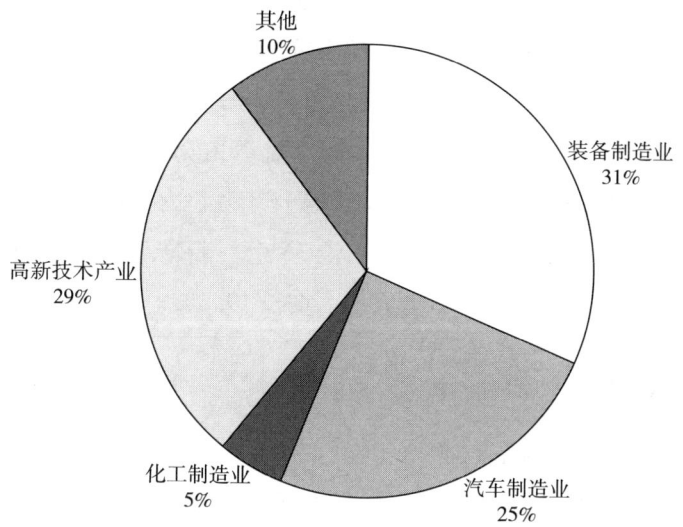

图 3-1 2018 年南沙区规模以上工业产值分行业比重

资料来源：南沙新区官网。

2018 年南沙区重点建设项目 257 个，完成投资 921 亿元，超过计划目标 18.3 亿元，完成率 102.3%。其中，中铁建华南总部建成，恒大新能源汽车、海尔智能制造中心、广州南沙国际物流中心等 21 个产业项目开工建设。新增高新技术企业 173 家，增长 42%。专利申请 9875 件，增长 98.5%；上年 R&D 占比首次突破 3%。落户中科院南海生态环境工程创新研究院、南方海洋科学与工程省实验室，启动建设深海科技创新中心基地，形成了海洋重大科创平台集群。科大讯飞华南人工智能研究院、广州智能软件产业研究院均获批省新型研发机构。珠三角北斗卫星应用示范项目正式启动。华南技术转移中心建设取得实质性成效，入驻科技服务机构超 50 家。广东医谷产业园区入驻 102 家生物医药等领域企业。

2018 年，南沙新区汽车制造业首次突破千亿元，实现工业产值 1031 亿元，同比增长 27.87%，成为全区首个产值超千亿元的先进制造业产业集群。2017全年生产汽车43.92万辆，增长3.8%；生产发动机38.09万台，增长2.3%。

2018年，南沙港区实现货物吞吐量3.56亿吨，增长6.5%；集装箱吞吐量1566.1万标箱，增长11.4%。商品车吞吐量历史性突破100万辆。南沙港区四期、国际物流中心等项目开工建设，海嘉汽车码头实现试停靠，国际邮轮母港综合体、国际通用码头、深水航道拓宽工程二期等项目加快推进。累计开通国际班轮航线97条（新增12条）、内贸航线32条和"穿梭巴士"支线63条（新增3条）、无水港36个（新增3个）。全年出入境邮轮94艘次，出入境旅客48.12万人次，增长19.3%。

七 陕西西咸新区

陕西西咸新区自成立以来，按照"资源整合、错位布局、集群发展"的思路，依托西安、咸阳产业资源，注重自主创新，构建创新性产业体系。重点发展高端装备制造业、新一代信息技术、生物医药、节能环保等产业。目前，西咸新区已经初步确立了先进制造、电子信息、临空经济、科技研发、文化旅游与总部经济等六大主导产业集群。

2019年，新区规模以上工业增加值完成91.65亿元，同比增长3.0%，增速较前三季度提高3.6个百分点，低于全市3.9个百分点，低于全省2.2个百分点。规模以上工业总产值358.32亿元，同比增长5.8%；分轻重工业看，轻工业同比增长10.6%，重工业同比增长5.1%。已形成以汽车、航空航天、电力装备、轨道交通装备、专用通用装备、节能环保装备等为主的装备制造业体系，涌现出陕汽、西电、比亚迪、西飞等产值超过百亿元企业，成为支撑西安经济社会发展的重要引擎。①

截至2019年9月，西咸新区共引进内资2230亿元、实际利用外资9.36亿美元，共引进百亿元以上项目22个、10亿~100亿项目143个，共实施重点项目500个、完成投资2530亿元。此外，西咸新区还设立了总量超过

---

① 《西安市装备制造业产业发展规划（2019~2021年）》。

100亿元的各类产业基金和10亿元的人才创新创业基金，搭建创新平台，深入推进"双创"，累计建设众创载体49个，引进各类研发转化平台30家、创新创业团队1000余个。

目前，西咸新区及各新城共引进了京东健康西北区域总部、中核华辰总部基地、同方陕西省信息技术应用创新基地、亿蜂电商运营中心、云端数字产业园、苏宁商业新产业总部系列项目、绿地会展中心综合体等重大项目41个。

以大数据为主导，基于互联网、"互联网+"、"机器人+"、现代通信等，发展以大数据、云计算、物联网、人工智能、虚拟现实等新一代信息技术产业。移动、电信、联通和广电四大运营商数据中心已齐聚于此，微软、惠普、中兴、聚思鸿（Concentrix）、蓝盾、软通动力、视源科技等项目已先后引进。

研发产业以科研、科技成果转化为主导，强力推进中国西部科技创新港、西工大翱翔小镇、国家统筹科技资源改革示范基地、"硬科技"小镇等重大科创平台建设。宝能科技园、华大基因、佰美基因、迪安诊断、国联质检、秦岭生物医药、瑞海集团、米特智能、六环传动等企业已经落户。

文化旅游业以历史文化旅游、文化创意为主导。洋东华侨城文化旅游综合体、恒大童世界文化旅游综合体、丝路风情城等文化旅游项目加速推进。同时新区依托秦汉新丝路国家级数字文化产业基地，推动文化资源向数字产业转化，发展数字文博、数字新媒体、动漫游戏、数字出版等数字产业。依托中译语通，"一带一路"语言服务及大数据平台正在建设中。

八 贵州贵安新区

贵州贵安新区明确主导产业为生态文化旅游、高端商务服务、高端装备制造、电子信息、商贸物流、科技教育服务、现代都市农业。2015年新区出台《贵州贵安新区重大产业发展行动计划（2015~2017）》，进一步确认电子信息、高端装备制造、大健康医药、文化创意等产业为新区新阶段发展重点。

2018年，贵安新区大数据产业规模达376.1亿元，同比增长10%。大数据服务业营业收入完成32.4亿元，同比增长188.3%。贵安新区已逐步发展为大数据产业的"高产试验田"。

2019年，新区大数据产业运行总体稳健，1~11月大数据产业规模完成387.47亿元，同比增长10.85%。电子信息制造业稳步增长，1~11月电子信息制造业总产值完成234.35亿元，同比增长10.11%。电子信息制造业对新区经济拉动持续发力，占新区工业总产值的94%；软件和信息服务业高速增长，1~11月软件和信息技术服务业营业收入完成37.01亿元，同比增长42.90%，以软件和信息技术服务业为引领的营利性服务业对地区生产总值的贡献率超过20%，为新区经济发展提供强劲动力；电子商务平稳增长，1~11月电子商务交易额完成114.22亿元，同比增长5.01%。贵安新区积极推进电子信息制造业发展，以电子信息产业园为载体，以建设贵安智慧新区为目标，重点培育新一代信息技术，大力发展电子信息制造业。打造电子信息产业基地，包括重点培育新一代信息技术，加快建设大数据产业基地，积极发展电子信息制造业。

在大力发展大数据产业的同时，贵安新区还紧盯高端装备制造、新能源新材料、信息经济等万亿级产业领域和航空航天、光电芯片等"硬科技"，努力打造高端显示、新能源汽车、智能终端制造、集成电路等产业集群，依托黔中经济区民航工业、工程机械与能源装备、汽车制造等领域的人才优势、技术优势和产业基础，培育以民航工业、智能制造装备为主导的黔中经济区高端装备制造产业集群，把贵安新区打造成为重要的高端装备制造基地。

贵安新区积极发展生态文化旅游业，加强政策、资金和人才支撑，把贵安新区打造成为集"旅游、休闲、度假、疗养"功能于一体的国际知名"生态文化旅游新区"。并积极促进生态文化旅游与黔菜产业、生态地产、都市农业、特色食品、旅游小商品加工业、会展、文化创意产业等融合发展。2018年，新区持续推进100个旅游景区建设，继续加快云漫湖国际休闲旅游度假区建设,确保完成投资目标,接待游客607.6万人次,同比增长25.4%;旅游综合收入实现32.8亿元,同比增长26.4%。

九 青岛西海岸新区

2014年12月,青岛西海岸新区出台产业发展规划,围绕海洋经济发展主题,重点发展海水淡化、海洋新能源、海洋新材料三大产业。青岛西海岸新区确定了全新的产业发展思路。优化"旧引擎",全力改造提升航运物流、船舶海工、家电电子等六大支柱产业,构建"新引擎",大力发展海洋生物、通用航空等十大新兴产业,着力培育影视文化等六大特色产业。这一被称为"616"的全新的产业体系架构,为新区产业结构优化升级勾画了明晰的"路线图"。

2018年,新区共签约待建、在建、新竣工海洋经济重点项目140个,总投资约2600亿元。其中,签约待建46个,总投资约630亿元;开工在建64个,总投资约1280亿元;新竣工项目30个,总投资约690亿元。疏港铁路等36个项目列入青岛市蓝色经济区建设重点项目库,总投资1045亿元,占全市的41.5%,列全青岛市首位。[1] 2019年,西海岸新区水产品增势较好,总产量35万吨,实现增加值43亿元,增长3.4%。西海岸新区滨海旅游业共接待国内外游客2530万人次,实现旅游业总收入267.8亿元,同比分别增长14.3%和22.3%。

西海岸新区是我国北方最大的家电生产基地。现有海尔、海信、澳柯玛、瑞智精密机电等规模以上企业50余家。

西海岸新区是我国四大海洋工程基地与重要的船舶修造基地之一,目前聚集了北船重工、武船重工、中船重工、中海油海洋工程、中石油海洋工程等船舶制造和海洋工程企业,以及各类配套企业100余家。值得一提的是,在"高端制造业+人工智能"攻势的带动下,全区工业企稳向好。2019年西海岸全区实现工业增加值1056.1亿元,下降3%,占生产总值的比重为

---

[1] 青岛蓝色经济网,http://www.zgqdlsjj.com/2019/0301/278403.shtml。

29.7%。其中，保税港区31.2亿元，增长0.5%。从规模以上工业看，涉及的32个工业大类行业中有17个行业增长，行业增长面53.1%，较前三季度提升18.7个百分点。其中，铁路、船舶、航空航天和其他运输设备制造业增加值增长52.5%，仪器仪表制造业增加值增长111.2%，非金属矿物制品业增加值增长15.2%，电气机械和器材制造业增加值增长12.3%，专用设备制造业增加值增长1.3%。规模以上工业出口交货值增长12.7%，出口交货值占销售产值的比重为14.6%。

另外，2019年，西海岸新区大数据产业发展成效显著，在全省率先启动大数据企业评定工作，首批认定的大数据企业就有24家，大数据产业发展和应用水平评估位居青岛市第一。

十　大连金普新区

大连金普新区的主导产业包括装备制造、生物医药、电子信息、新能源汽车、石化和精细化工产业等。2018年，金普全区预计实现地区生产总值增长8%；实际利用外资22.2亿美元，增长9.6%；规上工业增加值增长15%；进出口总额3105.3亿元，增长10.3%。

大连共有各类生物企业300余家，医药工业企业140余家，其中90%分布在金普新区内。目前，新区拥有规模以上生物医药企业50余家，其中，年产值过亿元的企业近10家，基本形成以辉瑞制药、欧姆龙、汉信、珍奥集团等一批大企业为龙头的生物医药产业集群，成为辽宁三大生物产业集聚区之一。[①]

汽车产业方面，目前金普新区有华晨专用车、奇瑞整车、东风日产、黄海汽车、一汽客车等五大整车项目；汽车零部件产业已落户企业120余家。2018年1月，新区汽车制造业实现了产值增幅2%。

金普新区电子信息产业以外向型经济为主，产业规模占全市的六成、全

[①] 大连市人民政府，http://www.dl.gov.cn/gov/detial.vm?diid＝201B0100016100326341610
1718。

省的1/3以上。2019年1~7月，金普新区电子信息产业实现产值249.9亿元，同比增长64.7%。目前已形成半导体晶圆、LED芯片及外延片、电子元器件、工业电子、办公设备与家电、通信与电子设备、工业控制软件等核心产品门类。现有电子信息产品制造企业471家，其中规模以上企业达111家，产值超过亿元的企业45家，产值超过10亿元的有8家。产品主要为集成电路、激光打印机、电子元器件、线路板、芯片、外延片等。

十一 成都天府新区

天府新区具有良好的产业基础，国家级成都高新区、国家级成都经开区和综合保税区均坐落于此，聚集了大众、吉利、丰田、英特尔等一大批全球500强企业，其中电子信息和汽车产业产值已突破千亿元人民币。新一代信息技术、新能源、新材料产业以及总部经济、金融、电子商务等现代服务业形成了较为完善的产业链配套。《四川省成都天府新区总体规划（2010~2013）》明确了新区重点发展战略性新兴产业、现代制造业和高端服务业，大力发展电子信息、新能源、新材料、生物医药、汽车研发制造、航天航空装备、工程器械制造、节能环保、农副产品深加工、独立科技研发十大产业。目前，新区已基本形成电子信息、汽车制造、新能源新材料等主导产业。[①]

数字产业方面，天府新区目前已形成新经济和人工智能产业园、独角兽岛、鹿溪智谷、数字经济和5G产业园多点开花格局，引进中科曙光先进微处理器技术国家工程实验室等国家级创新平台11个，已签约落地安谋中国、华为鲲鹏、商汤科技等80余家以人工智能为核心的数字经济产业项目，协议总投资突破1700亿元。

电子信息产业以及汽车产业方面，依托天府软件园，新区先后引进IBM、WIPRO、DHL等250余家国内外知名企业，涵盖电子信息产品研发、高端零部件制造、物联网等领域。

---

① 李雷雷：《国家级新区主导产业选择研究——以天府新区为例》，四川省社会科学院硕士学位论文，2017。

新区较早布局以新能源和新材料为代表的战略性新兴产业。目前已引进通威太阳能、天威新能源、四川阿波罗太阳能、汉能控股集团、韩国SK、美国JM、中材集团等新能源、新材料企业和项目，初步形成产业集聚。截至2019年，成都科技城已经集聚了超算中心、宇宙线物理研究与探测技术研发平台等重大科技基础设施和研究基地4个，中科曙光先进微处理器技术国家工程实验室等国家级创新平台12个，中科院成都分院、国科大成都学院等中科院系统项目11个，引进清华、北航等校院地协同创新项目32个。

十二 湖南湘江新区

2016年5月，湖南湘江新区出台《湖南湘江新区发展规划（2016～2025年）》，要求着力构建以制造业为主体、现代信息服务业为支撑、现代农业为基础的现代产业体系，重点发展新材料、先进装备和智能制造、新能源与节能环保、新一代信息技术、生物医药和食品轻纺家电等产业集群。目前，以北云科技、海格北斗信息等为代表的北斗产业集群，以中兴通讯、中国联通等为代表的云计算及大数据产业集群，以华强电气、中国通号等为代表的轨道交通产业集群，以博云新材、航天新材料研究院、航天068基地、航天环宇为代表的航空航天产业集群，以长城信息、长城银河、麒麟信息等为代表的软件产业集群，以中联重科、华曙高科等为代表的高端装备制造产业集群正在长沙高新区加速形成。

2019年，新区盯紧先进储能材料、高端装备与人工智能、基因工程和生命技术、信息终端、3D打印和工业机器人等五大高端制造业，以及移动互联网、现代金融、文化旅游等三大现代服务业，"5+3"产业发展格局逐步形成。2019年上半年，湖南湘江新区全域实现地区生产总值1008.61亿元，同比增长9.1%，比全省和全市平均增速分别高出1.9个和0.9个百分点；规模以上工业增加值同比增长12.3%，增速较2018年同期加快4.6个百分点；固定资产投资同比增长10.5%，较全省和全市高出0.5个和1.4个百分点。上半年，新区全域签约94个项目，合同引资1691.54亿元。投资50亿元以上项目5个（长远锂科、碧桂园人工智能科技城、比亚迪动力电池、湖南云轮科技锻造镁合金轮毂项目、中联智慧产业城)、壳牌、华为 HUB 仓、德赛电池、神州数码等 500 强企业项目 12 个。

2018 年以来,新区产业建设形成了崭新的格局,一方面,加速打造"全国乃至全球智能网联汽车创新和产业化高地的湘江智谷",并获全国唯一的"国家智能网联汽车(长沙)测试区"牌照,引进百度、腾讯、京东、大陆、博世等 10 多家龙头企业,集聚关联企业 347 家,国内首条开放式智慧公交示范线试运行,湖南湘江人工智能学院挂牌。另一方面,主导产业态势良好,食品、先进储能材料、环境治理技术及应用和人工智能及机器人产业链产值增速分别为 20%、40%、50% 和 20%。新区专业装备制造产业园紧紧围绕新能源汽车新材料、大数据、智能装备三大重点产业方向精准发力,全年实现总产值 48.36 亿元。与此同时,产业项目建设年硕果累累,"5 个 100"项目成效明显,69 个项目进入全省"5 个 100",占全省的 15.5%。其中,12 个重大产业项目、21 个重大科技创新项目、21 个重大产品创新项目全部完成年度投资计划;15 个拟引进 500 强企业已有 10 个签约、开工、达产。招商引资再创新高,举办岳麓峰会、湘以经贸对接会、湖南·德国经贸合作等 10 多场重大招商活动,共签约项目 159 个,总投资 2425 亿元,引进全国总部(第二总部)145 家。

十三 南京江北新区

《南京江北新区产业发展规划(2015~2030 年)》提出,新区将建设"4+2"现代产业体系,其中,"4"是指智能制造、生命健康、新材料、高端交通装备四大先进制造业,"2"是指现代物流、科技服务两大生产性服务。目前,新区初步形成了以轨道交通、新材料、生物医药等为主导的产业体系,各产业均已形成百亿级规模。

依托南京化工园,建成投产各类企业 150 余家,巴斯夫、BP、亨斯迈、空气化工等 20 多家世界 500 强与化工 50 强企业在园区落户,形成以新材料、生命科学与高端专业化学品为主要特色的产业发展体系。依托高新区生物医药谷，共聚集生物医药企业276家，涵盖生物制药、化学制药、医疗器械、中医药、研发外包服务等多个门类，代表企业分别有绿叶思科、药石药物、微创医学、海昌中药等。

2019年，南京江北新区围绕建设"长三角地区现代产业集聚区"的战略使命，抢占自主创新最前沿、勇攀全球产业最高端，聚焦聚力"两城一中心"建设，取得了显著成果。

在"芯片之城"建设中，全球芯片制造业龙头企业——台积电在江北新区投资建设的12英寸晶圆厂项目，目前已经正式量产，比预定计划提前5个月。在台积电等龙头企业的带动下，目前已有140余家来自世界各地的集成电路企业安家江北新区，涵盖芯片设计、晶圆制造、封装测试、终端制造等产业链上下游全部环节。到2020年，江北新区将形成千亿级的集成电路产业集群。

围绕"基因之城"，江北新区正在加快形成以生物制药、化学药、现代中药和医疗器械为主体，基因检测、第三方检验服务、动物生命营养为特色，诊断试剂、精准医疗、干细胞等为潜力的产业体系，建设"基因之城"的动力更加强劲。到2020年，将建成以基因细胞产业为引领的千亿级生命健康产业集群。

在"新金融中心"建设中，江北新区提出到"十三五"末，集聚各类金融企业500家以上，集聚各类金融资本规模超过5000亿元，培育多层次资本市场上市企业100家，围绕芯片、基因等未来主导产业集聚股权投资机构200家。

2018年，新区的生命健康全产业链主营业务收入超过500亿元。2019年上半年，新区生命健康产业主营业务收入同比增长47%。800余家大健康产业链企业在新区落户，辖区内已构建起生物医药创新谷、健康大数据产业应用园、健康服务产业示范区的功能布局。

助力新区两大主导产业发展，产业跑道上的第三股力量——新金融开始加速发力。2019年7月31日，《南京江北新区新金融产业规划》发布，在金融中心林立的长三角寻求差异化发展路径，江北新区新金融中心定位于

"全国创新型产融中心"。目前，新金融中心已集聚各类金融企业500余家，多层次资本市场挂牌上市企业80家。

十四 福建福州新区

《福建福州新区产业发展规划》指出，重点推进电子信息、机械装备、石油化工等主导产业提升发展，纺织化纤、冶金建材等传统产业转型发展，物联网、互联网、大数据产业、生物与新医药、新材料、新能源、节能环保等新兴产业与海洋产业规模发展，提升五大千亿级产业集群发展水平。福州新区的支柱产业为电子信息产业、机械装备产业、石油化工产业。

2018年，福州新区加快建设中国东南大数据产业园。建成福州国家级互联网骨干直联点、"海峡光缆一号"等一批大数据产业基础设施，组建市电子信息集团、京东物流园等7个数字经济项目落地新城，总投资约160亿元。产业园新注册企业83家，注册总资本115.15亿元，园区累计销售总额117.78亿元，税收总额7.35亿元。物联网产业蓬勃发展。辖区内已通过认定的物联网企业达104家，完成注册企业203家，拥有2个国家级实验室、2个国家级企业技术中心、省级各类技术研发机构34家；福州物联网开放实验室参与制定各类行业标准19项，获得国家专利5个，引进高层次人才12名，与49个合作伙伴签署战略合作协议；华为物联网云计算创新中心签约落地，华为专家团队已入驻开展前期工作。

纺织化纤、轻工食品、机械制造、冶金建材、电子信息等五大千亿级产业集群已培育形成多条较为完整的产业链。2018年，新区组织实施272项市级工业重点项目，总投资2606亿元。阿石创大型靶材等53个工业重点项目开工建设。实施32项智能化改造、84项省级重点技改、177项市级重点技改。

2019年，福州新区把加快产业升级作为高质量发展的主攻方向，依托产业园区建设，加快产业转型升级。元洪国际食品产业园引进36个食品产业项目、总投资达245亿元，全球（元洪）食品展示交易公共服务B2C平台等7个项目已建成投入运营，食品展示交易中心等17个项目正加快建设，印尼猫屎咖啡等12个项目正加速前期工作。中国东南大数据产业园加快建设，新落地、开业瑞博斯医疗、和瑞基因、微软创新学院等一批项目，注册企业数同比增加42%。截至2019年5月底，产业园累计注册企业达279家，注册资金272亿元，初步形成产业集聚发展的良好态势。临空经济区提速建设，新引进立华智纺二期等项目29个，总投资101.5亿元，在建工程361万平方米，推进福州空港综合保税区申报设立工作，目前申报文件已由省政府发函至海关总署。江阴港城经济区加快推动千亿级化工新材料产业集群和百亿级清洁能源装备制造基地建设，化工新材料基地康乃尔MDI、缘泰石油等项目加快推进，新福兴新能源汽车玻璃产业园一期项目开始投料试生产，三峡风电产业园金风科技项目竣工投产，中国水电四局、东方风电、丹麦等LM项目加快建设。物联网产业基地创新发展中心揭牌运营，已有华为、中量航天等52家物联网企业签约入驻，物联网开放实验室二期项目顺利推进。

十五　云南滇中新区

2017年，云南滇中新区提出聚焦七大产业，努力打造云南省转型发展新引擎。重点聚焦现代服务、石油炼化、汽车及现代装备制造、临空产业、新材料、生物医药、电子信息等七大产业，共同构建特色鲜明、具有较强国际竞争力和影响力的现代产业体系。2018年，新区产业培育初见成效。2017年全年，新区共签订正式投资协议74个，招商引资全年到位内资391.5亿元，累计引进世界500强企业6家、中国500强企业9家。2019年，滇中新区聚焦片区开发、产城融合，为推动跨越发展筑牢支撑力、提高承载力。坚持"重点突破、连片开发、梯度推进"和"以产聚人、以产促城、产城融合"的发展策略，集中力量推进"三个一百"项目建设，推动片区开发、产业发展取得新突破。

2019年，新区紧紧围绕"533"产业发展战略（五大高端制造业集群、三大现代服务业集群、三大千亿级产业园区平台），大力实施定向招商、精准招商、以商招商、专业化招商，先后引进世界500强企业6家、中国500强企业9家，累计完成工业投资412.1亿元，龙头引领、产业聚集、集群发展的现代产业体系加快构建。滇中新区目前已完成三大千亿级产业平台搭建。其中，杨林形成千亿级新能源汽车及现代装备产业集群。空港形成千亿级临空产业集群。京东方 OLED 项目实现产线点亮，中关村电子城、氮化镓、中国中药产业园、普洛斯现代仓储等项目加快推进。安宁形成千亿级石化产业集群。中石油年产 1300 万吨炼油、云天化年产 15 万吨聚丙烯和 24 万吨异辛烷，纽米科技等重大项目建成投产。

2019 年，新区现代产业体系已形成。形成以"三整车一中心"为代表的汽车产业。形成以中关村电子城、京东方 OLED、氮化镓等项目为代表的电子信息产业。形成以中国中药、国药中生、国药控股等项目为代表的生物制药产业。形成以中石油、云天化为代表的石化产业。形成以先导新材料科技产业园、上海鹏珀年产 5 万吨三元前驱体等项目为代表的新材料产业。形成以航空物流园、普洛斯仓储物流园等项目为代表的商贸及物流产业。形成以恒大文旅城、大白鲸奇幻世界等项目为代表的大健康及文旅产业。

滇中新区建成以来，签订正式招商引资协议总数为 371 个，正式投资协议总金额约 3338 亿元，招商引资实际到位内资共计 1764 亿元，落地项目 168 个，竣工项目 103 个，签约项目履约率为 72.8%，引进北京汽车、东风汽车、中国中铁等 6 家世界五百强企业，京东方、中国医药、江铃汽车等 9 家中国五百强企业。[①]

十六　黑龙江哈尔滨新区

《哈尔滨新区总体规划（2016~2030 年）》指出，哈尔滨新区要着力发展高端装备、绿色食品、新一代信息技术等千亿级产业集群，培育发展生物医药、新材料、节能环保产业，加快发展金融商务等现代服务业，提升产业国际竞争力。经过近些年的发展，哈尔滨新区已经形成了高端装备制造、绿色食品及新一代信息技术三大主导产业。

---

① 云南时讯，http://www.sohu.com/a/192739596_54379。

新区江北一体发展区内国家认定的高新技术企业由 2017 年的 158 户增长到 2018 年的 219 户，平均每 6 天产生 1 户国家级高新技术企业。2018 年，高新技术产业增加值增长 32.2%，占全市的比重为 27.1%，占新区地区生产总值的比重为 8.9%，成为推动新区动能转换的主导力量。

2019 年推进的 37 个重点项目中，新开工项目 15 个，计划总投资 65.5 亿元，年度计划投资 18.3 亿元；续建项目 22 个，计划总投资 77 亿元，年度计划投资 13.9 亿元。其中，新开工项目数量及年度计划投资分别占总数的 40.5%、56.7%，分别高于上年 5.5 个、14.5 个百分点。

2020 年哈尔滨经开区将强化新区意识，擦亮经开品牌，借助哈尔滨新区、哈经开区、哈尔滨市平房区"三区合一"优势，奋力实现高质量发展新跨越。在项目引进上坚持增量引进与存量挖潜相结合，围绕提质增效扩量，制定"百千万"工程行动方案，促进企业间配套合作，完善产业生态，推进产业集群优质发展。其中重点以高端智能化改造示范工程为抓手，全力推进长安福特、一汽哈轻等项目建设；推动航空产业全产业链发展；发挥哈工大机器人产业集团龙头作用，推动国家机器人创新中心建设，加快机器人本地产业化。

同时，哈尔滨经开区以智慧城市建设示范工程为抓手，做强"大智移云"新一代信息技术产业集群，推动云数据服务等应用领域向纵深发展；壮大"中国云谷"，培植大数据、云计算、"互联网+"等相关产业联盟，提升产业聚集度和产业链黏性，促进数字经济与实体经济融合发展。

此外，哈尔滨经开区还将以新材料扩量升级示范工程为抓手，推进复合材料产业发展，打造高端材料产业功能区。积极推动冰雪运动装备研发、用品器材制造等特色文化和旅游产业发展；积极落实科技创新政策，完善技术创新体系，提升科技创新能力；加快大中小企业融通型创新创业特色载体建设，加强科技型中小企业培育；推动东北基因产业创新中心平台建设，加快哈工大科技成果转化基地建设，拓展与重点院所成果转化平台共建；完成哈尔滨大数据产业园、标准化厂房建设项目，加大招商力度，确保年内投入使用。

十七　吉林长春新区

《长春新区发展总体规划（2016~2030）》指出，长春新区构建"两轴、三中心、四基地"产业格局，紧紧依托吉林省内优势资源，重点发展先进制造业、现代农业和现代服务业三大主导产业，以中国智能装备制造中心和东北亚区域绿色消费中心建设为核心，加快构建开放创新型产业体系和若干个千亿级产业集群。重点规划设计"十大产业园区"，即高端装备制造产业园、航天信息产业园、大数据产业园、新能源汽车产业园、生物医药产业园、亚太农业和食品安全产业园、临空产业园、东北亚绿色健康产业园、国际教育与信息产业园和通用航空产业园，形成区域联动、差异发展、各具特色的发展格局。①

长春高新区生物医药产业发展势头较快。截至 2017 年底，全区生物医药实现产值百亿元，同比增长 28.4%；全区生物医药企业达 200 余户，其中，规模以上企业 18 户，上市（挂牌）企业 6 户，国家高新技术企业 25 户，长春市科技型"小巨人"企业 21 户，对全市乃至吉林省生物医药产业发展发挥了重要的支撑、辐射和带动作用。

2018 年，长春新区紧紧围绕智能装备产业园汇聚的行业细分龙头企业，带动周边光电子孵化器、北湖科技园等孵化技术平台企业融合发展。长春新区通过提供精细化、"接地气"的服务，助力园区经济向好发展，已投产企业快速发展。

2019 年，长春着力实施园区"调规扩区"计划，优化空间布局，完善功能配套，提升承载能力。深入推进园区"百千工程"，提高园区产业集聚度；做强主导产业，继续围绕电子信息、食品加工、装备制造、新材料四大主导产业，强实体、提品质、增活力。做大做强电子信息产业，加快奥士康第三科学园建设，促进维胜科技、明正宏电子等项目投产；持续对接全市"131 千亿级产业"工程，大力发展食品加工产业，打响资阳特色休闲食品品牌；加快发展装备制造产业，促成宇晶机器二期、三木电气二期尽快投

---

① 宋岩瑞：《长春新区产业发展与空间布局优化研究》，东北师范大学硕士学位论文，2018。

产，力促瀚鑫机械、众邦精密等企业扩大产能；壮大新材料产业，确保佳纳能源一期建成投产、鸿源稀土搬迁项目稳妥实施，扶持诺泽生物、凯清环保、远大住工加快发展。同时，长春经开区坚持不断优化营商环境，以全天候无条件不打折的"店小二""急郎中"式服务，为企业发展保驾护航，为创建国家级经济开发区夯实基础。

十八　江西赣江新区

《江西赣江新区总体方案》指出，新区拥有国家级南昌经济技术开发区和多个省级产业园区，形成了高端装备制造、汽车及零部件、生物医药、电子信息、新材料和现代物流等在国内外具有较强竞争力的优势产业集群，是中部地区重要的先进制造业和战略性新兴产业集聚区。光电信息、生物医药、智能装备制造、新能源与新材料、有机硅、现代轻纺是赣江新区六大主导产业。2019年，新区六大主导产业实现高质量发展。1~11月，财政总收入完成125亿元，较上年同期增长7.5%；地方一般公共预算收入完成61.2亿元，较上年同期增长14%。

2017年，赣江新区汽车产业集群实现工业总产值160.45亿元，同比增长70.08%；实现主营业务收入162.04亿元，同比增长67.5%。2018年1~9月，赣江新区汽车产业集群实现工业总产值125.29亿元，同比增长24.3%；实现主营业务收入126.82亿元，同比增长38.4%。

2017年，新区光电信息产业实现营收约450亿元，同比增长17.2%。2018年上半年，新区光电信息产业共有规模以上企业43家，实现主营业务收入223.43亿元，同比增长31.2%，增速相较上年提升14个百分点，新区始终围绕"支柱产业+龙头企业+配套企业"的"雁阵式"发展思路，通过"造链""补链""强链"，推动形成了较为完善的产业链。一方面围绕欧菲光、智慧海派等龙头企业，形成了由电子元器件（摄像头、触摸屏等）、集成电路芯片、智能终端（手机）、大数据（汽车无人驾驶）等组成的电子信息产业链；另一方面形成了以凯迅光电LED太阳电池项目为代表的上游衬底、芯片产业，以鸿利光电LED产业园为代表的中游封装产业和以科瑞普光电产业园、芯地 LED 驱动集成电路产业化项目为代表的下游应用产业 LED 全产业链，发展活力强劲、后劲十足。

目前江西省拥有规模以上电子信息企业 631 家，电子信息类高新技术企业 350 余家，企业技术中心、工程技术中心等研发平台近 250 家。2018 年江西省的电子信息产业主营业务收入超 4000 亿元，产业规模居全国前十。近 6 年来，产业增速高于全国平均水平。2018 年，移动智能终端及产业链呈现爆发式增长，全年完成工业产值 315.6 亿元，同比增长 24.9%。其中，8 家手机整机企业工业产值达 178.5 亿元，同比增长 73.1%。

十九　河北雄安新区

《河北雄安新区规划纲要》提出，雄安将优先关注新一代信息技术产业、现代生命科学和生物技术产业、新材料产业等，从高端芯片设计和关键软件开发做起，打造新兴产业基地，支撑雄安成为数字城市、智能新区、绿色低碳新区和创新驱动发展新区。

服装纺织品主要集中分布在容城县，是该县的主要产业。

纸塑包装业主要分布在雄县，是雄县产值最大的产业。目前，纸塑包装企业达 6000 家，其中规模以上企业 41 家，从业人员 8 万人，拥有各类包装印刷设备 1 万余台（套），产品涵盖食品、医药、电子等领域，国内市场份额为 8%，国际市场份额为 4%，常年为伊利、三星、海尔等下游企业供应品牌包装，而且雄县已经成为我国北方最大的塑料包装印刷基地。

电器电缆是雄县第二大产业。最初以家庭作坊为主，因地理区位在京津冀中间位置，有一定的交通和成本优势。

乳胶制品主要分布在雄县龙湾乡和昝岗镇，生产气球、家用乳胶手套等产品，其中气球类产品在国内和国际市场所占份额分别达到 80% 和 60%。

有色金属回收再生是安新县工业部门中产值最大的产业。2016 年全县有色金属回收企业有 298 家，其中规模以上企业 33 家；全年全行业完成销售收入 278 亿元，从业人数 1.2 万人，占国内市场的份额为 9%。

2020 年 1 月，河北省现代服务业发展领导小组印发《河北省新时代服务业高质量发展的实施意见》，指出推动雄安新区建成金融创新先行区，谋划建设"中国雄安人力资源服务产业园"，大力发展金融服务业，具体包括：推进金融产品和服务创新，大力发展普惠金融，促进互联网金融规范健康发展，支持中国（河北）自贸试验区增强金融服务功能。培育壮大金融主体，高质量实施"引金入冀"，支持地方金融机构做大做强。推动雄安新区建成金融创新先行区、石家庄建成冀中南区域金融综合服务基地。到2020年，河北全省金融服务业增加值2400亿元；到2025年，达到3000亿元。

第二节 新区主导产业分析

一 各新区主导产业出现同质化现象

国家级新区具有相同的政策红利、相似的体制机制、相近的发展目标，因而在主导产业选择和确立的过程中必然存在一定程度的趋同性。例如，江西赣江新区、黑龙江哈尔滨新区、贵州贵安新区和陕西西咸新区先后将高端装备制造业列为主导产业；天津滨海新区、重庆两江新区、贵州贵安新区和河北雄安新区均将生物医药产业作为主导产业（见表3-1）。但是，在市场经济规律作用下的产业趋同，既有利于新区之间的产业竞争，又有利于进一步细化产业内部分工、延伸产业链，促进产业集聚。[1]

表3-1 国家级新区主导产业

新区	主导产业
上海浦东新区	金融业、商贸业、软件信息服务产业
天津滨海新区	高科技产业、金融服务业、生物医药产业
重庆两江新区	高技术产业、汽车制造产业、生物医药产业
浙江舟山群岛新区	渔业、航运业、海洋生物产业

---

[1] 张宁、卢向虎：《国家级新区主导产业比较分析——兼论陕西西咸新区主导产业发展对策》，《城市》2016年第9期。

续表

新区	主导产业
甘肃兰州新区	战略性新兴产业、高新技术产业、石油化工业、装备制造业
广州南沙新区	汽车产业、船舶制造业、电器制造业、化工制造业
陕西西咸新区	航空物流业、信息服务业、高端装备制造业
贵州贵安新区	大数据和电子信息产业、高端装备制造业、健康医药业、文化创意产业
青岛西海岸新区	海水淡化业、海洋新能源产业、海洋新材料产业
大连金普新区	装备制造业、生物医药业、新能源汽车业、石化、精细化工产业
成都天府新区	电子信息产业、汽车制造业、新能源新材料产业
湖南湘江新区	专业装备制造业、有色金属加工业
南京江北新区	轨道交通业、新材料产业、生物医药业
福建福州新区	电子信息产业、机械装备产业、石油化工产业
云南滇中新区	现代服务业、石油炼化产业、汽车和现代装备制造产业
黑龙江哈尔滨新区	高端装备制造产业、绿色食品业、新信息技术产业
吉林长春新区	生物医药产业、智能装备制造业
江西赣江新区	高端装备制造业、汽车及零部件产业、生物医药业、电子信息产业
河北雄安新区	纺织服装业、信息技术业、乳胶制品业、现代生命科学与生物技术业、金融服务业

二 主导产业的形成主要基于新区自身的比较优势

主导产业形成的原因多样，但主要是基于自身的比较优势，竞争优势的取得需要以比较优势为基础，根据经济环境和经济发展的情况循序渐进地进行。例如，雄安新区的纺织服装业、纸塑包装业、电器电缆业、乳胶制品业、有色金属回收再生业是其传统优势产业。雄安新区发展主导产业，必然要建立在传统产业的基础上。浙江舟山群岛新区和青岛西海岸新区都基于自然资源禀赋选择水产品加工业作为主导产业；上海浦东新区基于背靠大上海全国金融中心的区位优势选择金融业作为主导产业；重庆两江新区基于装备制造业方面的传统优势将汽车产业作为主导产业。这些主导产业都能代表新区在某一产业领域的竞争优势，对于新区发展具有显著的带动作用。

三 主导产业的选择紧跟国家产业发展方向

《"十三五"国家战略性新兴产业发展规划》确定了七类必须重点发展的战略性新兴产业，为国家级新区主导产业的选择指明了方向。

国家对于国家级新区产业发展的要求是产业形态要新，要以新区为地区增长极，带动区域经济发展，在此过程中，新区要避免在承接国外和国内产业转移中出现以往的为了完成考核任务而对产业不加以区分的一揽子招商，强调"新区的规划和建设一定要高端化、绿色化和集约化，不能降格以求"，国家级新区产业发展要依据自身的产业基础和功能定位，结合区位条件，选择新产业、新业态，强化创新驱动，注重实现产业升级，促进产业高端化发展，建立现代产业体系，培育新增长极。

比如，上海浦东新区、天津滨海新区、重庆两江新区、成都天府新区和贵州贵安新区等均将电子信息产业及信息服务业作为本区的主导产业之一，符合《"十三五"国家战略性新兴产业发展规划》鼓励发展新一代信息技术产业的要求。成都天府新区发展新能源新材料产业，也与《"十三五"国家战略性新兴产业发展规划》鼓励发展新能源新材料产业的要求一致。根据2015年版《四川天府新区总体规划（2013~2030年）》，天府新区的功能定位为"我国西部地区的核心增长极与科技创新高地，以现代制造业和高端服务业为主，宜业宜商宜居的国际化现代产业新区"，天府新区大力发展高端服务业，与规划目标一致。

本章从主导产业入手分析了国家级新区的产业竞争力。国家级新区的主导产业都基于自身比较优势、符合国家的产业发展方向，虽然有一些同质化的现象，但是仍符合国家对各新区产业发展的要求。各新区根据自身禀赋和优势发展主导产业，所形成的产业集聚效应、产业互动效应在一定程度上提升了产业竞争力。

新区"一带一路"篇

党的第十九次全国代表大会指出中国的开放将越开越大，要坚持以"一带一路"建设为重点，即坚持"引进来"和"走出去"并重。随着"一带一路"倡议以及"国家级新区"战略的深入实施，国家级新区的重要性不言而喻。"一带一路"和国家级新区建设，有着相同的目的，就是带动中国经济的开放性，优化经济的区域布局。"一带一路"和国家级新区的融合，有利于国际层面的各要素交流，实现文化和经济的融合，创造合作共赢的格局。本篇研究了"一带一路"倡议和国家级新区建设的内涵及关联机制，国家级新区是"一带一路"建设中的核心节点，"一带一路"倡议是国家级新区发挥增长极作用的有力支撑。同时，通过研究比较19个国家级新区在"六廊六路、多国多港"中的建设工作，对各个国家级新区如何通过六大经济走廊将亚洲经济圈与欧洲经济圈紧密联系在一起形成更深入的认知，也对国家级新区如何通过"六路"来促进国家间设施联通、贸易畅通形成更深刻的理解。

第一章 "一带一路"倡议与国家级新区的内涵联系、关联机制

第一节 "一带一路"倡议

"一带一路"（The Belt and Road，缩写B&R）是"丝绸之路经济带"和"21世纪海上丝绸之路"的简称，是指2013年9月和10月由中国国家主席习近平分别提出建设"新丝绸之路经济带"和"21世纪海上丝绸之路"的合作倡议。它将充分依靠中国与有关国家既有的双多边机制，借助既有的、行之有效的区域合作平台。"一带一路"旨在借用古代丝绸之路的历史符号，高举和平发展的旗帜，积极发展与沿线国家的经济合作伙伴关系，共同打造政治互信、经济融合、文化包容的利益共同体、命运共同体和责任共同体。

丝绸之路经济带是在古丝绸之路概念基础上形成的一个新的经济发展区域，包括西北五省区陕西、甘肃、青海、宁夏、新疆。西南四省区市重庆、四川、云南、广西。2013年，该倡议由中国国家主席习近平在哈萨克斯坦纳扎尔巴耶夫大学演讲时提出。丝绸之路经济带地域辽阔，有丰富的自然资源、矿产资源、能源资源、土地资源和宝贵的旅游资源，被称为21世纪的战略能源和资源基地。但该区域交通不够便利，自然环境较差，经济发展水平与两端的经济圈存在巨大落差，整个区域存在"两边高、中间低"的现象。

21世纪海上丝绸之路是2013年10月习近平总书记访问东盟时提出的战略构想。海上丝绸之路自秦汉时期开通以来，一直是沟通东、西方经济文化交流的重要桥梁，而东南亚地区自古就是海上丝绸之路的重要

枢纽和组成部分。中国着眼于与东盟建立战略伙伴十周年这一新的历史起点，为进一步深化中国与东盟的合作，提出"21世纪海上丝绸之路"的战略构想。

第二节 "一带一路"倡议与国家级新区建设的内涵联系

随着"一带一路"倡议及京津冀一体化、长江经济带等战略的相继提出，新时期提升效率兼顾公平的区域协同发展战略初步形成。从整体发展战略来看，"一带一路"倡议不仅是新时期我国区域发展的新战略，也是实现我国区域均衡发展的新举措。国家级新区作为"一带一路"倡议的核心节点，一方面通过极化效应推动经济带均衡发展，另一方面通过扩散效应实现我国五大区域的有效衔接。

国家级新区是指新区的成立乃至开发建设上升为国家战略，总体发展目标、发展定位等由国务院统一进行规划和审批，相关特殊优惠政策和权限由国务院直接批复，在辖区内实行更加开放和优惠的特殊政策，鼓励国家级新区进行各项制度改革与创新的探索工作。中国的经济发展，有赖于经济要素潜力的释放，国家级新区战略是很重要的一环。国家级新区除了优惠政策以外，更重要的是提振某个区域民众的奋斗精神和经济活力，滨海新区和浦东新区都带动了经济的发展，形成了区域经济配套和产业集群，对基于产业要素和知识的溢出效应发挥很大作用。但是也可以看到，目前中国经济重心太过于集中，很多地区经济活力相对低下，企业家精神欠缺，政府观念相对落后。而随着中国交通体系的升级，高铁和空运可以加快产业要素的转移流动，国家也需要让相对集中的经济布局变得相对分散。举例来说，北上广等大城市的大城市病日益明显，通过国家级新区战略让一部分企业和产业进行重新布局，能够深入地挖掘中国经济发展的潜力。国家级新区战略是国家战略，就意味着要服从国家的经济大战略，实现更好的分工布局，且必须面向国际化。

而"一带一路"建设，可以让中国的新经济布局有更好的国际对接空

第一章 "一带一路"倡议与国家级新区的内涵联系、关联机制

间。通过国家级新区的建立,更好地与国际接轨,建立与"一带一路"建设交汇的新支点,使得中国的经济布局不但能够在国内更加合理,而且可以通过国际渠道实现更好的分工和产能释放。以重庆为例,亚欧铁路和航运让重庆可以更好地对接国际的产业分工布局,带动经济发展,而且对周边的经济形成了拉动效应,等于让国际化的成果辐射到中国相对落后的腹部地区。

国家级新区与"一带一路"互为依托、互为支撑。"一带一路"倡议的提出,给国家级新区的发展提供了广阔的空间,因为将国家级新区融入"一带一路"建设中,既可以低成本高效率获得全国乃至全球优质发展要素,又为新区内产品拓展市场提供了极大的空间。同样,国家级新区的发展对"一带一路"建设起到重要支撑作用,因为国家级新区是当地发展基础和条件比较好的区域,而且国家级新区的发展已经有了一定的基础,已经初步形成了新型的公司体制、发展机制、开放体系、技术结构和人才队伍,如果将这些因素通过一定的方式纳入"一带一路"建设中,会形成强有力的促进作用。因此,国家级新区与"一带一路"之间存在相互依托、相互补充、相互支撑、相互促进的关系。

第三节 "一带一路"倡议和国家级新区建设的关联机制[①]

丝绸之路经济带建设的国内重心就是以促进我国西部地区开发开放为目标,并通过与长江经济带等区域之间的互联互通实现全国协同发展,国家级新区作为区域战略中的核心节点,在丝绸之路经济带建设中的作用不容忽视,两者之间的协同发展是经济带崛起从而缩小我国东、中、西发展差距的关键,也是发挥国家级新区增长极作用的关键。

---

① 郭爱君、陶银海:《丝绸之路经济带与国家级新区建设协同发展研究》,《西北师大学报》(社会科学版)2016年第6期。

一 国家级新区是"一带一路"建设中的核心节点

国家级新区是我国区域经济发展的核心增长极,也是"一带一路"建设中的核心节点与增长极,相比"一带一路"沿线上的其他节点城市,国家级新区建设对生产要素、商品流通和技术创新的辐射带动作用和扩散作用更强,并且借助"一带一路"倡议对外开放的平台,新区的极化效应和扩散效应将得到进一步强化。国家级新区应当作为"一带一路"建设中的核心节点和战略支点。

1. 理论基础

亚当·斯密提出的绝对优势论认为各国都应利用具有绝对优势的资源进行专业化生产并彼此交换,这有利于增加彼此的物质财富和社会福利。大卫·李嘉图则认为,一个国家应集中力量生产那些利益较大或不利较小的商品,并进行贸易,从而提高地区间的生产效率,增强区域的整体利益。赫克歇尔-俄林的要素禀赋理论指出在各国的分工协作中,每个国家用相对丰裕的生产要素进行生产用来出口,并通过进口相对稀缺的生态要素生产的商品从而获得竞争优势。

迈克尔·波特认为,一国竞争优势的构建主要取决于生产要素、需求条件、产业因素、企业竞争,以及机遇和政府作用。一国某一产业的国际竞争力取决于该国创造的商业环境。他将竞争环境提升至竞争力研究的核心地位。

可持续发展理论是指既要满足当代人需要,又不危害后代人满足其需要能力的发展,包括生态、经济和社会的可持续发展,它们之间相互关联且不可分割。

根据以上理论基础,国家级新区在构建"一带一路"建设中的支点时,可以基于波特的国家竞争优势理论来提升新区的竞争优势,并用可持续发展理论来指导新区发展更注重可持续性。

2. 现实依据

目前,处在丝绸之路经济带上的国家级新区主要有重庆两江新区、甘肃

第一章 "一带一路"倡议与国家级新区的内涵联系、关联机制

兰州新区、陕西西咸新区、贵州贵安新区和成都天府新区，而处于21世纪海上丝绸之路的新区主要包括福建福州新区、浙江舟山群岛新区等，超过了新区总数的1/3，这些新区的设立都是以所在区域经济发展水平较高的省会城市为依附，处在区域发达城市或城市群的包围中，具有良好的经济区位和发展潜力，像陕西西咸新区不仅将成为丝绸之路经济带向西开放通向中亚、西亚、中东乃至欧洲的出发点和平台，而且将是我国西部产业转型升级和东部产业转移的支撑点与大平台，有利于进一步扩展西部地区经济发展的空间载体，成为西部地区经济跨越式发展的增长极。

其他不在丝绸之路经济带与21世纪海上丝绸之路上的国家级新区的核心节点作用也不容忽视，一方面发挥着平台的作用，另一方面是我国区域之间实现协同合作的连接纽带，通过大连金普新区、天津滨海新区和青岛西海岸新区将东北蒙东经济区、京津冀和丝绸之路经济带有效衔接起来，通过成都天府新区、重庆两江新区、贵州贵安新区、云南滇中新区与南京江北新区、浙江舟山群岛新区、福建福州新区和广州南沙新区将实现丝绸之路经济带、长江经济带与21世纪海上丝绸之路的有效对接，这样一来，国家级新区就将我国新时期的五大区域有效连接了起来，这不仅有利于区域之间的协同合作，也为我国东、中、西之间的产业转型升级与产业承接提供了战略平台。

二 "一带一路"倡议是国家级新区发挥增长极作用的有力支撑

国家级新区发挥增长极的辐射带动作用除了需要满足增长极形成的基本条件外，还需要在增长极之间建立有效的衔接纽带，作为新时期涉及区域最广的"一带一路"倡议不仅为国家级新区之间的协同合作提供了纽带支撑，而且为国家级新区的产业发展和产品输出提供了广阔的市场。

根据2015年3月国家发展和改革委员会、外交部和商务部联合下发的关于《推动共建丝绸之路经济带和21世纪海上丝绸之路的愿景与行动》中丝绸之路经济带建设的中长期目标与规划，丝绸之路经济带从中国出发，一是经中亚、俄罗斯到达欧洲；二是经中亚、西亚至波斯湾、地中海至欧洲；

三是经东南亚、南亚到达印度洋与海上丝绸之路汇合最终到达欧洲。21世纪海上丝绸之路重点方向：一是从中国沿海港口过南海到印度洋，延伸至欧洲；二是从中国沿海港口过南海到南太平洋。根据"一带一路"走向，陆上依托国际大通道，以沿线中心城市为支撑，以重点经贸产业园区为合作平台，共同打造新亚欧大陆桥、中蒙俄、中国—中亚—西亚、中国—中南半岛等国际经济合作走廊；海上以重点港口为节点，共同建设通畅安全高效的运输大通道。

由此可以看出，"一带一路"倡议是我国新时期开放开发的重要倡议，借助该倡议，我国国家级新区不仅可以实现东出西进，而且可以实现各新区增长极之间的合作共赢，共享国际、国内两个市场，促进区域协同均衡发展。

第二章 "一带一路""五通"建设和国家级新区发展

党的十九大报告在充分肯定成就的基础上，指出要以"一带一路"建设为重点，形成陆海内外联动、东西双向互济的开放格局。我们要以此为指引，秉承丝路精神，推动"一带一路"真正成为一条和平之路、繁荣之路、开放之路、创新之路和文明之路。

以深化"五通"交流合作为关键支撑。政策沟通、设施联通、贸易畅通、资金融通和民心相通，是"一带一路"建设的核心内容。积极促进"一带一路"国际合作，要以"五通"为抓手，全面提升合作水平。要加强政策沟通，不断夯实"一带一路"建设的政治基础；加强设施联通，不断完善"一带一路"建设的基础设施网络；加强贸易畅通，不断释放互利合作的活力；加强资金融通，不断健全"一带一路"建设的多元化投融资体系；加强民心相通，不断深化形式多样的人文合作，让"一带一路"建设更好地造福沿线国家和世界人民。

一 上海浦东新区

（一）上海浦东新区在"一带一路"建设中的定位[①]

上海浦东新区作为改革开放先行区域，是探索建立社会主义市场经济制度的先行者、排头兵，2015年上海自贸试验区扩区，浦东新区政府与自贸区管委会开始合署办公，上海自贸试验区服务国家"一带一路"建设具有天然地缘优势与制度示范效应，应注重两者的协同发展。

---

① 王畅：《浦东新区服务"一带一路"建设的战略实践》，载《上海浦东经济发展报告（2018）》，社会科学文献出版社，2018。

在地缘上,浦东新区地处"海上丝绸之路"与长江经济带地理空间的交会点。

在经济上,上海作为全国吸纳国际要素与输出中国要素的龙头,是"营造接轨国际的营商环境与创设引领全球的规则体系"的交会点。

(二)浦东新区推进"一带一路""五通"建设的现状

1. 投资贸易便利化方面

党的十八大以来,我国企业境外投资积极稳妥地推进,为促进国内经济转型发展、深化我国与相关国家互利合作、推动国际产能合作发挥了积极作用。上海从2015年开始领跑全国境外投资,浦东新区也涌现出大批中国企业"走出去"融入"一带一路"建设的成功案例。2016年,上海自贸试验区备案中方投资总额251.87亿美元,占全市的比重为68.72%。其中,超过50%来自国内外省市企业。2017年1~9月,浦东新区的自贸区扩区板块备案项目138个,中方出资额25.9亿美元,区外备案项目64个,中方出资额17.22亿美元。根据新区商务委统计,截至2017年9月,上海自贸区已累计在"一带一路"沿线25个国家投资了165个项目,中方投资额为55亿美元。

在对外投资的进程中,中国企业的投资重点也逐渐向战略性新兴产业转移。以上海自贸试验区保税区域为例,在2013~2017年的"一带一路"沿线国家投资中,在行业上与整体境外投资情况类似,软件和信息技术服务业、制造业、商贸服务业、科学研究和技术服务业、租赁和商务服务业等成为中国企业跨境投资排名靠前的行业。随着上海自贸试验区进入3.0版,境外投资服务的工作重点也发生变化,涵盖帮助中国企业获取境外优质资源、先进技术、品牌、管理经验等,实现向全球价值链上游迈进,形成"走出去、引进来"的闭环,推动中国与"一带一路"沿线国家协同发展等。浦东新区致力于境外投资服务平台建设,目前已经升级到2.0版本。为支持浦东新区企业在"一带一路"沿线国家顺利进行投融资,2017年7月20日浦东新区政府出台《浦东新区"十三五"期间促进商贸服务业发展财政扶持办法》,其中第五条规定:"支持企业开展国际化投资。申请前一年或当年境外投资收益所形成的经济贡献达到 500 万元的企业，经认定，按企业境外投资收益对浦东新区的贡献程度，可在五年内每年获得一定奖励。"这为进一步促进企业"走出去"提供了财政与制度保障。

2. 金融开放合作方面

2017 年 5 月，"一带一路"国际合作高峰论坛期间金融领域达成了 16 项重要合作意向。"一带一路"沿线国家的经济建设仍然需要大规模的资金支持，上海作为代表中国站在国际舞台参与全球竞争的国际金融中心，竭力服务"一带一路"沿线国家金融需求是支持"一带一路"倡议的必要措施，这也是上海建设全球领先的"五个中心"的重大发展机遇。普华永道全球主席罗浩智出席第 29 次上海市市长国际企业家咨询会时表示，"一带一路"这项高瞻远瞩的倡议能够使资本、商品、服务在中国及其他国家或地区联动，成为"一带一路"沿线国家经济发展的重要驱动力。上海自贸区提供了为金融服务的重要平台，如私募股权融资、人民币国际化等，使上海有实力、有优势成为"一带一路"融资中心，积极发挥金融机构集聚效应。自贸区成立以来，金砖国家新开发银行、全球中央对手方协会、中国保险投资公司、国家开发银行上海总部等与"一带一路"建设有关的国际性、总部型、功能性金融机构和组织及"一带一路"沿线外资银行接踵落户上海，设立总部或分支机构。据统计，2017 年 8 月底，共有 15 个"一带一路"沿线国家的 29 家金融机构落户上海，占外资银行总资产规模的 14%。

3. 互联互通合作方面

对于浦东（上海自贸试验区）而言，建设国际航运中心核心功能区的使命与"一带一路"建设高度叠加，浦东自身港口、空港、铁路等互联互通基础设施日益完备，要素更加集聚、功能不断提升。同时上海的企业在"一带一路"的设施联通方面也积极参与，成为"海上丝绸之路"建设中的重要力量。

2014 年 10 月 14 日，在第五届国际航运战略峰会暨 2014 年陆家嘴航运论坛上，我国首个航运金融产业基地——上海航运金融产业基地揭牌成立。它是浦东新区（航运办）打造的高端航运要素"一站式"服务发展平台，在政府提供配套服务之外，融合了伦敦海事服务协会等国际组织和市场多方力量，目的是推动产业链相关要素集聚商务办公，全面降低经营成本，促进行业要素业务拓展、信息交流。浦东积极配合洋山深水港、浦东机场航空港的建设。同时，随着上海东站在祝桥选址建设，浦东以打造"航空城"为契机，日益完善与长三角地区、国家沿海与京沪东线等的高铁线路布局，进一步融入欧亚铁路网，从海、陆、空多方融入"一带一路"建设。

从2010年到2016年，上海港集装箱吞吐量连续七年位居世界第一。2016年，上海港共完成外贸集装箱吞吐量2755万标准箱，其中与"一带一路"沿线国家和地区相关的航线共完成集装箱吞吐量964万标准箱，占总量的35%，增速高于上海港外贸航线整体增速。"2017新华·波罗的海国际航运中心发展指数"评价结果显示，亚太地区借自贸区创新驱动效应东风，上海、迪拜的排名分别跃至第五位、第六位，实现了战略性提升；而经济增长疲软的欧洲地区也受益于"一带一路"建设，保持了贸易航运的相对稳定。

空港方面，2016年底，上海与"一带一路"沿线24个国家和地区47个通航点实现直航。浦东机场与虹桥机场共完成"一带一路"沿线国家和地区旅客吞吐量近900万人次、货邮吞吐量约70万吨，分别同比增长15%和7%，分别是全国总量的1/3和1/2。此外，2017年7月，上海航运交易所正式发布我国首个"一带一路"航贸指数，10月16日，上海市工商联国际物流商会成立，无论是品牌指数量化标准还是行业协会服务机构的首创，都在一定程度上提升了上海在"一带一路"建设中的软实力。

4. 科技创新合作方面

习近平总书记提出携手将"一带一路"打造成"智力丝绸之路"，这与新时代中国特色社会主义中"创新发展"的理念相一致，让创新成为推动"一带一路"发展的力量，"21世纪数字丝绸之路"是题中应有之义。浦东新区作为建设具有全球性影响力的科技创新中心核心功能区，参与建设这条由大数据、云计算、智慧城市、人工智能、纳米技术、量子计算机等先进科学技术连接成的创新之路，在诸多方面有良好的布局条件。

2016年10月，"一带一路"科技创新联盟成立，首批会员单位包括来自上海的各科研机构、企业及来自新加坡、泰国、埃及、俄罗斯、白俄罗斯、保加利亚、塞尔维亚等的十余家国外高校、科研机构、企业。2017年9月23日，联盟签署发布"一带一路"科技创新《上海宣言》，并召开了以"助推'一带一路'沿线国家科技创新合作、服务沿线国家和地区社会发展"为主旨的首届峰会，共同探讨如何最大限度服务于"一带一路"科技发展需求、如何开展务实的国际科技合作以及应对发展中所面临的重大科技挑战、如何对接彼此的科技发展机会以及建立"一带一路"科技发展的新模式和新机制等重大问题。

5. 人文交流合作方面

"民心相通"是"一带一路""五通"建设中的基础。目前我国与"一带一路"沿线大部分国家都签署了政府间文化交流合作协定及执行计划，也通过官民双轨、多措并举的方式促进了人文沟通，开展文明互学互鉴。以文化产业为例，近年来，浦东新区加快落实自贸区文化开放政策，积极促进文化、创意园区融合发展，加大文创产业资金扶持力度，支持自身发展和文化企业"走出去"，服务"一带一路"建设。依托上海自贸试验区相关资源和政策，浦东国际、国内文化交易活动更趋活跃。在国际市场，区内外艺术、影视、动漫、游戏、演艺等行业企业进一步拓展了国际市场，在外高桥对外文化贸易基地组织下，相关企业组团参加了洛杉矶艺术展、中国香港国际影视展、韩国釜山艺博会、南非中国年活动、美国演艺出品人年会、法国里昂动漫节、德国科隆游戏展、美中影视产业博览会等国际知名展会活动，促成了一批合作项目。在国内市场，围绕出版、授权等产业，中国文化产品国际营销年会、自贸区境外新版图书暨版权贸易洽谈会、自贸区授权交易会等区内交易平台集聚效应进一步显现，参会企业和成交金额不断提升。

二 天津滨海新区[①]

天津滨海新区位于天津东部沿海，常住人口约300万，面积2270平方公里，海岸线长153公里，管理5个国家级开发区和21个街镇，是北方首个自由贸易试验区、全国第二个综合配套改革试验区、国家自主创新示范区。天津滨海新区抢抓开放新机遇，以天津港为桥头堡，以综合交通体系为保障，以产业对接合作为支撑，充分发挥港口优势、产业优势、开放优势，高质量参与"一带一路"建设。

（一）设施联通：搭建"陆海快速通道"

滨海新区拥有目前世界航道等级最高的人工深水大港——天津港，区位优势明显，背靠雄安新区，是辐射京津冀和"三北"地区的海上门户，是连接东北亚与中西亚的纽带，也是我国目前唯一拥有二连浩特、阿拉山口（霍尔果斯）和满洲里三条大陆桥过境通道的港口，具备多点支持、陆海协同的现代化多式联运服务网络体系。2018年，天津港完成货物吞吐量超过5亿吨，集装箱吞吐量突破1600万标准箱，连续多年名列全球港口排名前十位，在天津对外开放中扮演着"先行官"角色。

天津港发挥"黄金节点"作用，打造现代化航运网络。天津港有127条集装箱班轮航线，向东开放构建了连通日韩的密集航线航班；向南开放构建了连通珠三角、长三角等国内沿海港口，覆盖东南亚、南亚、中东、非洲、欧洲等国家和港口的海上大通道，全球排名前三位的海运联盟均已在天津港开辟了班轮航线，实现了1.8万~2万标准箱船舶周班常态化运行，成为"21世纪海上丝绸之路"上的"黄金节点"。目前，天津港通达"海上丝绸之路"沿线国家和地区港口的集装箱班轮航线50余条，中远海运、马士基、地中海航运、达飞等世界知名航运企业均在天津港开设航线运营。

天津港发挥对外开放平台作用，完善陆向现代化物流网络。2016年11

[①] 《天津滨海新区高质量参与"一带一路"建设》，https://www.sohu.com/a/311075976_157267。

月底，首列天津至白俄罗斯的中欧班列（天津—明斯克）成功开通，此后又开通了至俄罗斯的津欧班列（天津—莫斯科），将陆桥班列的服务范围延伸到欧洲，实现了对海运服务的补充与延伸。货物经由这一通道，运输成本和运输效率大大降低和提升，有力支撑了中白物流园等"一带一路"海外重点项目的建设。同时，天津港以辐射全球的集装箱班轮航线网络优势，积极融入丝绸之路经济带建设，在腹地设立一批内陆无水港、区域营销中心、阳光物流直营店（加盟店），开通了30余条海铁联运通道，搭建起了多层次、立体型物流网络。

继2018年4月1日在全国港口中率先降费推出"一站式阳光价格"清单之后，2019年4月1日起，天津港集团又进一步下调货物收费项目标准，并为外贸进出口企业提供涵盖报关、码头、堆场等环节全程服务，港口综合费用在全国具有明显竞争优势。据统计，2019年一季度天津港集团公司外贸集装箱吞吐量同比增长近20%，迸发出高质量发展的强劲动能。

（二）贸易畅通：经贸合作增活力

滨海新区依靠自身政策、产业、科技等优势，整合资源，创新对外合作新模式，与"一带一路"沿线国家和地区深层次开展了农业、装备制造等领域的合作。

中埃·泰达苏伊士经贸合作区（以下简称"泰达合作区"）由天津泰达投资控股有限公司与中非发展基金组建的中非泰达投资股份有限公司于2008年正式承建，是由中国政府批准的境外经贸合作区。经过10余年的开发和建设，泰达合作区逐步成为中埃经贸合作的重要平台，经济效益和社会效益显著。截至2018年底，泰达合作区共有企业77家，实际投资额超10亿美元，销售额超10亿美元，直接解决就业3500余人。

泰达合作区一期面积1.34平方公里，累计投资1.05亿美元，已全部开发完成，初步拥有了新型建材、石油装备、高低压设备、机械制造四大主导产业，巨石公司、西电公司、牧羊公司等龙头企业发展状况良好，形成了"横向成群，侧向成链"的产业链条。泰达合作区二期6平方公里，项目计划总投资2.3亿美元。目前，二期已完成基础设施建设，以大运摩托为代表的乘用车制造业产业集群、以泰山石膏为代表的新型建材产业集群正逐步吸引上下游配套企业入驻，促进中埃两国经贸合作。

2006年，天津聚龙嘉华投资集团有限公司（以下简称"聚龙集团"）到印度尼西亚开发棕榈种植园，2013年按照"一区多园、合作开发、全产业链构建"模式，开始建设以农业开发、精深加工、收购、仓储物流为主导的农业产业型园区——中国·印尼聚龙农业产业合作区。合作区规划面积4.21平方公里，计划建设投资13亿美元，包括中加里曼丹园区、南加里曼丹园区、西加里曼丹园区、北加里曼丹园区与楠榜港园区五大园区，目前累计已有17家企业入区。2018年，合作区整体营收实现1.67亿美元，利税实现1400万美元。

合作区已种植油棕6万公顷，年产棕榈毛油10余万吨，配套建有4个棕榈油压榨厂、1个棕仁压榨厂、1处海港码头、5个内河码头及楠榜港的深加工基地，雇佣当地员工近1万人。合作区初步形成了以油棕为主产业、相关配套产业链集群式发展和产业聚集的重要平台，在"一带一路"建设、农业对外投资合作中发挥了重要作用，与东道国实现了互利共赢。

聚龙集团投资兴建水利、电力、道路、桥梁、医院等公共基础设施，改善当地居民的生产生活条件。聚龙集团还通过各种形式培训外籍员工超过2000人，传播中国传统文化，促进了中国和印尼文化的交流。

（三）资金融通：深挖合作新机遇

位于滨海新区辖区范围内的天津自贸试验区是经国务院批准设立的中国北方第一个自贸试验区，背靠京冀，辐射东北、西北、华北，是"一带一路"建设中的重要节点。天津滨海新区充分利用国家级新区和天津自贸试验区的产业聚集优势和开放政策叠加优势，以及背靠天津港腹地、"临海靠陆"的区位优势，从企业的实际需求出发，落地实施一批制度创新举措，着力打造"一带一路"黄金支点。

目前，滨海新区正在建设"一带一路"综合服务中心，形成备案信息、国际贸易、海外工程、跨境金融、专业服务五大功能模块。滨海新区大力建设国家租赁创新示范区，拥有融资租赁企业超3500家，租赁总资产突破1

万亿元，占全国的25%。以全球第二大飞机租赁企业聚集地东疆保税港区为代表，滨海新区利用离岸租赁创新结构，先后与多个"一带一路"沿线国家航空公司开展飞机租赁业务，促进相关国家加快航空运输业发展，构筑互联互通的交通网络格局。滨海新区大力推动船舶、海工平台、电力设备、轨道机车等高端装备制造"走出去"，支持"一带一路"沿线国家和中资海外项目建设。中交建、中国中铁、中外运长航等一批重点企业依托东疆保税港区的国家海外工程出口基地，服务"一带一路"建设。基地提升海外工程出口的贸易便利化水平，为企业提供资金便利化进出窗口，并为海外工程出口企业相关物资回国提供载体，使保税港内企业成套设备出口、维修及组装都能得到支撑和服务。

滨海新区还与韩国仁川自由经济区签署战略合作协议，探索构建跨境电子商务中韩多式联运系统；签约建设津蒙经贸合作东疆物流园；积极推进与菲律宾卡扎延、柬埔寨柬中综合开发试验区等经济区域战略合作。

三 重庆两江新区[①]

重庆市在中国经济版图上，承东启西，连南接北，战略重要性不言而喻。2010年6月18日，重庆两江新区，成为中国内陆地区第一个国家级开发开放新区。"重点围绕打造丝绸之路经济带和长江经济带重要交汇点，推动建立内陆通关和口岸监管新模式开展探索"，成为国家发展改革委委以重庆两江新区的重任。

（一）设施联通

重庆立足于发挥"一带一路"和长江经济带联结点的区位优势，坚持水、陆、空并进，打造综合交通集疏运体系，形成内陆国际物流枢纽的乘法效应。

向西，重庆与欧洲、中西亚等国家合作，率先开通并不断提高"渝新

[①] 《重庆两江新区领跑"一带一路"》，http://yun.ce.cn/yq/202001/16/t20200116_34136334.shtml，2020年1月16日。

欧"国际物流大通道营运水平，累计开行1130班，运费下降了一半多，到杜伊斯堡的时间较海运节约20多天，周边经重庆中转出口比重已超过40%。现在基本上每天一班列发往欧洲。

向东，依托长江黄金水道，与上海、宁波等港口合作，发展江海联运"五定"班轮，将长江上游地区的货物输送到广大亚太地区。

向南，新开通到东盟"五定"跨境货运班车、陆海联运"五定"公路班车，并通过深圳、北海发展铁海联运，把重庆与东南亚、澳洲、非洲紧紧连在了一起。5月10日启运的"渝桂新"班列，通过钦州港海运到新加坡及沿途国家。

航空方面，江北国际机场已形成3条跑道运行、年吞吐旅客4500万人次的能力，可以起降目前最大的飞机，随着第五航权的落地和扩大，将发展为100万吨货邮吞吐量、100条国际航线的"双百机场"。

同时，重庆还在推进铁空联运，欧洲货物通过"渝新欧"运抵重庆后，航空转运至亚洲主要城市，实现运时与运价的平衡。

两江新区将加快建设外通、内畅、互联的交通基础设施，构建"水、空、铁、公、管道"多种运输方式无缝对接的综合立体交通网络。着力强化保税仓储、转口贸易等物流业务，做大做强国际配送、国际中转、国际采购等业务，为国际物流网络延伸和辐射内陆腹地提供最有力支撑。

同时，积极打造长江上游航运中心。推进果园港、寸滩港配套设施建设，完善港口集疏运体系，促进"铁公水"多式联运，完善以港口、物流园区、工业园区为节点的网络状公路运输体系。争取启运港退税政策试点。依托重庆航运交易所和寸滩、果园等物流枢纽，建设大型航运、物流、贸易企业总部基地，提升内河航运交易、信息、人才、金融、保险、船舶检测认证等服务功能。

（二）贸易畅通

以"一带一路"商品展示交易中心、重庆两江国际合作中心及多个国别合作产业园为依托，两江新区正不断深化与"一带一路"沿线国家在经贸、文化、旅游等领域的往来。

2018年7月，重庆两江国际合作中心正式启用，中国意大利商会等8家商会、行业协会、涉外服务机构正式入驻，重庆再添国际经贸文化交流联动平台，打造重庆对外开放示范窗口。如今，重庆两江国际合作中心正持续吸引更多外国商会、行业协会、总部企业等国际机构入驻。

以此为代表，国际化的平台正在两江新区不断加码布局。为更好地承接国际合作项目，两江新区布局了包括中韩、中日、中瑞、中意、中新、中德等在内的系列国际产业园，有针对性地促进项目引进、产业互动、贸易往来、技术合作、人才交流等国际合作。目前，韩国现代、日本日立、德国大陆、瑞士皮拉图斯、意大利欧菲等一大批世界知名的外资企业已积极入驻两江新区。

（三）资金融通

"一带一路"建设的不断深入正为两江新区金融业开放和国际合作提供新的机遇。近年来，两江新区正不断依托作为中国（重庆）自由贸易试验区核心区、中新（重庆）战略性互联互通示范项目核心区等优势，加大金融业服务"一带一路"建设的力度。

值得一提的是，在重庆市发布的《全面融入共建"一带一路"加快建设内陆开放高地行动计划》中，两江新区江北嘴国际投融资路演中心、江北嘴金融科技港等2个项目被纳入全市共建"一带一路"加快建设内陆开放高地实施项目，同时也被列为重庆市现代金融业发展重点项目。

其中，江北嘴国际投融资路演中心是重庆市开放型经济领域重点关注金融机构，截至目前已经先后被列为中新金融合作重点项目、港渝金融交流合作重要平台、人民银行在重庆市开展金融科技运用试点项目、金融支持两江新区深化服务贸易创新发展试点工作任务单位等，同时也成为上海证券交易所资本市场服务重庆基地。

政策层面的加持让两江新区开始不断聚集来自全球的金融资源。以与港交所合作为例，一方面，重庆市政府与香港交易所签署的合作备忘录，支持香港交易所与江北嘴国际投融资路演中心探索合作，将通过举办路演、研讨会等形式介绍香港资本市场，促进双方优秀企业和投融资机构跨境融合发展。另一方面，重庆将结合"一带一路"建设和中国（重庆）自由贸易试验区等优势，发挥江北嘴路演中心国际投融资平台功能，为香港金融机构搭建起与重庆市内金融机构、企业对接交流的平台，为香港金融机构在渝发展提供便利。

下一步，江北嘴国际投融资路演中心将通过"线下+线上"融合发展，加强线上平台系统建设和创新服务产品开发，为企业提供更加丰富的线上投融资对接服务，着力建设成金融服务"一带一路"的跨境投融资综合服务平台和内陆金融开放资讯门户，以促进跨境内金融信息在重庆及两江新区的集成，推动跨境投融资的互联互通。

事实上，金融不仅是中新（重庆）战略性互联互通示范项目确定的四大重点合作领域之一，同时也是中国（重庆）自由贸易试验区的核心内容。作为上述两大国家政策的核心承载地，两江新区在金融创新方面也进行了诸多布局。其中中新（重庆）战略性互联互通示范项目实施以来，金融领域跨境融资项目在两江新区共落地23个，总金额14.05亿美元。下一步两江新区将进一步探索创新，加快建设内陆地区开放门户枢纽，建设金融业对外开放示范区，着力深化金融合作，从产品创新、市场互通等方面推动金融服务"一带一路"建设，助力两江新区江北嘴金融中心建设为重庆打造内陆国际金融中心的核心区。

（四）民心相通

重庆人民热情好客，也乐于交流。2016年成功承办2016中国共产党与世界对话会、2016中国国际友好城市大会、世界旅游城市联合会重庆香山峰会等大型国际会议，共接待国外来访团组317次，其中副总理级及以上外宾15批次。

13个"一带一路"沿线国家组团参加了2016年的渝洽会。重庆与德国萨克森、瑞士苏黎世等签订友城合作协议，国际友城达到37个。重庆还与维也纳等沿线城市合作，轮流举办"海陆丝绸之路国际文化节"等，加强与各国的文化、艺术、教育等交流与合作。

四 浙江舟山群岛新区[①]

自2013年下半年国家主席习近平提出共建"丝绸之路经济带"和"21世纪海上丝绸之路"重大倡议以来，宁波舟山港迎来了发展新机遇，实现了"三年三大步"。2014年，集装箱吞吐量超越韩国釜山港跃居全球第五位；2015年，集装箱吞吐量首破2000万标准箱，超越香港跃居全球第四位；2016年，集装箱吞吐量增幅位居全球主要港口首位，货物吞吐量（含集装箱货物重量）继续保持全球第一位，并成为全球首个超9亿吨大港。2017年，宁波舟山港货物吞吐量完成10.09亿吨，同比增长9.5%，连续九年居全球第一位，成为全球首个超10亿吨大港；集装箱吞吐量完成2460.7万标准箱，同比增长14.1%，增幅居全球集装箱前十大港口首位。2018年宁波舟山港货物吞吐量再超10亿吨，连续十年居全球第一位；集装箱吞吐量完成2635万标准箱，跻身全球前三，在浙江打造世界级港口集群中发挥了"大龙头"作用。其中，宁波舟山港集装箱海铁联运业务量达60万标准箱，同比增长50%，中国南方海铁联运第一大港的地位进一步稳固。而这只是宁波舟山港依托"三点"支撑，全力打造"一带一路"最佳结合点的一个缩影。

2018年5月9日，浙江省召开对外开放大会提出，对标世界一流水平打造宁波舟山国际枢纽港等十大举措，这进一步促进浙江省海港集团、宁波舟山港集团发挥浙江参与实施国家战略、建设"海洋强省"的主抓手和全省港口投资、建设、运营的主平台、主力军的作用，推动宁波舟山港海陆双驱融入"一带一路"建设。

全省合力、区位地理、深水良港、服务品牌四大优势为宁波舟山港全力打造"一带一路"最佳结合点创造了良好条件。随着"一带一路"倡议的提出，中国对"一带一路"沿线国家和地区的投资额持续增长，贸易量持

[①] 《宁波舟山港全力打造"一带一路"最佳结合点》，中国贸易新闻网，http://www.chinatradenews.com.cn/shangmao/201912/19/c95516.html，2019年12月19日。

续提升，给占全球物流90%比重的海上运输、海港发展带来了新机遇。宁波舟山港所处的长三角地区是中国最发达的经济区之一，与"一带一路"沿线国家和地区具有很强的经济互补性，双方的经济互动在"一带一路"建设中占有重要位置，这为宁波舟山港拓展新货源、开展新合作提供了新机遇。

（一）设施联通：双向联动叠加点

"一带一路"，"一带"向陆、"一路"向海，港口具备双向强大支撑才可能成为海陆双枢纽最佳叠加点。

宁波舟山港加强与全球航运巨头合作，加大丝路沿线国家和地区航线航班开发力度，成为名副其实的"21世纪海上丝绸之路"国际枢纽大港。对比2013年、2018年，宁波舟山港"一带一路"航线从73条增至90余条，全年航班从3654班升至近5000班，全年箱量从753万标准箱升至超1000万标准箱。其中，东南亚航线从20条增至目前的38条，覆盖了越南、泰国、缅甸、马来西亚、印度尼西亚、新加坡、菲律宾、柬埔寨等东南亚主要国家，成为东南亚国家输往日韩、北美等地国际贸易货源的重要中转站。可谓真正融入"一路"。

在对接"一带"过程中，宁波舟山港北仑、镇海两个港区直通铁路，作业能力达45万标准箱，已成为中国南方海铁联运业务量第一大港、对接"丝绸之路经济带"的重要枢纽。截至目前，全港海铁联运班列已开通17条，业务范围涵盖江西、安徽、陕西、甘肃、新疆等15个省份的50个城市，进而延伸至中亚、北亚及东欧国家。2018年初，宁波舟山港迎来了首列渝甬（重庆—宁波）沿江铁海联运国际班列，短短2个月后，"一周一班"的班列升级为"一周三班"，也使得宁波舟山港成为同时衔接"一带一路"沿线国家和地区与长江经济带的重要枢纽港。

多措并举取得明显成效，宁波舟山港海铁联运业务量迅猛增长：2013年，10.5万标准箱；2016年，25万标准箱；2017年，40万标准箱；2018年，突破60万标准箱，年均增长速度居我国沿海港口前列。目前，"宁波—华东地区"集装箱铁水联运通道已被列为全国首批6个示范项目之一，港口集装箱铁水联运物联网应用示范工程被列为"国家物联网重大应用示范工程"。2018年5月18日，北仑港区煤炭泊位改造正式竣工通过验收，加上在建的穿山港区铁路支线，至"十三五"末，宁波舟山港可再新增海铁联运年作业能力超100万标准箱，进一步提升对接"丝绸之路经济带"的服务能力。

更值得关注的是，宁波舟山港兼具海陆两大枢纽功能，成为与"21世纪海上丝绸之路"沿线国家和地区对接最好的国内海港之一、面向"丝绸之路经济带"的港区与铁路衔接最好的国内海港之一，两大枢纽、两个"最好"，形成双重"1+1>2"的叠加联动效应，助力宁波舟山港打造"最佳枢纽叠加点"。

（二）政策沟通：港航拍档合作点

"一带一路"，开放包容、互利共赢是其最鲜明的特色，只有共商、共建、共享才可能探索打造港航拍档最佳合作点。外交部网站公布了第二届"一带一路"国际合作高峰论坛成果清单，与集团相关的《海丝港口合作宁波倡议》、中印尼相关港口合作项目、16+1贸易指数及宁波港口指数、"一带一路"迪拜站建设项目等四大成果"位列其中"，相关成果还在6月被列入"一带一路"倡议提出六年来浙江省推进建设成果清单。这是集团积极响应"一带一路"倡议，充分发挥全球第一大港宁波舟山港的业界影响力和作用，主动参与全球航运互联互通网络建设所取得的重要成果。

共商凝聚共识。2019年7月11~12日，第五届海丝港口国际合作论坛在宁波举行。海丝港口国际合作论坛（以下简称"海丝论坛"）创办于2015年，已成功举办五届，共有40多个国家和地区的200多家单位、逾2500人次的代表参加，成为全球港航相关单位交流合作的重要平台，也成为对接"一带一路"国际合作高峰论坛方面最具影响力的国内港航专业性论坛。在2018年海丝港口国际合作论坛闭幕式上发布的《海丝港口合作宁波倡议》还被列入第二届"一带一路"国际合作高峰论坛成果清单。

通过海丝港口论坛，宁波舟山港加深了与"一带一路"沿线国家和地区港口之间的合作关系，先后与马来西亚巴生港、德国汉堡港务局、德国威廉港集装箱码头亚德港—营销有限公司等签订了友好合作协议。截至目前，宁波舟山港已与英国菲利克斯托港、法国马赛港、意大利利沃尔诺港、西班牙希洪港、埃及塞得港、斯里兰卡科伦坡港等 20 多个"一带一路"沿线港口建立了友好港关系。

（三）贸易畅通：共建内引外联

"引进来"方面，近年来，宁波舟山港与总部位于"一带一路"沿线国家和地区的全球航运巨头加强沟通，通过共同出资运营穿山港区集装箱码头等方式，实现了"大港"与"大船"的强强联手。"走出去"方面，2017年 4 月初，浙江省代表团对阿联酋进行友好访问，其间考察了迪拜杰贝阿里自贸港区，见证了浙江省海港集团、宁波舟山港集团与环球港务集团合作谅解备忘录签约仪式。2018 年 3 月 1 日，浙江省海港集团与迪拜环球港务集团在浙江省人民大会堂签署合作协议，合作打造义乌—迪拜直通仓项目。2018 年 9 月 26 日，集团与迪拜环球港务集团在迪拜杰贝阿里自由区举行"一带一路"迪拜站启动仪式，合力打造"一带一路"迪拜站，建设兼具物流、商贸、展销、轻加工等服务功能的立体化开放综合体，打造"中国制造"在"全球销"的集散地，建立"中国商品"在"全球展"的主门户，带动浙江及中国与阿联酋及中东、东非、中亚地区等周边国家（地区）的双向贸易和投资增长。集团在境外经贸合作区域长三角企业对接会上，作为迪拜站建设主体牵手义乌中国小商品城、轻纺城、圆通速递、华章科技、执御信息等 6 家单位，共同签约成立国内平台公司，负责推进今后迪拜站的建设。2019 年 4 月 26 日，在"一带一路"高峰论坛期间举行的 GMF–BRI 商业论坛上，集团落实国家发展改革委与印度尼西亚海洋统筹部签署关于区域综合经济走廊建设合作规划，分别与印尼第一港务公司、印尼第二港务公司签署谅解备忘录，其中与印尼第一港务公司达成了合作开发瓜拉丹戎国际枢纽港和产业园区的意向，与印尼第二港务公司建立了长期姐妹港友好合作关系。

从最初沙特无水港建设的支持到如今的迪拜直通仓项目、"一带一路"迪拜站落地、中印尼项目合作签约，集团与合作伙伴携手推动了双方的商贸合作，更好地服务了"一带一路"建设。

未来，浙江省海港集团、宁波舟山港集团将根据《浙江省海洋港口发展"十三五"规划》，发挥宁波舟山港的"大龙头"作用，积极落实国家"一带一路"、长江经济带建设、长三角一体化，以及浙江省十四次党代会提出打造"全球一流强港""世界级港口集群"的要求，并以大宗商品和集装箱运输发展为核心，充分发挥港口在大宗商品交易、保税加工、自由贸易、海洋产业集聚等方面的带动优势，推进港口由传统运输平台向物流平台、信息平台、贸易平台、产业平台、金融平台拓展，加快建成全球一流的现代化枢纽港、航运服务基地和大宗商品储运交易加工基地。

五　甘肃兰州新区[①]

近年来，兰州新区结合区位优势积极发挥丝绸之路经济带重要节点作用，通过兰州新区综合保税区、兰州铁路口岸等重要开放平台打通对外贸易通道和开展国际贸易合作等方式，努力成为"一带一路"建设中对外开放新高地、丝绸之路经济带上重要的物流枢纽。

2018年兰州新区进口俄罗斯、白俄罗斯木材年交易量超过20万立方，进口额可达3亿元人民币，实现缴纳进口增值税约3900万元人民币，销售额超过3.8亿元人民币。凭借通道优势，兰州新区将着力打造俄罗斯进口木材集散分拨中心。

（一）设施联通

兰州新区是丝绸之路经济带和欧亚大陆桥的重要连接点。随着兰渝铁路的开通，兰州新区将借助"中新"南向通道，海铁联运，与新加坡甚至东南亚实现互联互通，不再绕行东部沿海地区。

目前，随着货运量不断攀升，兰州新区辐射范围不断扩大。新区还将积极筹备开通"兰州新区—喀什—巴基斯坦"的南亚多试联运国际货运班列，

[①] 《兰州新区：打造"一带一路"对外开放新高地》，http://www.lzrb.com.cn/2018/0907/132056.shtml，2018年9月7日。

联通兰州新区至瓜达尔港的陆上丝绸之路黄金通道与中巴战略经济通道，让更多的"中国制造""甘肃制造""兰州制造"搭乘国际货运班列走出国门，使铁路货运品牌效应更加明显。

（二）贸易畅通

兰州新区综合保税区、中川国际航空港、中川北站铁路口岸正在加快建设国际合作产业园、国际通信专用通道，搭建"一区一港一园一口岸一通道"的开放平台。

六　广州南沙新区

从国际视野上看，南沙作为粤港澳大湾区在国际产能合作中的桥头堡，正积极聚焦"一带一路""一轴两翼"重点国家及沿线国家，重点圈定交通、能源、通信、工程机械、船舶海洋工程等优势产能行业。随着"'一带一路'研究院"和"南方合作中心"的成立，未来南沙必将大有作为，"一带一路"沿线国家和地区也必将从中获得坚实的助力。

近年来，在国家、省、市的高度重视和大力支持下，南沙新区呈现出蓬勃发展的良好势头。在这个大背景下，国家发改委国际合作中心在南沙新区设立"一带一路"研究院，并与自贸区南沙片区管委会、广东省综改院共建南方（南沙）国际产能和技术合作中心，可谓正当其时。三方将紧密合作，携手构建一套高效集成、方便快捷、线上线下一体化运作的国际投资和技术合作专业化综合服务体系，在"一带一路"建设中发挥积极作用。

七　陕西西咸新区

（一）设施联通

"一带一路"建设要实现"五通"，交通互联互通是先导。位于西咸新区空港新城的西安咸阳国际机场是西北地区最大的空中交通枢纽，2小时航空圈可覆盖全国85%以上的经济资源，是"空中丝绸之路"的重要枢纽。2015年12月9日，西安—罗马直飞航线开通，飞机从西安咸阳国际机场起飞，经过约11小时抵达罗马。穿越千年的历史时空，古丝绸之路两端最具象征意义的城市在新的互联互通时代实现了空中"握手"。

2019年以来，在各方共同努力下，西安咸阳国际机场货邮吞吐量增速抢眼，列全国十大枢纽机场首位，一年内先后超越厦门机场、南京机场，排名升至全国第11位，增速持续保持全国第一。

近年来，空港新城聚焦打造"一带一路"国际航空枢纽，联合西部机场集团"开航线、扩通道、聚产业"，为"不沿海、不沿边、对外开放靠蓝天"的陕西打通了一条与世界经济互联互通的空中大通道，一条以西安为中心，辐射西部乃至"一带一路"的现代航空物流新经济走廊正在形成。

（二）贸易畅通

西咸新区沣东新城与俄方运用"一园两地、两地并重"的新模式，不断探索"一带一路"合作新平台、新路径。自2018年以来，中俄丝路创新园中方园区已成功引入40余家机构企业，包括俄罗斯、乌克兰等"一带一路"沿线国家企业26家，俄罗斯商业协会及联盟6家，外籍院士工作站2家，对外俄语考试中心1个。

（三）资金融通

为贯彻落实国务院批复中"着力建设丝绸之路经济带重要支点"、国家发改委《陕西西咸新区总体方案》中"建设大西北重要的能源金融中心"的要求，发挥陕西省能源资源富集和科技实力雄厚的优势，创新金融产品，搭建能源、科技和金融"金三角"平台，西咸新区管委会于2014年1月22日设立了丝路经济带能源金融贸易区，成立了园区管理办公室，作为西咸新区管委会派出机构，履行园区开发、建设和管理职能，与西咸新区城建投资集团合署办公，实行"一套机构、两块牌子"。

能源金融贸易区的区位条件突出，交通条件优越，毗邻机场、高铁站等交通枢纽，距西安咸阳国际机场9公里；距西安北客站13公里，地铁1号线、16号线、19号线等4条地铁贯穿其中，西安绕城高速将在园区开通出入口，连霍高速、包茂高速、福银高速等11条高速公路环绕周边；通过西咸大道、石化大道、秦汉大道、沣产路、渭河滨河路等多条交通干道，实现与西安主城区的快速通达，形成了机场、高铁、高速、地铁、公交多维立体交通网络。

（四）民心相通

随着大西安建设进入了新的历史时期，西咸新区沣东新城的发展规划亦提出了全新的空间格局。近年来，无论是商贸项目还是人文交流，沣东新城的国际化合作，堪称多维度、全方位。中俄丝路创新园、丝路法医联盟、世界名校赛艇对抗赛、中俄工业创新大赛等一系列活动或项目的陆续推进，使得沣东新城在发展中愈发具有国际化的胸怀与视野。通过实现丝路沿线国家的互通共赢，塑造丝绸之路沿线国家合作的重要典范，沣东新城在打造"一带一路"建设中对外开放新高地的同时，使"沣东智慧"的品牌效应更为凸显。

八 贵州贵安新区[①]

近年来，贵州省深入贯彻落实中央关于"一带一路"建设的部署，聚焦"五通"，坚持"引进来"与"走出去"并举，以建设国家内陆开放型经济试验区为抓手，以重大项目为支撑，把提升交通物流枢纽功能作为融入国家战略的突破口，务实推进"一带一路"建设取得新进展。

（一）加强政策沟通，政府间合作不断深化

按照国家总体部署，主动加强与"一带一路"沿线国家对接协调，与190多个国家和地区建立了经贸往来关系，在境外设立了贵州驻东非（肯尼亚）、瑞士、柬埔寨、印度、马来西亚、意大利、吉尔吉斯斯坦等商务代表处，国际友好城市和友好省州达到57对。推动设立了瑞士（贵州）产业示范园、德国（贵州）产业园，中瑞生态文明建设合作向纵深推进，中瑞清洁技术交流中心和黔瑞环保产业基地加快建设。连续成功举办8届生态文明

[①] 《聚焦"五通"：贵州积极参与"一带一路"建设见成效》，https://www.yidaiyilu.gov.cn/xwzx/dfdt/34602.htm，2017年11月1日。

贵阳国际论坛和10届中国—东盟教育交流周活动，成功召开全球电子商务减贫大会，加快形成与"一带一路"沿线国家在生态文明建设、教育、扶贫等领域合作交流、政策协调的重要机制，贵州已逐步成为"一带一路"沿线国家高层、地方政府、民间友好团体、媒体等各领域代表团访华的重要目的地，在"一带一路"建设中的"朋友圈"不断扩大。

（二）加快设施联通，互联互通水平不断提升

加快推进设施联通建设，对外联络大通道不断畅通，在西部地区率先实现县县通高速公路，西南出海便捷通道厦蓉高速黔桂界全线通车，全省高速公路通车里程将突破5800公里，出省通道将达到17个；进入高铁时代，高速铁路连通珠三角、长三角、京津冀、滇中等地区，高速铁路将突破1200公里，铁路出省通道将达到14个。通航机场实现9个市（州）全覆盖，"1干16支"民用航空机场网络加快构建，国际航线达到23条，航线辐射港澳台、韩国、日本、泰国等13个国家和地区。黔深欧海铁联运班列实现常态化运营，中欧班列（贵阳—杜伊斯堡）开通并列入国家规划，川贵广—南亚物流大通道、渝桂黔陇—中新互联互通项目南向通道等大型综合交通枢纽建设加快推进，"数字丝路"跨境数据枢纽港启动建设，贵阳·贵安国家级互联网骨干直联点建成，贵州省与"一带一路"国家的便捷大通道加快构建，贵州作为西部地区"一带一路"重要连接线作用日益凸显。

（三）推进贸易畅通，经贸合作领域不断拓展

国家内陆沿边地区国际贸易"单一窗口"试点加快推进，贵安新区获批国家服务贸易创新发展试点，实现与泛珠三角各省区通关一体化。国家级出口食品农产品质量安全示范区达到8个，居西南地区第1位。贵州省"走出去"企业达到142家，茅台集团、瓮福集团、中铁五局、詹阳动力、水电九局、七冶建设、西南能矿等一大批优强企业加速在"一带一路"沿线国家和地区布局，贵州生产的马桶盖每年销往欧美200多万套，正安吉他远销巴西、泰国和西班牙等30个国家和地区，每天卖到全球的吉他近1万把。微软、高通、苹果、戴尔、华为、富士康等一批全球500

强企业落户贵州，入驻贵州的500强企业达198家，其中世界500强企业达到43家。2019年前三季度进出口贸易总额增长37.1%，手机等智能终端产品出口增长3.7倍，形成了白酒、轮胎、肥料、茶叶、手机、吉他等知名出口品牌。

（四）促进资金融通，金融合作不断取得突破

启动实施外商投资股权投资企业工作试点。设立了贵州开放型经济发展专项资金。贵州成为亚洲开发银行在我国实行新贷款模式的首个试点省份，全省利用世界银行贷款5.5亿美元建设的养老服务体系试点示范项目获得国家发展改革委支持，遵义旅游产业开发投资集团公司获国家发改委批准在香港成功发行2.5亿美元债。获批同意筹建中国进出口银行贵州省分行。搭建"外贸信贷通"融资平台，引导和鼓励出口企业充分利用出口退税、出口信用保险保单等拓宽融资渠道。2019年前三季度，全省实际利用外资增长24.2%，境外投资增长19.8%，贵州省企业在"一带一路"沿线国家和地区完成承包工程营业额增长40.3%。

（五）增进民心相通，人文交流互动日益密切

与沿线国家广泛开展教育、文化、旅游等人文交流，世界非物质文化遗产代表作侗族大歌在"一带一路"沿线国家和地区产生了广泛社会影响，遵义海龙屯被列入世界文化遗产名录，成功举办亚洲青年动漫大赛、中国（贵州）国际民族民间工艺品文化产品博览会等国际文化交流活动；建成中国—东盟教育交流周永久会址，成立"中国—东盟清镇职教中心""中国（贵州）东盟留学生服务中心""中国—东盟教育培训中心""中国—柬埔寨幼儿教师培训中心"等一批双边、多边合作平台；成功举办外交部贵州全球推介活动、"山地公园省·多彩贵州风"系列推介活动，国际山地旅游联盟在贵州成立，设立贵州海外旅游合作韩国、法国等营销推广中心，2019年前三季度，接待入境旅游人数增长16.4%。

与此同时，开放合作平台加快建设。国家内陆开放型经济试验区、国家大数据综合试验区、国家生态文明试验区和贵安新区等"1+8"国家级开放创新平台，以及生态文明贵阳国际论坛、数博会、中国—东盟教育交流

周、国际山地旅游大会、贵洽会、酒博会、茶博会等重大开放活动,成为贵州融入"一带一路"建设、联通世界的重要窗口和平台。

九 青岛西海岸新区[①]

作为全省唯一的国家级新区,西海岸在国家开放大局中被寄予厚望。五年来,西海岸把先行先试作为突出优势,把开放创新作为活力源泉,正成为对外开放新高地的"主峰"、开放发展桥头堡的"门户",展现出国际大都市的气象。

(一)政策沟通

位于西海岸新区北部的国际经济合作区,是新区十大功能区之一,也是青岛市重要的开放窗口。五年来,这里从一片无道路、无配套、无企业的"三无地带",崛起为一座国际化生态新城区。

国际经济合作区已与德国、英国、俄罗斯、芬兰、波兰、韩国6个国家的19个州市(地区)相关机构签署合作协议,引进16个国家的430多家企业,在经贸、社会、文化多领域开展交流合作。这里被中国商务部、德国经济部誉为中德双边合作园区的典范,被人民日报社、环球时报评为"改革开放40周年最具活力园区"。"把西海岸建成海纳百川、融汇世界的开放新区",在成立五周年之际,西海岸立下这样的誓言,将对外开放的基因刻进骨子里、融入血液中。

(二)设施联通:扩大"朋友圈"开放合作路更宽

东有前湾港,西有董家口。两个亿吨大港犹如双翼,为西海岸新区对外开放插上了腾飞的翅膀。

位于前湾港的全自动化集装箱码头,是亚洲首个自动化集装箱码头。运营两年来,累计完成了船舶作业1430艘次,作业箱量突破210万标准箱,船舶保班率100%。与前湾港主要发展集装箱航运物流不同,董家口港区凭

[①] 《走出去融入"一带一路"大格局 青岛西海岸新区"朋友圈"不断扩大》,http://sd.zhonghongwang.com/show-56-16391-1.html,2019年6月24日。

借全球最大的40万吨级矿石码头以及专用的化工、石油、液化天然气码头，在干散货、件杂货、油品、冷链物流等方面全方位发力，该港口已获批国家一类开放口岸。

"一带一路"建设中基础设施先行。2019年以来，青岛加快通道建设，推进与"一带一路"沿线国家的互联互通。港口建设方面，青岛港与全球24个港口建立友好港关系，与180多个国家和地区的700多个港口有贸易往来，开辟海上航线170多条，新增内陆港4个，总数达到14个。1~9月，全市港口货物和集装箱吞吐量分别完成4.29亿吨和1569.23万标准箱，分别增长8.1%和9.4%。机场建设方面，青岛机场国内航线新增22条、加密7条，新开巴黎、迪拜等8条国际及地区航线。1~9月，航空旅客和货邮吞吐量分别完成1925.3万人次和18.5万吨，分别增长4.1%和11.2%。多式联运方面，新增海铁联运集装箱线路6条，全市海铁联运班列达到46条，形成连接日韩、东南亚和中亚的过境物流大通道。1~9月，完成集装箱海铁联运量103万标准箱，增长23.5%；国际班列运量2.75万标准箱，增长57%。

（三）贸易畅通

西海岸在全省率先创新"双招双引"联动工作机制，成立招商中心、招才中心，在德国、美国、日本等国家和地区设立了12个招商引资、招才引智工作站，面向全球招商引才。华大基因国家海洋基因库是世界规模最大的海洋基因库，汇集了20多个国家的200多名科学家；"中国半导体之父"张汝京博士带领138人的团队到西海岸投资150亿元建设国内首个协同式集成电路制造项目，填补了全省集成电路产业的空白。

2018年1月，在中英两国总理见证下，全国首家中英创新产业园正式签约。目前，产业园围绕"创新、创意、生命健康"三个方向加快建设。2018年4月，中俄地方合作园（青岛）正式启动，该项目被列入中国—上海合作组织地方经贸合作示范区境内先导区。同时，中法、中日、中韩等创新产业园加快推进。

青岛与"一带一路"沿线要素禀赋各异，比较优势差异明显，有着优势互补、合作共赢的天然条件。2019年以来，青岛鼓励和支持优势企业开展"一带一路"合作,海尔、海信、赛轮、即发等企业先后在沿线国家建设了一批生产基地,海尔巴基斯坦鲁巴经济区、海信南非工业园、中程集团印尼综合产业园、中启控股柬埔寨桔井经济特区、瑞昌科技赞比亚棉花产业园等5个境外合作区纳入商务部监测统计的重点境外合作区,累计完成投资5亿美元,形成总产值34.84亿美元。1~9月,青岛在"一带一路"沿线国家承揽承包工程项目23个,新签合同额28.09亿美元,同比增长4.5%,完成营业额3.54亿美元,同比增长121倍。

十 大连金普新区[①]

(一)政策沟通

自贸协定原产地证书是出口企业"走出去"的"金钥匙"。2019年以来,大连海关充分发挥原产地签证作为自由贸易协定实施手段的重要作用,助力关区企业提高出口产品在"一带一路"沿线国家市场的竞争力,取得了良好效果。截至4月底,大连海关共对78个"一带一路"沿线国家签发相关优惠原产地证书1.8万份,签证金额92.1亿元,为包括金普新区在内的各地出口企业获得关税减免约4.6亿元,主要产品为钢铁、耐火材料、电气设备及其零件、机械器具及其零件和水产品。

为使企业以最快速度获得原产地签证,大连海关深挖改革热源,因事制宜实行分类审单,拟定"敏感产品清单",对清单外产品免于实施调查,整体签证时长从2个工作日直接压缩至2个小时。同时,在备案环节最大限度简化原产地判定和签证程序,在签证环节全面推广无纸化申领和"预留签""快递签"等快捷方式,相继实现了企业备案和签证的"零见面",大幅降低了企业申领原产地证书的成本,平均为企业节约2小时的往返时间,为此,企业纷纷点赞。

在理顺签证流程的同时,大连海关聚焦企业长远发展,综合运用大数

[①] 《大连金普新区:紧抓"一带一路"机遇 加快开拓国际市场步伐》,http://dalian.runsky.com/2019-09/09/content_5976595.html,2019年9月9日。

据、原产地政策和签证经验推送出口战略，助力企业拓展更多沿线国家的市场。为此，大连海关特别推出了"一企一策"扶持措施，根据企业实际需求"量体裁衣"制定帮扶方案，指定专人全程跟踪负责业务培训指导、证书快捷审签和优惠政策分析，进一步优化企业服务体验。

为使更多企业享受到原产地证政策带来的红利，金普海关作为服务金普新区企业的属地海关，积极开展政策宣讲。2019年前4个月，该关仅为出口加工区和保税区内的出口企业就签发了493份优惠原产地证书，签证金额2802万美元，为企业减免关税约140万美元。

（二）设施联通：战略门户借势发展

作为东北地区最大的开放口岸，大连港是东北地区唯一纳入国家"一带一路"倡议的港口。自2013年开通首列中欧班列以来，大连港集团牢牢把握"一带一路"建设中的机遇，推进供给侧结构性改革，借助海陆双向通道优势，全力构建以"辽满欧"为主线的国际物流通道体系。

2017年，由大连港发出的国内首条直达斯洛伐克中欧班列经过17天长途跋涉后，顺利抵达斯洛伐克首都布拉迪斯拉发多瑙河港站。这条班列的货物主要是来自华东、华北及山东、辽宁大连等地的电子产品、机械配件和轻工业产品。与以往中欧班列通过白俄罗斯、波兰的布列斯特/马拉舍维奇进入欧盟通道不同，该班列打通了俄罗斯、乌克兰乔普/多布拉通过斯洛伐克进入欧盟的全新通道，开辟了中欧班列进入欧洲的新大门，成为独具竞争力和吸引力的国际陆海联运大通道，为沿线国家和地区互联互通、合作共赢提供重要的平台。

此外，吉布提国际自由贸易区项目的正式运作，代表着大连港的海外拓展业务步入正式建设和运营阶段，企业为践行"一带一路"倡议与中非产能合作打造高质量推广发展平台，也成为面向"一带一路"沿线国家"飞地建设"的有利模板。

十一 成都天府新区

2018年2月11日，习近平总书记在视察天府新区时指出，天府新区是

第二章 "一带一路""五通"建设和国家级新区发展

"一带一路"建设中和长江经济带发展中的重要节点,一定要规划好建设好,特别是要突出公园城市特点,把生态价值考虑进去,努力打造新的增长极,建设内陆开放经济高地。

天府新区自2014年正式获批以来,积极响应习近平总书记提出的"一带一路"倡议,致力于推动新区各项工作主动融入"一带一路"建设。为此,天府新区在自贸试验区建设、国际经贸往来、社会人文交流、国际营商环境改善以及法规政策等方面进行了大量的探索和创新。

（一）政策沟通

2018年11月4日,中国政法大学"一带一路"法律研究中心签约落户新区。此举将极大地提升天府新区的软实力。同时,新区还依托自贸区法院和知识产权审判庭等司法资源,加强与国内外知名高校合作,以知识产权审判庭升级为知识产权法院为突破,推进国际仲裁机构、知识产权交易机构在新区落户,探索知识产权综合管理改革。积极推进"一带一路"国际贸易调解中心、"一带一路"外国法查明中心等机构在新区落地,为企业"走出去"提供了有力的法治保障。新区还着力营造便利化营商环境,充分发挥政策叠加优势,加大改革创新探索力度,全面优化开放环境。同时,新区以自贸试验区建设为突破口形成"证照分离改革下的金融监管模式创新"等创新案例51项,加快推进天府国际会议中心、保税物流中心（B型）等开放平台和中意川港等合作园区建设,切实优化创新环境,出台科技创新和高技术服务业发展专项政策,探索独角兽企业集聚培育新路径,先后引进多所国际化研发机构,建成投运中国—新西兰猕猴桃联合实验室,集聚培育科技型企业和创新团队3100余家。持续优化服务环境,推进"证照通"行政审批改革,构建"1+X"联办模式。

（二）贸易畅通

在持续提升国际化水平方面,新区全面贯彻五大发展理念和"一尊重五统筹"城市工作总体要求,坚持生态优先、绿色发展,高质量打造生态环境,累计建成各级道路420公里,规划16条315公里"九纵五横一环"地铁线网,高标准建设基础设施,规划118个"15分钟生活圈",引进多个国际化医院学校，高水平开展公服配套建设。

建成投运新经济产业园、天府海关等重大功能性项目和各类创新载体，加快推进天府国际会议中心、超高层项目等重大项目。始终坚持全球优秀企业招引，引进澳大利亚科利耳人工耳蜗等一大批全球知名企业，累计引进国际化重大产业项目192个，总投资达4684亿元。

（三）资金融通

新区与法兰克福、布拉格等中国工商银行多个驻外分行签署"一带一路"金融战略合作协议，与中国工商银行成都天府支行签署自贸试验区金融创新发展框架合作协议，助推新区企业对外投资、跨境并购，参与"一带一路"建设。

加强对外交流双向互动，泰国、奥地利、塞内加尔等国家领导人纷纷来天府新区考察，新区对外开放度和国际知名度显著提高。第十七届中国西部国际博览会的展览面积约26万平方米，90多个国家（地区）派代表团参展参会，设置了17个国家馆，为历届之最。

（四）民心相通

实施"天府英才计划"引进培育院士等高层次人才219名、顶尖人才团队4支，引进各类专业性人才10万余名。

十二 湖南湘江新区

"一带一路"建设涉及政策沟通、设施联通、贸易畅通、资金融通、民心相通五大重点内容。其中，不论是设施联通涉及的基建投资还是贸易畅通、资金融通都离不开健全的金融体系支撑，各地金融机构跃跃欲试，积极布局未来。位于湖南湘江新区核心区的湖南金融中心，其价值则不言而喻。

（一）设施联通

设施联通，交通先行，区位优势尤其重要，"一带一路"倡议下，湖南迎来发展的新契机。湖南省地处中部，承东启西，京广高铁与丝绸之路节点城市相连，沪昆高铁与东盟相通，水路可直达东部沿海港口，与珠三角、北部湾也有便捷通道，是名副其实的"十字路口"。

（二）贸易畅通

从产业基础上看，湖南省在轨道交通、工程机械、基础建设、能源开发等领域形成了一大批具备较强"走出去"能力的优质企业，这些企业在基础设施、经贸合作、产业投资以及能源资源合作方面积累了较为丰富的经验，在"一带一路"沿线国家有广阔的市场。2017年以来，湖南省外贸发展强劲，增速在中部省份靠前，主要出口国家和地区包括东盟、俄罗斯等。

（三）资金融通

湖南金融中心在湖南省对接"一带一路"建设中的定位，补齐短板，精准发力。发挥金融产业作为开发开放的助推器和企业稳定器、"压舱石"的作用，加强招商力度，出台相应的导向政策，大力引进国外金融机构，吸引外向型金融机构在湖南开设分支机构，强化金融机构的聚集，构建全产业链金融服务体系。政府搭台，政策引导，市场化运作，优化金融资源配置，切实服务于湖南省的装备产能出海行动和对外贸易。

十三 南京江北新区

南京是古代"海上丝绸之路"的东方起点，是郑和下西洋伟大壮举的策源地、起锚地、造船基地和成果见证地。南京江北新区之所以能融入长江经济带与"一带一路"建设中，与其优越的地理位置密不可分。南京江北新区地处我国沿海经济带与"长江经济带""T"字形交会处，东承长三角城市群核心区域，西联皖江城市带、长江中游城市群，是长三角辐射带动长江中上游地区发展的重要节点。长江黄金水道和京沪铁路大动脉在此交会，承东启西、连南接北、通江达海，集水路、铁路、公路等于一体的综合交通运输体系功能完善。南京江北新区对接"一带一路"建设，重点是与上海浦东新区、浙江舟山群岛新区、中国（上海）自由贸易试验区等联动发展，逐步建设成为自主创新先导区、新型城镇化示范区、长三角地区现代产业集聚区、长江经济带对外开放合作的重要平台，努力走出一条创新驱动、开放合作、绿色发展的现代化建设道路。

(一）设施联通：交通篇

"一带一路"倡议提出以来，南京充分发挥综合交通枢纽作用，构建面向"一带一路"的空中、海上和陆上大通道，不断提升国际运输能力，服务"一带一路"建设。但是，南京基础设施建设方面还存在不足：一是禄口机场参与全球竞争合作、辐射周边带动能力不强；二是服务区域性长江航运物流中心建设的枢纽大港地位有待提升；三是支撑"一带一路"节点的铁路枢纽地位亟待提升，中欧班列的开行水平与服务能力有待进一步提升，中欧班列铁路装车点与港口、公路货运场站等的衔接也有待加强。

到2020年，基本建成畅通衔接"一带一路"重要节点的运输通道，面向"一带一路"的海、陆、空门户枢纽，具有国际影响力的绿色宜居美丽古都，互惠共赢的交通运输领域国际合作交流初显成效。

（1）畅通衔接"一带一路"重要节点的运输通道

完善"米"字形高速铁路网络；提升铁路货运通道运输能力；强化高速公路对外辐射能力；全面提速过江通道建设；实现中心城区内15分钟上快速路、15分钟上高速公路，形成市域内15分钟通达国省干线公路网。

（2）构建重要国际门户枢纽

将南京禄口国际机场打造为长三角世界级机场群重要枢纽、航空货物和快件集散中心机场；与全球主要城市形成"12小时航空交通圈"，与东北亚和东南亚主要城市形成"4小时航空交通圈"等。

（3）软硬兼顾，加快提升国际运输服务水平

强化国际航空客运服务；加快机场自身及空港物流中心的建设，推进"区港联动"，打造跨境运输集散中心；推进港口相关设施及港口物流基地的建设；做大做强中欧班列等。

(二）贸易畅通：产能篇

近年来，利用南京市友好城市优势，组织轨道交通、北斗行业、食品加工等领域的协会和重点企业赴印尼和马来西亚开拓"一带一路"沿线国家

市场；组织高端装备、智能制造等领域的企业赴俄罗斯参加"中国机械工业（俄罗斯）品牌展"，宣传推介南京机械工业，加强两地在高端装备制造业领域的交流合作；组织南京科远、金智科技等软件企业出访俄罗斯、芬兰，参加莫斯科通信展并推介南京的软件产业和软博会。

2018年，南京市在"一带一路"沿线国家各类工程累计完成营业额21.4亿美元，占全市的61.4%，赴"一带一路"沿线国家投资项目36个，中方协议投资额3.2亿美元，占全市的15.2%。截至2019年5月，"一带一路"沿线国家在宁投资项目合计586个，累计合同外资金额48.84亿美元，实际使用外资28.44亿美元。

（三）资金融通：金融篇

据市金融监管局数据，南京积极引进金融机构，展开金融交流合作、服务经贸合作，推动企业"走出去"融资。目前，南京地区第三家外资法人银行彰银商业银行已正式开业；扬子集团已成功发行5年期5亿美元高级无抵押境外债券，发行募集资金将用于江北新区重点项目建设。

服务"一带一路"的金融保障体系不仅需要国家层面的统筹设计，也需要地方的积极参与，南京市地方金融监管局下一步将从以下几个方面予以推进：继续支持金融机构"引进来""走出去"；服务基础设施建设和经贸合作；服务企业"走出去"，并将加强与国际股权投资基金的合作，积极争取更加便利的跨境投融资便利环境，通过金融资本引导本土创新创业企业与国际创新型企业的合作。

（四）民心相通：人文篇

近年来，南京市在"一带一路"沿线国家共缔结7座友好城市、18座友好合作城市。2018年以来，南京市与伊朗设拉子市、越南边和市、印尼三宝垄市等"一带一路"沿线国家城市缔结为友好城市，与柬埔寨暹粒省、以色列海法市、蒙古肯特省、约旦马安市、希腊斯巴达市和尼泊尔加德满都市等"一带一路"沿线国家城市建立了友好合作城市关系。

未来将继续加强同"一带一路"沿线国家的友城交流与人文交流，充分提升对外文化交流的影响力，使海外民众更好地认知南京、了解南京并记住南京,继续为企业做好服务,推动更多南京的企业"走出去",加强与"一带一路"沿线国家的经贸交流。

十四 福建福州新区[①]

福州新区扩大对外开放,主动融入"一带一路"建设,凸显桥头堡作用。开辟"一带一路"物流通道。江阴港区已开通24条外贸海运航线,其中"海丝"航线10条;启动"福州—营口—满洲里—俄罗斯—欧洲"和4条闽赣集装箱海铁联运班列,江阴铁路支线货物进出港共106.3万吨,同比增长78.8%。福州港可门作业区口岸、罗源湾港区扩大开放通过国家级验收,新区港口总集装箱吞吐量320万标准箱,货物吞吐1.45亿吨。开通多条台闽欧班列,列入中欧安全智能贸易项目的首条铁路线试点,吸引台湾地区和东南亚国家货物通过班列中转运往欧洲或中亚。加快航空枢纽建设,长乐国际机场完成第二轮扩能,新增直飞莫斯科、巴黎等国际航线,2018年出入境旅客增长23.5%。拓展与"海丝"沿线国家和地区双向投资贸易,至2018年底"一带一路"项目融资余额200亿元。

十五 云南滇中新区[②]

围绕构建全面开放新格局,彩云之南正在从末梢走向前沿、从边缘变成区域中心。近年来,云南省深入贯彻落实习近平总书记系列重要讲话和考察云南重要讲话精神,主动服务和融入国家发展战略,以"五通"为目标,搭平台、建机制、促合作,有力促进了面向南亚东南亚辐射中心建设取得积极成效。

(一)政策沟通不断推进

云南全力配合国家推动孟中印缅合作,积极服务中越跨境经济合作区建

[①] 《福州新区主动融入"一带一路"建设》,http://gjxq.chinadevelopment.com.cn/zxbd/2019/1505014.shtml,2019年5月14日。
[②] 《"五通"提速辐射中心建设》,https://www.yndaily.com/html/2017/yaowenyunnan_1022/108875.html,2017年10月22日。

设谅解备忘录商签工作；全面参与中国—中南半岛、孟中印缅两廊建设，配合国家推动澜沧江—湄公河合作，积极推进滇老泰合作试验区建设。努力提升孟中印缅合作论坛交流水平，不断完善与越北、老北、泰北等的合作机制。成功举办中国—南亚博览会、南亚东南亚国家商品展暨投资贸易洽谈会、外交部云南全球推介等重大活动，出台了《云南省建设我国面向南亚东南亚辐射中心规划》，以各专项规划、实施方案，为云南服务和融入国家"一带一路"建设营造了良好的政策环境。目前云南已经先后与38个国家、75个地区缔结了友好关系。

（二）设施联通不断加强

路网方面，中越铁路境内段已投入运营，境外段越南老街—海防正在开展准轨铁路改造可行性研究；中老泰铁路境内段玉溪—磨憨铁路、境外段老挝磨丁—万象铁路正在加快建设。此外，中缅铁路境内大理—瑞丽段建设加快推进，临沧—清水河铁路、芒市—猴桥铁路启动前期工作，境外段缅甸木姐—曼德勒铁路工程也正在开展可行性研究。云南与越南、老挝、缅甸连接的昆河、昆磨、昆瑞高速公路已经全线贯通，老挝万象—磨丁口岸高速公路万象—万荣段正在建设，预计将于2020年建成通车。连接缅甸的第二条高速公路（墨江—临沧—清水河）正在加快建设，经缅甸连接印度的腾冲—猴桥高速公路计划于2020年建成通车。

水运方面，澜沧江—湄公河航道二期整治项目前期工作正式启动，中越红河水运、中缅伊洛瓦底江陆水联运项目有序推进。

航空方面，目前云南省运营民用运输机场15个，开通航线413条、国内外通航城市159个，云南已成为全国开通南亚东南亚航线最多的省份之一。

能源通道方面，中缅油气管道建成使用，中石油云南炼油项目正式投产，中缅、中泰500千伏联网项目和云电送泰、云电送孟工作正在积极推进。

互联网方面，中老国际光缆跨境段传输系统扩容建设工程即将完成，中缅传输系统扩容工程进入设备采购阶段。

（三）贸易畅通不断提升

在全国率先推行通关便利化"三证合一"模式，临沧边境经济合作区、勐腊（磨憨）重点开发开放试验区获批，红河综合保税区运行良好，昆明综合保税区通过初验。云南成为国家发改委首批建立推进国际产能合作部省协同机制的省份，柬埔寨暹粒国际机场、老挝年产100万吨氧化铝等一批重点项目纳入国家层面予以重点推动，老挝日常2500吨熟料新型干法水泥生产线等项目纳入丝路基金支持项目，中老铁路及沿线开发项目获得国家发改委国际产能合作专项资金支持，缅甸诺昌卡河水电项目、缅甸仰光达吉达燃气—蒸汽循环电厂项目、老挝赛色塔综合开发区、老挝磨丁经济专区等成为与周边国家产能合作示范工程。

云南将依托中国—中南半岛经济走廊、孟中印缅经济走廊，以及中缅、中老经济走廊建设，重点在冶金、电力、装备制造、化工、建材、轻工、农业及物流等领域，深化与南亚东南亚国家的产业合作，打造国际产业合作示范区。

（四）资金融通不断扩大

跨境人民币业务已覆盖82个国家和地区，跨境人民币累计结算额突破3700亿元。鼓励符合条件的企业发行外债，2016年全省共5家企业分6批次在境外发债或借用国际商业贷款，备案资金21.5亿美元。成功发布人民币对缅币"瑞丽指数"和人民币兑越南盾"YD指数"，目前可兑换币种已达24种。

（五）民心相通不断深化

在中国—东盟、GMS旅游合作框架协议下，稳步推进国际区域旅游合作。积极开展澜沧江—湄公河次区域环境合作交流，加快推进生物多样性保护廊道建设示范项目。成立中国—南亚技术转移中心、中国—东盟创新中心等科技合作创新平台，与老挝、越南、柬埔寨等国合作建立农业科技示范园区。2016年云南高校招收留学生13272人，连续5年承办"汉语桥"世界中学生中文比赛。多次组织"光明行"活动，救治缅甸等国1000多名白内障患者。

未来，云南将进一步加强教育跨境合作。通过提升"留学云南"品牌影响力，继续扩大来滇留学生规模。探索中外合作办学新机制，推进学分互认、学科共建等方面的深度合作。推进周边国家孔子学院（课堂）的建设，把"汉语桥"世界中学生中文比赛打造为汉语国际推广的精品赛事。

在卫生跨境合作领域，云南将加快建设昆明区域性国际诊疗保健中心，为周边国家提供高质量的医疗保健服务。建设昆明区域性国际疾病预防控制中心，承担面向南亚东南亚国家的疾病预防控制、突发公共卫生事件应急处置等工作。深入推进澜沧江—湄公河跨境传染病联防联控合作。持续推进"光明行""爱心行"等国际公益医疗活动。

云南还将继续深入实施国门文化建设、"边境之窗"工程。发挥好缅甸仰光、柬埔寨金边中国文化中心作用，推进中柬文化创意园建设，支持在周边国家建设华文书局、中华乡愁书院。深入推进与湄公河流域国家媒体交流互访、"一带一路"媒体采访交流等活动。办好昆明上合马拉松等一批国际赛事，建设集国际体育健身文化交流、高原训练科研为一体的昆明高原体育健身训练基地。

旅游跨境合作方面，云南将以"一部手机游云南"为抓手，推进旅游产业全面转型升级。积极探索建设边境旅游试验区和跨境旅游合作区，在旅游资源保护利用、线路开发、标识标牌建设、市场推广、安全和服务保障等方面加强跨境合作，打通连接多国的旅游环线，形成我国与南亚东南亚国家黄金旅游圈。推动建设澜沧江—湄公河旅游城市合作联盟。

十六　黑龙江哈尔滨新区[①]

在东北振兴的关键时刻，习近平总书记实地考察东北三省并发表重要讲话，为推动实现全面振兴、全方位振兴指明了前进方向、明确了行动指南、

[①] 《哈尔滨怎样深度融入"一带一路"》，http://www.qstheory.cn/llqikan/2019-11/01/c_1125182940.htm，2019年11月1日。

提供了根本遵循，极大地鼓舞了哈尔滨干事创业的"精气神"。在考察期间，习近平总书记特别指出，要深度融入"一带一路"建设，打造开放合作高地。作为对俄日韩、中东欧乃至北美地区开放的门户，哈尔滨具有对俄罗斯合作的区位优势、历史渊源和资源禀赋，与俄在经贸交流、科技人文、旅游体育等领域合作成效显著。哈尔滨新区按照习近平总书记的重要指示，充分发挥对俄合作中心城市优势，抢抓中俄地方合作交流年的机遇，积极融入"一带一路""中蒙俄经济走廊"建设，着力完善基础设施，积极拓展对俄罗斯、欧洲、东北亚乃至北美的物流通道；着力优化服务功能，打造对俄罗斯科技、信息、金融、国际贸易、跨境电商物流、特色国际文化旅游等中高端服务和要素集聚平台；着力深化友好往来，全面开展旅游、文化、科技、农业等多领域合作，把哈尔滨建设为全国南联北开、内引外联的桥头堡和中转站，推动形成全方位的对外开放新格局。

（一）设施联通：着力建设互联互通的开放合作新高地

习近平总书记指出，设施联通是合作发展的基础。黑龙江有2900多公里边境线、15个边境口岸，是辐射东北亚诸国、连接亚欧两大洲的重要枢纽地带。作为黑龙江省会，哈尔滨处于东北亚区域中心，已开通11条对俄航线和北美货运航线，加快建设综保区、临空经济区以及全国唯一以对俄合作为主题的国家级哈尔滨新区，开通延伸至欧洲腹地的哈俄、哈欧国际班列，对俄电商小包累计发行486班、货运量1万多吨、货值9.72亿美元，初步形成了西接欧洲、东接东北亚乃至北美的便捷运输通道。依托于这些有利条件和前期工作，高起点、高标准地推进国际航空枢纽建设，加快建设跨境电商物流基地，优化航线网络布局，进一步加密开通至俄日韩、中东欧乃至北美地区的客货运航线，保障哈俄、哈欧班列常态化运营，畅通对外贸易大通道。加强哈尔滨新区与综保区、内陆港以及临空经济区的互动，加快提升哈尔滨新区作为中俄全面合作的重要承载区的功能和作用，不断提升作为对俄罗斯合作中心城市的地位和作用。

（二）贸易畅通：着力建设贸易便利的开放合作新高地

习近平总书记指出，贸易是经济增长的重要引擎，推进"一带一路"

建设，要聚焦发展这个根本性问题。作为全国首批跨境电子商务综合试点城市，哈尔滨具有对接国际标准的电子口岸功能和跨境结算功能。特别是近年来，随着中俄全面战略协作伙伴关系的持续升温，哈尔滨与俄罗斯之间的轻工产品、装备制造、食品以及木材、能源等的贸易量稳步攀升。哈尔滨新区被列为国家服务贸易创新发展试点，设立了服务贸易创新发展的专项资金，对高技术、高附加值的服务企业给予税收优惠。依托于这些贸易扶持政策，主动推进外贸合作，对俄罗斯经贸以扩大运量为重点，提升全方位合作水平；对北美主要是开通哈尔滨至阿拉斯加、洛杉矶、旧金山航线，形成人流、物流优势；对欧洲主要是提升制造业、农畜产品加工，扩大中东欧贸易，引入欧盟标准，提高产品质量；对日韩主要是推动食品和旅游等行业合作，引入先进生产标准和加工技术。

（三）资金融通：着力建设跨境金融创新的开放合作新高地

习近平总书记指出，金融是现代经济的血液。哈尔滨金融机构众多，服务体系健全，跨境业务便捷。现有53家银行机构、47家保险机构和对卢布交易做市商等金融实体，可以提供卢布现钞交易、同业合作、跨境结算等对俄金融业务，仅哈尔滨银行2017年就实现卢布现汇交易量575.68亿卢布。在哈尔滨召开的中俄金融圆桌会议上，中俄金融界、实业界在推动跨境金融合作方面达成了诸多共识。围绕特有的对俄金融合作优势，积极引导各金融单位、基金机构和相关企业，制定支持金融创新政策，进一步优化域外融资环境，创新金融产品，打造跨境金融服务平台，建立稳定、可持续、风险可控的金融保障体系，为扎实推进"一带一路"建设中的产业合作提供资金保障。

（四）民心相通：着力建设友好往来的开放合作新高地

习近平总书记指出，国之交在于民相亲。哈尔滨市已与遍布世界五大洲的27个国家35个城市缔结了国际友好城市关系，数量居全国省会城市和副省级城市首位。哈尔滨市与世界各地友好城市交流密切，每年都举办大量的旅游、文化、音乐艺术及教育等互访活动，仅2019年以来，就有20多个友城代表团到哈尔滨市参观访问。特别是2019年的东亚文化之都哈尔滨年活动，围绕"冰雪之约、夏都之旅、音乐之城、文化交融"主题，成功举办了100余项、1000余场次的"文都"系列活动。依托对外友好往来基础，坚持"走出去""请进来"，广泛开展与各国各地区的互动合作，特别是抓住首届中国国际进口博览会机遇，引进高精尖产品，推动产业合作。高质量办好首届哈尔滨国际友城交流会，进一步加深与"一带一路"沿线国家人民的相互了解和信任，为开展区域合作奠定坚实的民意基础和社会基础。着力建设旅游、体育、文化融合发展的开放合作新高地。习近平总书记强调，绿水青山就是金山银山，冰天雪地也是金山银山。厚重的历史文化、独特的气候特征、优美的生态环境，以及巨大的市场消费潜力，是哈尔滨对外开放合作的有利条件。坚持以消费为引领，挖掘省内高铁网和域外旅游带来的巨大人流消费潜力，坚持"点线面"有机结合、"六要素"一体推动，全面提升城市旅游影响力和吸引力。通过举办中俄博览会、冰雪节、哈夏音乐会、寒地博览会、哈马等国际旅游赛事活动，推进哈尔滨与"一带一路"沿线国家在教育、旅游、体育、文化、医疗、农业等方面的交流合作，进一步加深友谊，集聚人气，扩大消费，努力走出一条以活动带动消费、有效引进外部增量、促进经济发展的开放合作新路子。

十七　吉林长春新区[①]

长春新区不断加快开放合作步伐，助力东北老工业基地城市长春积极融入"一带一路"，融入世界经济一体化。长春新区高标准谋划和建设的长春国际港、长春国际航空港成为"一带一路"建设中的重要节点。长春新区位于中国东北地区地理中心，是哈大经济带和中蒙俄经济走廊的重要节点。

（一）设施联通

2020年3月，位于长春国际港内的海关监管作业场所通过海关验收，正式封关运行。该海关监管作业场所由长春新区与中国铁路沈阳局集团公司

---

① 详见《长春新区加快开放步伐 助老工业基地融入"一带一路"》。

共同出资建设，主要服务于中欧班列（长春—汉堡）货物存储、查验和通关等功能需求。

中欧班列（长春—汉堡）是长春市乃至东北地区与欧洲经贸往来的重要陆路通道，是长春市积极融入"一带一路"北线的新通道。

陆路之外，依托龙嘉国际机场（22平方公里）和东北亚航空物流产业园区（规划面积10.7平方公里）为核心功能区的长春国际航空港，已成为"一带一路"北线的重要航空节点。

2018年，长春龙嘉国际机场新开通国际航线3条、国内航线6条，目前国内航线达到150条、国际航线达到9条，航空运力和航线覆盖范围不断提升和扩大。

按照"依托长春龙嘉国际机场，申请设立以航空物流为核心的临空经济示范区"的部署，长春新区空港经济开发区在新区及省市相关部门的指导下，成立专项工作推进组。

（二）贸易畅通

目前长春新区的开放合作步伐不断加快，中俄、中白、中日等国际合作园区加快建设，并与上海张江高新区、杭州（滨江）高新区、天津滨海新区、南京江北新区等签署了战略合作协议，对口交流合作越来越广泛。

长春新区的发展目标是：争取到2020年，改革创新和开放合作取得重大突破，创新驱动能力明显提高，创新型现代产业体系基本建立，新区立体化交通网络基本建成，陆海联运的对外物流通道初步畅通，公共服务设施日益完善，成为推动吉林省新一轮振兴的重要引擎。

十八　江西赣江新区[①]

2018年是改革开放40周年，也是习近平总书记提出"一带一路"倡议5周年。江西参与"一带一路"建设将以强化互联互通为基础，以深化对外

[①] 《江西积极参与"一带一路"建设》，http：//city.cri.cn/20180428/533171d0-b7bc-8d40-190f-6862a860b557.html，2018年4月28日。

交流为纽带，以健全平台机制为支撑，积极参与国家各项重大经贸及外交活动，着力扩大经贸投资，推进国际产能合作，构建全省对外开放通道，奋力获取江西参与"一带一路"建设的阶段性重大成效。

（一）设施联通：全面构建江西对外开放通道

江西省将加快全省铁路、航空等基础设施建设，全面构建通江达海、联通内外的对外开放通道。将开工建设昌景黄铁路，加快昌吉赣客专、赣深客专、安九客专建设，加快推进长赣铁路、昌九客专、瑞梅铁路项目前期工作。稳定开行江西至宁波、福州、厦门铁海联运，拓展通达沿海港口的集装箱快速班列。

加快推进昌北国际机场 T1 航站楼改造、赣州黄金机场改扩建主体工程建设，完善全省机场网络布局，积极争取国家第五航权开放试点，积极引进基地航空，探索打造临空经济区进出口贸易电子商务集中（结算）平台。积极开拓江西至俄罗斯、新加坡等国家的航线航班。加快赣州国际港、向塘铁路物流基地、九江长江流域性航运中心等重大物流枢纽建设，推进昌北国际机场航空物流港建设，着力打造航空陆地运输无缝对接的现代物流体系。

此外，将稳定开行赣欧（亚）班列，着力提升班列质量，推动班列与产业联动发展，打造高效便捷的国际货运走廊。积极强化赣州、南昌等城市货源集并能力，整合出口资源、优化班线服务、完善有效供给，不断提升班列效益。

（二）贸易畅通：打造江西产业海外集聚区

深化航空及汽车制造、光伏新能源、轻工机械、有色金属、生物医药等产业的对外合作。重点支持汉腾汽车与俄罗斯德尔维斯汽车生产合作、江西昌兴航空公司与意大利直升机生产合作，以及晶科能源马来西亚光伏组建工厂二期扩能、美国新建年产 400 兆瓦太阳能电池组件生产线等项目建设。

加快对外投资并购。支持省内企业通过绿地投资、股权并购等方式，快速拓展海外市场；鼓励并购欧美企业品牌，引进先进技术。重点支持省铁路投资集团与黎巴嫩银行股权合作项目、江西国际公司尼日利亚民爆合作项目、江西赣锋锂业股份有限公司收购澳大利亚里德工业矿物公司股份项目、赣州腾远钴业新材料股份有限公司投资刚果（金）铜钴湿法冶炼项目等。

同时，大力实施江西国际公司赞比亚江西产业园建设，打造江西产业海外集聚区。推进江西华美马来西亚现代农业产业园、华坚鞋业埃塞俄比亚国际轻工业城等项目。

深入实施外贸优进优出战略，优化对外贸易的产品结构、市场结构、贸易方式结构，提升国际竞争力。努力培育出口品牌，大力推动生产企业出口，推动出口优势产业与知名跨境电商平台合作，促进内外贸一体化。

（三）民心相通：向世界宣扬江西文化

2018年，江西省将主动参与2018年中非合作论坛、中国国际进口博览会等重大国际交流活动，组织江西有关企业和单位开展系列经贸推介、文化交流活动，争取取得一批重大合作成果。同时将深入推进江西与美、俄、日、韩等国友好城市合作，谋划拓展非洲、拉丁美洲等一批友好城市，组织实施江西"彼尔姆日"、韩国全罗南道江西经贸文化周、日本岐阜友好省县30周年等友好城市交往活动，积极实施江西省"一带一路"境外旅游营销计划，针对美、日、韩等入境市场做好"江西风景独好"宣传活动，持续吸引国际游客来赣旅游。举办好全省旅发大会、国际旅游消费节等推介活动。

大力引进海外人才，开展好"海外人才江西行""海智惠赣鄱"活动，举办好"珠三角引智座谈会"等人才专场招商活动，积极引进海外"高精尖缺"人才，促进赣籍海外人才回归；继续实施"留学江西"行动计划，加快江西海外孔子学院建设，推动华东交大、东华理工在俄罗斯、尼泊尔开设孔子学院（孔子课堂），深化南昌大学俄语中心建设，筹划南昌大学与巴什基尔国立大学共建汉语研究中心。

加快推进葡萄牙里斯本中国文化中心建设，争取年内开业运营。开展好"江西文化年"、江西文化遗产国际巡展等活动，持续推动江西瓷器瓷乐、油画、杂技等文化产品"走出去",支持抚州申报汤显祖国际戏剧节;加快江西中医药大学岐黄国医外国政要体验中心建设,继续向海外推广热敏灸技术,建设中医药海外中心,筹办好世界中医药大会第四届夏季峰会,举办中医药发展产业论坛。

十九　河北雄安新区

规划雄安新区这张蓝图必须具有"世界眼光",要抓住中央关于雄安新区四个定位中提到的"协调发展示范区"和"开放发展先行区"两个定位,要有"一盘棋"的战略思维,协同推进国内国外双向开放。通过在雄安新区内深化体制机制改革,更好地推动雄安新区对外开放。雄安新区要通过开放吸引全世界先进的创新资源要素,全方位对外开放,打造扩大开放新高地和对外合作新平台。

雄安新区必须抓住"一带一路"建设的历史机遇。雄安新区要积极融入"一带一路"建设,加快政府职能转变,积极探索管理模式创新,形成与国际投资贸易通行规则相衔接的制度创新体系,培育区域开放合作竞争新优势,打造扩大开放新高地和对外合作新平台,为提升京津冀开放型经济水平作出更大贡献。

雄安新区融入"一带一路"建设具有政策、区位和一定的产业基础条件。

(一)政策沟通

在政策上,国家同意雄安新区"一些改革事项可以在新区先行先试,取得成效后再逐步推广",这就为雄安新区融入"一带一路"倡议提供了弹性的政策空间。

(二)设施联通

在区位上,环渤海地区既是古代"海上丝绸之路"的重要起点之一,也是现在"海上丝绸之路"的重要起始点之一。渤海新区黄骅港与荷兰鹿特丹之间更是形成了世界上最短的亚欧大陆桥,渤海新区黄骅港因此被誉为"亚欧大陆桥新通道桥头堡"。

（三）贸易畅通

在产业上，河北的钢铁、水泥等产业都具有在"一带一路"沿线国家发展的机会，2015年初河北省出台了《关于主动融入国家"一带一路"倡议促进我省开放发展的意见》支持企业"走出去"。雄安新区内原有传统产业更是具有在"一带一路"国家发展的条件，容城、安新、雄县三个县具有比较优势的服装、皮革等产业可以抱团加快向"一带一路"沿线国家进行布局发展，在雄安新区新的产业规划中，可以有针对性的支持传统产业"走出去"。

（四）民心相通

2019年，发布吉祥物、启动赛会志愿者招募工作等，北京冬奥会筹办工作紧锣密鼓，冬奥氛围渐浓。

"雪如意""冰玉环"等冬奥场馆和基础设施建设全面推进；"崇礼菜单"正式亮相，交通、安保、住宿、餐饮、医疗、志愿服务等赛会服务保障工作取得积极进展；成功举办首届全省冰雪运动会，参与人次达到1300万，带动更多群众感受冰雪魅力、追逐冬奥梦想；张家口冰雪装备产业园落地项目32个，"冰雪奇缘"带来发展新机遇。

第三章 "六廊六路、多国多港"建设与国家级新区发展

"六廊六路、多国多港"是共建"一带一路"的主体框架，是根据共建"一带一路"五大方向提出的。丝绸之路经济带有三大走向：一是从中国西北、东北经中亚、俄罗斯至欧洲、波罗的海；二是从中国西北经中亚、西亚至波斯湾、地中海；三是从中国西南经中南半岛至印度洋。"21世纪海上丝绸之路"有两大走向：一是从中国沿海港口过南海，经马六甲海峡到印度洋，延伸至欧洲；二是从中国沿海港口过南海，向南太平洋延伸。

"六廊六路、多国多港"是中国按照共建"一带一路"的合作重点和空间布局提出的合作框架。"六廊"指六大国际经济合作走廊，包括新亚欧大陆桥、中蒙俄、中国—中亚—西亚、中国—中南半岛、中巴和孟中印缅经济走廊；"六路"指铁路、公路、航运、航空、管道和空间综合信息网络，是基础设施互联互通的主要内容；"多国"是指一批先期合作国家；"多港"是指若干保障海上运输大通道安全畅通的合作港口。

新亚欧大陆桥、中蒙俄、中国—中亚—西亚经济走廊经过亚欧大陆中东部地区，不仅将充满经济活力的东亚经济圈与发达的欧洲经济圈联系在一起，更畅通了连接波斯湾、地中海和波罗的海的合作通道，联通了欧亚大市场，也为地处"一带一路"沿线、位于亚欧大陆腹地的广大国家提供了发展机遇。中国—中南半岛、中巴和孟中印缅经济走廊经过亚洲东部和南部这一全球人口最稠密地区，连接沿线主要城市和人口、产业集聚区。澜沧江—湄公河国际航道和在建的地区铁路、公路、油气网络，将丝绸之路经济带和"21世纪海上丝绸之路"联系到一起，经济效应辐射南亚、东南亚、印度洋、南太平洋等地区。

第三章 "六廊六路、多国多港"建设与国家级新区发展

在"六廊六路"建设过程中，中国坚持以民生为导向的国际合作，致力于打造更多惠及老百姓切身利益的民生工程，给各国民众带去实实在在的福祉。几年前的缅甸皎漂，夜晚还是漆黑一片。随着中缅天然气管道项目的实施，如今的皎漂镇，夜晚高层建筑灯火通明，道路被排排路灯照亮。近年来，从柬埔寨额勒赛水电站、中巴经济走廊电力项目等惠民工程落地生根到中泰铁路、雅万高铁、匈塞铁路等项目逐步推进，越来越多"一带一路"沿线国家的老百姓受惠。"六廊六路"的设施联通建设，不仅促进了贸易畅通，而且推动和巩固了"一带一路"沿线地区民心相通，是民心通道。

第一节 六大经济走廊与国家级新区的联系

一 天津滨海新区[①]

（一）新亚欧大陆桥

随着东北亚和中亚各国经济的快速发展，国际间的经贸往来与合作日益增多，陆桥经济，特别是新亚欧大陆桥在国际交往中的作用愈来愈大。伴随中国区域协调发展战略升级，天津滨海新区在新亚欧大陆桥北线中的地位凸显出来，其先行先试的带动与示范作用越来越大。滨海新区应高度重视和把握新亚欧大陆桥带来的新机遇，以线串点，以点带面，与京津联手，构建城市群，推进中国陆桥北线经济带有序协调发展。

滨海新区在新亚欧大陆桥国内北线中的地位与作用如下。

第一，滨海新区是推进新亚欧大陆桥国内北线陆桥经济发展的桥头堡。

根据国务院对天津滨海新区的功能定位，滨海新区要建设为中国北方对外开放的门户，要在世界经济合作，特别是与东北亚、中亚各国的区域经济合作中，紧紧抓住新亚欧大路桥沿线陆桥经济快速发展的机遇，通过

[①] 《滨海新区在新亚欧大陆桥经济创新中的发展对策》，https：//www.xzbu.com/4/view-10298711.htm。

329

实施全球战略、互利共赢战略，充分发挥其区位优势，在"内引外联"和与跨国公司合作中，成为国际资本的聚集地、高新技术产业的承接地、国际产业链条延伸的始发地，成为东北亚、中亚地区区域合作的前沿。天津滨海新区位于渤海半圆形地带的中心位置，地处陆桥经济带与东北亚经济圈两大国际经济区域的结合部，是新亚欧大陆桥的东部桥头堡，也是西部、北部地区走向世界最宽敞的东大门。以天津滨海新区为桥头，经过京包线，转集二线，后经蒙古人民共和国，转入俄罗斯西伯利亚铁路，或者通过天津至乌鲁木齐的铁路大动脉，转入中亚到欧洲，恰恰突出了天津滨海新区在新亚欧大陆桥北线中的特殊地位，体现其作为中国北方对外开放门户的战略意义。

第二，滨海新区是打造我国北方国际航运中心和国际物流中心的重要枢纽。

天津要实现我国北方经济中心的战略目标，必须加快推进北方国际航运中心和国际物流中心的建设，紧紧抓住加快滨海新区开发开放这一历史机遇，以建设东疆保税区为切入点，按照国际通行的"自由贸易区"发展模式，营造符合国际规范的发展环境，充分发挥新区海港、空港、保税区和大交通优势，构建以港口为中心、海陆空相结合的现代物流体系，建设企业聚集、市场活跃、配套服务齐全的国际运输聚集区，使航运功能和物流功能达到世界先进水平，成为国内外，特别是中国北方与西部地区，中国与东北亚、中亚地区货物大进大出的重要通道，成为联系国内外两个市场的重要枢纽。

第三，滨海新区是推动我国中、东、西部区域经济联动发展的战略启动点。

从区位看，环渤海经济圈南接"长三角"，北连东北，外联东北亚，拥有广阔的华北直接腹地和"三北"间接腹地，是连接南北、贯通内外的重要桥梁，是带动北方地区振兴，实现南北呼应、协调发展的核心区域。天津滨海新区不仅坐落于环渤海经济圈的中心位置，而且是我国版图上能够贯通南北、承东启西的交汇点，这一独特的区位优势，使其成为振兴中国东部北端环渤海地区的战略启动点。通过加强京津都市圈与辽东半岛和山东半岛之间的经济合作，促使沿海新型工业基地与东北老工业基地形成"互补共进"之势，新老工业基地联手，共同构筑中国重化工业和高新技术产业高地，共同打造环渤海区域经济增长"第三极"和东北老工业基地经济增长"第四极"，缩小我国南北之间的经济差距。

基于以上滨海新区在新亚欧大陆桥国内北线中所具有的特殊地位，其在当前蓬勃发展的陆桥经济，特别是新亚欧大陆桥国内北线经济成长带区域振兴与协调发展中将发挥以下重要作用。

第一，"内引外联"的交通枢纽作用。天津滨海新区独特的区位优势和港口优势，使其既是我国"三北"地区重要的物资集散地，也是新亚欧大陆桥的东部桥头堡，还是我国北方地区难得的连接内外、贯通东西的重要交通通道，具有"内引外联"的交通枢纽作用。

第二，资源要素的聚集整合作用。滨海新区要在环渤海乃至中国北方区域发展中发挥带动和协调作用，首先，要通过自主创新或从国内外聚集整合资本、技术、人才和科技成果，尽快转化为制造优势或服务优势，率先建设为当地的产业高地、科技高地和服务中心，集中相当规模的资本、技术、人才和产业，建设聚集效益、技术水平高的产业基地和提供便捷优质的服务体系。其次，要利用得天独厚的区位优势，按照产业化、集聚化、国际化的方向，尽快出台新区产业发展规划，特别是港口发展规划，认真分析天津港的优劣势和新亚欧大陆桥北方沿线港口的优劣势，加快沿线港口资源的整合，形成布局科学、分工合理、衔接紧密的港口群。

第三，产业带动与扩散作用。首先，滨海新区要充分利用产业优势，建设为先进技术的承接地和扩散地，成为高新技术的原创地和产业化基地，加快区域间的产业梯度转移，以带动环渤海地区和西北、华北地区产业结构的优化升级。其次，要使新区的航运功能、物流功能和国际中转功能达到世界先进水平，积极为环渤海区域和我国北方地区提供国际航运、国际贸易、产业升级、科技创新等服务，成为国内外货物大进大出的重要通道和联系国内外两个市场的重要枢纽。

第四，改革开放的示范作用。天津滨海新区应该充分发挥政策优势，在新亚欧大陆桥北线陆桥经济创新中，以加快东疆保税港区建设为突破口，在推动滨海新区进一步扩大开放中，提高整个中国北方地区对外开放的层次与水平。推动市场经济"整套制度"的先行"试验"，如保税港区建设、财税金融体制创新、土地管理模式创新、科技创新体系和行政管理体制改革、现代市场体系建设以及宜居生态型新城区建设等，然后扩散到周围地区。其综合改革的一些新模式、新体制、新机制、新思路，必将为新亚欧大陆桥沿线地区深化改革、扩大开放积累经验，提供借鉴。我国东西部地区应该积极利用国内外两个市场、两种资源，发挥比较优势和后发优势，积极参与国际分工，大力发展外向型经济，在综合开发过程中按照国际惯例建立健全体制机制，调整经济结构和地区布局，逐步形成一批有较强国际竞争力的产品和企业，形成有较强经济实力的经济带。滨海新区作为沿桥端口城市要不断完善口岸服务功能，大力发展转口贸易、出口加工和保税仓储产业等。

（二）中蒙俄经济走廊

天津地处中国华北地区、东临渤海、华北平原东北部、海河流域下游，是海河五大支流南运河、子牙河、大清河、永定河、北运河的汇合处和入海口，素有"九河下梢""河海要冲"之称，是国务院批复确定的环渤海地区的经济中心，也是中蒙俄经济走廊主要节点、海上丝绸之路的重要支点、"一带一路"交汇点，也是中国北方最大的港口城市、首批沿海开放城市。

天津港应积极融入"一带一路"建设，推进中蒙俄经济走廊多式联运示范工程，天津港至阿拉山口、满洲里、二连浩特3条国际班列实现常态化运营，中埃·泰达苏伊士经贸合作区入选国际产能合作区年度投资管理创新案例。以满洲里、二连浩特出境的中蒙俄海铁联运国际班列为例，[①]

[①] 《天津港构建中俄国际货运班列大通道 助力中蒙俄经济走廊》，http://www.cnr.cn/tj/tt/20180611/t20180611_ 524265983.shtml，2018年6月11日。

2018年以来达到了每周开行1~2列的规模。货物主要产自京津冀和东南沿海，包括家电、家具、工程设备、建材、电子产品等。近年来，天津港充分发挥自身优势，积极开通天津至莫斯科等亚欧大陆桥海铁联运班列，服务"上合组织"成员国，未来，将以"天津港中蒙俄经济走廊集装箱多式联运项目"列入国家示范工程为契机，为天津全力打造"21世纪海上丝绸之路"和"丝绸之路经济带"上的黄金交汇点提供有力支撑和保障。

二 重庆两江新区[①]

重庆地处"丝绸之路经济带"、中国—中南半岛经济走廊（连接"21世纪海上丝绸之路"）与长江经济带"Y"字形大通道的联络点上，具有承东启西、连接南北的区位优势，是"丝绸之路经济带"的重要战略支点、长江经济带的西部中心枢纽、"海上丝绸之路"的产业腹地。作为西部增长极和内陆门户，重庆发挥内陆改革开放的示范效应，具体的承载体正是以"黄金三角"地区为核心的两江新区。

"丝绸之路经济带"主通道"渝新欧"国际铁路、中印孟缅经济走廊，以及长江经济带3条大通道构成了一个大大的横向"Y"字。这个"Y"字的中心连接点，正是重庆。而位于嘉陵江与长江交汇处，坐拥空港、水港及铁公一体的两江新区，更是连接点上的核心，具有承东启西、连接南北的区位优势。

两江新区的特殊之处在于：它是老区带新区，已具有比较好的经济基础，有一定的经济存量，位于两江新区的江北国际机场也成为重庆对外开放的窗口和桥头堡。从区位来看，两江新区西连"渝新欧"国际铁路大通道，东接长江黄金水道，是"一带一路"建设和长江经济带战略的交汇点。近年来，依托保税港区、果园港区、空港、"渝新欧"国际铁路大通道等物流

[①] 《两江新区黄金三角：未来重庆经济发展的"动力引擎"》，http://news.winshang.com/html/060/9988.html，2017年3月20日。

平台，两江新区着力发挥各类通关口岸的功能和作用，加速内陆对外开放高地建设。

趋于完善的立体口岸体系改变了两江新区对外开放的格局。国家"一带一路"建设和长江经济带战略的推进，更强化了两江新区向东向西开放的战略支撑作用。

通过大通关、大通道、大平台的开放探索，两江新区形成了寸滩港、空港"港口、口岸、保税"三合一的一类口岸高地功能，并与团结村的铁路口岸，共同构成重庆服务全球市场的核心口岸体系。

借助直达欧洲的渝新欧国际铁路联运大通道、长江黄金水道、孟中印缅经济走廊，两江新区将成为辐射欧洲、亚洲的贸易中心和物流分拨中心，市场前景十分广阔。

三 甘肃兰州新区[①]

甘肃省政府办公厅于2019年印发《新时代甘肃融入"一带一路"建设打造技术制高点实施方案》，提出甘肃省将大力实施创新驱动发展战略，以增强区域自主创新能力为目标，推进兰州白银国家自主创新示范区和兰州综合性国家科学中心建设，合力共建丝绸之路"科技走廊"，推动产业技术创新与"一带一路"沿线的融合互动，打造西部地区创新驱动发展新高地。

甘肃省将建成兰州综合性国家科学中心，同时布局建设同位素国家实验室、西北生态环境资源区域性科技创新中心。另外，甘肃省还将推进丝绸之路"科技走廊"建设。面向中蒙俄、新亚欧大陆桥、中国—中亚—西亚、中国—中南半岛、中巴、孟中印缅六大经济走廊，建设科技合作平台，实施科技创新行动计划，落实一批科技外援项目。加强丝绸之路沿线重点国家技术需求研究，转化新能源、新材料、生物技术、装备制造、育种制种、旱作

---

① 《面向中蒙俄、中巴等六大经济走廊 甘肃将合力共建丝绸之路"科技走廊"》，http://gansu.gansudaily.com.cn/system/2019/12/05/017307857.shtml，2019年12月5日。

农业及环境保护等方面的技术创新成果。加快"一带一路"沿线国家新型兽用药物研发、药用植物资源发掘利用与共享平台、动物遗传资源综合利用共同体等项目建设。推进与哈萨克斯坦、波兰、肯尼亚等国家在重要疾病新型疫苗及疾病联防联控方面的合作。

四 青岛西海岸新区

2013年我国提出"一带一路"倡议后，青岛被确定为新亚欧大陆桥经济走廊主要节点城市和海上合作战略支点的"双定位"城市。随着交通基础设施的不断完善，青岛海陆空铁衔接更为顺畅，加速建成"一带一路"综合交通枢纽城市，与"一带一路"沿线国家和地区的交往日趋便捷。

海空互联，不以山海为远。一条条深入亚欧大陆腹地的铁轨、一条条通达世界的海上和空中航线，将青岛与世界的距离拉得更近。

五 成都天府新区

从地理分布上看，六大经济走廊都呈现"东—西"走向，尽管部分经济走廊在国内有交织，但离开国界线各个经济走廊之间便无法互相联通，这将影响到"丝绸之路经济带"的总体运行效率。四川处在连接我国西南西北，沟通南亚东南亚中亚，连通中蒙俄与中国—中南半岛、孟中缅印等六大经济走廊的核心枢纽位置。以四川为核心枢纽打造南北贯通的开放通道，向北融入中蒙俄经济走廊，向南连接海上丝绸之路及孟中缅印等走廊，可以弥补六大经济走廊之间无法互联互通的短板，对于促进"一带一路"走深走实、优化西部区域经济合作以及加快四川开放高地建设等都具有重要意义。

（一）有利于国家"一带一路"建设走深走实

"一带一路"致力于亚欧非大陆及附近海洋的互联互通，以加强沿线各国互联互通伙伴关系，构建全方位、多层次的互联互通网络。以四川为核心枢纽打造贯穿南北的开放大通道，不仅打破北向、西向和南向同时出境的瓶颈，也使六大经济走廊都找到了"从西向东"及"从西向南"的出海通道，使原来"各自为政"的经济走廊连成一个整体，扩大"一带"与"一路"的连接空间。四川加快南北通道建设助推中蒙俄西部走廊建设，将加强中国南北邻近国家的陆上贸易联系，实现中国北部邻国、中国西部地区、中南半岛邻国更快捷的连接，有利于资源优化配置，形成三赢局面；也将成为连接蒙古、俄罗斯甚至欧洲经济圈和东南亚、南亚地区贸易往来的最便捷通道，将为"一带一路"的健康发展提供新动力。

（二）有助于西部地区大开发

四川与西部各省区市合作打造贯通南北的开放大通道，积极融入中蒙俄经济走廊，有利于增强西部省区市共商共建共享通道的凝聚力，使各个节点城市资源禀赋优势在跨区域合作下得以充分发挥，形成具有内外需双重拉动的发展新动能，"以点带面"提升沿线地区经济发展势能；有利于西部地区内部合作的加强，形成分工深化、产业链完整、供应链强大的经济体系，增强我国经济内循环能力。同时，利用和整合好通道上的口岸和国际班列资源，有助于沿线地区双向开放，为我国西部地区充分发挥比较优势创造更好条件，为广大西部地区搭建一个符合国家全面开放战略布局的发展平台，也为西部地区的高质量发展注入新动能。

（三）有利于四川打造内陆开放高地

四川是支撑"一带一路"建设和长江经济带发展的核心腹地，是西部大开发的前沿阵地。作为内陆省份，四川经济总量占西部的1/4，是西部地区最大的消费市场、要素市场，与南向国家的贸易额占到全省的1/4左右。东盟是四川省第二大贸易伙伴，全省已有2444家企业与南向市场建立了贸易往来，货物贸易涵盖147个大类4160种。同时，四川提出加快形成"四向拓展、全域开放"的全面开放合作战略，从成都平原、川南地区以及所辐射的川滇黔结合部发展态势来看，面对南亚、东南亚等拥有23亿人口的巨大市场，大力推进南北双向开放大通道建设，加强中蒙俄与东南亚、南亚的联系，对于四川从西部内陆腹地跃升为向南、向北开放的前沿地和枢纽，在新一轮西部大开发过程中，主动充当西部大开发的领头羊，以"大开放"作为支点撬起"大开发"的重担，实现"大发展"具有重要意义。

六　黑龙江哈尔滨新区

哈尔滨新区在服务贸易业创新发展方面也成效显著。作为全国唯一以对俄合作为主题的国家级新区，哈尔滨新区充分发挥对俄、蒙、日、韩等东北亚国家的地缘优势，加快构建以对俄合作为重点、联通欧亚的国际物流大通道，积极打造科技、信息、金融、国际贸易、文化旅游等高端服务和要素集聚平台，形成推进"一带一路"和中蒙俄经济走廊建设的重要支撑，鼓励区内金融企业不断创新金融产品及业务发展模式，努力打造对俄金融特色品牌。目前哈尔滨新区对俄金融中心已初步形成，必将为"一带一路"互联互通之路的建设和中蒙俄经济走廊建设注入金融动力，拓宽对俄合作渠道。

七　吉林长春新区[①]

长春新区位于长吉图开发开放先导区核心腹地和我国东北地区地理中心，是哈（尔滨）大（连）经济带和中蒙俄经济走廊的重要节点。长春位于东北三省中间，上接黑龙江下连辽宁，三个省形成了一个经济走廊，振兴东北战略实施需要长春"发力"，把整个东北经济带动起来。从东西看，长春向东是吉林市、珲春市，再向外延伸是俄罗斯、韩国、日本；向西是内蒙古，再向外延伸是蒙古国和俄罗斯，处在中蒙俄的东西大动脉上。

吉林省发改委于2019年发布《沿中蒙俄开发开放经济带发展规划（2018年~2025年）》（以下简称《规划》），要求充分发挥区位地缘、人缘、资源等比较优势，主动融入中蒙俄经济走廊建设，积极推进与俄蒙政策沟通、设施联通、贸易畅通、资金融通和民心相通，全面扩大与俄蒙等东北亚国家交流合作，从而实现全面开放发展新格局。

《规划》的总体目标：全面加强与俄蒙政策沟通。主动对接俄罗斯"欧

[①] 《吉林：以长春城市群为腹地，建设沿中蒙俄通道开发开放经济带》，https：//www.thepaper.cn/newsDetail_forward_4059230，2019年8月1日。

亚经济联盟"和蒙古国"草原之路"倡议，认真落实《建设中蒙俄经济走廊规划纲要》。扎实推进基础设施互联互通。把基础设施互联互通作为全省参与建设中蒙俄经济走廊的优先领域，全力推动中蒙俄国际大通道建设，畅通陆海联运、铁海联运通道，逐步形成比较完善的区域基础设施网络。全力打造对外开放新平台。以对内对外开放平台为抓手。推动扩大与俄蒙贸易规模。推动对俄贸易扩大规模。推动扩大对俄罗斯出口规模。扩大汽车零部件、机电产品、化工产品、纺织品、建材等出口规模。扩大自俄罗斯进口规模。提升对俄蒙投资合作水平。培育壮大对俄经贸合作主体。积极推动省内国有、民营企业合资合作，发展混合所有制企业、组建境外企业联合体，增强境外投资合作竞争力。全力抓好招商引资工作。坚持"点、线、面"相结合，围绕"产业+重点国别（区域）"，开展制造业专项招商行动，紧盯国内外先进装备制造、智能制造、工业互联网等产业，瞄准装备链、电子链、汽车链、钢铁链、石化链等，着力引进龙头项目和配套项目。龙头骨干企业引进产业链关键节点项目，增强开发区产业竞争和集聚能力。加强与俄蒙人文交流合作。奉行"国之交在于民相亲"的理念，坚持正确义利观的价值导向，大力弘扬"和平合作、开放包容、互学互鉴、互利共赢"的丝路精神。

第二节 国家级新区在"一带一路"中的"六路"建设

为了积极响应国家"一带一路"倡议，保证与国外"一带一路"通道的互联互通，新区在"一带一路"的设施联通方面，不断加强"六路"建设，以求不断推进贸易畅通，促进与国外合作企业机构的互利共赢。

一 上海浦东新区

（一）铁路

跨境电商的强劲增长，正引领中国进入贸易新时代。与此同时，随着"一带一路"倡议的推行，中欧班列成为各地抢滩国际市场以及"稳增长"

的主要抓手之一。而跨境电商与中欧班列的协同发展也成为业界努力探索的新方向。

2018年,"一带一路"跨境电商中欧班列(沪欧通)在上海首发。作为上海首条跨境电商中欧班列,沪欧通为跨境电商提供了新的通道与服务,探索和搭建了一条亚欧大陆商业化经贸合作新快线。

随着消费升级,以及跨境电商的快速发展,欧洲高品质商品沿着中欧班列走进中国,也有不少中国产品进入欧洲。与跨境电商贸易迅猛发展并不匹配的是,物流已成制约对俄电商发展的瓶颈之一。正是基于此,中国铁路上海局集团有限公司、中铁集装箱运输有限责任公司、中远海运集装箱运输有限责任公司和大洋物流集团有限公司共同推出了跨境电商中欧班列(沪欧通),计划一周一列定时定点开出,12天直达俄罗斯、中亚、欧洲等国,比海运速度快了近1倍。

沪欧通的开通运营,将对上海和周边地区的跨境电商业务产生协同效应,在打造全市场化运营的中欧班列方面迈出了第一步。现在是国内的商品"走出去",也希望未来满载着"一带一路"沿线国家的货物进入国内市场。海关部门近年来正致力于"一带一路"沿线国家海关的监管互认,针对中欧班列也在开展监管程序简化工作,今后海关监管程序将会越来越简化。

上海—莫斯科跨境电商班列首发,是迈向中欧班列市场化运营的第一步。随着上海自由贸易港政策的落地,用好"境内关外"便利高效的贸易环境和服务政策,整合国内、国际两个市场资源,开拓中欧等国际市场,同时为中西部地区的特色物产顺利销往海外提供更好的配套服务等,未来还需要进行更多探索,提供更加适应市场需要和优质高效的铁路运输产品。

沪欧通的更大价值在于,开创了上海通过陆路来扩展贸易通道、延伸价值链的有益举措。沪欧通提供了一个把产业链各个环节衔接起来,把海上和陆上衔接起来,打造中国产业价值链提升的新路径。"中国制造"迈向全球产业价值链高端,需要海上和陆上供应链的有效支撑,需要通过供应链来实现价值链的突破。中国的经济发展可分为两个阶段。第一阶段是出口经济发展阶段，依托沿海港口城市和重要枢纽港，通过中国劳动力红利的释放，为国外提供产品加工。目前我国生产的绝大多数商品的附加值相对较低，只赚取了价值链上的微薄一环。现在中国经济发展到了第二个阶段，即中国要向全产业链的价值进军，进行供应链全过程的服务。这种价值的获得，需要重构供应链和物流体系。对国内企业来说，如果采用陆路服务，采用中欧班列，就有可能沿着产品的产业链去挖掘其更高的价值。

（二）航空

近年来，上海机场集团积极响应"一带一路"倡议，根据《新时代民航强国建设行动纲要》，扩大对外交流，开辟国际航线，织密"空中丝绸之路"。作为上海国际航空枢纽港建设的主阵地，浦东国际机场是全球唯一吸引三大航空快运集成商建立基地的空港，还有20家全货运航空公司和21家客货运航空公司的全货机在此运营。2017年上海空港在"一带一路"沿线国家已开通100多条国际航线，2019年12月，上海机场集团与阿塞拜疆丝绸之路西部航空公司、俄罗斯天门航空公司签署《战略合作备忘录》，在"一带一路"沿线国家再添两家货运合作伙伴；2019年底，东航新开上海—成都—布达佩斯、上海—西安—布达佩斯两条"一带一路"新航线。

二 天津滨海新区

作为共建"一带一路"重要支点，天津港一端连接"21世纪海上丝绸之路"，另一端连接"丝绸之路经济带"。随着"天津—胡志明"集装箱班轮新航线的开通，天津港集装箱航线已达到130条，其中，"一带一路"集装箱航线46条，占比超三成。天津港有3条亚欧大陆桥过境通道，并在腹地设立了百余家服务机构，形成了通达世界、辐射亚欧的现代物流网络体系。

（一）航运

滨海新区拥有目前世界航道等级最高的人工深水大港——天津港，区位优势明显，背靠雄安新区，是辐射京津冀和"三北"地区的海上门户，是连接东北亚与中西亚的纽带，也是我国目前唯一拥有二连浩特、阿拉山口（霍尔果斯）和满洲里三条大陆桥过境通道的港口，具备多点支持、陆海协同的现代化多式联运服务网络体系。2018年，天津港完成货物吞吐量超过5亿吨，集装箱吞吐量突破1600万标准箱，连续多年名列全球港口排名前十位，在天津对外开放中扮演着"先行官"角色。

天津港发挥"黄金节点"作用，打造海向现代化航运网络。天津港有127条集装箱班轮航线，向东开放构建了连通日、韩的密集航线航班；向南开放构建了连通珠三角、长三角等国内沿海港口，覆盖东南亚、南亚、中东、非洲、欧洲等国家和港口的海上大通道，全球排名前三位的海运联盟均已在天津港开辟了班轮航线，实现了1.8万～2万标准箱船舶周班常态化运行，成为"21世纪海上丝绸之路"上的"黄金节点"。目前，天津港通达"海上丝绸之路"沿线国家和地区港口的集装箱班轮航线50余条，中远海运、马士基、地中海航运、达飞等世界知名航运企业均在天津港开设航线运营。

（二）铁路

天津港发挥对外开放平台作用，打造陆向现代化物流网络。2016年11月底，首列天津至白俄罗斯的中欧班列（天津—明斯克）成功开通，此后又开通了至俄罗斯的津欧班列（天津—莫斯科），将陆桥班列的服务范围延伸到欧洲，实现了对海运服务的补充与延伸。货物经由这一通道，运输成本和运输效率大大优化，有力支撑了中白物流园等"一带一路"海外重点项目的建设。同时，天津港以辐射全球的集装箱班轮航线网络优势，积极融入"丝绸之路经济带"建设，在腹地设立一批内陆无水港、区域营销中心、阳光物流直营店（加盟店），开通了30余条海铁联运通道，搭建起了多层次、立体型物流网络。

继2018年4月1日在全国港口中率先降费推出"一站式阳光价格"清单之后，2019年4月1日起，天津港集团又进一步下调货物收费项目标准，并为外贸进出口企业提供涵盖报关、码头、堆场等环节的全程服务，港口综合费用在全国具有明显竞争优势。

三 重庆两江新区[①]

两江新区处在"一带一路"和长江经济带联结点，西连中欧班列国际铁路大通道，东接长江黄金水道，南向直通陆海新通道，国际（地区）航线达到84条，拥有功能齐全的航空、港口、铁路、信息等综合交通网络，正加快融入"一带一路"和长江经济带建设，加快重庆自贸区和中新互联互通示范项目核心区建设，打造果园港、两路寸滩保税港、江北嘴内陆国际金融中心、悦来国际会展城四大开放平台，加快建设内陆地区对外开放重要门户。

（一）航空

重庆江北国际机场作为国内与世界各地实现通航的重要机场，积极践行"一带一路"倡议，有着得天独厚的优势。截至2019年2月，重庆江北国际机场已开通国际航线84条，通航抵达五大洲的27个国家63个城市，其中"一带一路"沿线国家和地区的航线就有54条，通航17个国家40个城市，几乎占到了国际航线的2/3。

（二）铁路

作为中国首个开通中欧班列的城市，重庆从2011年至今先后开通了开往德国杜伊斯堡等城市的中欧班列线路。截至2020年1月，中欧班列（重庆）累计开行超4500列，开拓中国对外开放的"内陆时代"。2019年重庆加快建设内陆开放高地，全年中欧班列（重庆）开行超过1500班，运输箱量和货值均增长48%。2019年中欧班列（重庆）全年开行重箱折算列超1500班，位居全国第一，货值超过500亿元，位居全国第一。2019年中欧班列（重庆）运输去程邮包44箱，同比增长近40%，在全国各中欧班列运邮中居第一位。中欧班列（重庆）的货值：2018年为368.8亿元，2019年为547亿元，增幅超过48%。2019年，中欧班列（重庆）的综合重箱率显

[①]《抢抓成渝地区双城经济圈重大战略机遇 两江新区大力推进基础设施互联互通》，https：//www.sohu.com/a/365638959_120047088，2020年1月8日。

著提高，达到94%，增幅24%，重箱折算列和重箱量增幅均约为48.7%。2020年4月，中欧班列（渝新欧）开出全国首趟邮包专列。

四 浙江舟山群岛新区[①]

在积极服务长江经济带和"一带一路"建设方面，舟山江海联运服务中心重点实施"7234"工程。一是江海联运综合枢纽港功能不断提升。2018年，宁波舟山港货物吞吐量达到10.8亿吨，连续10年蝉联世界第一。二是江海联运物流组织不断优化。探索构建江海直达运输体系，在全国率先建成运营首艘2万吨级江海直达示范船，完成江海直达集装箱、商品汽车滚装、冷藏运输等系列船型研发。三是江海联运合作不断深化。沿江沿海对接合作明显增强。与新加坡、荷兰、希腊合作开展船用燃料油供应、油品检测、国际船舶管理等业务，在巴西圣路易斯港布局建设全球最大粮食专用码头。

舟山群岛新区水运发达，航道密集，要发挥优势，以京杭运河、杭甬运河为主轴，依托浙北航道网和浙东航道网的全面提升与钱塘江和瓯江航运的全面开发，通过重点打造杭平申线、钱塘江、瓯江等骨干航道，提升长湖申线、京杭运河、杭申线、乍嘉苏线等骨干航道的通航等级，让浙江江河通海、互联互通。

同时形成京杭运河、连申线和淮河出海航道、通扬线、长江干线、芜申线等"两纵四横"可通行千吨级船舶的干线航道网，大力推进长江12.5米深水航道延伸至南京工程，尽快实现宁波舟山港和长江航运的无缝对接，形成江海直达的集疏运通道。要加强岸线资源整合，对某些适宜挂靠的沿海码头设施进行改造，增加江海联运船舶装卸点、挂靠点，形成并完善依托宁波舟山港的集装箱和大宗散杂货江海联运网络。

与此同时，浙江省提出"5211"海洋强省行动，这为宁波舟山港提供

[①]《舟山群岛新区，第一个海洋经济主题国家级新区》，海洋网，http://www.hellosea.net/Economics/1/69115.html，2019年9月26日。

了与众不同的叠加共振机遇。其中，"5"是指统筹推进浙江海洋经济发展示范区、舟山群岛新区、舟山江海联运服务中心、中国（浙江）自由贸易试验区和义甬舟开放大通道建设"五大战略"，每一项都与宁波舟山港紧密相连。"2"是指海洋强省、国际强港"两强"战略目标，"11"是指十一项重点工作措施，都与宁波舟山港息息相关。

在这样的机遇下，随着浙江省海洋港口一体化发展，宁波舟山港实质性一体化、浙江"五港合一"、浙江省"一体两翼多联"港口布局逐步实现，浙江成为全国乃至全球同等行政区域中真正实现海洋港口一体化、协同化、集群化发展的先行者，在为全国海洋港口发展提供了"浙江方案"的同时，也给浙江海港龙头——宁波舟山港对接融入"一带一路"、长江经济带、长三角一体化等建设提供了强大的全省合力优势。

宁波舟山港地处中国大陆海岸线中部，在"丝绸之路经济带"和"21世纪海上丝绸之路"两翼的交汇点上，具有连接东西、辐射南北、贯穿丝路两翼的优势，可有效衔接中西部广大腹地区域与"一带一路"沿线国家和地区，具有区位优势。宁波舟山港的自然水深条件世界少有，拥有万吨级以上大型深水泊位170多座、5万吨级以上特大型深水泊位100多座，包括可挂靠全球最大的集装箱船、矿船、油轮的泊位多座，是中国大型和特大型深水泊位最多的港口、中国大型船舶挂靠最多的港口，为"一带一路"船舶"大型化"趋势提供了深水支撑。宁波舟山港1.4万标准箱及以上船舶作业数量由2014年的212艘次增加到2018年的831艘次，其中1.8万标准箱及以上集装箱船舶作业数量由2014年的45艘次增加到2018年的376艘次，极具深水良港优势。

宁波舟山港持续打造国际一流的服务品牌，不断提升作业效率，目前保持着每小时235.6自然箱的桥吊单机效率世界纪录。在马士基航运旗下1.8万标准箱船挂靠的全球港口中，宁波舟山港的船时效率、在泊效率始终位列前茅，为船公司投入"21世纪海上丝绸之路"运营的船舶加快周转、增加经济效益创造了条件。近年来，宁波舟山港旗下码头公司在"中国港口集装箱码头单项评比"荣获"桥吊平均每台时超30自然箱集装箱码头""船舶平均每艘时超100自然箱集装箱码头""每标箱消耗电力和燃油最低前10名集装箱码头"等数十项大奖,服务品牌优势明显。

五 甘肃兰州新区[①]

(一)空间综合信息网络

2017年以来,兰州新区大数据产业快速聚集,产业规模不断壮大,产业效应日益凸显,强力推动兰州新区加速抢占"一带一路"信息制高点。

兰州新区是国家一级数据传输光纤总出口、国家网络主干线重要节点、西北重要的网络通信枢纽。2018年1月,兰州新区国际互联网数据专用通道获工信部批复,并计划于年内全部建成开通。建成后将有效解决网络层层汇聚带来的跳转过多问题,快速实现国际互联互通,从而降低往返访问时延和丢包率,促进兰州新区企业吸纳国际优质资本拓展海外市场,助力国家向西开放纵深发展。

兰州新区位于中国陆域版图的几何中心,对内可辐射西部六省区,对外可联通西亚、南亚、欧洲等"丝绸之路"沿线国家,是"丝绸之路经济带"上的重要节点,是国家向西开放的前沿阵地。区内年平均气温6.9℃,年均湿度54.9%,阳光充足,气候温凉、空气干燥,是典型的温带半干旱大陆性气候,有利于降低大数据设备保养维修成本、延长设备使用寿命,属于我国数据中心一类适宜布局地区,且风电光电资源富集、电价低,拥有国际互联网数据专用通道,发展大数据产业具有巨大优势。

近年来,兰州新区积极融入国家"一带一路"建设,抢抓国家实施大数据战略机遇,挖掘潜在优势,变短板为优势,充分发挥区位、交通、市场、生产要素等方面的独特优势,将大数据产业作为重点培育的战略性新兴产业,加快建设新一代信息基础设施、强化信息资源开发利用,以数字产业化引领和带动产业数字化。兰州新区规划建设了5000亩的云计算产业园和

[①] 《兰州新区大数据产业快速聚集 产业规模不断壮大》,中新网,http://www.gs.chinanews.com.cn/news/2018/11-06/310541.shtml,2018年11月6日。

核心区1500亩的丝绸之路信息港，签约落地中科曙光甘肃先进计算中心、华为云计算、清创云计算、国网云数据中心等大数据产业项目21个，总投资260亿元，年底前将实现装配机架2.5万个、可为25万个云计算终端提供服务，满负荷运行耗电量将达到20亿度，预计到2020年，装配机架达10万个以上，可为西北乃至"一带一路"沿线国家和地区100万个云计算终端提供优质高效、安全可靠的大数据服务，满负荷运转年耗电量将超过200亿度。

（二）航空

航空港建设方面，兰州中川机场先后实现"兰州—迪拜""兰州—达卡"国际货运包机，开通兰州至新加坡、曼谷、大阪、法兰克福、第比利斯、吉隆坡、圣彼得堡等国际航线，2017年兰州中川国际机场旅客吞吐量突破1440万人次。2019年，新开至比利时、巴基斯坦等货运航线6条。

（三）铁路

地处古丝绸之路咽喉要冲的兰州，是连接亚欧国际货运班列的必经之地，也是甘肃承接产业转移和通向国际市场的大通道。按照省委、省政府的部署要求，甘肃（兰州）国际陆港积极融入"一带一路"建设，与渝桂黔三省份合作共建中新南向通道，加快建设现代综合国际陆港，形成国际货运班列中转枢纽，成为连接中亚、欧洲市场的综合物流枢纽和丝绸之路经济带黄金段的重要支点。甘肃（兰州）国际陆港是全国城镇体系九大综合交通枢纽、21个物流节点、18个铁路集装箱中心站之一，兰州铁路口岸成功获批国家铁路临时开放口岸，现已成为兰州"一带一路"进出口货物的集散中心和转运站。

2015年8月21日，承载着兰州希望的"兰州号"中欧国际货运往返班列兰州—汉堡班列正式首发。"兰州号"中欧国际货运往返班列从兰州新区出发，途经哈萨克斯坦、俄罗斯、白俄罗斯和波兰4个国家后到达德国汉堡，全程8027公里，运行时间15天左右，比走海运到欧洲节省时间15天左右。2019年1~9月兰州国际班列发运突破100列，回程班列超过去程班列，占比达到70%，有效解决了全国中欧回程班列空载率较高的问题。

六 广州南沙新区

（一）航运

目前，南沙港区是世界第五大港口，货物吞吐量达3.56亿吨，商品车吞吐量历史性突破100万辆，建成南中国最具规模的集装箱、汽车和通用码头群。

南沙港区地处珠江三角洲的几何中心，是广州市城市空间发展战略中"南拓"的重要组成部分，是广州市未来重点发展的"三大港"（即深水港、航空港、信息港）中的深水港，也是广州市未来重点建设的"四个物流中心"之一。

从这个意义上讲，南沙区的优势不言而喻。作为一个航运中心，南沙的崛起正在成为一个事实：以南沙港区货物吞吐量为例，2004年为26万标准箱，2005年为120万标准箱，2012年为961万标准箱；2014年为1115万标准箱，2015年达到了1177万标准箱，2018年达1566万标准箱，2019年达1676万标准箱，成为南中国最大的单体港。2019年11月17日，南沙国际邮轮母港正式开港。一期、二期工程全部建成后，将成为拥有4个邮轮泊位、2座航站楼、年通过能力不低于150万人次的国内规模最大的邮轮母港，成为广州通连港澳、走向世界的"海上门户"。

2018年南沙到南非港口的航线正式开通，这意味着，南沙非洲航线实现了非洲东、西、南、北部港口的全覆盖。2019年，南沙港与世界100多个国家和地区超过400多个港口有贸易往来；与联盟港口开展通关协作，航线覆盖了"一带一路"沿线64个国家和地区。2019年末，全区拥有集装箱班轮航线117条；国际班轮航线85条，内贸航线32条；建设"穿梭巴士"支线60条，无水港33个。2020年3月，广州南沙港新开通3条国际直航航线，通往俄罗斯、越南、泰国等多个国家。国际物流网络进一步畅通，助力广东稳外贸。

广州提出的目标是力争2020年外贸班轮航线超过100条，货物吞吐量达到6亿吨，集装箱吞吐量达到2500万标准箱，成为重要的国际航运枢纽。

（二）铁路

2018年7月，从广州市白云区的大朗火车站驶出的"穗满俄"中欧班列在广州南沙保税港区向海关申报放行后通过公路运抵大朗火车站。在这一模式下，国内外货物借助广州南沙保税港区的保税功能、枢纽功能和海运优势直接享受到中欧班列的便利，不仅可以"公铁联运"，还可以"海铁联运""海公铁联运"。这无异于开辟了一条"一带一路"的物流新通道。

2020年1~3月，"穗满俄"中欧班列共发运近2000吨货物，货值1.9亿元，发车频次已达2019年同期水平。

七 陕西西咸新区

陕西省以打造"国际运输走廊""国际航空枢纽"为抓手，加快形成航空高端带动、铁路公路无缝衔接的现代化交通体系，一个陆空内外联动、东西双向互济的开放格局正在形成。

（一）航空

西安咸阳国际机场2019年全年开通迪拜、里斯本、塔什干、伊斯坦布尔等19条国际客运航线，国际（地区）航线累计达到88条，通达全球36个国家、74个主要枢纽和经济旅游城市，其中通达20个"一带一路"沿线国家的43个城市，"一带一路"国家覆盖率超过30%，初步构建起陕西省融入世界、开放发展的航空大通道，成为助推陕西乃至西北地区实现更高层次、更宽领域开放的重要支撑。2019年12月30~31日，西安咸阳国际机场新增3条"一带一路"国际直达航线，分别为西安至布达佩斯、西安至伊斯坦布尔、西安至努尔苏丹航线。3条国际直达航线的开通将进一步提升机场枢纽和集散能力，助力陕西构建"中东欧"及"一带一路"国际航线网络。

2019年5月13日，陕西首条第五航权货运航线——"首尔—西安—河内"开航仪式在西安举行。该航线由大韩航空公司采用B777机型执飞，于5月12日凌晨成功首航，这标志着西安成为西北五省第一个获得并使用第五航权的城市，也意味着西安国际航空运输迈入新时代。

截至目前，空港新城联合西部机场集团航空物流公司累计开通全货运航线27条，通达全球9个国家的28个主要枢纽城市，国内北上南下、东进西出，国际向西加密、洲际直达的全货运网络加快形成，日均近千架次客机的腹舱载货，连同每周120余架次的全货机整航班载货，实现陕西航空物流与国际国内航点城市的广泛连接、高频穿梭。西安正在成为"联通欧亚、承东启西、连接南北"的重要枢纽。13条国际货运航线覆盖多个"一带一路"沿线国家和地区，构建起大西安融入世界开放发展的航空大通道，进一步推动了陕西与"一带一路"沿线国家的经贸合作和人文交流。

14条国内货运航线编织成网，初步形成"北上南下、东进西出、通达世界"的航线网络布局，实现西北五省枢纽联通，带动西北地区融入全球经济网络。

（二）铁路

西安依托区位优势和中国最大的内陆港口——西安港，初步形成了承东启西、连接南北、贯通欧亚的重要商贸物流大通道和全网物流体系，着力构筑中欧班列（西安）集结中心。

2013年以来中欧班列"长安号"开通了哈萨克斯坦、比利时、德国、波兰等国际班列运行线路13条，基本实现了中亚及欧洲地区主要货源地全覆盖。得益于高质量运行，"长安号"已深度融入全球产业供应链。

2018年，中欧班列长安号开行1235列，重载率、货运量和实载开行量三项指标位居全国第一。目前，来自29个省区市的货源在西安港集散分拨，超过七成的进出港货物在西安集结走向欧洲和中亚，从西安分拨至全国。西安港已成为辐射全国、连通欧亚的国际中转枢纽港。截至2020年3月11日，2020年中欧班列长安号已累计开行405列。其中去程230列，发送车数突破1万车大关。开行量、重载率、货运量3项核心指标稳居全国第一。2020年4月8日，西安首开至巴塞罗那中欧班列。

如今，一条以西安为中心，布点陕西、辐射西部乃至"一带一路"的现代物流新经济走廊正在形成，陕西正在成为内陆改革开放的新高地。

八 贵州贵安新区

目前大数据产业已在贵州遍地开花，成为贵州弯道取直、后发赶超的重要支撑。自决心发展大数据产业以来，贵州凭借得天独厚的区位优势和大数据的硬件建设基础，吸引了众多数据中心落户。不少国家部委将贵州作为数据资源储备中心和灾备中心，贵州凭借大数据成为践行"一带一路"倡议的核心省份。

2013年，中国联通以超前的战略眼光，决定在贵州"打造世界一流的云计算基地"——中国联通贵安大数据中心。在国内三大运营商中，联通是拥有出口线缆最多的通信商，共有27个国际海缆系统，总出口带宽2T，国际陆缆总带宽资源超2.5T，基本覆盖了"一带一路"沿线国家。贵州借助联通的国际线缆宽带资源，可轻易实现数据资源向外输出。

2019年，贵安新区大数据产业总规模达423.87亿元，同比增长12.7%。2019年，贵安新区奋力打造以大数据为引领的电子信息制造、数据中心、软件及信息技术服务三大产业集群，深入推进国家大数据综合试验区建设，取得了显著成绩。

电子信息制造业持续发力拉动贵安新区经济发展。2019年，贵安新区电子信息制造业总产值完成258.53亿元，同比增长10.30%，占贵安工业总产值的93.25%；生产手机4577.87万部，同比增长38.00%；生产服务器8.47万台，同比增长11.80%。

2019年，贵安新区软件和信息技术服务业营业收入完成43.09亿元，同比增长42.54%，是全省平均增速的两倍，超额完成省级下达的27亿元的目标任务。以软件和信息技术服务业为引领的现代服务业对贵安新区生产总值贡献率超过20%，为贵安经济发展提供强劲动力。

九 青岛西海岸新区[①]

在国家着力推动"东西双向互济，陆海内外联动"开放格局的时代大背景下，因港而生、向海而行的青岛，地处陆海连接重要位置。便利的地理位置，赋予这座城市沿"一带一路"广交朋友的天然优势。目前，陆向方

[①] 《青岛：一带一路朋友圈不断扩大》，http://paper.people.com.cn/rmrbhwb/html/2019-09/12/content_1946089.htm，2019年9月12日。

面,青岛已开通5条国际班列,建成郑州、西安、新疆等10个内陆港;海向方面,青岛港"一带一路"沿线国际友好港达22个。

从琅琊港古代海上丝绸之路最原始的起点走来,西海岸新区紧抓"一带一路"契机,不断将传统优势转化为新的发展机遇,积极拓展对外开放与合作共赢新空间,充分发挥了重要桥头堡的优势。传承"古代海上丝绸之路"的历史使命,承载新时代"一带一路"的期许,西海岸正倾力打造"向海经济",书写海上丝绸之路的新华章。

青岛西海岸新区作为山东省对外开放的桥头堡、青岛市高质量发展的排头兵,正全力打造开放新区、现代新区、活力新区、时尚新区。山东省港口集团是山东省政府批准设立的省属国有骨干企业,统领全省港口一体化发展,正全力打造"港通四海、陆联八方、口碑天下、辉映全球"的世界知名港口运营商。位于青岛西海岸新区的青岛港前湾港区、董家口港区、黄岛港区,是山东省港口集团的重要港区,已通达全球180多个国家、700多个港口,年集装箱吞吐量突破2100万标准箱。"一带一路"倡议提出以来,青岛港的航线密度越来越大,航班也越来越多,装卸箱量增长了40%,其中一半的贡献来自"一带一路"沿线国家。2018年,青岛港的国际航线增加了15条,其中10条运行于"一带一路"沿线国家之间。

十 大连金普新区[①]

2018年是"一带一路"倡议提出5周年,5年间,大连港与俄罗斯铁路公司、德国铁路公司、中国铁路总公司等重点企业伙伴共同搭建合作之路,为沿线国家和地区注入发展新动能,也不断提升自身影响力。5年间,大连港中欧班列的服务组织逐渐完善、班列数量与日俱增、货源种类日趋丰富,去回程集装箱量实现同步增长,年运量由2013年的0.3万TEU增长至2017年的3.5万TEU,年平均运量增长幅度达到85%。

---

① 《大连港中欧班列为"一带一路"建设注入金普新区力量》,http://www.dl.gov.cn/gov/detail/detail.vm?diid=201B02009190100582619010415&lid=2_3_9,2019年1月4日。

截至2018年底，大连港已陆续开通7条中欧班列线路。作为国家级新区和大连自贸片区所在地的金普新区，在中欧班列的助力下，为"一带一路"建设提供了助力。

十一 成都天府新区[①]

（一）铁路

成都中欧班列首列于2013年4月26日开行，从开行之初的31列到2018年开行的1591列，中欧班列（成都）已连续3年位列全国第一，成为国内开行数量最多、最为稳定高效的中欧班列，成为成都联通世界的纽带。

（二）航空

目前，成都已开通的116条国际（地区）航线覆盖亚洲、欧洲、北美洲、非洲、大洋洲的重要枢纽城市。一条条航线织线成网，迅速拉近了成都与世界的距离。中国民航局的数据显示，2018年，成都机场的旅客吞吐量5295万人次，同比增长6.3%，位列中国内地机场第四。成都双流国际机场大力拓展洲际10小时航程圈和亚洲5小时航程圈，以"一带一路"沿线国家为重点，开通并加密东南亚、南亚及东盟十国热点航线，初步形成"长短结合、宽厚兼顾"的枢纽型国际航线网络，打造以北美—成都—亚洲、欧洲—成都—大洋洲为主体的"十"字形空中通道，同时加强国内航线中转衔接。坚持"客货并举"战略，持续推进航空物流通道建设，强化中西部地区辐射作用，初步形成覆盖"一带一路"、辐射中西部地区的货运航线网络，积极打造中西部航空货运枢纽。2020年，天府国际机场即将投入使用，成都也将成为中国第三个拥有"两个国际机场"的城市。

十二 湖南湘江新区

"湘欧快线"是指连接湖南与欧洲、中亚地区国际铁路货运班列，全程

[①] 《天府新区：交通体系》，http://sc.sina.com.cn/city/2019-07-23/city-ihytcerm5625290.shtml，2019年7月23日。

运输时间约16天,于2014年10月首发,2016年被纳入"中欧班列"统一品牌管理。该班列先后开通至杜伊斯堡、塔什干、莫斯科、汉堡、华沙、明斯克、布达佩斯、德黑兰等欧亚城市线路10条(8去2回),其中布达佩斯、德黑兰等多条线路均为湖南首开,直接途经14个国家,物流服务实际覆盖了27个国家。

十三 南京江北新区

(一)航空

2019年4月,南京国际直航线路已经覆盖俄罗斯、新加坡、马来西亚、印度尼西亚、缅甸、泰国、老挝、柬埔寨、越南、菲律宾、马尔代夫等11个"一带一路"沿线国家。"一带一路"航线的不断加密,不仅带来了新的机遇,也有力提高了南京的城市国际化水平,促进了南京与"一带一路"沿线国家的经贸文化往来。结合长三角世界级机场群建设,南京将加快完成T1航站楼改扩建工程,尽早启动三期扩建工程,与全球主要城市形成"12小时航空交通圈",与东北亚和东南亚主要城市形成"4小时航空交通圈"。海港方面,将依托长江南京以下12.5米深水航道,重点建设5万吨级及以上深水泊位,形成以3万~5万吨级泊位为主体的港口码头结构。铁路枢纽方面,对接"一带一路"建设,打造与铁路干线、航道紧密衔接的铁路物流基地,服务南京核心工业、重点物流园区和城市绝大部分商贸型货运需求。

(二)公路

到2020年,南京将基本建成畅通衔接"一带一路"重要节点的运输通道,成为面向"一带一路"的海、陆、空门户枢纽。

南京将完善"米"字形高速铁路网络,推动南沿江、北沿江、宁淮、宁宣、宁扬宁马等干线铁路建设,实施宁芜铁路货运线外绕工程、京沪铁路能力提升工程,加强与"一带一路"节点城市的货运联系。

(三)铁路

2014年8月,南京中亚班列开行;2016年6月,南京中欧班列试运行。目前南京中欧、中亚班列都以南京北站货场为始发地。2017年4月，南京中欧班列开行常态化，中欧班列开行数量逐渐增长，货场发送货物量大幅提高。

据南京货运中心提供的数据，南京北站货场2018年发送货物35.79万吨，比2015年多了近1倍。2018年，南京中欧、中亚班列共发送130列6034车，其中中欧班列比上一年增加18列850车。

十四　福建福州新区

福州新区积极构建国际化空港海港。对外大力开拓航路与航线，实现对"一带一路"沿线国家的全覆盖，开辟福州港至海上丝绸之路沿线主要港口航线。福州港江阴港区新开一条由海陆马士基运营的东南亚航线，为福州港"一带一路"航线再添助力。对内积极发展多式联运，拓展港口和机场腹地。机场方面，将轨道交通引入枢纽，形成对外联系的高速复合枢纽。港口方面，铁路深入海港，特别是集装箱港区，大力发展海铁联运。

福州港目前已与20多个国家和地区的30多个港口通航，2015年，福州港新增1条西非航线；2018年，江阴港区新增越南航线；2019年，福州港试航菲律宾马尼拉航线；2020年3月，福州港南翼江阴港区新开一条由海陆马士基运营的东南亚航线，为福州港"一带一路"航线再添助力。

十五　云南滇中新区[①]

（一）航空

昆明长水国际机场口岸于2019年4月28日正式启用"一带一路"专用通道，为出入境的"一带一路"沿线国家（地区）人员提供通行便利。作为我国面向南亚东南亚和连接欧亚的国家门户枢纽机场，昆明长水国际机场在"一带一路"建设中发挥着日益重要的作用。

[①]《昆明长水国际机场口岸启用"一带一路"专用通道》，昆明信息港，https://www.kunming.cn/news/c/2019-04-28/12634804.shtml，2019年4月28日。

截至2018年,昆明机场航线覆盖南亚5国、东南亚10国,至南亚东南亚的通航城市达35个,成为国内连接南亚东南亚通航点最多的机场。为更好地方便"一带一路"沿线国家(地区)人员出入境,国家移民管理局在北京、上海、广州、厦门、深圳、成都、昆明、乌鲁木齐、重庆、郑州、西安、泉州等12个航空口岸,以及与"一带一路"沿线重点国家毗邻的满洲里、二连浩特、霍尔果斯、友谊关、东兴、磨憨等6个陆路口岸边检现场设置"一带一路"通道,为参与"一带一路"建设重点工程、重要合作、重大项目或参加"一带一路"有关会议、活动的中外人员快速办理边检手续提供便利。

(二)铁路

2015年11月第一趟中欧班列(昆蓉欧)开行,至2017年共计完成到发站55个集装箱,货物总量1200多吨,实现了中欧沿线双向稳定运行,有力推进了昆明对外开放水平提升。

为深度融入国家"一带一路"建设,自第一趟班列开通以来,市商务局积极开展相关工作,加大宣传力度,先后到昆明高新区、经开区等县区及普洱、大理、版纳、临沧、保山等州市进行宣传推荐,对接了120余家外贸进出口企业,并开通门户网站、微信公众平台及微博等信息平台,加强信息发布和沟通。此外,昆明还积极开拓市场,扩大贸易范围,打通了中亚铁海联运货运班列通道,并于2016年11月30日成功开行了首趟昆明—南亚巴基斯坦卡拉奇港班列。2018年中欧班列、中越、中亚铁海联运国际货运班列稳定开行,运输货物总量3.8万吨,比上年增长89.6%。

中越铁路境内段已投入运营,境外段越南老街—海防正在开展准轨铁路改造可行性研究,中老泰铁路境内段玉溪—磨憨铁路、境外段老挝磨丁—万象铁路正在加快建设。此外,中缅铁路境内大理—瑞丽段建设加快推进,临沧—清水河铁路、芒市—猴桥铁路启动前期工作,境外段缅甸木姐—曼德勒铁路工程也正在开展可行性研究。云南与越南、老挝、缅甸连接的昆河、昆磨、昆瑞高速公路已经全线贯通,老挝万象—磨丁口岸高速公路万象—万荣段正在建设,预计将于2020年建成通车。连接缅甸的第二条高速公路(墨江—临沧—清水河）正在加快建设，经缅甸连接印度的腾冲—猴桥高速公路计划2020年前建成通车。

（三）航运

澜沧江—湄公河航道二期整治项目前期工作正式启动，中越红河水运、中缅伊洛瓦底江陆水联运项目有序推进。

十六　黑龙江哈尔滨新区

（一）铁路

2015年2月28日，黑龙江省哈尔滨首列中欧班列正式上线运营，成为深化对俄全方位交流合作、带动黑龙江沿边开放升级的新引擎。2015年6月，"哈欧""哈俄"国际铁路货运班列开通。中国北疆对外经贸大省黑龙江与俄罗斯、欧洲等国实现了铁路联通，"中国制造"可经铁路直达俄罗斯和欧洲各国，极大地促进了中俄、中欧之间的经贸往来，2017年，哈尔滨海关监管服务进出境中欧班列461车次，货值达8.04亿美元，在实现常态化运输的同时，也成为中国与"一带一路"国家经贸往来的重要途径。2019年12月，由俄罗斯远东地区梅尔基车站始发的中欧班列：梅尔基—绥芬河—哈尔滨班列顺利开通。从此黑龙江省真正有了自己的中欧班列进出境口岸。

（二）航空

2013年11月国内首条对俄电商货运包机航线——哈尔滨至俄叶卡捷琳堡货运包机航线开通。2017年，哈尔滨已开通对俄客运航线12条，数量仅次于北京。截至2017年4月底，该航线已累计飞行342个班次，载货7185吨，实现出口贸易额近7亿美元，成为国内对俄航空小件邮包的主要通道，货运量占全国的30%以上。2017年前4月，全市发运包机63班，同比增长163%；货运量1324吨，同比增长175%；出口货值1.26亿美元，同比增长163%，继续保持高速增长态势。2017年4月，哈尔滨市开通哈尔滨—叶卡捷琳堡—巴黎航线，将哈尔滨、巴黎两地的飞行时间缩短至14个小时。2019年，哈尔滨已开通11条对俄航线和北美货运航线。

十七　吉林长春新区[1]

（一）航空

依托龙嘉国际机场（22 平方公里）和东北亚航空物流产业园区（规划面积 10.7 平方公里）为核心功能区的长春国际航空港，成为"一带一路"北线的重要航空节点。

2018 年，长春龙嘉国际机场新开通国际航线 3 条、国内航线 6 条，至 2020 年 4 月，国内航线达到 150 条、国际航线达到 9 条，航空运力和航线覆盖范围不断提升。

（二）铁路[2]

中欧班列"长满欧"（长春—满洲里—欧洲）自 2015 年开始运行，围绕"长满欧"形成了"公空铁海"四位一体的多式联运国际通道体系。随着通道建设不断加快，长春获批整车进口口岸、进口肉类口岸、进口冰鲜水产品口岸。通过中欧班列联通日韩和欧洲，吉林省内陆"口岸经济"越做越大。

中欧班列"长满欧"是吉林省深度融入"一带一路"建设的重点项目。班列由吉林省长春市始发，经满洲里铁路口岸出境，途经俄罗斯西伯利亚、白俄罗斯布列斯特、波兰华沙，终点到达德国纽伦堡。线路全程约 9800 公里，单程运行时间为 14 天，比海运节省 20 多天。2018 年 6 月，中欧班列"长满欧"德国纽伦堡枢纽正式启用，中国吉林公共海外仓也投入使用，可为全国中欧班列提供调配、仓储等服务，打造多式联运中枢和中欧进出口商品双向流通集散中心。2020 年年初到 4 月，发运中欧班列（长春至俄罗斯、白俄罗斯）9 列共计 400 余车，货物总值约 1400 万美元，产品来自韩国以及中国华南、华中地区等地。

---

[1]《长春新区加快开放步伐 助老工业基地融入"一带一路"》，http://www.jl.chinanews.com/2019-04-28/70613.html，2019 年 4 月 28 日。
[2]《吉林深度融入"一带一路"，陆海新通道助力全面振兴》，https://www.sohu.com/a/334498968_731021，2019 年 8 月 17 日。

十八　江西赣江新区

（一）航空[①]

2018年江西航空通道进一步拓展，成功开通南昌—莫斯科首条洲际航线和南昌—新加坡定期国际航线，新增南昌—比利时的洲际全货机航线和南昌—香港的全货机航线，已开通"一带一路"沿线国家和地区15条定期航线。

此外，江西口岸建设和服务贸易在2018年实现快速发展。南昌昌北国际机场全年完成旅客吞吐量1352万人次，货邮吞吐量8.3万吨，分别增长23.7%和58.1%，其中出入境人员80万人次，昌北国际机场客货运增幅均居国内省会城市机场首位。

（二）铁路

自2017年江西开行首列中欧班列以来，截至2020年3月，江西一共开行600列中欧班列。中欧班列的开行，成为江西经济增长的重要引擎。截至2020年3月，江西中欧班列开行线路已达俄罗斯、德国、荷兰、瑞典、波兰、白俄罗斯、匈牙利、芬兰以及中亚五国等国家，货源辐射范围覆盖江西及周边浙江、广东、江苏、福建、上海等地区，线路达19条，为江西及周边地区与欧洲之间经贸往来搭建了双向"快车道"。

十九　河北雄安新区

2019年9月25日，北京大兴国际机场正式通航，此前河北自贸试验区大兴机场片区已挂牌。以大兴国际机场为中心，一个国际物流、信息流、资金流的集聚高地正在崛起，为河北推进京津冀协同发展增添了强劲的新引擎。

大兴国际机场距雄安新区55公里，是离雄安最近的大型国际航空枢纽。

[①] 《江西已开通15条"一带一路"沿线定期航线》，中国一带一路网，https://www.yidaiyilu.gov.cn/xwzx/roll/77902.htm，2019年1月17日。

第三章 "六廊六路、多国多港"建设与国家级新区发展

得天独厚的地理位置决定了大兴国际机场不仅是北京的机场，也是支撑雄安新区建设发展的京津冀区域综合交通枢纽。大兴国际机场投入运营后，为雄安新区的客货运输提供了更加方便快捷的选择。通过构建与大兴国际机场多通道、多方式的交通联系，可以实现雄安新区与全国乃至全球的便捷联系。雄安至北京大兴国际机场快线（R1线）是雄安新区规划纲要和总规中构建"四纵两横"区域高速铁路交通网络中的"一纵"，也是新区交通专项规划中"一干多支"轨道交通快线网中的"一干"，它同新区规划的轨道交通普线网便捷换乘，实现新区与外界快捷、高效、绿色、环保的轨道交通连接。雄安新区机场快线（R1线）作为疏解北京非首都功能、联系大兴国际机场的重要交通设施，能够实现京雄两地同城化，同时带动周边城镇快速融入京雄两地的快速发展，以实现北京、雄安、大兴国际机场之间即到即走、公交化出行，有利于完善京雄之间的综合交通体系。按照规划，该线路采用"一干多支"的快速轨道交通运营组织模式，可实现新区一主五辅各组团之间的联系。

第四章 "一带一路"与国家级新区内部网络机制平台建设

19个国家级新区均拥有完善的门户网站，部分新区还设有独立的公开监督平台。各门户网站的结构大体相同，主要包括新区概况、要闻动态、政务公开、投资新区、营商环境、公共服务等。而这些模块与"一带一路"建设也是息息相关的。各新区发布的关于"一带一路"建设的政策会在"政务公开"模块体现出来；新区关于"一带一路"建设的最新进展会在"新区要闻"模块有所展示；而新区对于"一带一路"有关项目的招商引资也会在"投资新区"模块向大众公开，做到透明化、便捷化。这有利于新区践行"一带一路"倡议，有利于民众对"一带一路"建设有更深入的了解，有利于企业对"一带一路"建设中的项目进行投资。

一 上海浦东新区

上海浦东新区设立了"上海浦东新区人民政府"[①]这一官方网站，网站包含浦东要闻、政务公开、政民互动、营商环境、公共服务、走进浦东等模块。

二 天津滨海新区

天津市滨海新区设立了"天津市滨海新区人民政府"[②]这一官方网站，

---

① http://www.pudong.gov.cn/shpd/.
② http://www.tjbh.gov.cn/.

网站包含区情、区政府、新闻、公开、服务、投资等模块。同时，滨海新区还专门建立"天津市滨海新区市场监督管理局"①这一网站，以保证市场上正当交易，取缔非法活动，维护消费者的切身利益，维护商品流通的正常秩序。

三 重庆两江新区

重庆两江新区设立了"重庆两江新区"②这一官方网站，网站包含新闻中心、政务审批、招商引资、自贸中新、两江人才、生活资讯等模块。两江新区也专门设立"重庆两江新区市场监督管理局"③这一监督网站。

四 浙江舟山群岛新区

浙江舟山群岛新区设立了"舟山市人民政府"④以及"浙江舟山群岛新城新区管理委员会"⑤官方网站。

五 甘肃兰州新区

甘肃兰州新区设立了"兰州新区门户网站"⑥，包括走进新区、要闻动态、政务公开、投资新区、在线办事等模块。

六 广州南沙新区

广州南沙新区设立了"广州市南沙区人民政府"⑦官方网站，包括南沙动态、政务公开、投资南沙、政务服务、公共服务、工作机构等模块。

---

① http://scjgj.tjbh.gov.cn/.
② http://www.liangjiang.gov.cn/.
③ http://ljt.liangjiang.gov.cn/department/detail/10120.
④ http://www.zhoushan.gov.cn/.
⑤ http://xcgwh.zhoushan.gov.cn/.
⑥ http://www.lzxq.gov.cn/.
⑦ http://www.gzns.gov.cn/.

七 陕西西咸新区

陕西西咸新区设立了"陕西省西咸新区开发建设委员会"[①]官方网站，包括西咸党建、政务大厅、新闻中心、政务公开、公共服务等模块，并且设立了"西咸新区质量技术监督局"[②]网站。

八 贵州贵安新区

贵州贵安新区设立了"贵州贵安新区管理委员会"官方网站[③]，包括走进贵安、新闻动态、政务公开、政民互动、政府服务、政府数据、招商引资等模块。

九 青岛西海岸新区

青岛西海岸新区设立了"青岛西海岸新区政务网"[④]官方网站，包括新闻资讯、投资促进、新闻公开、政务服务、政民互动、政商直通车等模块。

十 大连金普新区

大连金普新区设立了"大连金普新区""大连经济技术开发区"[⑤]等官方网站，包括动态、投资、互动、政务等模块。

十一 成都天府新区

成都天府新区设立了"四川天府新区成都管委会"[⑥]官方网站，包括要闻、服务、商务、政务等模块。

[①] http://www.xixianxinqu.gov.cn/.
[②] http://xx.snqi.gov.cn/.
[③] http://www.gaxq.gov.cn/.
[④] http://www.huangdao.gov.cn/n10/index.html.
[⑤] https://www.dljp.gov.cn/.
[⑥] http://cdtf.gov.cn/.

十二　湖南湘江新区

湖南湘江新区设立了"湖南湘江新区"[1] 官方网站，包括新闻中心、招商引资、信息公开、政务服务、廉洁新区等模块。

十三　南京江北新区

南京江北新区设立了"南京市江北新区政务服务网"[2] 官方网站，包括走进新区、互动交流、投资新区、创新人才、政府信息公开、政务服务等模块。

十四　福建福州新区

福建福州新区设立了"福州新区"[3] 官方网站，包括新区概况、新区要闻、新区投资、信息公开、行政服务、互动交流等模块。

十五　云南滇中新区

云南滇中新区设立了"云南滇中新区"[4] 官方网站，包括走进新区、政务公开、政务服务、政民互动、投资指南等模块。

十六　黑龙江哈尔滨新区

黑龙江哈尔滨新区设立了"哈尔滨市松北区"[5] 官方网站，包括魅力新区、新闻中心、政务公开、政务服务等模块。

十七　吉林长春新区

吉林长春新区设立了"长春新区管理委员会"[6] 官方网站，包括新区概况、党建领航、廉政建设、创新体系、招商引资、人才引进等模块。

---

[1] http：//www. hnxjxq. gov. cn/.
[2] http：//njna. nanjing. gov. cn/njsjbxqglwyh/？id = jggk.
[3] http：//fzxq. fuzhou. gov. cn/.
[4] http：//www. dzxq. gov. cn/.
[5] http：//www. songbei. gov. cn/.
[6] http：//ccxq. gov. cn/.

十八　江西赣江新区

江西赣江新区设立了"国家级赣江新区政务网"[①]官方网站,包括新闻聚集、政务公开、政务服务、招商引资、科技创新、人才服务等模块。

十九　河北雄安新区

河北雄安新区设立了"中国雄安官网"[②]官方网站,包括千年大计、雄安新闻、雄安政务、大美雄安、雄安未来等模块。

---

① http://www.gjxq.gov.cn/index.shtml.
② http://www.xiongan.gov.cn/.

自由贸易试验区篇

中国自由贸易区是指在国境内关外设立的，以优惠税收和海关特殊监管政策为主要手段，以贸易自由化、便利化为主要目的的多功能经济性特区。自2013年中国建立第一个自由贸易试验区，即上海自由贸易试验区后，2014年、2017年、2019年先后有四批，共建成18个自贸区。现已经初步形成了"1+3+7+1+6"的基本格局，形成了东西南北中协调、陆海统筹的开放态势，推动形成了我国新一轮全面开放格局。本篇重点梳理18个自由贸易试验区的基本情况，找出其一般规律和相互差异，从而对自由贸易试验区形成全面的认知。

第一章 自由贸易试验区概览

自由贸易试验区（Free Trade Zone，FTZ）是指在贸易和投资等方面比世贸组织有关规定更加优惠的贸易安排，在主权国家或地区的关境以外，划出特定的区域，准许外国商品豁免关税自由进出，实质上是采取自由港政策的关税隔离区，狭义上，是指提供区内加工出口所需原料等货物的进口豁免关税的地区，类似于出口加工区，广义上，还包括自由港和转口贸易区。

2013年9月至2019年8月，中国分多批次批准了18个自贸试验区，初步形成了"1+3+7+1+6"的基本格局，形成了东西南北中协调、陆海统筹的开放态势，推动形成了我国新一轮全面开放格局。2013年9月，中国（上海）自由贸易试验区成立；2015年4月，中国（广东）自由贸易试验区、中国（天津）自由贸易试验区、中国（福建）自由贸易试验区成立；2017年3月，中国（辽宁）自由贸易试验区、中国（浙江）自由贸易试验区、中国（河南）自由贸易试验区、中国（湖北）自由贸易试验区、中国（重庆）自由贸易试验区、中国（四川）自由贸易试验区、中国（陕西）自由贸易试验区成立；2018年10月，中国（海南）自由贸易试验区成立；2019年8月，中国（山东）自由贸易试验区、中国（江苏）自由贸易试验区、中国（广西）自由贸易试验区、中国（河北）自由贸易试验区、中国（云南）自由贸易试验区、中国（黑龙江）自由贸易试验区成立。

表1-1 中国自由贸易试验区简介

序号	自贸区名称	获批/挂牌时间	片区划分	面积(平方公里)
1	中国（上海）自由贸易试验区	2013年9月	海关特殊监管区域、陆家嘴金融片区、金桥开发片区、张江高科技片区	120.72

续表

序号	自贸区名称	获批/挂牌时间	片区划分	面积(平方公里)
2	中国(广东)自由贸易试验区	2015年4月	广州南沙新区、深圳前海蛇口片区、珠海横琴新区	116.2
3	中国(天津)自由贸易试验区	2015年4月	天津港片区、天津机场片区、滨海新区中心商务片区	119.9
4	中国(福建)自由贸易试验区	2015年4月	福州片区、厦门片区、平潭片区	118.04
5	中国(辽宁)自由贸易试验区	2017年3月	大连片区、沈阳片区、营口片区	119.89
6	中国(浙江)自由贸易试验区	2017年3月	舟山离岛片区、舟山岛北部片区、舟山岛南部片区	119.95
7	中国(河南)自由贸易试验区	2017年3月	郑州片区、开封片区、洛阳片区	119.77
8	中国(湖北)自由贸易试验区	2017年3月	武汉片区、宜昌片区、襄阳片区	119.96
9	中国(重庆)自由贸易试验区	2017年3月	两江片区、西永片区、果园港片区	119.98
10	中国(四川)自由贸易试验区	2017年3月	成都天府新区、成都青白江铁路港片区、川南临港片区	119.99
11	中国(陕西)自由贸易试验区	2017年3月	中心片区、西安国际港务区片区、杨凌示范区片区	119.95
12	中国(海南)自由贸易试验区	2018年10月	—	全岛
13	中国(山东)自由贸易试验区	2019年8月	济南片区、青岛片区、烟台片区	119.98
14	中国(江苏)自由贸易试验区	2019年8月	南京片区、苏州片区、连云港片区	119.97
15	中国(广西)自由贸易试验区	2019年8月	南宁片区、钦州港片区、崇左片区	119.99
16	中国(河北)自由贸易试验区	2019年8月	雄安新区片区、正定片区、曹妃甸片区、大兴机场片区	119.97
17	中国(云南)自由贸易试验区	2019年8月	昆明片区、红河片区、德宏片区	119.86
18	中国(黑龙江)自由贸易试验区	2019年8月	哈尔滨片区、黑河片区、绥芬河片区	119.85

一 中国（上海）自由贸易试验区

2013年8月，国务院正式批准设立中国（上海）自由贸易试验区。2013年9月18日，国务院下达了关于印发中国（上海）自由贸易试验区总体方案的通知。该总体方案就总体要求、主要任务和措施、营造相应的监管和税收制度环境、扎实做好组织实施等主要环节做出了明确的要求。2013年9月29日，上海自由贸易试验区正式挂牌成立。

（一）发展目标

经过两至三年的改革试验，加快转变政府职能，积极推进服务业扩大开放和外商投资管理体制改革，大力发展总部经济和新型贸易业态，加快探索资本项目可兑换和金融服务业全面开放，探索建立货物状态分类监管模式，努力形成促进投资和创新的政策支持体系，着力培育国际化和法治化的营商环境，力争建设成为具有国际水准的投资贸易便利、货币兑换自由、监管高效便捷、法制环境规范的自由贸易试验区，为我国扩大开放和深化改革探索新思路和新途径，更好地为全国服务。

（二）实施范围

自贸试验区的实施范围120.72平方公里，涵盖上海外高桥保税区、上海外高桥保税物流园区、洋山保税港区、上海浦东机场综合保税区4个海关特殊监管区域（28.78平方公里），以及陆家嘴金融片区（34.26平方公里）、金桥开发片区（20.48平方公里）、张江高科技片区（37.2平方公里）。

二 中国（广东）自由贸易试验区

2014年12月，国务院决定设立中国（广东）自由贸易试验区。2015年3月，中国共产党中央政治局审议通过广东自由贸易试验区总体方案。2015年4月21日，中国（广东）自由贸易试验区在广州南沙区举行挂牌仪式。

（一）发展目标

经过三至五年改革试验，营造国际化、市场化、法治化营商环境，构建开放型经济新体制,实现粤港澳深度合作,形成国际经济合作竞争新优势,力争建成符合国际高标准的法治环境规范、投资贸易便利、辐射带动功能突出、监管安全高效的自由贸易园区。

(二) 实施范围

自贸试验区的实施范围116.2平方公里,涵盖三个片区:广州南沙新区片区60平方公里(含广州南沙保税港区7.06平方公里)、深圳前海蛇口片区28.2平方公里(含深圳前海湾保税港区3.71平方公里)、珠海横琴新区片区28平方公里。

三 中国（天津）自由贸易试验区

2014年12月,国务院决定设立中国(天津)自由贸易试验区。2015年3月24日,中国共产党中央政治局审议通过天津自由贸易试验区总体方案。2015年4月21日,中国(天津)自由贸易试验区正式挂牌,该试验区是经国务院批准设立的中国北方第一个自贸试验区。

(一) 发展目标

经过三至五年改革探索,将自贸试验区建设成为贸易自由、投资便利、高端产业集聚、金融服务完善、法治环境规范、监管高效便捷、辐射带动效应明显的国际一流自由贸易园区,在京津冀协同发展和我国经济转型发展中发挥示范引领作用。

(二) 实施范围

自贸试验区的实施范围119.9平方公里,涵盖三个片区:天津港片区30平方公里(含东疆保税港区10平方公里)、天津机场片区43.1平方公里(含天津港保税区空港部分1平方公里和滨海新区综合保税区1.96平方公里)、滨海新区中心商务片区46.8平方公里(含天津港保税区海港部分和保税物流园区4平方公里)。

四 中国（福建）自由贸易试验区

2014年12月,国务院决定设立中国(福建)自由贸易试验区。2015

年3月24日,中国共产党中央政治局审议通过福建自由贸易试验区总体方案。2015年4月21日,福建自贸试验区揭牌仪式在位于福州马尾的福建自贸试验区福州片区行政服务中心举行。

(一)发展目标

坚持扩大开放与深化改革相结合、功能培育与制度创新相结合,加快政府职能转变,建立与国际投资贸易规则相适应的新体制。创新两岸合作机制,推动货物、服务、资金、人员等各类要素自由流动,增强闽台经济关联度。加快形成更高水平的对外开放新格局,拓展与"21世纪海上丝绸之路"沿线国家和地区交流合作的深度和广度。经过三至五年改革探索,力争建成投资贸易便利、金融创新功能突出、服务体系健全、监管高效便捷、法制环境规范的自由贸易园区。

(二)实施范围

自贸试验区的实施范围118.04平方公里,涵盖三个片区:平潭片区43平方公里、厦门片区43.78平方公里(含象屿保税区0.6平方公里、象屿保税物流园区0.7平方公里、厦门海沧保税港区9.51平方公里)、福州片区31.26平方公里(含福州保税区0.6平方公里、福州出口加工区1.14平方公里、福州保税港区9.26平方公里)。

五 中国(辽宁)自由贸易试验区

2016年8月,党中央、国务院决定设立中国(辽宁)自由贸易试验区。2017年3月,国务院印发中国(辽宁)自由贸易试验区总体方案。2017年4月1日,中国(辽宁)自由贸易试验区在沈阳市揭牌。

(一)发展目标

经过三至五年改革探索,形成与国际投资贸易通行规则相衔接的制度创新体系,营造法治化、国际化、便利化的营商环境,巩固提升对人才、资本等要素的吸引力,努力建成高端产业集聚、投资贸易便利、金融服务完善、监管高效便捷、法治环境规范的高水平高标准自由贸易园区,引领东北地区转变经济发展方式、提高经济发展质量和水平。

（二）实施范围

自贸试验区的实施范围119.89平方公里，涵盖三个片区：大连片区59.96平方公里（含大连保税区1.25平方公里、大连出口加工区2.95平方公里、大连大窑湾保税港区6.88平方公里）、沈阳片区29.97平方公里、营口片区29.96平方公里。

六 中国（浙江）自由贸易试验区

2016年8月，国务院决定设立中国（浙江）自由贸易试验区。2017年3月国务院印发中国（浙江）自由贸易试验区总体方案。2017年4月1日，中国（浙江）自由贸易试验区正式挂牌成立。

（一）发展目标

经过三年左右有特色的改革探索，基本实现投资贸易便利、高端产业集聚、法治环境规范、金融服务完善、监管高效便捷、辐射带动作用突出，以油品为核心的大宗商品全球配置能力显著提升，对接国际标准初步建成自由贸易港区先行区。

（二）实施范围

自贸试验区的实施范围119.95平方公里，由陆域和相关海洋锚地组成，涵盖三个片区：舟山离岛片区78.98平方公里（含舟山港综合保税区区块二3.02平方公里）、舟山岛北部片区15.62平方公里（含舟山港综合保税区区块一2.83平方公里）、舟山岛南部片区25.35平方公里。

七 中国（河南）自由贸易试验区

2016年8月，国务院决定设立中国（河南）自由贸易试验区。2017年3月国务院印发中国（河南）自由贸易试验区总体方案。2017年4月1日，中国（河南）自由贸易试验区正式挂牌成立。

（一）发展目标

经过三至五年改革探索，形成与国际投资贸易通行规则相衔接的制度创新体系，营造法治化、国际化、便利化的营商环境，努力将自贸试验区建设成为投资贸易便利、高端产业集聚、交通物流通达、监管高效便捷、辐射带动作用突出的高水平高标准自由贸易园区，引领内陆经济转型发展，推动构建全方位对外开放新格局。

（二）实施范围

自贸试验区的实施范围119.77平方公里，涵盖三个片区：郑州片区73.17平方公里（含河南郑州出口加工区A区0.89平方公里、河南保税物流中心0.41平方公里）、开封片区19.94平方公里、洛阳片区26.66平方公里。

八 中国（湖北）自由贸易试验区

2016年8月，国务院决定设立中国（湖北）自由贸易试验区。2017年3月国务院印发中国（湖北）自由贸易试验区总体方案。2017年4月1日，中国（湖北）自由贸易试验区正式挂牌成立。

（一）发展目标

经过三至五年改革探索，对接国际高标准投资贸易规则体系，力争建成高端产业集聚、创新创业活跃、金融服务完善、监管高效便捷、辐射带动作用突出的高水平高标准自由贸易园区，在实施中部崛起战略和推进长江经济带发展中发挥示范作用。

（二）实施范围

自贸试验区的实施范围119.96平方公里，涵盖三个片区：武汉片区70平方公里（含武汉东湖综合保税区5.41平方公里）、襄阳片区21.99平方公里［含襄阳保税物流中心（B型）0.281平方公里］、宜昌片区27.97平方公里。

九 中国（重庆）自由贸易试验区

2016年8月，国务院决定设立中国（重庆）自由贸易试验区。2017年3月国务院印发中国（重庆）自由贸易试验区总体方案。2017年4月1日，中国（重庆）自由贸易试验区正式挂牌成立。

（一）发展目标

经过三至五年改革探索，努力建成投资贸易便利、高端产业集聚、监管高效便捷、金融服务完善、法治环境规范、辐射带动作用突出的高水平高标准自由贸易园区，努力建成服务于"一带一路"建设和长江经济带发展的国际物流枢纽和口岸高地，推动构建西部地区门户城市全方位开放新格局，带动西部大开发战略深入实施。

（二）实施范围

自贸试验区的实施范围119.98平方公里，涵盖三个片区：两江片区66.29平方公里（含重庆两路寸滩保税港区8.37平方公里）、西永片区22.81平方公里[含重庆西永综合保税区8.8平方公里、重庆铁路保税物流中心（B型）0.15平方公里]、果园港片区30.88平方公里。

十　中国（四川）自由贸易试验区

2016年8月，国务院决定设立中国（四川）自由贸易试验区。2017年3月国务院印发中国（四川）自由贸易试验区总体方案。2017年4月1日，中国（四川）自由贸易试验区正式挂牌成立。

（一）发展目标

经过三至五年改革探索，力争建成法治环境规范、投资贸易便利、创新要素集聚、监管高效便捷、协同开放效果显著的高水平高标准自由贸易园区，在打造内陆开放型经济高地、深入推进西部大开发和长江经济带发展中发挥示范作用。

（二）实施范围

自贸试验区的实施范围119.99平方公里，涵盖三个片区：成都天府新区片区90.32平方公里[含成都高新综合保税区区块四（双流园区）4平方公里、成都空港保税物流中心（B型）0.09平方公里]、成都青白江铁路港片区9.68平方公里[含成都铁路保税物流中心（B型）0.18平方公里]、川南临港片区19.99平方公里[含泸州港保税物流中心（B型）0.21平方公里]。

十一　中国（陕西）自由贸易试验区

2016年8月，国务院决定设立中国（陕西）自由贸易试验区。2017年3月国务院印发中国（陕西）自由贸易试验区总体方案。2017年4月1日，中国（陕西）自由贸易试验区正式挂牌成立。

（一）发展目标

经过三至五年改革探索，形成与国际投资贸易通行规则相衔接的制度创新体系，营造法治化、国际化、便利化的营商环境，努力建成投资贸易便利、高端产业聚集、金融服务完善、人文交流深入、监管高效便捷、法治环境规范的高水平高标准自由贸易园区，推动"一带一路"建设和西部大开发战略的深入实施。

（二）实施范围

自贸试验区的实施范围119.95平方公里，涵盖三个片区：中心片区87.76平方公里［含陕西西安出口加工区A区0.75平方公里、B区0.79平方公里，西安高新综合保税区3.64平方公里和陕西西咸保税物流中心（B型）0.36平方公里］、西安国际港务区片区26.43平方公里（含西安综合保税区6.17平方公里）、杨凌示范区片区5.76平方公里。

十二　中国（海南）自由贸易试验区

2018年4月，习近平主席在庆祝海南建省办经济特区30周年大会上郑重宣布，党中央决定支持海南全岛建设自由贸易试验区。2018年10月16日，国务院批复同意设立中国（海南）自由贸易试验区并印发中国（海南）自由贸易试验区总体方案。

（一）发展目标

对标国际先进规则，持续深化改革探索，以高水平开放推动高质量发展，加快建立开放型、生态型、服务型产业体系。到2020年，自贸试验区建设取得重要进展。

（二）实施范围

中国（海南）自贸试验区的实施范围为海南岛全岛。自贸试验区土地、海域开发利用须遵守国家法律法规，贯彻生态文明和绿色发展要求，符合海南省"多规合一"总体规划，并符合节约集约用地用海的有关要求。涉及无居民海岛的，须符合《中华人民共和国海岛保护法》有关规定。

十三 中国（山东）自由贸易试验区

2019年8月，国务院关于6个新设自由贸易试验区总体方案的通知印发实施，中国（山东）自由贸易试验区正式设立。2019年8月30日，中国（山东）自由贸易试验区揭牌。

（一）发展目标

以制度创新为核心，以可复制可推广为基本要求，全面落实中央关于增强经济社会发展创新力、转变经济发展方式、建设海洋强国的要求，加快推进新旧发展动能接续转换、发展海洋经济，形成对外开放新高地。经过三至五年改革探索，对标国际先进规则，形成更多有国际竞争力的制度创新成果，推动经济发展质量变革、效率变革、动力变革，努力建成贸易投资便利、金融服务完善、监管安全高效、辐射带动作用突出的高标准高质量自由贸易园区。

（二）实施范围

自贸试验区的实施范围119.98平方公里，涵盖三个片区：济南片区37.99平方公里、青岛片区52平方公里（含青岛前湾保税港区9.12平方公里、青岛西海岸综合保税区2.01平方公里）、烟台片区29.99平方公里（含烟台保税港区区块二2.26平方公里）。

十四 中国（江苏）自由贸易试验区

2019年8月，国务院同意设立中国（江苏）自由贸易试验区。2019年9月1日，中国（江苏）自贸试验区在苏州片区正式揭牌成立。

(一)发展目标

经过三至五年改革探索,对标国际先进规则,形成更多有国际竞争力的制度创新成果,推动经济发展质量变革、效率变革、动力变革,努力建成贸易投资便利、高端产业集聚、金融服务完善、监管安全高效、辐射带动作用突出的高标准高质量自由贸易园区。

(二)实施范围

自贸试验区的实施范围119.97平方公里,涵盖三个片区:南京片区39.55平方公里、苏州片区60.15平方公里(含苏州工业园综合保税区5.28平方公里)、连云港片区20.27平方公里(含连云港综合保税区2.44平方公里)。

十五 中国(广西)自由贸易试验区

2019年8月,国务院关于6个新设自由贸易试验区总体方案的通知印发实施,中国(广西)自由贸易试验区正式设立。2019年8月30日,中国(广西)自由贸易试验区正式揭牌运行。

(一)发展目标

经过三至五年改革探索,对标国际先进规则,形成更多有国际竞争力的制度创新成果,推动经济发展质量变革、效率变革、动力变革,努力建成贸易投资便利、金融服务完善、监管安全高效、辐射带动作用突出、引领中国—东盟开放合作的高标准高质量自由贸易园区。

(二)实施范围

自贸试验区的实施范围119.99平方公里、涵盖三个片区:南宁片区46.8平方公里(含南宁综合保税区2.37平方公里)、钦州港片区58.19平方公里(含钦州保税港区8.81平方公里)、崇左片区15平方公里(含凭祥综合保税区1.01平方公里)。

十六 中国(河北)自由贸易试验区

2019年8月,国务院关于6个新设自由贸易试验区总体方案的通知印发实施，中国（河北）自由贸易试验区正式设立。2019年8月30日，中国（河北）自贸试验区正式揭牌。

（一）发展目标

经过三至五年改革探索，对标国际先进规则，形成更多有国际竞争力的制度创新成果，推动经济发展质量变革、效率变革、动力变革，努力建成贸易投资自由便利、高端高新产业集聚、金融服务开放创新、政府治理包容审慎、区域发展高度协同的高标准高质量自由贸易园区。

（二）实施范围

自贸试验区的实施范围119.97平方公里，涵盖四个片区：雄安片区33.23平方公里、正定片区33.29平方公里（含石家庄综合保税区2.86平方公里）、曹妃甸片区33.48平方公里（含曹妃甸综合保税区4.59平方公里）、大兴机场片区19.97平方公里。

十七　中国（云南）自由贸易试验区

2019年8月，国务院关于6个新设自由贸易试验区总体方案的通知印发实施，中国（云南）自由贸易试验区正式设立。2019年8月30日，中国（云南）自由贸易试验区挂牌仪式在昆明、红河、德宏三个片区同步举行。

（一）发展目标

经过三至五年改革探索，对标国际先进规则，形成更多有国际竞争力的制度创新成果，推动经济发展质量变革、效率变革、动力变革，努力建成贸易投资便利、交通物流通达、要素流动自由、金融服务创新完善、监管安全高效、生态环境质量一流、辐射带动作用突出的高标准高质量自由贸易园区。

（二）实施范围

自贸试验区的实施范围119.86平方公里，涵盖三个片区：昆明片区76平方公里（含昆明综合保税区0.58平方公里）、红河片区14.12平方公里、德宏片区29.74平方公里。

十八　中国（黑龙江）自由贸易试验区

2019年8月，国务院关于6个新设自由贸易试验区总体方案的通知印发实施，中国（黑龙江）自由贸易试验区正式设立。2019年8月30日，中国（黑龙江）自由贸易试验区在哈尔滨揭牌。

（一）发展目标

经过三至五年改革探索，对标国际先进规则，形成更多有国际竞争力的制度创新成果，推动经济发展质量变革、效率变革、动力变革，努力建成营商环境优良、贸易投资便利、高端产业集聚、服务体系完善、监管安全高效的高标准高质量自由贸易园区。

（二）实施范围

自贸试验区的实施范围119.85平方公里，涵盖三个片区：哈尔滨片区79.86平方公里、黑河片区20平方公里、绥芬河片区19.99平方公里（含绥芬河综合保税区1.8平方公里）。

第二章 自由贸易试验区战略定位[*]

一 中国（广东）自由贸易试验区

依托港澳、服务内地、面向世界，将自贸试验区建设成为粤港澳深度合作示范区、"21世纪海上丝绸之路"重要枢纽和全国新一轮改革开放先行地。

二 中国（天津）自由贸易试验区

以制度创新为核心任务，以可复制、可推广为基本要求，努力成为京津冀协同发展高水平对外开放平台、全国改革开放先行区和制度创新试验田、面向世界的高水平自由贸易园区。

三 中国（福建）自由贸易试验区

围绕立足两岸、服务全国、面向世界的战略要求，充分发挥改革先行优势，营造国际化、市场化、法治化营商环境，把自贸试验区建设成为改革创新试验田；充分发挥对台优势，率先推进与台湾地区投资贸易自由化进程，把自贸试验区建设成为深化两岸经济合作的示范区；充分发挥对外开放前沿优势，建设"21世纪海上丝绸之路"核心区，打造面向"21世纪海上丝绸之路"沿线国家和地区开放合作新高地。

四 中国（辽宁）自由贸易试验区

以制度创新为核心，以可复制、可推广为基本要求，加快市场取向体制

---

[*] 暂无相关文件说明中国（上海）自由贸易试验区的战略定位，故本章介绍了除上海以外其余17个自贸区的战略定位

机制改革、积极推动结构调整，努力将自贸试验区建设成为提升东北老工业基地发展整体竞争力和对外开放水平的新引擎。

五 中国（浙江）自由贸易试验区

以制度创新为核心，以可复制、可推广为基本要求，将自贸试验区建设成为东部地区重要海上开放门户示范区、国际大宗商品贸易自由化先导区和具有国际影响力的资源配置基地。

六 中国（河南）自由贸易试验区

以制度创新为核心，以可复制、可推广为基本要求，加快建设贯通南北、连接东西的现代立体交通体系和现代物流体系，将自贸试验区建设成为服务于"一带一路"建设的现代综合交通枢纽、全面改革开放试验田和内陆开放型经济示范区。

七 中国（湖北）自由贸易试验区

以制度创新为核心，以可复制、可推广为基本要求，立足中部、辐射全国、走向世界，努力成为中部有序承接产业转移示范区、战略性新兴产业和高技术产业集聚区、全面改革开放试验田和内陆对外开放新高地。

八 中国（重庆）自由贸易试验区

以制度创新为核心，以可复制、可推广为基本要求，全面落实党中央、国务院关于发挥重庆战略支点和连接点重要作用、加大西部地区门户城市开放力度的要求，努力将自贸试验区建设成为"一带一路"和长江经济带互联互通重要枢纽、西部大开发战略重要支点。

九 中国（四川）自由贸易试验区

以制度创新为核心，以可复制、可推广为基本要求，立足内陆、承东启西，服务全国、面向世界，将自贸试验区建设成为西部门户城市开发开放引领区、内陆开放战略支撑带先导区、国际开放通道枢纽区、内陆开放型经济新高地、内陆与沿海沿边沿江协同开放示范区。

十 中国（陕西）自由贸易试验区

以制度创新为核心，以可复制、可推广为基本要求，全面落实党中央、国务院关于更好发挥"一带一路"建设对西部大开发带动作用、加大西部地区门户城市开放力度的要求，努力将自贸试验区建设成为全面改革开放试验田、内陆型改革开放新高地、"一带一路"经济合作和人文交流重要支点。

十一 中国（海南）自由贸易试验区

发挥海南岛全岛试点的整体优势，紧紧围绕建设全面深化改革开放试验区、国家生态文明试验区、国际旅游消费中心和国家重大战略服务保障区，实行更加积极主动的开放战略，加快构建开放型经济新体制，推动形成全面开放新格局，把海南打造成为我国面向太平洋和印度洋的重要对外开放门户。

十二 中国（山东）自由贸易试验区

以制度创新为核心，以可复制、可推广为基本要求，全面落实中央关于增强经济社会发展创新力、转变经济发展方式、建设海洋强国的要求，加快推进新旧发展动能接续转换、发展海洋经济，形成对外开放新高地。

十三 中国（江苏）自由贸易试验区

以制度创新为核心，以可复制、可推广为基本要求，全面落实中央关于深化产业结构调整、深入实施创新驱动发展战略的要求，推动全方位高水平对外开放，加快"一带一路"交汇点建设，着力打造开放型经济发展先行区、实体经济创新发展和产业转型升级示范区。

十四 中国（广西）自由贸易试验区

以制度创新为核心，以可复制、可推广为基本要求，全面落实中央关于打造西南中南地区开放发展新的战略支点的要求,发挥广西与东盟国家陆海相邻的独特优势,着力建设西南中南西北出海口、面向东盟的国际陆海贸易新通道,形成"21世纪海上丝绸之路"和"丝绸之路经济带"有机衔接的重要门户。

十五 中国(河北)自由贸易试验区

以制度创新为核心,以可复制、可推广为基本要求,全面落实中央关于京津冀协同发展战略和高标准高质量建设雄安新区要求,积极承接北京非首都功能疏解和京津科技成果转化,着力建设国际商贸物流重要枢纽、新型工业化基地、全球创新高地和开放发展先行区。

十六 中国(云南)自由贸易试验区

以制度创新为核心,以可复制、可推广为基本要求,全面落实中央关于加快沿边开放的要求,着力打造"一带一路"和长江经济带互联互通的重要通道,建设连接南亚东南亚大通道的重要节点,推动形成我国面向南亚东南亚辐射中心、开放前沿。

十七 中国(黑龙江)自由贸易试验区

以制度创新为核心,以可复制、可推广为基本要求,全面落实中央关于推动东北全面振兴全方位振兴、建成向北开放重要窗口的要求,着力深化产业结构调整,打造对俄罗斯及东北亚区域合作的中心枢纽。

第三章　自由贸易试验区的制度创新

自贸试验区自成立之初，就具有"制度创新高地，而非政策洼地"的定位，因此，与以往各类园区不同，其意义不能等同于传统的特殊功能区或园区。自贸试验区较少涉及税收政策，核心优势在于制度创新，是在更大范围、更广领域、更多层次持续推进差别化的制度创新探索。2019年政府工作报告指出，"支持国家级经开区、高新区、新区开展自贸试验区相关改革试点，增强辐射带动作用，打造改革开放新高地"。也就是说，自贸试验区的制度创新优势和改革成果，不仅要在自贸试验区内发挥作用，还将在不同的平台、载体及更多地区进行复制推广。

从制度创新内容看，当前自贸试验区制度创新既涵盖前沿、复杂、难度较大的金融创新，也包括基础的营商环境创新、通关便利化创新；既涵盖流程性简化的单一型创新，也包括体现改革系统性集成的综合性创新；既涵盖国内改革、地方改革所迫切需要的制度创新，也包括与国际最高标准和先进经贸规则对接的规则领域制度创新。在制度创新优势引领下，自贸试验区不断发挥改革开放试验田作用，围绕投资贸易自由化、建设具有国际市场竞争力的开放型产业体系等方面进行深入的制度创新探索，特别是在新设立的上海临港新片区积极落实相关产业创新政策，并在合适之时进行复制推广。同时，为贯彻落实党的十九大报告提出的"赋予自由贸易试验区更大改革自主权，探索建设自由贸易港"的要求，积极推进海南自贸试验区建设，探索建设中国特色自由贸易港。

建设自贸试验区是我国推进新一轮改革开放制度创新的重要举措。经过6年的探索和实践，自贸试验区以制度创新为核心，主动服务国家战略大局，在多个领域实现重要突破。截至2019年7月底，已形成202项可复制、可推广的制度创新实践。

第三章 自由贸易试验区的制度创新

一 共性制度创新实践成果丰硕、效果突出

截至2018年底，自贸试验区在转变政府职能方面制度创新效果突出，但受金融领域开放创新系统性、风险性等因素影响，金融领域的制度创新略有迟缓。自贸试验区成立6年来，总计形成了202项可复制、可推广的制度创新实践。其中，国务院复制推广的试点经验为五批106项，各自贸试验区"最佳实践案例"为三批43个，各部门自行复制推广的改革试点经验为53项。

表3-1 2014~2019年自贸试验区制度创新实践汇总

四大领域	制度创新(项)	占比(%)	主要内容
投资便利化	81	40.1	投资管理体制改革"四个一"、工程建设项目审批、创新不动产登记、简化退税流程等
贸易便利化	64	31.7	国际贸易"单一窗口"、跨境电商监管新模式等
事中事后监管	34	16.8	跨部门协同监管、市场综合监管大数据平台等
金融开放创新	23	11.4	租赁资产证券化业务创新、铁路提单信用证融资结算、知识价值信用融资等
总计	202	100.0	

资料来源：根据商务部公布的三批"最佳实践案例"整理。

首先，在投资领域制度创新效果明显，并已逐步推广。从2013年上海自贸试验区公布全国首张外商投资负面清单、提出190项特别管理措施条目到2019年最新版负面清单削减到37项，自贸试验区外资准入开放度大幅提高。截至2018年底，我国除海南外的11个自贸试验区以不到全国万分之二的面积，创造了新设外资企业数、实际使用外资、进出口总额占全国比重分别为15.54%、12.12%、12.25%的成绩。2019年上半年，12个自贸试验区实际使用外资694.7亿元，同比增长20.1%，占全国的比重为14.5%。

其次，在贸易便利化领域制度创新显著，提升经济效率。截至2019年6月底，12个自贸试验区累计海关注册企业达85045家，实现进出口

总额 1.61 万亿元，同比增长 4.3%，自贸试验区对贸易的带动作用较为明显。以广东自贸试验区为例，其在全国率先启动"互联网+易通关"改革，通过自助报关、自助缴税等 9 项业务创新，使平均通关时间减少 42.6%、平均通关效率提升 80%、"单一窗口"货物申报上线率达 100%，有效实现货物通关便利化。提升贸易便利化水平的重要平台是国际贸易"单一窗口"，目前海关总署在现有的 12 项基本功能（即货物贸易、海运仓单申报等）基础上，逐渐拓展航空、铁路仓单申报等新功能，以满足自贸试验区的发展需要，并加强与"一带一路"重点沿线国家互联互通、信息共享。同时，在丰富口岸功能、创新贸易监管模式等方面，自贸试验区也积累了较多经验。

再次，在政府行政职能转变与营商环境方面开展诸多有益的制度创新尝试。自贸试验区在电子政务、多证合一、商事登记制度改革、施工许可、事中事后监管等多个领域进行制度创新，大幅改善营商环境。根据世界银行 2019 年的营商环境报告，我国营商环境排名已跃升至全球第 46 位，在自贸试验区建设的 6 年间累计提升了 50 个位次。

最后，在金融开放领域也积极探索各类制度创新，在人民币国际化、外汇管理体制改革、金融服务业开放、金融市场建设等方面推出多项新的制度举措。其中，上海自贸试验区成立的 5 年间，累计开立 7.2 万个自由贸易账户，累计办理各类本外币跨境结算折合人民币 25.9 万亿元，涉及 161 个境外国家和地区；自由贸易账户支持下的企业跨境融资累计办理本外币融资总额折合人民币 1.36 万亿元，其中人民币融资平均利率为 4%。

二 差异化制度创新成效显著

从各自贸试验区差异化创新角度看，截至 2018 年底，各自贸区结合自身产业特点和区位优势，聚焦深化粤港澳合作、推动京津冀合作、参与"一带一路"建设、促进长江经济带发展等区域经济发展要求，在投资管理、贸易便利化、金融创新、事中事后监管、国资国企改革等领域形成了一批差异化制度创新实践。

上海自贸试验区在国际贸易"单一窗口"建设方面引入区块链技术，开展跨境人民币融资和监管、医药供应链上下游信息服务和监管。广东自贸试验区南沙片区推出"境外营商通"服务，将自贸试验区政务服务延伸至新加坡等东南亚国家，使新加坡等国的海外投资者不出国就可享受南沙片区的商事登记、境外投资、国际金融、投资咨询、政策兑现等各项服务，实现无须到现场也能落户南沙。河南、四川、重庆自贸试验区积极推进中欧班列运行建设，打造中西部地区融入"一带一路"的西向物流通道，同时开展铁路运单融资创新试点，探索陆上国际贸易新规则。湖北自贸试验区改革外籍永久居留落户等制度，加强教育、医疗等配套服务，集聚了4名诺贝尔奖得主及众多中外院士等智力资源。辽宁自贸试验区主要聚焦国资国企改革，基于全要素价值分享模式的国有企业"内创业模式""冰山模式"开创东北老工业基地国有企业混合所有制改革新路径，并成为国家创新案例予以复制推广。海南自贸试验区分五批正式对外发布52项制度创新案例。

新设的6个自贸试验区尽管挂牌建设时间不足一年，但也都积极推出各种政策创新举措。比如，山东自贸试验区烟台片区推出的"中日韩跨国审批"举措，使申请注册山东自贸试验区烟台片区的日韩企业不用出国就可拿到营业执照，大大提升了日韩投资者的投资信心和热情。

第四章 自由贸易试验区的产业发展

一 中国（上海）自由贸易试验区

上海自贸试验区正在制定新的产业规划和形态规划，以国际贸易、金融服务、航运服务、专业服务和高端制造五大产业为导向，进一步提升区内服务业比重，加快传统产业转型升级，深化在功能创新拓展、产业转型升级、资源要素配置等方面的试点，形成与上海"四个中心"建设的联动机制。

贸易中心建设方面，自贸试验区要成为上海贸易中心建设的重要平台。一是搭建贸易平台，包括建设面向国际、服务国内的大宗商品交易平台，做大做强保税展示交易平台，加快对外贸易文化基地建设，建立跨境电子商务服务平台。二是打造总部经济，推进亚太营运商计划，大力发展整合贸易、物流、结算功能、实体运作的亚太地区总部。同时，搭建境外投资管理平台，打造中国跨国公司的"走出去"基地。三是发展新型贸易，促进跨境维修、国际检测、信息服务、离岸服务外包等服务贸易、离岸贸易新型业态发展。

在金融中心建设方面，自贸试验区要成为上海金融中心建设的重要突破口。当前的推进重点，一是建设面向国际的多层次金融市场交易平台，支持国际能源交易中心尽快开展业务，推动中国外汇交易中心、金融期货交易所、上海黄金交易所、股交中心等金融服务平台在区内设立交易场所和开展产品交易，形成试验区多层次的金融市场体系。二是增强服务实体经济的能力。鼓励企业开展对外直接投资，支持境内股权投资企业开展境外投资，争取通过债权、股权、资产证券化等多种方式拓展企业融资渠道，促进投融资便利化。同时探索在扩大人民币跨境使用、推动外汇管理方式转变等方面先行先试。三是深化拓展融资租赁、期货保税交割等金融服务功能。四是探索对民营资本、民营银行的准入开放。

在航运中心建设方面，自贸试验区要成为上海航运中心建设的重要载体。一是推动上海国际枢纽港建设，探索国际中转和国际中转集拼业务发展，推动扩大启运港退税试点范围，促进上海港和浦东机场进一步提升中转比例，优化集疏运结构。二是发展航运服务业，培育航运金融、国际船舶运输、国际船舶管理、国际航运经纪等产业，推动落实国际船舶登记政策，吸引航运产业链高端环节和新型业态集聚。

二 中国（广东）自由贸易试验区

（一）广州南沙片区

以国际航运、物流和贸易中心为主的南沙片区已经建成投产 3 个 15 万吨级集装箱泊位和 3 个无水港，已有 173 家跨境电商企业在当地备案，备案商品达到 8618 种，跨境电商业务货值从 2014 年的 0.14 亿元猛增至 1.33 亿元，珠三角各地消费者奔赴南沙采购低价进口商品成为常态。

（二）深圳前海蛇口片区

深圳前海蛇口片区推进以金融业为代表的新兴产业加速发展。2015 年上半年，该片区入驻的金融企业新增 7389 家，除传统金融业务外，大量股权投资、融资租赁、商业保理、互联网金融、小额贷款、要素交易市场等新兴金融业态竞相出现，截至 2015 年 6 月底，前海跨境贷款备案金额超过 1000 亿元人民币，实际提款金额近 300 亿元人民币。作为中国金融开放的创新示范窗口，前海已经初步形成了以金融业为主，创新、多元、高端的产业发展格局。

（三）珠海横琴片区

珠海横琴片区依托澳门产业特点，集中发展旅游、商贸、文化等产业。目前，横琴片区里设立的澳门青年创业谷开园已经启动首批 30 个项目，设立了总额 20 亿元人民币的澳门青年创业扶持基金；在 5 平方公里的粤澳合作产业园用地外，再安排 20 万平方米用地，与澳门特区政府共同筹建"澳门新街坊"。此外，横琴片区还专门设立进口商品展示展销中心，成为葡语系国家商品的集中展示平台。

三 中国（天津）自由贸易试验区

（一）天津机场片区

空港经济区是机场片区的核心，在未来的自贸区中，侧重发展航空航天产业、先进制造业和物流，与其他片区形成产业互补。该区内已累计注册企业8000多家，其中仅世界500强投资项目就超过160个。由于接近机场，空运优势凸显，该区已经建立起航空物流园区，承接北京、河北物流业务转移。就在2014年12月20日，获批建设不久的天津航空物流区首批企业正式入驻并相继开工建设，吸引了包括中外运、中远空运、金鹿航空、顺丰在内的首批近20家航空物流龙头企业注册。该区早前吸引了通用、阿尔斯通、空客等一批先进制造业落户，自贸园区除提升先进制造业实力外，更将带来跨境人民币贷款等政策利好。

（二）天津港片区

东疆保税港区是天津港片区的核心，是滨海新区涉外体制和金融体制改革的前沿阵地。早在2011年5月，东疆就被国务院批复建立北方国际航运中心的核心功能区，并在融资租赁、航运金融等四大领域开展创新探索。截至2014年9月末，天津共有融资租赁法人机构267家，注册资金近1080亿元，天津地区融资租赁规模占全国总规模已接近1/4，其中绝大多数位于东疆。国务院已经正式批准了天津港口岸新一轮扩大对外开放计划，批准天津港口岸新增对外开放水域1120平方公里，新增码头岸线69.1公里，新建对外开放码头泊位71个。这为该片区对外开放新格局的形成奠定了基础。

（三）滨海新区中心商务片区

在新金融产业发展方面，于家堡金融区是中心商务区着力打造的亮点，聚焦发展总部经济和创新型金融产业，目标是建设成为京津冀企业总部集聚区和金融创新运营示范区。金融业支柱地位突出，已聚集金融及类金融机构896家，涵盖了银行、保险、证券、租赁、基金、保理、交易市场、资产管理等几乎所有金融细分业态，管理资产规模超过1.8万亿元，其中持牌法人金融机构7家，持牌类非法人金融机构38家，创新型类金融企业851家。

科技及新一代信息技术产业方面，着力引进为制造业企业提供物联网、人工智能、节能降耗、资源回收利用等技术支持的研发机构和设备制造企业。加快打造培育一批位于产业链和价值链高端、高成长性的科技小巨人企业。比如，国内规模最大的肿瘤大数据平台零氪科技于2016年10月正式落户中心商务区。2016年11月8日，中钢集团创新创业基地——中钢科德孵化器在天津滨海新区中心商务区正式启动，包括全国最大的3D打印设备研发企业多巴科技等在内的首批4家入驻企业集体签约。中钢科德还将联合零氪科技谋划建立国家级医疗大数据产业基地。

文化传媒创意产业方面，重点推进文化金融改革创新试验基地建设，打造涵盖创意、制作、营销、版权交易、衍生品开发的完善产业链条。吸引聚集新闻出版、影视制作、工业设计、数字内容等创意产业资源。在于家堡"环球购"商业项目下打造首个航空文化体验项目，实现线上平台与线下体验店联动。未来，旅客可实现购票、候机、休闲、购物"一站式"航空体验。

教育领域也取得了一定的发展。比如，天津师范大学音乐与影视学院和中心商务区管委会共同建设创新创业实践基地，正式落户于家堡自贸试验区创始空间。根据协议，天津师范大学音乐与影视学院将依托中心商务区的资源及平台优势，开展多种形式的教育培训、讲座、文化交流等活动。此外，备受关注的世界名校茱莉亚音乐学院天津分院设计方案正式出炉，并将于近期在中心商务区启动建设。

四 中国（福建）自由贸易试验区

（一）平潭片区

平潭片区产业发展稳步推进。第一产业方面，落实各项惠农富农政策，鼓励农业集约化、产业化、规模化经营，全年种植粮食作物6.17万亩，预计海洋渔业产量42.94万吨，新增远洋捕捞船32艘，农民创业示范基地、立体种养生态农业等重点项目顺利完成。工业方面，全年新增外资企业167家，同比增长169%；宸鸿科技已投产，冠捷、华润燃气、大唐风电、中广核能源等项目加快推进，第二产业对全区生产总值增长贡献率达54.2%。第三产业方面，全年接待国内外游客182.3万人次，同比增长29.2%，海坛古城一期、美丽之冠、美丽乡村等旅游综合体项目为打造国际旅游目的地创造了有利条件；加快推进澳前冷链物流园区、吉钓保税物流园区、两岸邮件处理中心、海西进出境动植物检疫中心等项目建设，打造两岸物流中转枢纽。此外，现代物流、商贸流通、金融、房地产等现代服务业有序发展。

（二）厦门片区

区域优势初步形成。象屿保税区主要从事保税仓储、分拨、配送和国际贸易、转口贸易等业务，海沧保税港区主要开展保税仓储物流、国际转口贸易、国际采购、分销和配送、国际中转、检测和售后维修、商品展示、研发、加工增值、临港工业、港口作业等。

五 中国（浙江）自由贸易试验区

2019年，浙江自贸区新增注册企业6927家，注册资本总额1387.6亿元，日均注册企业19家。按注册类型看，新增内资企业6865家，注册资本总额1239.4亿元；新增外商投资企业62家，合同外资17.1亿美元，实际利用外资3.8亿美元（省口径）。按产业分类看，第一产业新增企业10家，第二产业新增企业173家，第三产业新增企业6744家。2019年，自贸区实际到位市外资金384.2亿元。

船用燃料油稳步增长，海事服务不断提升。浙江自贸区油品领域多项重大政策成功落地，保税船用燃料油经营领域全面开放，船用燃料油供应体制机制不断突破，东北亚保税油加注中心建设加快推进，促进了保税船用燃料油加注量稳步增长。2019年，船用燃料油直供量达到410.3万吨，同比增长14.2%，其中港内锚地供油量117.7万吨，港外锚地供油量94.3万吨，跨关区供油量198.3万吨；船用燃料油调拨量518.9万吨，增长26.6%；船用燃料油结算量624.6万吨，增长12.2%。

金融领域创新稳步推进，人民币国际化步伐加快。浙江自贸区深化金融改革创新，落实各项金融政策，积极引进银行、融资租赁等持牌和非持牌金融机构，扩大人民币结算业务，加速推进人民币国际化。截至2019年底，融资租赁企业总共266家，其中内资融资租赁29家，外资融资租赁237家；持牌金融机构69家，实现营业收入39.2亿元，人民币贷款余额1042.1亿元。2019年，跨境人民币结算金额达到960.4亿元，同比增长31.9%；跨境人民币回流资金674.8亿元，增长74.5%。

六 中国（湖北）自由贸易试验区

（一）武汉片区

目前，武汉片区依托国家存储器基地、国家信息光电子创新中心、武汉光电国家实验室等重大项目平台，成功吸引美国半导体设备、科大讯飞、上海联影、小米等一批行业龙头企业落户，并带动一批"互联网＋独角兽"企业不断壮大，武汉片区正逐步成为中国光通信领域最大的技术研发和生产基地，国内市场占有率达50%以上，国际市场占有率达25%左右，现已完成"芯屏端网"全产业链布局，正努力打造超万亿产值的世界级产业集群。

（二）襄阳片区

襄阳片区着力打造区域性生产性服务业高地，引进英诺迪克产业加速器、九龙云端创业园、智慧财税中小企业孵化器、金融产业园、人力资源产业园、知识产权维权和技术转移工作站，为企业提供创业孵化、人岗匹配、融资交易、成果转化、外贸出口、挂牌上市等全生命周期要素支撑。聚焦新能源汽车产业发展，现已形成整车研发、生产、检测、售后、动力电池生产及回收利用等完整产业链，2018年规模以上新能源汽车产值143.6亿元，同比增长26.8%，正在全力打造"中国新能源汽车之都"。

（三）宜昌片区

宜昌片区生物医药、电子信息、新能源新材料、高端装备制造和现代服务业等主导产业已初具规模，拥有全球最大的金刚石锯片基体生产出口基地和全球第三大钢琴生产基地，拥有亚洲最大的活性干酵母研发生产企业安琪酵母、亚洲唯一的全系列和最大插齿机和铣齿机研制企业长机科技、亚洲最大的医用丁基胶塞生产企业华强科技等一批国际化企业,人福药业占据全国麻醉药品市场的60%以上。目前,宜昌片区正着力培育工业经济、平台经济、物流经济三大千亿产业,进一步推动高质量发展。

七 中国（重庆）自由贸易试验区

规划提出,重庆自贸区将用三年时间基本建成"一枢纽三中心一基地"。其中,"一枢纽"即以多式联运为核心的内陆国际物流枢纽;"三中心"即建成以货物贸易为基础的国际贸易中心,以金融结算便利化为抓手的国内重要功能性金融中心,以互联互通为目标的现代服务业运营中心;"一基地"即以科技创新为支撑的国家重要现代制造业基地。按照规划,重庆自贸区将引进培育集成电路、新型显示、机器人及智能装备、新材料、节能环保、生物医药、新能源汽车及智能汽车、高端交通装备等新兴产业集群,力争到2020年新兴产业销售收入突破5000亿元。全面构建起以研发服务、工业设计、品牌营销、商务咨询等为主的专业服务体系;引进或共建国（境）外研发机构80个以上、国内知名研发机构10个以上;建成2个国家级、15个市级工业设计中心;引进一批国际知名会计、审计、法律、评级等中介服务机构,打造商务咨询服务产业集群。

八 中国（四川）自由贸易试验区

（一）成都天府新区

天府新区聚焦创新驱动、高端引领,立足打造高质量发展样板区,着力构建以新经济突破发展为带动,以总部经济、会展博览、高技术服务为支撑,文化创意等特色产业有机融合的"1+3+N"产业体系,规划布局天府中央商务区、成都科学城、天府文创城三大功能区,按照"产业生态圈"发展思路,以项目为中心组织经济工作,引进商汤科技、安谋中国、紫光芯城、正大中国总部、华谊艺术小镇等重大产业项目241个,总投资突破3600亿元,持续夯实了高质量发展的项目支撑。在成都科学城布局11平方公里的数字经济产业园,加快建设独角兽岛、天府智慧岛、天府无线谷、天府数字港等数字经济产业载体,聚焦新一代人工智能和5G产业,引进中科曙光、云从科技、阿里云等重大项目80余个,数字经济在天府新区呈现出集聚成链、蓬勃发展的良好态势。

(二)成都高新区

打通"6+1"资源通道,即基于信息流的信息服务和信息产业,基于资金流的金融服务和金融产业,基于人才流的人才服务和人力资源产业,基于技术流的技术服务和高新技术产业,基于物资流的现代物流服务和物流产业,基于制度流的投资贸易便利化机制,以及协同基于国际铁路港、国际航空港和国家级高速公路网的国际性综合交通枢纽。目前,四川充分挖掘临空、临铁、临水等口岸潜力,打造联接"一带一路"、长江经济带的多式联运国际开放物流体系。成都已开通对欧直航航线6条,中欧班列(成都)已实现每周去程15班、回程13班的双向稳定运行。

(三)青白江片区

四川自贸试验区青白江片区是国内自贸区中唯一以铁路枢纽为核心的,正在着力打造联通丝绸之路经济带的国际贸易大通道重要支点。青白江片区首创的中欧班列集拼集运模式,使得内外贸商品集拼集运,可以有效利用空箱和提升装载量,降低运行成本。

九 中国(陕西)自由贸易试验区

(一)中心片区

西安高新技术产业开发区自成立起就被确定为国家自主创新示范区。这里一直聚集着陕西最新兴的产业。自创区与自贸区"双自联动",政策叠加,通过对外开放,高新区将吸引全球高端创新要素和资源,促进国际国内科技、金融、贸易、产业的双向融合,成为人才、资本、技术、知识全球配置的世界一流科技园区。

西咸新区涵盖四个功能区:空港新城功能区占地13.8平方公里,重点发展国际贸易、保税物流、保税维修、航空总部经济、跨境电商等具有临空特色的现代服务产业；秦汉新城功能区占地10.85平方公里，重点发展加工贸易、智能制造、文化旅游、国际医疗服务、现代高端养老服务、数字文化、动漫设计等现代服务业和加工制造业；沣东新城功能区占地13.14平方公里，重点发展专业服务、汽车贸易及跨境电商产业、文化贸易、新兴金融、科技资源统筹；能源金融贸易区功能区占地4.79平方公里，重点发展金融贸易产业，打造现代化大西安新中心中央商务区。

（二）西安国际港务区片区

西安国际港务区片区规划面积26.43平方公里，重点建设国际陆港、商贸物流区和新金融产业示范区。作为国内首个国际内陆港，国际港务区片区紧紧依托内陆港核心资源，先行先试，积极探索自贸区建设可复制推广的创新成果。做精国际贸易、现代物流、临港产业、金融服务、电子商务、文化体育六大产业，开通了西安至中亚五国、汉堡、布达佩斯、科沃拉及俄罗斯等干线通道，常态化开行了往返青岛港的"五定班列"，基本实现中亚及欧洲地区主要货源地的全覆盖，在德国法兰克福、哈萨克斯坦卡拉干达州等地设立8处"海外仓"，初步形成了国际、国内、区域三级海陆空物流大通道体系。

（三）杨凌示范区片区

杨凌示范区片区以农业科技创新和示范推广为重点，不断创新与"一带一路"沿线国家和地区现代农业交流合作机制，打造"一带一路"现代农业国际合作中心。通过建立集融投资、贸易、科技及人文交流功能于一体的国际合作服务平台，大力推进境外农业国际合作园区建设，与丝绸之路沿线14个国家和地区的76所涉农大学和科研机构建立丝绸之路农业教育科技创新联盟等，为沿线国家实现农业产业优势互补、共享发展创造了良好条件。

十　中国（海南）自由贸易试验区

江东新区是建设海南自由贸易试验区的重点先行区域，目前《海口江东新区总体规划（2018~2035）》已经得到了海南省政府的批复。江东新区将会建设成为中国（海南）自由贸易试验区的集中展示区，即全面深化改革开放试验区的创新区、国家生态文明试验区的展示区、国际旅游消费中心的体验区、国家重大战略服务保障区的核心区。海南生态软件园是"海南省文化产业重点项目和文化产业示范园区"，目前园区内已经有腾讯、华为、百度、火币中国等3822家企业落户，2019年第一季度新入园互联网企业达229家，超过2018年全年的入园数。海南博鳌乐城国际医疗旅游先行区是一个集康复养生、节能环保、休闲度假和绿色国际组织基地于一体的综合性低碳生态项目，经过多年发展成为中国医疗开放领域的探路者。博鳌乐城国际医疗旅游先行区已逐步在干细胞临床研究、肿瘤治疗、医美抗衰和辅助生殖等领域形成产业集聚，建设发展加速推进，积极探路打造医疗健康开放新高地。2018年先行区医疗机构实现营业收入3.65亿元，同比增长227%；就诊人数约3.2万人，同比增长69.1%。海南开通跨国游轮旅游路线，支持三亚等邮轮港口开展公海游航线试点。在三亚凤凰岛邮轮码头，2018年平均每周都有3~4艘邮轮在此停靠，未来随着凤凰岛二期即将竣工，全部建成后将成为世界最大邮轮母港之一。

十一 中国（山东）自由贸易试验区

（一）青岛片区

青岛片区将高质量招商引资作为推动建设的有力抓手，按照山东总体方案赋予青岛片区的产业发展定位，围绕现代海洋、国际贸易、先进制造、航运物流、现代金融等五大产业领域，大力开展精准招商。日本精密模具项目、韩国麦斯劳特（MRT）智能制造项目等14个日韩高精尖行业项目，以及一批贸易类、现代海洋类、金融类、生物医药类及创新合作类项目相继落户青岛片区。青岛片区已吸引新增市场主体900多家，新入驻银行机构、基金公司、保理公司、融资租赁公司等金融机构20多家，新引进重点工业项目19个，其中亿元以上工业项目12个，总投资81亿元。片区内共有在建、待建产业项目78个，总投资869亿元，计划完成投资202亿元。

（二）烟台片区

烟台将依托区位优势，在深化中日韩区域合作上创新突破。目前，在烟台投资的日韩资项目5090个。2018年，烟台完成对韩、日分别进出口496亿元、417亿元，均占全省的1/5以上。截至2020年2月28日，自贸区烟台片区新增注册企业2542家，新增外资企业52家，新设外贸企业436家，新增进出口总额72亿元；入驻金融机构13家，包括中行、中信、农行等自贸区专营机构3家，产业基金2只。

（三）济南片区

济南聚焦发展数字经济和人工智能产业，依托片区内的济南超算中心，加快建设全国运算速度最快的超级计算机，2025年之前可实现每秒百亿亿次的运算速度，比当前全球最快的超级计算机运算速度快5倍以上，以此强力赋能山东省新一代信息技术、高端装备、现代海洋等"十强产业"和济南量子科技、生物医药等"十大千亿级产业"，将快速发展形成一批有国际竞争力的新兴产业集群，到2022年，将服务企业2万余家，带动产值万亿元以上。

十二 中国（江苏）自由贸易试验区

（一）南京片区

南京片区依托丰富的科教资源，组建了南京市江北高校联盟，拥有各类科技创新平台和工程技术中心50多个，集聚了剑桥大学南京科创中心等国内外知名高科技企业及研发机构数百家，高新技术企业年新增数量超过200家。科教资源、人才汇聚成为南京自贸片区创新驱动的动力，推动南京片区现代产业集聚发展。

（二）苏州片区

苏州片区将着力在贸易便利化、产业创新发展、金融开放创新、跨境投资、知识产权保护、聚集国际化人才等方面开展特色化突破性制度创新，积极构建"一区四高地"，即建设世界一流高科技产业园区，打造全方位开放高地、国际化创新高地、高端化产业高地、现代化治理高地。在推进创新驱动发展方面,苏州自贸片区将探索优化对细胞、组织切片等生物医药类基础性原料的检疫准入,为生物医药产业集聚区增添创新活力,2018年生物医药产业实现产值780亿元,同比增长26%。目前,苏州工业园区共引进中科院苏州纳米所等科研院所46家,集聚哈佛大学韦兹创新中心、牛津大学高等研究院等新型研发机构500多家,拥有国家高新技术企业1046家。

(三)连云港片区

连云港片区开放优势明显,是江苏"一带一路"交汇点重要城市,积极建设成"一带一路"相关国家重要交流合作平台。连云港将探索与"一带一路"相关国家和地区合作新模式、新机制,包括提升航运服务能级,打造亚欧重要国际交通枢纽;加快集聚优质要素,构建东西双向开放重要门户;加快将连云港—霍尔果斯串联起的新亚欧陆海联运通道打造成为"一带一路"合作倡议标杆和示范项目。2020年连云港片区主要预期目标是:实体经济快速发展,片区内新增注册市场主体6000家以上;完成产业投资200亿元。改革创新力度加大,市级及以上创新实践案例、"高含金量"政策举措双双突破50项。对外开放步伐加快,外贸进出口实现翻一番,协议利用外资突破4亿美元。交通枢纽地位稳步提升,港口集装箱吞吐量增长5%,中欧班列运量实现正向增长。

十三 中国(广西)自由贸易试验区

(一)南宁片区

南宁片区揭牌成立2个月来,新增企业已突破500家。比如,敦豪、绿地、永年增材制造等知名企业落户片区,中银香港东南亚业务营运中心、中国太平东盟保险服务中心等金融机构相继揭牌,蜂巢信息数据产业园、中国移动(广西)数据中心等项目开工建设,东盟货运物流联合总会广西代表处实现入驻,南宁至胡志明往返全货机航线正式开通。在南宁片区建设中,金融创新工作的定位是"一轴两翼,一城四区"布局金融产业。目前,中国—东盟金融城已入驻中银香港、中国太平东盟保险服务中心等知名金融机构51家,其中总部及省级(一级)分支机构近30家,主要是对金融企业入驻给予土地、购租办公用房、金融人才公寓等综合性政策扶持。

（二）崇左片区

截至2019年，崇左片区新设立企业数已达240家。其中外商投资企业2家，总投资分别为2000万元和500万元；新增企业832家，总注册资本50.1亿元，每千人拥有商事主体数量突破225个，远超全国平均水平。市场主体集聚助推了招商引资工作，四个月来，崇左片区就成功签订了62个项目投资协议，项目投资超达190亿元。其中，有5个外资投资项目成功签约，分别来自越南、马来西亚、泰国等东盟国家，合作国别与外商投资项目总数、项目投资额都有重大突破。未来，崇左片区将把工作重点放在加快推进产业优化升级、推动片区经济高质量发展上。进出口加工业、现代服务业、专业市场建设以及文化旅游提升等领域将受到高度关注。

（三）钦州港片区

自贸区钦州港片区58.19平方公里，面积占广西自贸区的近一半，涵盖了中国—马来西亚钦州产业园、钦州保税港区和钦州港经济技术开发区三个国家级开放发展平台。片区将致力于建设"一港两区"，"一港"即加快建设国际陆海贸易新通道门户港；"两区"即向海经济产业集聚区和中国—东盟合作示范区。主要规划布局港航物流、国际贸易、绿色化工、新能源汽车、装备制造、电子信息、生物医药等产业。

十四　中国（河北）自由贸易试验区

（一）雄安新区片区

河北自贸试验区将支持雄安新区建设为金融创新先行区，探索监管"沙盒机制"，推进绿色金融第三方认证计划，培育环境权益交易市场，支持股权众筹试点等。扩大金融领域对外开放，支持商业银行设立金融资产投资子公司，开展合格境外有限合伙人（QFLP）和合格境内投资企业（QDIE）业务试点等。深化外汇管理体制改革，放宽跨国公司外汇资金集中运营管理准入条件，探索研究融资租赁公司和商业保理公司进入银行间外汇市场等。推动跨境人民币业务创新，探索开展境内人民币贸易融资资产跨境转让等。

（二）大兴机场片区

河北自贸试验区将北京大兴国际机场临空经济区部分区域纳入实施范围，紧紧围绕区域合理分工、资源优化配置和要素跨区域流动等方面提出制度创新举措，进一步推动京津冀产业协同创新，增强开放协同效应，带动冀中南乃至整个河北的开放发展，与京津共同打造世界级城市群，具体措施包括：支持北京中关村、天津滨海新区及周边开发区与自贸试验区深度合作创新发展；已在北京、天津取得生产经营资质、认证的企业搬迁到自贸试验区后，经审核继续享有原有资质、认证；允许符合条件的注册地变更到自贸试验区的北京、天津企业继续使用原企业名称；支持大兴国际机场申请设立水果、种子种苗、食用水生动物、肉类、冰鲜水产品等其他特殊商品进出口指定监管作业场地等。

（三）正定片区、曹妃甸片区

河北自贸试验区从发挥雄安综合交通枢纽、大兴国际机场国际航空枢纽、曹妃甸天然深水大港、正定机场空铁联运的优势出发，在打造"一带一路"空中经济走廊、发展航空服务业和航运服务业、建设多式联运中心、开展国际大宗商品贸易等方面进行探索，将加快融入"一带一路"建设，形成国际贸易竞争新优势，具体措施包括：支持正定片区建设航空物流枢纽，在对外航权谈判中积极争取石家庄航空枢纽建设所需的包括第五航权在内的国际航权，研究推进在正定片区申请设立 A 类低空飞行服务站等。支持曹妃甸片区发挥资源区位优势，开展大宗商品现货交易，发展国际能源储配贸易，开展矿石混配和不同税号下保税油品混兑调和业务等；支持曹妃甸片区建设港口物流枢纽，开展汽车平行进口试点，建设国际海运快件监管中心，设立国际船舶备件供船公共平台和设备翻新中心等。

河北自贸试验区将以新一代信息技术、生物医药和生命健康、高端装备制造等产业为重点，加快实施一系列产业开放创新政策措施，集聚国内外高端生产要素，引进全球创新资源，助力自贸试验区深度融入全球产业链，打造具有全球影响力的产业开放创新中心，主要措施包括：推动生物医药和生命健康产业开放发展，支持石家庄建设进口药品口岸，设立首次进口药品和生物制品口岸；支持建立基因检测技术应用示范中心和公共技术平台，开展医疗器械跨区域生产试点，设立医药知识产权维权援助分中心等。推动装备制造产业开放创新，支持建设国家进口高端装备再制造产业示范园区，试点高附加值大型成套设备及关键零部件进口再制造，放宽高端装备制造产品售后维修进出口管理等。

十五　中国（云南）自由贸易试验区

（一）德宏片区

德宏片区开放型产业发展已经有了一定基础。一是以银翔摩托、雅戈尔服装等为代表的出口型企业纷纷落地，实施了一批云南打造世界一流"三张牌"项目，装备制造、生物医药与大健康、文化旅游、食品与消费品制造、高原特色现代农业、现代物流、电子信息和航空等德宏特色的"6+2产业"体系建设初见成效。二是边境贸易、传统货物贸易加快转型升级，免税购物、跨境电商、珠宝玉石网上直播销售等新模式新业态蓬勃发展，贸易方式更加灵活多元，政策集成效应日益显现。三是跨境金融持续创新，首创经常项下人民币对缅币特许兑换业务，成立全国首家中缅两国货币兑换中心，开通中缅银行间双向汇兑渠道，开展欧元、人民币直汇缅甸业务，发布人民币与缅币汇率的"瑞丽指数"，德宏州跨境人民币结算量连续多年位居云南省各州市之首。同时，2019年2月缅甸政府已将人民币作为官方结算货币，德宏跨境金融产品及服务创新迎来新机遇。

（二）昆明片区

昆明片区将致力于发展现代产业，形成装备制造、生物医药、食品饮料、烟草及配套、光电子信息等主要工业和现代物流、信息软件、金融服务、技术服务等现代服务业共生互促发展的产业结构。自贸区将实施极为优惠的扶持政策，"一产一策"、创新驱动，通过采取一系列促进招商引资和产业发展的政策措施"筑巢引凤"。

（三）红河片区

红河片区强化对外交流合作，依托南亚东南亚国家商品暨投资贸易会、云台会暨云台绿色食品产业合作对接会等进行招商，增进与欧美、台湾、香港、南亚东南亚地区的交流合作。依托河口跨境经济合作区与越南老街经济合作区建立的合作机制，不断拓宽合作领域。目前，河口口岸已形成了一般贸易、边境小额贸易、加工贸易、边境互市贸易等多种贸易方式并举的新格局，贸易伙伴遍布东盟、欧美、日本等30多个国家和地区。

红河片区未来的建设与发展将围绕蒙自综合保税区、蒙自经济技术开发区联动发展，重点发展加工及贸易、大健康服务、跨境旅游、跨境电商等产业，按照打造面向东盟的加工制造基地、商贸物流中心、中越经济走廊创新合作示范区的功能定位，面向世界、对标国际规则，精准对接国家"一带一路"建设。

十六　中国（黑龙江）自由贸易试验区

（一）哈尔滨片区

哈尔滨片区侧重于科技创新园区和保税区。发挥大型城市节点和交通物流枢纽作用，利用空港平台规划建设综合保税区和电子商务国际平台；利用人才集聚优势，促进高科技创新和金融合作创新，建设科技创新园和中俄跨境金融中心。

（二）黑河片区

黑河片区面积为20平方公里，将重点发展跨境能源资源综合加工利用、绿色食品、商贸物流、旅游康养、沿边金融等产业，建设跨境产业集聚区和边境城市合作示范区，打造沿边口岸物流枢纽和中俄交流合作重要基地。正在建设的黑龙江大桥口岸联检区和大桥桥头区，未来将以黑河市和布拉戈维申斯克市为集散中心，构建起集现代仓储、运输配送、多式联运、国际贸易、展览展销于一体的国际物流运输体系。黑河片区内的二公河园区是中俄边境线上重要的进出口加工基地，建有跨境电子商务产业园区、中小企业创业中心，自贸区成立后，综合保税区会在这里拔地而起，保税仓储物流、电子商务、保税期货交割等保税加工产业将助力黑河快速成为对俄开放合作新高地。

（三）绥芬河片区

绥芬河片区侧重于中俄园区和俄远东港口建设。依托中俄产业园区，发挥产业集聚作用，加快中俄两国产业园合作，促进进出口加工产业发展，打造跨境产业链和产业聚集带，建设境内外联动、上下游衔接的跨境产业合作基地，加快推进口岸基础设施改造，以及铁路、公路、口岸客货运基础设施建设，利用近邻俄罗斯符拉迪沃斯托克港物流优势，加快龙江陆海物流丝路带建设。

对策建议篇

截至 2018 年底,国家已经成立了 19 个国家级新区,着力提升经济发展质量,将新区打造成为全方位扩大对外开放的重要窗口、创新体制机制的重要平台、辐射带动区域发展的重要增长极、产城融合发展的重要示范区,进一步提升新区在全国改革开放和现代化建设大局中的战略地位。

现阶段,各国家级新区的产业发展已初见成效,充分显示了初期规划设计的合理性,考虑到目前国际国内形势已经发生重大变化,如何认识、适应、引领新常态将成为未来经济的发展逻辑,也是各新区可持续发展的关键。本篇结合了各新区发展现状、产业理论、产业发展水平和"一带一路"与新区的互动机制,为全国 19 个新区的发展提出对策建议。

第一章　政策层面

一　上海浦东新区

着力优化营商环境。一是加快"放管服"改革，营造国际一流营商环境。一方面，不断创新监管方式，加速政府流程再造。[①] 以审批制度改革、优化流程、减少环节作为政府行政体制改革导向，完善事中事后监管，给市场让位，为企业松绑，激发市场活力和社会创造力，助力新产业、新业态、新模式的发展。另一方面，进一步放宽市场准入门槛，要提升企业获得感。提高开办企业便利度，进一步简化流程。更加尊重国际营商惯例，进一步加强知识产权保护，保护各类企业的合法权益。二是打造优质融资体系，践行普惠金融。一方面，政府应进一步加大扶持力度，进一步降低企业运营成本，切实落实财政政策对市场主体尤其是小微企业的支持措施。建立政府引导资金，打造天使投资、风险投资、创业投资集聚区，完善创业融资体系，降低小微企业融资难度。另一方面，鼓励金融机构针对企业尤其是小微开发标准化、模块化的创新金融服务产品。针对小微企业快捷申请、随用随取的需求特征，简化小微贷放款流程，依托数据平台对业务流程中的标准化环节进行集中批量处理，同时推广电子渠道以加快对小微企业需求的反应。

二　天津滨海新区

充分践行"一带一路"倡议。要围绕"一带一路"建设中的发展机遇，积极调研"冰上丝绸之路"可行性，充分发挥滨海新区的港口条件和区位

[①] 胡云华：《2019 年浦东经济形势分析与预测》，浦东新区官网，2019 年 2 月 2 日。

优势，带动"三北"地区的航运和国际物流业大发展，[①] 为新区的航运和国际物流业发展寻找新的突破口和平台。在现有"西进"和"南下"这"一带"和"一路"基础上，拓宽"北上"之路，切实发挥新区的港口地位优势，使滨海新区成为"冰上丝绸之路"的核心地区。

三 重庆两江新区

转变政府职能，鼓励政策创新。一是加快推进行政审批制度改革。市政府要继续加快职能转变，推动两江新区的行政审批制度改革向纵深发展，鼓励两江新区先行先试向社会、向市场放权，打破金融、电信、医疗、教育等行业的垄断，助推服务业发展。二是推进公共服务事业规范化与多样化。在公共服务事业领域，支持两江新区试行逐步取消一切限制民间投资的规定，加大对社会团体服务业发展的扶持力度，大力发展多种所有制形式的服务业，充分重视和挖掘这些非政府组织机构的功能与作用，形成多个方面、多个角度共同推动整体知识密集型服务业及经济发展的良好格局。三是加强经济指标监控评价体系建设。通过各类量化指标的反馈，使政府及时了解市场情况，有的放矢地出台新的措施与政策，有利于两江新区知识密集型服务业掌握市场动态，制定合理的发展战略。加强两江新区经济指标监控评价体系的建设，促进知识密集型服务业快速健康发展，进而为两江新区乃至全市的经济发展提供经济引擎。

四 浙江舟山群岛新区

做强科技金融，精准支持科技金融发展。[②] 政府既要培育顶天立地的高新技术企业，也要大力发展铺天盖地的中小微科技型企业。各级政府要精准推出科技金融政策，积极打造全方位、全周期的金融产品支持链条，形成从

[①] 李桐：《天津滨海新区发展报告》，载《中国经济特区发展报告（2018）》，社会科学文献出版社，2019。

[②] 郭力泉、崔旺来、刘超、应晓丽：《科技支撑引领舟山群岛新区发展的战略思考》，《农村经济与科技》2018年第3期。

初创期、成长期到成熟期的不同的产品政策。与银行、基金等合作社会资本签订协议，帮助中小微企业引入社会资本。出台科技金融专项政策，在融资成本上再给予企业补贴，切实降低小微企业融资成本。出台产业引导基金管理办法，为中小微企业发展提供强大的金融支撑。

五 甘肃兰州新区

建设经济增长极分析机制。对于兰州新区而言，可以将其作为西北区域发展中重要的经济增长极，需明确新区的建设契机，并对城市空间布局情况进行全面调整，[1] 在保证产业结构优化的情况下，保证新区与老区之间的协调发展。以此实现兰州新区产业转型升级，促进各方面经济建设工作。甘肃省将兰州新区作为西北区域经济增长极，能够促进双轮驱动方面的产业升级，创建专业化与多元化的管理机制，保证工作水平。

六 广州南沙新区

加快打造高水平国际化海滨新城。对标雄安新区，高标准推进城市规划建设管理。加快生态水城建设，推进灵山岛竹湖公园工程建设、黄阁西涌整治等重点工程，提升城市形象；深入实施"蓝天、碧水、宁静"等环保活动，全面推进"河长制"各项工作，继续推进锅炉淘汰、挥发性有机物污染、扬尘污染等治理，扎实开展节能减排，确保实现能耗总量、万元生产总值综合能耗降低率下降目标，促进"绿色自贸区"建设。

七 陕西西咸新区

全力推进大西安建设。加强规划管理。完成《西咸新区城市总体规划（2016~2030）》报批和新轴线区域综合规划、昆明池区域综合规划编制，完善城市"双修"、地下空间利用等专项规划，实现新区控规全覆盖，形成

---

[1] 杨风琴：《兰州新区开发在甘肃经济发展中的作用及地位分析》，《中国市场》2018年第18期。

全区规划"一张图"。加快重点区域建设。开展"长藤结瓜"式开发建设，推动各新城、园办核心板块、重点区域开发。加快新中心、新轴线建设，启动地下空间综合利用、绿地丝路国际中心、保利西北总部、宝能总部基地、海航西北总部等项目。推进城市精细化管理。出台市政市容管理服务新标准，落实"路长制""所长制"，持续开展"厕所革命""烟头革命"，完善城市垃圾、废弃物收集处理机制，高标准建设垃圾无害化处理项目，全力打造清洁城市。

八 贵州贵安新区

探索绿色发展新模式。在高标准编制《贵安新区直管区建设生态文明示范区实施方案》的基础上，出台《贵安新区直管区基本农田保护制度》《贵安新区直管区生态环境负面清单制度》等，形成"1+9"生态文明制度体系，不断探索建设新型绿色城市。2017年6月14日，贵安新区获批成为全国绿色金融改革创新试验区。作为全国首批、西南唯一的绿色金融改革创新试验区，贵安新区绿色金融改革创新迅速推进，构建了"1+5"绿色产业发展体系。

九 青岛西海岸新区

突出一条主线。把深入学习贯彻习近平新时代中国特色社会主义思想和党的十九大精神作为贯穿全区工作的主线，积极推进党的十九大精神在新区落地生根、开花结果。以全面从严治党为统领，提高政治站位，坚守廉洁底线，营造风清气正的良好政治生态。

十 大连金普新区

落实构建开放型经济新体制试点经验任务。确保试点试验终期评估交出合格答卷，形成一批可复制推广的先进试验成果。加快推进"多规合一"改革，完成空间规划及相应专题研究的编制及报批工作，完成"空间一张图"及信息平台建设。

十一　成都天府新区

加强产学研合作。天府新区发展的核心是科技创新。《四川省人民政府关于支持天府新区创新研发产业功能区建设的意见》提出把功能区建设成为国际一流创新科技城、国家自主创新示范基地，因此要全方位促进创新，建设创新平台，鼓励科技金融发展，引进高端人才，加快企业创立以"市场为导向、创新为动能、政策为基础"的理念，将市场需求、科研定位和政府资助方向相统一，将生产研究与前沿技术紧密结合起来，形成产学研的共生模式。企业自身应把握市场需求方向，积极进行创新，并与科研机构紧密合作，把握科技发展前沿动态，努力将前沿技术应用于市场。

十二　湖南湘江新区

抢滩"新经济"，培育新动能。作为中部首个国家级新区，湖南湘江新区在湖南经济发展中的引领示范作用不言而喻。科学布局新基建，通过新兴产业项目建设培育"新动能"，加快推进经济高质量发展，是湖南湘江新区的发展之道。以健康医疗大数据为核心支撑，着力引进大数据运维应用、基因工程与生命科学、智慧远程医疗项目；以湖南金融中心建设为重点，加速引进持牌金融机构、金融科技企业、专业服务机构和基金机构。

十三　南京江北新区

高质量推进创新名城先导区建设。实施"两落地一融合"工程，加强与中科院、南京大学、东南大学等一流高校和科研院所的战略合作。加快集聚创业创新人才，实施"创业江北"人才计划。大力培育创新型企业。

十四　黑龙江哈尔滨新区

积极扩大对外贸易，加大要素供给保障力度。哈尔滨新区出台新一轮促进产业发展的新驱动政策，加大政策对冲力度，统筹推进常态化疫情防控和经济社会发展。重点在对外开放、产业集群培育、要素供给保障、科技成果转化、人才引进、生物医药产业园区扶持、加强政策落实等方面，加大供给力度。其中，扩大对外开放合作方面，重点是通过发展贡献奖励，扩大对外贸易、发展加工贸易、降低物流成本、发展跨境电商、完善金融保险服务、支持扩大进口，迅速打造外贸企业的集聚热岛。加强重点产业集群培育方面，重点是围绕产业指导目录，支持企业尽快投产运营，培育壮大一批科技含量高、市场需求潜力大、对产业链延伸和产业扩量升级具有较强带动作用的领军企业。

十五　福建福州新区

突出重点区域，建设魅力新区。福州新区应着力打造核心区域，加快城市"东进南下、沿江向海"步伐，充分发挥福州现有的保税区、保税港区等海关特殊监管区域的对外开放平台作用，加大先行先试力度，深化与台湾自由经济示范区及东盟国家的经贸往来，进一步增强福州对"21世纪海上丝绸之路"的支撑作用，提升福州乃至海峡西岸经济区的整体开放水平。

十六　云南滇中新区

加快推进项目落地，营造便利化营商环境。推进项目落地开花，营造高效的发展环境是关键。牢牢抓住项目落地这个关键，加强项目推进过程中的服务与管理，对项目推进中出现的困难和问题，分门别类加以解决，着力破解项目落地难、落地慢问题，确保项目招得来、落得下、建得快，同时要不断提升行政效能和服务水平，构建"亲""清"新型政商关系，提升政务环境，形成透明高效、竞争有序、公平正义、互利共赢的产业发展软环境。

十七　吉林长春新区

不断扩大有效投资，壮大实体经济规模。重点实施产业集群培育、科技创新倍增、"双资"拉动、发展环境提升、民生福祉改善"五大行动计划"。加快培育汽车及零部件、光机电、数字经济与大数据、新能源新材料、生物医药与医疗装备、航空航天、智能装备制造、精优食品、康养文旅、现代物流十大特色产业集聚区，力争三年内建成5个百亿级产业集群、1~2个千亿级产业集群，初步构建起以开放创新为特征的现代产业体系。力争到2021年，全区高新技术企业达350户、小巨人企业240户；培育牛羚企业20户、瞪羚企业10户、"独角兽"企业1~2户。新引进世界500强企业10户、全球行业领军企业20户、知名品牌企业50户，实际利用外资、内资实现倍增目标。真正建立起"办事不求人、规则无偏见、投资有商机"的一流营商环境。

十八　江西赣江新区

加快建设中心，实现全面提速。优化空间格局、推进城乡融合发展、共建高端化专业化分工协作的现代产业体系、协同推进基础设施一体化现代化、强化生态环境共保共治、推进公共服务共建共享、全力打造内陆开放新高地、创新都市圈。到2025年，区域城乡融合、生态安全秀美、社会和谐稳定、文化繁荣兴盛、富有活力创新力竞争力的都市圈基本建成，发展的内生动力显著增强，高质量发展态势稳定形成，成为江西推进中部地区崛起勇争先的旗舰。到2035年，经济发达、社会文明、空间集约、生态优良、融合互补的都市圈发展格局更加成熟，基本实现社会主义现代化，成为引领中部地区崛起、国内国际影响力较强的现代化都市圈。

十九　河北雄安新区

深化土地和人口管理体制改革，推进城乡统筹发展。坚持保障经济社会发展、保护土地资源、维护群众权益，创建产权明晰、配置有效、节约集约的土地管理和利用体制，创新以服务为导向的人口管理机制，推进城乡统筹发展综合配套改革试验，创新土地管理制度，深化人口管理服务制度改革，探索建立建设用地多功能复合利用开发模式，研究制定符合雄安新区特点的建设用地标准，建立"人地挂钩""增存挂钩"机制。

第二章 制度层面

一 上海浦东新区

加强人才资源的强力支撑。一是加快人才高原高峰建设。围绕浦东"五个中心"核心功能区的建设需求，基于浦东新区未来的经济发展需求，着力培养和引进一批具有国际视野、具有高度专业知识的创新型技术研发人才。在建设人才高峰、夯实人才高地的过程中，引导院校机构与企业建立人才联合培养机制，积极培养一批具有素质较高、知识结构完备的综合型企业管理人才，在产业可持续发展过程中发挥积极的带动作用。二是进一步大力加强技能型人才的培养，在大力培育一大批在生产一线具有创新能力的高级技工的基础上，对优秀技能型人才给予更大的支持力度；制定高端管理人才引进计划，积极引进各类管理人才，将高级管理人员纳入人才引进专项，重点是要对中小型企业的管理人才引进给予补贴，以提升企业资源配置能力。三是留住基础型技术工人。着力培养和引进一批具有高技能和丰富经验的"蓝领"产业工人。进一步完善人才配套政策，从社会保障、公共服务等方面着手，用良好的工作环境、生活环境留住基础性人才。鼓励企业生产、流通过程的自动化和网络化，以"机器换人"，减少对劳动力的依存。在科技创新方面，浦东新区有较大优势，需要更多的举措来吸引更多高科技产业入驻浦东新区，在科技创新方面形成规模效应。同时，也需要更多的政策或措施来吸引和留住海内外各行业的人才，为科技创新提供人才后备军。

二 天津滨海新区

不断营造有利于吸引人才创业的发展环境。不断吸引高素质、高技能、国际化人才来新区工作生活，同时为引进人才提供较为舒适和宽松的基本生活保障。雄安新区的正式建设和各项政策出台，必然对滨海新区产生影响，除人才资源争夺方面外，在疏解非首都职能方面，北京产业的转移，特别是先进制造业及其配套科研机构转移以及投资领域等都会对其产生一定影响。继续推进"放管服"改革，大胆先行先试，落实"多项合一、多证合一"的各项举措，优化细节，使惠民政策更好地落到实处。

三　重庆两江新区

抓住区位优势，增强新区功能性。加强物流、金融、通信等服务业的发展。服务业能够对产业起到很好的支撑作用，发展现代服务业能够增强两江新区的功能性，应重点引进国际知名的物流、金融和通信企业，以带动两江新区的现代服务业发展。须从发展的角度充分利用和发挥工业基础好、劳动力成本低、人力资源充足的优势，发展IT制造业、汽车摩托制造业和加工贸易，同时设立IT、汽车等行业的研发基地，增加研发投入，吸引和培养人才，补足短板来提高产品的附加值，由一般加工向高端制造业转变，通过完整的研发、生产、销售、物流产业链来保持长期稳定的发展。

四　浙江舟山群岛新区

打造科技金融服务链条。围绕发展涉海新兴产业、促进重大海洋科技成果转化和产业化、支持创新创业和企业做强做大的目标，开展科技金融创新试点工作，积极构建信用激励、风险补偿、投保贷联动、政银企多方合作、分阶段连续支持的金融创新服务机制，打造从实验研究、中试到生产的全过程、多元化和差异性的一条贯穿企业成长全过程的科技金融服务链条。

加强科技金融复合型人才培养和引进。协同在舟企业、高校、金融机构的力量，整合"科技+人才""资术+产业"等关键要素，建立"政产学研金际"的科技金融区域协同创新中心。注重科技金融人才的引进，发挥高等院校科技金融研究与人才培养的优势，依托"盈创动力"加强科技金融服务人才的培养，培育一批既懂科技又懂金融的复合型人才，不断提升科技金融从业者的综合素质和业务能力。

五　甘肃兰州新区

创新管理思维。相比于国内发达地区新区，兰州新区在管理模式与理念方面还很陈旧，及时更新管理思维是当下刻不容缓的任务。定期到国内其他新区学习，尤其是发展得比较好、处于新区领军前沿的地区，同时，兰州新区可以定期对管理人员进行培训，邀请具有相关丰富经验的新区专家进行工作指导，完善新区的运营平台，提高管理工作效率和业务水平，优化新区内作业环境。

六　广州南沙新区

积极推进体制机制改革。以构建国际化金融创新服务体系为导向，深入推动金融领域开放创新，加快建成有南沙特色的"一带一路"金融服务枢纽。积极推进供应链金融创新，重点推进商业保险业务，积极拓展离岸租赁、跨境租赁。扩大对港澳服务业开放，推进粤港深度合作区建设，推动一批重点项目落地，促进内地经济社会管理与港澳规则对接，吸引一流的现代服务业企业在南沙集聚。

七　陕西西咸新区

持续推进最优营商环境建设。全面深化"放管服"改革。推进相对集中行政许可权试点，优化"一窗受理、并联审批、限时办结、统一出件"模式，完善权力清单、责任清单、负面清单、收费清单动态管理机制。系统推进国家级试点改革。制定实施创新城市发展方式三年行动计划，积极探索、实践新的理念、思路、模式，建设创新城市发展方式国家试验区，形成整体方案并取得可示范推广的经验。优化政务服务管理。着力提升公共服务智慧化水平，建设新区政务服务综合一体化平台，构建新区、新城、镇街、村（社区）四级政务服务体系。实施便民服务外网纵向延伸到街镇和村（社区）。

八　贵州贵安新区

加快提升和完善城市公共服务配套。完善贵安与贵阳协同发展"五联十同"机制,以互联互通为重点,加快推进轨道交通 S1 号线、湖林铁路外迁改建、贵红大道、观潭大道等一批重大项目,加快打造利益共同体、发展共同体。

九　青岛西海岸新区

重视城乡区域统筹发展,完善基础设施体系。严守生态保护红线,严控城镇开发边界,严格保护永久基本农田,加强各类规划空间控制线的充分衔接,构建多中心组团式城乡空间结构。优化村镇布局,实施乡村振兴战略,促进城乡基本公共服务均等化。进一步完善公路、铁路、机场等交通基础设施,推动区域重大基础设施互联互通、共建共享,加强新区与青岛主城区及周边城市协调联动。高度重视城市防灾减灾工作,建立健全城市综合防灾体系。

十　大连金普新区

深化重点领域改革。一是加快推进新区管理体制机制改革。坚持学习借鉴上海浦东等先进经验与紧密结合新区实际相统一,突出功能区的经济发展功能,强化街道的社会管理和服务职能,理顺条块关系,明晰权责界限。二是进一步落实省委、省政府《关于推进大连金普新区建设发展的实施意见》。全力争取市里、省里有关部门支持,按照《实施意见》中的明确责任分工,推动各项政策早日落实到位。三是深化"放管服"改革。建立负面清单管理制度。推行"证照分离"改革试点。推进相对集中行政许可权、行政处罚权改革。

十一　成都天府新区

制度及法律法规不断创新。新区的发展需要对接国际标准,因此制度和法律法规也应该不断结合发展所需进行一定的创新，以协调新区内各主体的需求，促进新区内最大程度上激发市场活力，提升国际竞争力。

十二 湖南湘江新区

推动重点片区建设，着力提升承载功能。规划新区—湘潭轨道快线，开工建设潇湘大道南延线、黄桥大道南延线，推进湘府路快速化（河西段）、岳宁大道、枫林西路（三段）、长望路西沿线等重点交通干线建设以及大王山片区交通提质，建设一批公共停车场、城乡绿道、自行车专用道、共享单车及共享汽车停靠点、新能高原汽车充电桩，加快岳麓山国家大学科技城建设，抓好湖南金融中心建设。

十三 南京江北新区

高质量推进社会民生改善。加大基础设施投入，高标准打造核心区、推进城市精细化治理、推动公共服务均衡化、加大社会保障力度、创新社会治理方式。出台新区就业创业扶持政策，吸纳留住超过2万名大学生到新区创业，城镇登记失业率控制在3.5%以内。实施棚户区改造300万平方米，新开工建设保障房340万平方米。

十四 黑龙江哈尔滨新区

强化人才科技支撑相结合。在人才上，进一步完善新区按照"市场化运行、企业化管理、绩效化考核"模式，成立专业化服务公司，坚持"立足本省把优秀人才留在新区，面向全国把高端人才引进新区，着眼海外把专业人才请到新区"的引进人才等做法，建立更加开放的招才引智机制，实施柔性引才政策，让人才来新区奋斗有舞台、发展有空间、事业能出彩。在科技上，要按照省里要求，在新区率先开展科技成果转化激励政策试点，在科技金融结合等方面先行先试，支持金融机构开展投贷联动和专利质押融资试点，通过推动科技与金融对接、产业与资本融合，向高新技术成果产业化要发展，让科技政策真正带着温度落地。

十五　福建福州新区

加快功能整合,优化营商环境。加快各类海关特殊监管区功能整合提升,全力推进江阴港汽车整车进口口岸建设,积极申报设立长乐空港综合保税区,促进各监管区形成管理规范、通关便捷、用地集约、产业集聚、绩效突出、协调发展的格局,成为引导加工贸易转型升级、承接产业转移、优化产业结构、拉动经济发展的重要载体,促进福州新区成为先进制造业的聚集区、国际物流的集散区、服务外包的承接区。

十六　云南滇中新区

创新人才引进机制。人才是创新的第一资源,着眼新区开发建设需要,树立强烈的人才意识,要加快建设创新人才高地,以识才的眼光、用才的胆识、容才的雅量、聚才的良方,让各类人才各得其所、才尽其用,牢固构筑创新发展的坚实根基。要加大人才培养和引进力度,突出"高精尖缺"导向,实施更加积极、更加开放、更加有效的人才政策,聚天下英才而用之。要健全人才流动和使用机制,真正让各类人才引得进、留得住、用得好。要创新人才评价和激励机制,激发科技人员的持久创造动力,让有贡献的科技人员经济上得实惠、工作上有奔头、社会上受尊敬,加大靶向引才力度,用好用活人才政策,为新区高质量发展提供强有力的人才支撑。

十七　吉林长春新区

提高行政服务效能,强化服务优先。新区应强化"人本化"思维,坚持让群众和企业共享新区发展成果,进一步优化提升经济发展软环境,深化体制机制创新,不断优化机构设置,提高服务效能,特别是深化行政审批改革,重点推进"只跑一次""证照分离""标准地+承诺制"等改革工作,全力打造规则无偏见、办事不求人、投资有商机的全国一流营商环境。坚持"以人民为中心"的发展理念,进一步优化教育、医疗等社会事业布局,加快推进学校和医院的建设,满足居民对优质教育和医疗的需求,同时谋划建设文化、体育、养老、娱乐休闲等服务设施，尽快形成"功能齐全、通达方便、服务优质"的生活圈，提高群众的幸福感和满意度，把新区建设成为"本地人自豪、外地人羡慕，人才来了就不想走的"的新城。

十八　江西赣江新区

完善人才机制，引进用好科技创新人才。赣江新区应不断探索创新引人用人机制，完善人才服务体系，营造引人用人良好氛围，确保人才"引得进、用得好、留得下"。围绕新区光电信息、生物医药、智能装备制造、新能源与新材料、有机硅、现代轻纺六大主导产业，设立人才工作专项资金，推出专项人才计划，依托国家级人力资源产业园，高品质打造高层次人才服务中心，随时随地听取人才对新区工作的意见建议，引进用好科技创新人才。

十九　河北雄安新区

强化创新驱动，建设现代化经济体系。坚持把创新作为引领雄安新区高质量发展的第一动力，以供给侧结构性改革为主线，系统推进有利于承接北京非首都功能、集聚创新要素资源的体制机制改革，着力建设具有核心竞争力的产业集群，培育新增长点、形成新动能，努力构建市场机制高效、主体活力强劲的经济体系。加强创新能力建设和科技成果转化。引导现有在京科研机构和创新平台有序向雄安新区疏解，设立雄安科技成果转化基金，推动创新成果标准化、专利化，并在雄安新区及相关地区转化利用。

第三章 战略层面

一 上海浦东新区

积极推动高水平改革开放。建设最高标准、最好水平自由贸易园区是党中央、国务院赋予上海自贸试验区的重要使命，增设上海自贸试验区的新片区是党中央、国务院进一步扩大改革开放的重要部署。浦东要紧紧抓住自贸试验区扩区的有利机遇，坚决贯彻习近平总书记在首届中国国家进口博览会上的主旨演讲和考察上海时的重要讲话精神，全力打造新时代改革开放新高地，推动中国改革开放向纵深发展。率先对标国际高标准自由贸易园区及国际通行规则，结合我国腹地型经济特点和区域实际，采取分步实施、各有侧重的方式统筹推进自贸区改革的深化推进。一是着眼于树立开放新标杆，在洋山保税港区、浦东机场综合保税区等海关特殊监管区域率先试点国际最高标准的贸易监管制度安排，并适时扩大至外高桥保税物流园区等上海海关特殊监管区域。二是着眼于创新发展新模式，继续简化优化一线贸易监管措施，重点提高二线通关效率，成为统筹国际国内两个市场、两种资源的重要枢纽。三是在形成成熟经验的基础上，根据不同区域的业务需求，及时在自贸区新片区和全市、长三角地区、全国区域推广新的制度框架，基本形成中国特色的自由贸易试验区网络，从而推动中国改革开放向纵深发展。

二 天津滨海新区

继续巩固京津冀区域的港口优势和地位。将港口经济主动融入京津冀和雄安新区的各项发展规划中，在现有基础上继续实施通关便利化举措，延伸海关、安检、质检等部门服务链至内陆客户端，保持在京津冀区域内航运及邮轮经济中的优势地位。

三 重庆两江新区

树立自主创新意识，提升自身创新实力。一是努力把两江新区打造为西部自主创新中心。[①] 两江新区内的北部新区已建立的孵化园区和留学人员创业园、青年创业、中华学人回归创业园等创新平台，布局离散且配套滞后，聚集高端创新资源的功能得不到完全发挥，不能满足大型科研机构、大型公司建设创新中心对配套功能、服务条件的要求，两江新区应站在战略高度规划建设成西部自主创新中心，加强配套建设，强化技术服务、信息服务等功能，同时要搞好整体规划，加快生态环境和生活配套建设。二是引进国家级创新资源。浦东新区和滨海新区在实施创新型新区战略时，始终把国家级创新资源摆在第一位。

四 浙江舟山群岛新区

提升利用外资水平。优化引资结构，坚持"多地开花"，优化外资来源地结构。多元化引入外资，深度融入"一带一路"和长江经济带发展战略，鼓励吸引其他发达地区来舟山投资。[②] 科学分布外资投向，鼓励引导外资投向从以第二产业为主向第一、二、三产业并举转变，对投向现代服务业、高新技术产业等高附加值和环境友好型产业的外资进行奖励和扶持。选择外资时应多方面兼顾，[③] 除考察投入产出效益、规模外，还要兼顾税收贡献度、环保性、技术溢出效应、就业吸纳能力等衡量经济、生态、社会效益的重要指标。

[①] 余素芳：《重庆两江新区先进制造业发展研究》，对外经济贸易大学硕士学位论文，2014。
[②] 胡佳：《舟山群岛新区开放型经济可持续发展能力评价及对策》，《唐山师范学院学报》2018年第4期。
[③] 徐颖娜：《舟山群岛新区海洋旅游业可持续发展研究》，《经济研究参考》2017年第37期。

五 甘肃兰州新区

将兰州新区作为重要产业基地。在兰州新区开发的过程中，需将其作为重要产业基地，利用合理方式实施工作，根据制造业的发展需求，建设高素质人才队伍，对人才资源与智能化资源进行合理的分配，发挥项目龙头带动的积极作用。

六 广州南沙新区

加快建设区域综合交通枢纽和信息枢纽。围绕构建粤港澳大湾区"半小时交通圈"，加快轨道、高速铁路、市政路网建设，强化与市中心及珠江口东西两岸的交通联系，高起点建设现代化信息基础设施，打造面向国际的交通、信息新枢纽。

加快建设国际航运中心。依托港口核心资源优势，强化港航基础设施建设的支撑作用，大力培育和集聚市场主体，积极推进对周边港口资源的整合，加强与国内外港口城市的合作，完善现代航运服务体系，加快建设功能复合的国际航运中心，打造世界级枢纽港区。

七 陕西西咸新区

全面提升对外开放水平。高水平推进自贸区建设。完善新区自贸政务服务平台功能，实现国际贸易"单一窗口"国家标准版试点运行，抓好"走出去"一站式服务平台建设。深化空港、陆港联动，推进服务业扩大开放和外商投资管理体制改革。加大多式联运、通道建设、航空服务、口岸经济等先行先试力度。加快建设西安国际航空枢纽。依托国家级临空经济示范区，大力发展枢纽经济、门户经济、流动经济。编制完成西安航空物流枢纽建设发展规划，积极申报综合保税区、跨境电商综合试验区等试点，扩大指定口岸种类。提升国际合作交流水平。贯彻落实《关中平原城市群发展规划》，深度融入"一带一路"建设，增强新区核心竞争力、示范带动力。按照"一园两地"模式加快中俄丝路创新园建设，探索中外合作产业园区建设新模式、新机制。依托文物遗址、科技创新等资源，发挥丝绸之路大学联盟、创新驱动共同体联盟等作用，加强与"一带一路"文物数字化交流合作平台和国际科技资源离岸统筹中心，积极引入更多国际创新资源。

八 贵州贵安新区

大力推动生态建设，着力打好污染防治攻坚战。大力推动直管区88个可绿化山头共2.16万亩绿化建设，调整林草种植结构，提高退耕还林还草经济效益，着力加快推动沙漠化治理、古茶树保护开发等项目建设，推动经果林、优质畜草、智慧牧场等林草基地建设。

九 青岛西海岸新区

实施"五个率先"。一是率先推进创新发展。深入实施创新驱动发展战略，规划建设绿色制造、大数据等5个应用型科技创新中心，加快推进海上试验场、海洋大科学研究中心等10家"国字型"科研平台建设，培育200家高新技术企业，努力争当创新高地。二是率先建设活力新区。坚持改革创新、先行先试，激发体制机制的内生活力。三是率先建设美丽新区。大力实施蓝色海湾整治行动，开展裸露山体和河道治理，努力把新区建设得更加时尚美丽，打造绿色融合的城市风貌。四是率先建设魅力新区。重点实施城市软实力提升工程，提升城市形象和文化品位，加快建设令人向往的魅力新区。五是率先实现高质量发展。坚持五大发展理念，充分发挥城乡一体、陆海统筹的独特优势，率先建设特色鲜明的现代化经济体系，推动新区高质量发展。

十 大连金普新区

高标准建设大连自贸区。一是全面复制推广第二批40条经验做法，统筹协调市直部门合力推进234项改革试验任务。二是完善第三方评估机构和智库平台的参与机制，加快推进投资自由化、国际贸易"单一窗口"、金融开放创新、事中事后监管体制改革、航运中心建设、产业转型升级、法制保障体系建设、人才科技保障体系建设等重点课题研究，不断推出大连特色创新案例。三是进一步健全企业投资服务体系，完善自贸试验区企业数据库和政策措施，加快启用信用信息管理和事中事后监管系统建设。四是加强与东北亚各国之间的经贸投资合作，加快产业集聚，助力经济转型升级。五是深入研究、加快探索、适时申报建设大连自由贸易港。六是联合海关、检疫等口岸部门，在冷链通关、微波检疫等领域再推出一批全国有影响、全省可借鉴的"大连经验"。

十一 成都天府新区

促进金融市场要素加快向新区聚集。在金融方面，天府新区管委会应出台鼓励金融支持新区开发建设的具体优惠政策，对入驻天府新区的金融机构给予资金、税收、用地等方面的优惠政策，建立与各金融机构总部对话机制和银政合作信息平台，鼓励银行、证券、保险机构总部到新区开展产品研发和人员培训，吸引金融数据中心以及资产管理、投资咨询、信用评估等中介机构入驻新区，统筹发展银行、证券、保险、信托、基金、期货、投资、担保、租赁、财务、交易、后台服务等行业，着力打造总部聚集、机构集中、市场发达、设施先进、运行高效、秩序规范的金融产业集群，促进建立资源集成、利益共享的多元化投融资机制，逐步形成种类齐全、竞争互补的金融市场格局，争取成为西部地区金融组织、金融产品、金融交易、金融服务和金融管理创新试验田。

十二 湖南湘江新区

突出增长动能转换，着力深化改革创新。在长沙高新区、大学科技城周边各规划建设10万平方米左右租赁房或限价商品房；利用好1.37万亩储备土地，盘活存量土地资源；理顺管委会与公司权责边界，促进平台公司转型创新发展。推进"放管服"改革，全面实现网上办理或者"只跑一次"，开展知识产权综合管理改革试点，建设长沙高新区保税仓；组建进出口服务公司、贸易融资担保公司；深化与国际友好城市的交流合作。

十三　南京江北新区

高质量推进改革开放合作。稳妥推进综合改革。以健康医疗大数据、增量配电、新型城镇化、证照分离等重大改革为重点，持续深化"放管服"改革，力争"不见面审批"事项达审批服务事项的95%以上，努力实现"2330"目标。促进开放型经济发展。借助长江-12.5米深水航道、中欧中亚班列等江海联动、水铁联运综合交通优势，加快对接国内外综合性开放平台，构建与国际接轨的通行做法和贸易规则，积极申报海关特殊监管区，推动保税物流中心建设。加强区域协同合作。进一步强化与浦东新区、舟山群岛新区、上海自贸区等的联动发展，主动融入长三角一体化，推动区域联动发展。

十四　黑龙江哈尔滨新区

扩大新区全方位对外开放相结合。国家赋予哈尔滨新区"三区一极"的战略定位，提出要打造中俄全面合作重要承载区、特色国际文化旅游聚集区，因此应围绕建设中俄全面合作重要承载区的总体目标，以对俄合作为重点，全方位提升新区对外开放水平，建设开放合作高地。支持以新区为核心片区申建中国（黑龙江）自由贸易试验区，支持新区与综合保税区、临空经济区、内陆港和铁路集装箱中心站协同发展，支持新区建设中俄文化旅游集散中心等。黑龙江省对新区在发展定位上提出了建设现代化国际化新城区，所以说，新区不仅是现代化的，也是国际化的，这就需要新区做好"开放"这片大文章，在更大范围、更广领域、更高层次上参与国际国内资源配置和市场开发。

十五　福建福州新区

发挥独特优势，打造特色新区。围绕建设"21世纪海上丝绸之路"的国家倡议，抓住国家支持建设海西经济区的政策导向，立足东南沿海省会城市特色，着力推进"海上福州"建设，打造海峡蓝色经济核心区。充分发挥深水港区优势，加快建设南北两翼临港产业高地，打造海峡西岸重要的临港产业基地。重点发展海洋工程装备、海洋生物制药、海洋生物能源、海洋可再生能源、海洋服务业等海洋新兴产业，扶持骨干企业和拳头产品发展，打造东南沿海重要的海洋生物产业集聚地、海洋工程装备制造基地和海洋能研究与开发基地。加快闽台（福州）蓝色经济产业园建设，全力推进"一区一带两园"建设，努力打造福州蓝色硅谷，形成海洋科技研发及海洋高新技术产业集聚区。[1]

十六 云南滇中新区

高质量发展推动新区跨越式发展。始终坚持龙头引领、集群发展，发展支撑持续强化。云南滇中新区坚定不移走开放型、创新型和高端化、绿色化发展路子，围绕"533"产业发展战略，着力构建布局优化、分工合理、错位发展、特色鲜明的现代产业体系，新动能贡献率不断提高。坚持改革创新、先行先试，发展环境日趋完善。云南滇中新区破除门槛限制、深化审批改革、减少企业税费、强化要素保障、加强事中事后监管、推动贸易便利化，营商环境得到全面优化和提升。以政务服务需求侧改革倒逼"放管服"改革，大力推进"互联网+政务服务"，宣传推广"一部手机办事通"。始终坚持统筹谋划、规划引领，发展蓝图全面绘就。坚持世界眼光、国际标准、滇中特色，已初步构建具有"全域覆盖、多规合一、山水统筹、产城融合、低碳智慧、绿色发展"鲜明特色的规划体系。

十七 吉林长春新区

强化开放意识，引进高质量产业。长春新区作为推动东北全面振兴、全方位振兴的重要引擎，作为引领全省高质量发展的"试验田"，应进一步完善国际陆港、空港等开放平台功能，加快建设临空经济示范区，畅通对外物流通道；加快推进中白、中韩、中日等国际合作园区建设，用好用足公安部授予的外籍人才出入境优惠政策，集聚国际先进技术与海外高端人才；加强

---

[1] 中共福州市委政策研究室课题组、李贵勇、林徐峰、张冰：《进一步加快福州新区开放开发的建议》，《福州党校学报》2015年第2期。

对外经济联络与合作，重点抓好浙吉、津长等合作产业园区建设，进一步促进两地经济、技术、人才的交流；加大域外和境外招商力度，委托有实力的招商中介开展跨国招商，按照"产业高端、产品高质、产出高效"的原则，着力引进投资规模大、科技含量高、产业链要素全的实体经济项目；扩大对外贸易，谋划推动跨境电商等新业态发展，促进外向型经济发展，提升利用国际国内"两个市场、两种资源"的能力和水平。

十八　江西赣江新区

加快大项目发展，推进绿色金融改革创新试验区建设。要以重大项目建设为抓手，强化"项目为王"意识，在项目建设上大干实干，积极招大引强，强化要素保障，以项目建设支撑发展、增强后劲，不断巩固、扩大和提升赣江新区的发展态势。要以推进改革试点为抓手，发挥先行先试优势，持续推进"放管服"改革，加大绿色金融改革力度，完善资源要素配置机制，不断增强赣江新区的内生动力。要以深化创新驱动为抓手，深入践行新发展理念，壮大创新主体，特别是强化企业创新主体地位，做强创新载体，汇聚创新人才，不断提升赣江新区的竞争优势。

十九　河北雄安新区

扩大对内对外开放，构筑开放发展新高地。雄安新区应坚持全方位对外开放，积极融入"一带一路"建设，以开放促发展、以合作促协同，着力发展贸易新业态、新模式，营造法治化、国际化、便利化市场环境，实施外资准入前国民待遇加负面清单管理模式，建立与国际投资贸易通行规则相衔接的制度体系，构建公平竞争制度。支持在雄安新区设立国际性仲裁、认证、鉴定权威机构，探索建立商事纠纷多元解决机制，拓宽中外金融市场合作领域，打造层次更高、领域更广、辐射更强的开放型经济新高地。[①]

[①] 来自中共中央、国务院发布的《关于支持河北雄安新区全面深化改革和扩大开放的指导意见》。

第四章 产业发展层面

一 上海浦东新区

重点聚焦健全创新生态系统。一是加快高端创新要素和创新资源的集聚，在国家科学中心建设进程中进一步注重集中度和显示度的提升，通过国家实验室的打造来加快推动基础研究和基础应用研究，加速让张江科学城成为创新资源的策源地。二是成立开放共享的共性技术平台。建立产业共性技术研发中心，鼓励组织跨领域的产业创新联盟，加强产业共性技术研发和成果推广运用。借助共享经济理念，在共性技术领域内，加强存量盘活、统筹管理，梳理和挖掘现有科研设施与仪器的潜力，鼓励向社会开放共享，促进利用效率的最大化。三是整合相关数据，全面提升制造业"转化＋落地"效率。如技术成果、技术交易数据、新技术新产品、科技企业孵化器、工程中心和重点实验室等方面的数据，使这些数据与创新主体（企业、科研机构等）"联起来"，让创新主体"用起来"，全面提升制造业"转化＋落地"效率。四是结合新区产业实际情况，筛选一批标杆企业，围绕其建立潜在独角兽培育体系，打造"基金＋基地＋标杆企业＋全面企业服务"发展生态圈。可由具备相关专业能力的国企先期融资进入成为股东，再通过投资、孵化、金融扶持、产业并购、注入资源，以及帮助其开拓市场等多种企业服务方式加以扶持，助力其发展成为独角兽企业。

二 天津滨海新区

加快调整新区优势产业结构，提高经济辐射力。首先，进一步加快发展第三产业。促进轻纺产业内部协调发展，尽快将更多优势资源从食品制造业转移，降低食品制造业比重，提高其他轻纺工业发展速度，在提高质量的同时积极开拓国内外市场，使其向现代服务功能发展。要突出发展现代物流、金融、旅游、信息服务等现代服务业，尤其大力发展金融产业集群。[①] 要通过发展生产性服务业，积极培育消费需求，适当利用旅游业促进服务业发展，优化内部结构。其次，发挥好第二产业主导作用。新区要重点解决第二产业资本短缺问题，积极"招商引资"，加大资本支持力度，要避免粗放型增长方式造成的重复同构和产值过剩问题，在保持其经济增长活力的同时发挥产业集聚效应。最后，注重协调发展，保护第一产业，提高其为优势产业及城市服务的功能。

三 重庆两江新区

合理规划产业发展对策。充分利用两江新区所享受的先行试错权及一系列政策优势，为新一轮的产业结构调整做好准备。走以内需为主、外贸为辅的发展道路。受国际经济危机的影响，海外市场萎靡，国内消费占世界的比重逐年增高，西部地区总面积占全国的71.4%，人口占全国的28.8%，随着西部经济整体的发展，居民生活水平和消费水平的提高，西部地区将成为非常有潜力的市场，两江新区应立足于西部市场，从西部向全国辐射，带动西部地区发展，走以内需为主、外贸为辅的发展道路。

四 浙江舟山群岛新区

推进外贸转型升级。优化进出口结构，由以出口为主向进出口并重转变，鼓励进口国际先进装备、技术、关键零部件、紧缺资源类产品等。增加出口产品的附加值，加快传统产业的升级换代，引导出口企业走产品创新、品牌发展之路，提升产品的含金量和国际竞争力。推进智能制造，实现海洋工程装备制造、船舶修造等舟山主导产业的精细化、智能化。

[①] 白仲林、李军：《天津滨海新区与上海浦东新区三次产业结构特征及其变迁的比较》，《科学学与科学技术管理》2003年第7期。

五 甘肃兰州新区

完善金融机构体系，发展五种金融业态。抓住"一带一路"及兰州新区开发的机遇，发挥新区市场空间巨大的综合优势，利用金融业扶持优惠政策，通过引进、新设、重组等模式，重点发展银行、证券期货、保险、信托租赁、中介服务等金融业态，联动发展民间金融、互联网金融、普惠金融新业态，力争兰州新区第一家城市商业银行、第一家保险公司尽快组建并落户新区。

六 广州南沙新区

加快构建创新型产业体系。牢牢把握供给侧结构性改革主线，推动先进制造业与现代服务业融合发展，面向全球集聚资源要素，大力发展航运物流、高端制造、金融商务、科技创新、旅游健康五大主导产业，实施质量标准品牌战略，不断提高经济发展质量。

七 陕西西咸新区

大力实施产业兴区战略。深化供给侧结构性改革，全力打造先进制造、电子信息、临空经济、科技研发、文化旅游、总部经济六大千亿级主导产业集群。大力推行产业链、资本链、创新链招商，完善政策体系。积极发展医养健康、茯茶等特色产业，大力培育智能终端、数字经济等新经济、新业态、新模式。实施旅游产业融合计划，加快全域旅游发展，推进三产深度融合。

八 贵州贵安新区

扎实推进大数据战略，构筑新时代产业体系。发展以大数据为引领的电子信息、大健康医药、高端装备制造、文化旅游、现代服务业五大主导产业，推动大数据与实体经济深度融合发展，做强核心业态、壮大关联业态、拓展衍生业态。依托综合保税区（电子园）、高端装备制造产业园、数字经济产业园等重要发展平台，加快推进三大运营商二期、腾讯、华为、超算中心、FAST 天文数据中心、集成电路产业园、生物科技产业园、生物医学大数据中心、数字经济产业园二期等重点项目建设；加快推进苹果 iCloud 数据中心、晶泰科第六代 AMOLED 显示面板生产线、富士康诺基亚全球研发中心、华侨城 V 谷数字城、中商国能（厦门）、航洋宽带等重点项目前期工作。依托新区数据存储中心独特优势，推动互联网、大数据、人工智能和实体经济深度融合，大力引入和掘金大数据产业链上游资源端、中游技术端以及下游应用端企业。加快挖掘大数据核心价值，打造集大数据储存、挖掘、分析、清洗、展示、应用、大数据产品评估和交易等于一体的大数据全产业链条。

九　青岛西海岸新区

推动产业转型升级，促进高质量发展。以习近平新时代中国特色社会主义思想为指导，全面贯彻党的十九大和十九届二中、三中全会精神，统筹推进"五位一体"总体布局和协调推进"四个全面"战略布局，牢固树立和贯彻新发展理念，坚持世界眼光、国际标准、海洋特色、高点定位，逐步把青岛西海岸新区建设成为山东半岛城市群的增长极、现代化经济体系的新引擎、新旧动能转换的引领区、高质量发展的国家级新区典范，在促进东部沿海地区经济率先转型发展、探索全国海洋经济科学发展新路径和海洋强国建设中发挥积极作用。

十　大连金普新区

大力推动自主创新示范区建设。一是以落实"三年行动计划"为统领，举全区之力加快建设自主创新示范区，为大连建设东北亚科技创新创业创投中心提供强力支撑。二是深化科技体制改革，清理和消除妨碍公平竞争的规定及做法，创新财政投入方式，以环境优化推动市场主体创新。三是强化企业和科研机构创新主体地位，构建中小企业创新公共服务体系。

十一　成都天府新区

建设四川高新技术产业集聚带。天府新区要建设国家自主创新示范基地、创新驱动策源地和绿色低碳环保的创新驱动改革试验区，建设高端科技创新平台、企业技术中心（R&D）、工程技术（研究）中心，创建一批国家重点实验室（工程实验室）、工程技术（研究）中心等；重点规划、扶持一批科技企业孵化器，并为推广和支持多项专利提供了试点基地，培育中小科技企业快速成长。[①] 奋力打造新一代信息技术、生物科技、高端制造、电子商务、文化创意等高附加值产业，促进大数据、云计算、移动电子商务的发展。培育、建设一批评估、认证机构，技术中介和技术转让平台，推动省内不同类型的科技资源共享。

十二　湖南湘江新区

突出产业项目建设，着力壮大实体经济。在投资导向上，聚焦实体经济发展，着力提高产业投资在固定资产投资中的比重，提高工业投资在固定资产投资中的比重，提高技改投资在工业投资中的比重，提高民间投资占全社会固定资产投资的比重。在主攻方向上，盯紧先进储能材料、高端装备与人工智能、基因工程与生命技术、信息终端、3D打印和工业机器人五大高端装备制造业，以及移动互联网、现代金融、文化旅游三大现代服务业，加快构建"5+3"产业发展格局。

十三　南京江北新区

高质量推进产业高地建设。全力打造"两城一中心"，即芯片之城、基因之城和新金融中心。狠抓产业项目推进，聚焦百亿级企业招商引资"移大树"，强化科技型中小企业扶持"育小苗"。加快产业转型升级，鼓励和支持企业加速向新材料、生命科学、高端专用化学品等新兴产业领域转型。

---

① 李长青、武丽婧：《四川天府新区产业发展研究》，《中国市场》2018年第20期。

十四　黑龙江哈尔滨新区

推进新区产业升级相结合。新区要以连片组团式开发为重点，加快土地集约利用、项目集中建设、产业集群发展步伐，推动新区建设上规模、见成效、出形象，大力引进优质项目，突出高端化产业发展导向，注重培育新产品、新业态、新商业模式，充分发挥松北、平房、利民三个片区各自优势，大力引进优质项目，发展战略性新兴产业，着力培育新区核心竞争力。

十五　福建福州新区

坚持高端引领，做强产业新区。着力加强产业招商。龙头带动和产业集聚是新区的优势，也是新区经济发展的特点。一个重大项目或龙头企业，就能带动数十甚至数百家企业进驻，形成庞大的产业链。科学制定产业发展规划，围绕特色优势产业开展针对性上门招商、跟进招商和持续招商，着力引进一批能够带动上下游及周边产业聚集的企业和产业项目，尽快形成以大项目为支撑的优势支柱产业，并以此为基础，通过产业链招商，由引进单个企业向配套企业扩散、向相关产业扩散，从而不断巩固产业优势，形成以骨干企业、拳头产品为龙头，集中度高、关联度大、竞争力强的支柱产业群，夯实福州新区发展的强大产业支撑。

十六　云南滇中新区

聚焦招商引资和投资融资方式。在产业大转型、大流动的大背景之下，滇中新区需要结合自身地域优势，以未来产业发展方向和国家战略为引领，定位自身特点的产业结构、产业集群、产品体系，但始终突出招商引资这一主抓手，围绕产业定位，采取多种方式，大力实施精准招商，确保做到"引新、引高、引强"，不断完善配套硬环境，提升服务软环境。此外，还需聚焦投资融资，着力破解发展瓶颈，提升平台融资能力，积极创新融资方式，加大投融资力度，加快构建"政府主导、市场运作、社会参与"的投融资格局，探索建立招商引资项目经理人制度，强化要素保障，让投资环境不断优化，切实储备一批既拉动当前增长又有利长远发展的重大项目。

十七　吉林长春新区

强化新产业带动和数字化引领。长春新区应紧紧围绕人工智能、智能网联、新能源等引领时代发展的高端产业，进一步强化以商招商、中介招商、委托招商、土地招商等方式，利用省市组织的各大招商活动，广泛开展招商推介，集聚更多项目资源、培育更多高端产业，着力引进新技术、新业态，力争再引进一批体量大、业态新、回报好的大项目，带动提升产业层次。同时，深入实施创新驱动，加快推进北湖科技园、摆渡创新工场、长春中关村信息谷等一批孵化载体建设，打造数字产业集聚区，大力发展数字经济；推动数字经济与实体经济融合发展，深入实施"互联网+"，推动数据技术在高端装备制造、航天信息等产业领域的应用。

十八　江西赣江新区

加大金融扶持力度，助力科技创新和产业发展。赣江新区应以建设国家绿色金融改革创新试验区为契机，将金融与科技创新有机融合，在科技研发、科技成果转化、科技企业孵化育成等方面提供特色化金融服务，对金融机构优先扶持。新区可以联合第三方机构研究制定赣江新区绿色金融标准体系，聚集银行、保险、互联网金融、交易中心等百余家金融机构和经营性、功能性机构，引导金融机构优先扶持优质科技成果及战略性新兴产业。同时产融对接优先推介，比如举办政银企对接会，鼓励商业银行加大授信投放力度，引导资金投向光电信息、新能源、生物医药等绿色产业和实体经济，优先支持新型研发机构及其孵化的实体企业，推动科技创新加快转化为生产力，促进产业高质量发展。

十九　河北雄安新区

深化财税金融体制改革，创新投融资模式。加快建立有利于创新驱动发展、生态环境保护、公共服务质量提升的现代财税制度，建设现代金融体系，为雄安新区经济社会发展提供有力支撑。加强北京市企业向雄安新区搬迁的税收政策引导，推动符合雄安新区功能定位的北京市高新技术企业加快转移迁入。对需要分步实施或开展试点的税收政策，凡符合雄安新区实际情况和功能定位的，支持在雄安新区优先实施或试点。加大对雄安新区直接融资支持力度，建立长期稳定的建设资金筹措机制。

学术成果展示篇

自 1992 年我国第一个国家级新区——上海浦东新区设立以来,各种以国家级新区为对象的研究已成为一个新的研究领域和方向,即"国家级新区研究"。相关专家学者围绕国家文件、新区政策,通过发表专著、期刊论文、学位论文等对其进行研究与评析,这有助于国家级新区建设与发展的理论研究和实践,也将为推动我国国家级新区建设再上新高度做出贡献。本篇分为国家级新区学术成果展示、国家级新区学术成果分析两部分,通过对 2019 年以来公开发表在核心、权威期刊上的文章进行整理归纳,按照新区和文章类别进行分析。

第一章　国家级新区学术成果展示

本章主要收集了2019年相关学者和专家就19个国家级新区发表的专著、期刊论文及相关学位论文,[①] 由于版面原因,仅对各新区相关学术成果进行部分展示,包括对有关国家级新区的期刊论文进行展示、对有关国家级新区的学位论文进行展示等。

相关期刊论文具体内容见表1-1。

表1-1　上海浦东新区

篇名	作者	杂志	发表日期
上海市浦东新区2012～2016年含b型流感嗜血杆菌成分疫苗预防接种不良反应特征分析	杨来宝、周翠萍、肖绍坦、邓鹏飞、陈红英、费怡	中国生物制品学杂志	2019/1/15
乙型肝炎表面抗原阳性学生及其一级亲属乙型肝炎病毒感染流行病学调查与病毒变异分析	谢震宇、费怡、杨天、殷建华、蒲蕊	第二军医大学学报	2019/1/20
上海市社区失能老人家庭主要照顾者焦虑与抑郁情绪现况调查及影响因素分析	李艳、黄永霞、赵爱平	护理研究	2019/1/21
社区老年人在不同双重任务下静态平衡能力的比较研究	万文洁、顾斐斐、徐燕	护理研究	2019/1/21
上海浦东新区大肠癌不同初筛模式肠镜检查顺应性	李小强、王莹莹、陶沙、闫蓓、李小攀等	中华肿瘤防治杂志	2019/1/28
居民生活服务业与人口匹配关系研究——基于上海浦东新区实证研究	吴煜、李永浮	上海经济研究	2019/2/15
上海市浦东新区中小学生超重和肥胖现况及其膳食影响因素	沈丽娜、柏品清、傅灵菲、陈波、沈惠平	环境与职业医学	2019/2/25

[①] 学术成果展示的文章均来源于中国知网上公开发表的符合SCI、EI、CSSCI、CSCD、核心期刊标准的期刊。

续表

篇名	作者	杂志	发表日期
从被动衰退到精明收缩——论特大城市郊区小城镇的"收缩型规划"转型趋势及路径	朱金、李强、王璐妍	城市规划	2019/3/9
大气污染对小学生因呼吸系统症状和疾病缺课的影响	杨敏娟、解惠坚、王文朋、奚用勇、秦存等	中国学校卫生	2019/3/20
上海迪士尼国内旅游流地理分布与流动特征	查晓莉、徐雨晨、陆林、赵海溶	旅游学刊	2019/6/6
地方政府创新何以持续？——以浦东新区基层社会治理变迁为线索	冯猛	中国行政管理	2019/7/1
上海市浦东新区居民口腔问题就诊行为及其对社区口腔卫生服务使用现况调查	余艳、张良年、张胜冰、徐先国	中国全科医学	2019/7/5
上海市浦东新区三类大型医用设备利用适宜性研究	熊琨、顾建钧、俞步青、廖兴斌、陈海涵、薛迪	中国卫生资源	2019/9/16
校本研修视域下的中式课例研究及其课程化——以浦东系列"校本课例精修工作坊"为例	王丽琴	教育发展研究	2019/9/25
2010~2016年上海市某社区心血管病死亡及寿命损失分析	罗峥、廖献琴、邓阳	现代预防医学	2019/10/10
初心不改使命在肩 担当实干逐梦前行——中国浦东干部学院第11期档案领导干部培训班侧记	梁琨	中国档案	2019/10/15
话说档案那些事（九）："单套制"，想说爱你不容易	任汉中	档案管理	2019/11/7
下肢骨牵引保暖靴的制作及应用	陆敏、王艳梅	解放军护理杂志	2019/11/15
2016~2018年浦东新区流感疫苗疑似预防接种异常反应监测结果分析	邓鹏飞、周翠萍、杨天、王卫平、王琦璋等	现代预防医学	2019/12/25
在沪境外人口的空间集聚与影响机制	沈洁、罗翔、李志刚	城市发展研究	2019/12/26

表1-2　天津滨海新区

篇名	作者	杂志	发表日期
行政审批局建设的四维机制：基于行政组织要素理论分析框架	宋林霖、何成祥	北京行政学院学报	2019/1/10
要素导向的大尺度城市设计编制流程及控制方法研究——以天津滨海核心区西部城区实践为例	刘伟、卢琬玫、王滨、张明新	中国园林	2019/2/10

续表

篇名	作者	杂志	发表日期
石灰粉煤灰固化天津滨海软土试验研究	杨爱武、肖敏、周玉明	地下空间与工程学报	2019/2/15
关于公共图书馆文旅深度融合的思考	王世伟	图书馆	2019/2/15
南通滨海新区地下水应急水源地风险预测	张岩、刘彦、毛磊、龚绪龙、叶淑君、刘源、李进	水资源与水工程学报	2019/4/15
油田区地热资源的集约化开发利用分析：以滨海新区为例	唐永香、李嫄嫄、俞礽安、张婷婷、朱挺	中国矿业	2019/4/15
天津机场高羊茅草坪建植稳定性以及与机场本地植物的竞争	孔繁博、赵树兰、多立安	天津师范大学学报（自然科学版）	2019/5/28
不同地质条件下盾构隧道受力变形特性研究	李婕、张琪、张稳军	土木工程学报	2019/6/15
冲击荷载作用后吹填土长期性能研究	杨爱武、王杰、吴磊	地震工程与工程振动	2019/6/15
滨海软土地区地铁运营对沿线建筑物振动影响分析	马晓磊、巴振宁、高愈辉、田巧焕	岩土工程学报	2019/7/15
天津Z2线地铁运营对沿线地面振动的影响分析	刘一文、巴振宁、高愈辉、田巧焕	岩土工程学报	2019/7/15
天津—雄安新区联动发展的现实基础与路径选择	胡伟、石碧华	天津师范大学学报（社会科学版）	2019/7/20
嗜麦芽寡养单胞菌全基因组测序及降解荧蒽特性研究	关晶晶、王红旗、朱宜、许洁	基因组学与应用生物学	2019/7/25
混合配筋管桩拟静力试验研究	徐金、窦远明	建筑结构	2019/7/25
固结与荷载耦合作用下吹填土力学性质与微结构参数关联性	杨爱武、封安坤、姜帅、仲涛、李潇雯	水文地质工程地质	2019/9/15
津秦高速铁路沿线风况特征	孙玫玲、张赛、马京津	生态学杂志	2019/10/21
天津市滨海新区256份禽畜水产品中禁用化合物及兽药残留监测结果分析	刘钦、王雪娇、赵苗苗、杨岚、张晓萌	现代预防医学	2019/10/25
天津港水域围垦条件下的水动力变化分析	陈丹茜、兰庭飞、裴艳东、杜家笔、汪亚平、高建华	海洋科学	2019/10/30
软土地区地面堆载对盾构隧道变形的影响分析	陆培毅、王美苓、杨建民	建筑结构	2019/11/15
滨海新区北塘晚更新世晚期以来的沉积环境特征及演化	郭立君、董路阳、张全、王林海、朵兴芳	地质找矿论丛	2019/12/15

表1-3　重庆两江新区

篇名	作者	杂志	发表日期
快速城镇化区域用地扩张模拟的规划约束对比研究	刘瑾、田永中、田林、张雪倩、万祖毅、刘旭东	地理与地理信息科学	2019/1/15
南北经济协调视角下国家级新区的北——南协同发展研究	郭爱君、范巧	贵州社会科学	2019/2/20
重庆两江新区空间结构演变驱动机制分析与过程模拟	段非、王钧、蔡爱玲、李贵才	地球信息科学学报	2019/8/30
格栅式跌水井在山地城市排水系统中的设计	李良富、李连伟、林学山、那贵平	中国给水排水	2019/11/17
城市化背景下陂塘水文调节能力变化研究	姜芊孜、俞孔坚、王志芳	中国农村水利水电	2019/12/15

表1-4　浙江舟山群岛新区

篇名	作者	杂志	发表日期
舟山群岛景观格局变化对生态系统服务价值的影响	童晨、童亿勤、李加林、朱兆红、周艳丽	海洋学研究	2019/3/15
海洋强省建设的浙江实践与经验	谢慧明、马捷	治理研究	2019/5/15
舟山群岛海域波浪对泥沙冲淤过程的影响	陆罕芳、顾峰峰、陈学恩、戚定满	中国海洋大学学报（自然科学版）	2019/6/20
群岛旅游地海洋旅游资源非使用价值支付意愿偏好研究——以山东庙岛群岛、浙江舟山群岛和海南三亚及其岛屿为例	肖建红、高雪、胡金焱、丁晓婷、赵玉宗、赵梓渝	中国人口·资源与环境	2019/8/15
舟山群岛苔藓植物地理成分分析——兼论苔藓植物地理成分的划分方法	申琳、于晶、李丹丹、郭水良	植物研究	2019/11/15

表1-5　甘肃兰州新区

篇名	作者	杂志	发表日期
现代有轨电车环境影响及其线网规划环境合理性分析	张颖	都市快轨交通	2019/2/18
秦王川盆地西缘断裂活动性综合研究及盆地成因分析	柳煜、李明永、刘洪春、张有龙、刘小丰等	震灾防御技术	2019/3/15

续表

篇名	作者	杂志	发表日期
兰州新区家庭医生签约居民续签意愿及影响因素研究	张倩倩、郑亚君、李红丽、徐善文、陈永聪	中国全科医学	2019/3/21
几种工程措施对黄土区陡峭边坡植被盖度的影响及其机理	刘乐、孙宏义、张建新、李东泽	干旱区研究	2019/5/24

表1-6　广州南沙新区

篇名	作者	杂志	发表日期
中国拥有南沙群岛主权证据链的构造	张卫彬	社会科学	2019/9/10
广州南沙区河涌沿岸植物景观特征及其与人类活动的关系	唐赛男、王成、裴男才、张昶、王子研等	浙江农林大学学报	2019/4/1
南沙海域鸢乌贼渔场与海洋环境因子的关系	范江涛、张俊、冯雪、陈作志	上海海洋大学学报	2019/5/15
广州南沙滨海景观带上卧式闸门结构设计	谭丹	灌溉排水学报	2019/6/15
广州市南沙区生活设施空间分异特征及影响因素探测	成方龙、赵冠伟	现代城市研究	2019/8/15
基于推行式断面仪评价南沙大桥钢桥面沥青铺装平整度研究	黄乔森、申爱琴	中外公路	2019/8/28
南沙群岛珊瑚礁砾洲地貌特征	周胜男、施祺、周桂盈、杨红强、严宏强	海洋科学	2019/9/2
广州市南沙区软土物理力学指标统计分析	姜燕、杨光华、孙树楷、贾恺、李泽源	长江科学院院报	2019/9/15
南沙大桥吊索阻尼减振技术	王波、吴肖波、汪正兴	桥梁建设	2019/10/22
广州南沙凤凰二桥葵花拱桥设计	梁立农、陈万里、王璇、龚雪芬	公路	2019/12/17

表1-7　陕西西咸新区

篇名	作者	杂志	发表日期
基于水敏感城市框架下城市水系统综合管理评价方法研究——以西咸新区沣西新城为例	段梦、齐珊娜、屈凯、孙永利、王竞楠	给水排水	2019/1/10
西咸新区景观格局演变及其生态风险分析	王俊俊、弓弼	西北林学院学报	2019/3/1
含水率对非饱和砂土似黏聚力影响试验研究	白琴琴、李新生、严明康、徐海雷、吴云	科学技术与工程	2019/3/8

443

续表

篇名	作者	杂志	发表日期
西咸新区降雨空间非一致性对内涝过程影响模拟研究	陈光照、侯精明、张阳维、康佩颖、同玉、魏炳乾	南水北调与水利科技	2019/4/10
基于综合物探的城市地下空间探测与建模	王亚辉、张茂省、师云超、董英、王锋、于峰丹	西北地质	2019/6/5
基于 Green-Ampt 和稳渗不同入渗模型下的城市内涝影响数值模拟	石宝山、侯精明、李丙尧、郭凯华、苏锋等	南水北调与水利科技	2019/6/26
海绵城市理念下道路植草沟植物的选择：以西咸新区为例	范钦栋、季晋晶	环境工程	2019/7/15
垃圾处理的全周期减量和资源化利用探索与实践——以《西咸新区垃圾固废设施专项规划》为例	张军飞、魏博	城市发展研究	2019/10/26
西咸新区轨道交通引导城市发展的系统性路径体系探索与实践	臧喆、孟原旭、相彭程	城市发展研究	2019/10/26
基于社会行动系统理论下的城市宜居环境建设实践探索——以西咸新区宜居环境建设总体规划为例	唐龙、朱佳	城市发展研究	2019/10/26

表 1-8 贵州贵安新区

篇名	作者	杂志	发表日期
球小蠹属的中国新纪录种——紫薇球小蠹	吴跃开、杨再华、刘童童、朱秀娥	植物检疫	2019/3/15
技术标准在海绵城市建设中的支撑作用	史志广、由阳、杨柳	给水排水	2019/4/8
特色小镇产业生态链构建研究——以贵安新区 VR 小镇为例	邓想、曾绍伦、焦露、张雨朦	现代城市研究	2019/5/15
低影响开发模式下城市雨洪控制效果模拟研究	胡彩虹、李东、李析男、荐圣淇	水利水电技术	2019/5/15
爆破振动对小净距隧道群初期支护结构稳定性的影响	刘敏、刘远鹏、张卫中、许奎、李梦玲	科学技术与工程	2019/7/18
改进 AHP-模糊综合评价在工程爆破安全评价中的应用	赵珂劼、张义平、池恩安、雷振、黄胜松	中国矿业	2019/8/14
贵州省绿色金融改革创新实践	张瑞怀	中国金融	2019/8/16
2009~2018 年贵州省疟疾流行病学特征分析	周光荣、曾乐、兰子尧、耿燕	现代预防医学	2019/11/10

第一章 国家级新区学术成果展示

表1-9 青岛西海岸新区

篇名	作者	杂志	发表日期
青岛西海岸新区构筑预算绩效管理新机制状况调查	孟宪征	地方财政研究	2019/2/15
青岛西海岸新区地下水水化学特征及水质评价	刘久潭、周丹、高宗军、王敏、马媛媛等	山东科技大学学报（自然科学版）	2019/4/3
中国乡村社区公共文化服务体系建设新论——以山东青岛西海岸新区为例	潘鲁生	山东社会科学	2019/6/5
音乐分析与理论的新发展——WCCMTA 2019年西海岸音乐理论与分析第28届研讨会综述	杜牧天、姜蕾	人民音乐	2019/8/1
大众日报社·青岛西海岸新区合作出版青岛西海学报"报网端微"融合助推国家级新区发展	胡伟	青年记者	2019/10/20
新旧动能转换背景下湿地生态旅游开发的博弈研究——以青岛西海岸新区为例	张伟、陆忱	西北师范大学学报（自然科学版）	2019/11/15

表1-10 大连金普新区

篇名	作者	杂志	发表日期
城市化进程对热环境影响的WRF/UCM评估方法	张弘驰、唐建、郭飞	大连理工大学学报	2019/7/15
基于景观格局指数的生态风险定量评价	齐润冰	测绘通报	2019/8/10
2013~2017年金普新区地表覆盖变化及驱动力分析	闫政新	测绘通报	2019/8/10

表1-11 成都天府新区

篇名	作者	杂志	发表日期
成都天府国际机场APM捷运系统给排水及消防系统设计	石永涛、李坤	给水排水	2019/1/10
南北经济协调视角下国家级新区的北——南协同发展研究	郭爱君、范巧	贵州社会科学	2019/2/20
《周礼》"天府"再说	丁海斌、谢宇欣	辽宁大学学报（哲学社会科学版）	2019/3/15

续表

篇名	作者	杂志	发表日期
天府文化形象塑造探究	黄杉	四川戏剧	2019/4/8
源远流长的天府文化	杜黎明	人民论坛	2019/5/25
天府肉鹅母系不同阶段颗粒细胞内参基因的选择	莫远亮、王郁石、王继文	浙江大学学报（农业与生命科学版）	2019/6/25
高分辨率反射波地震勘探在城市隐伏断裂探测中的应用——以成都天府新区苏码头断裂为例	刘远志、刘胜、李大虎、夏友钢、李颖、周德帅	大地测量与地球动力学	2019/9/15
成都天府国际机场自动旅客运输系统线路方案研究	李霖	城市轨道交通研究	2019/10/10

表1-12　湖南湘江新区

篇名	作者	杂志	发表日期
湘江汨罗江段鱼类资源季节变化及洄游特征研究	刘艳佳、高雷、郑永华、段辛斌、刘绍平等	淡水渔业	2019/3/15
穿越湘江水下岩溶发育区地铁盾构选型研究与应用	蒋磊、钟可、戴勇、苏保柱、姜卫卫、章怡	都市快轨交通	2019/4/18
湘江流域水质特征及水污染经济损失估算	刘叶叶、毛德华、杨家亮、钱湛	中国环境科学	2019/4/20
基于演化博弈的流域生态补偿标准研究——以湘江流域为例	胡东滨、刘辉武	湖南社会科学	2019/5/13
基于地域识别性视角的非遗文化空间构建策略研究——以长沙湘江古镇群等为例	沈瑶、徐诗卉	建筑学报	2019/6/20
基于生态水文学法的湘江生态流量研究	王鸿翔、桑明崎、查胡飞、郭文献	人民长江	2019/8/28
湘江下游水位变化趋势与河床演变关系研究	闫世雄、隆院男、蒋昌波、吴长山、凌尚	水资源与水工程学报	2019/12/15

表1-13　南京江北新区

篇名	作者	杂志	发表日期
国家级新区空间生产研究——以南京江北新区为例	肖菲、殷洁、罗小龙、傅俊尧	现代城市研究	2019/1/15
南京江北新区城市规划对区域热环境影响的WRF模拟研究	刘祎、祝善友、周洋、张海龙、丁文	长江流域资源与环境	2019/2/15

续表

篇名	作者	杂志	发表日期
行动导向的棚户区改造规划编制方法探讨——以南京江北新区为例	姚秀利	城市规划	2019/5/9
基于资源环境承载力的国家级新区空间开发管控研究	高爽、董雅文、张磊、蒋晓威、叶懿安、陈佳佳	生态学报	2019/9/17

表1-14 福建福州新区

篇名	作者	杂志	发表日期
国家级新区用地困境及破解路径——以福州新区为例	魏澄荣	福建论坛（人文社会科学版）	2019/12/5
发挥"多区叠加"优势推进区域生态文明建设——以福州市为例	兰绍清	福建论坛（人文社会科学版）	2019/12/5
福州典型软土物理力学性质指标相关性研究	欧阳恒、邱宗新、王启云、彭岩	中国科技论文	2019/12/15

表1-15 黑龙江哈尔滨新区

篇名	作者	杂志	发表日期
基于SoLoMo理念的城市品牌整合传播策略研究——以哈尔滨市为例	张薇、黄世晴	传媒	2019/1/25
哈尔滨市护士职业倦怠现状及其影响因素调查研究	聂世俊、李颂	中国医院管理	2019/7/5
基于社会网络中心性模型的城市公园公交可达性研究——以哈尔滨道里区为例	赵晓龙、杨洋、朱逊、卞晴	中国园林	2019/8/10
不同藜麦材料在哈尔滨地区的适应性研究	李佶恺、王建丽、尚晨、张海玲、刘杰淋等	草业学报	2019/9/20
县域乡村景观脆弱性评价研究——以哈尔滨县域为例	于婷婷、袁青、冷红	中国园林	2019/11/10
近现代哈尔滨市老城区活力空间演进研究	邵郁、寇伟楠、郭海博	城市发展研究	2019/12/26

表1-16 江西赣江新区

篇名	作者	杂志	发表日期
基于三螺旋理论的多主体协同创新模式与路径——以江西赣江新区为例	柳剑平、何凤琴	江西社会科学	2019/8/15
"利益分析"视角下的国家级新区空间形成机制——以赣江新区为例	谭静	城市发展研究	2019/8/26

表1-17 河北雄安新区

篇名	作者	杂志	发表日期
雄安新区传统产业的功能定位与转型升级	覃毅	改革	2019/1/15
雄安新区职业教育发展战略构想	黄珊、黄立志	教育与职业	2019/2/15
雄安新区白洋淀生态属性辨析及生态修复保护研究	刘俊国、赵丹丹、叶斌	生态学报	2019/2/27
雄安新区旱涝趋势分析	周浩伟、刘苏峡、李峰平	南水北调与水利科技	2019/3/6
基于Google Earth Engine平台的湿地景观空间格局演变分析:以白洋淀为例	孟梦、田海峰、邬明权、王力、牛铮	云南大学学报（自然科学版）	2019/3/10
雄安新区在京津冀协同发展中的定位	孙久文	甘肃社会科学	2019/3/25
雄安新区绿色金融和文化金融	杨兆廷	甘肃社会科学	2019/3/25
雄安新区韧性社区建设策略——基于复杂适应系统理论的研究	周霞、毕添宇、丁锐、荣玥芳、孙立	城市发展研究	2019/3/26
独立与依附的变奏——雄安三县政区演变研究	李诚	中国历史地理论丛	2019/4/10
留下历史存照 助力雄安腾飞——雄安新区音乐类"非遗"系列考察摄录研究工作回溯	齐易	人民音乐	2019/5/1
构建雄安新区整体性治理的微观基础——来自行为科学的洞见	李德国、蔡晶晶	行政论坛	2019/6/6
新型城镇化背景下的新区交通规划理论方法探讨——"交通7+1论坛"第五十四次会议	彭宏勤、张国伍	交通运输系统工程与信息	2019/6/15
雄安新区铁路网规划构想	康学东	铁道工程学报	2019/6/15
雄安构建新型住房供给体系的政策研究	陈永国、张鹏云、马秀红	经济与管理	2019/7/3
深入理解京津冀协同发展战略	胡九龙	前线	2019/7/5
雄安新区上游农业种植结构及需水时空演变	白志杰、任丹丹、杨艳敏、胡玉昆、杨永辉	中国生态农业学报（中英文）	2019/7/5
雄安新区建置的历史沿革及其特征	杨学新、刘洪升	河北大学学报（哲学社会科学版）	2019/7/15
雄安新区及其周边地区烟粉虱的种群动态及空间分布格局	冯雪莹、张毅波、黄玉翠、郭梦然、孟烨等	中国农业科技导报	2019/10/15
气候变化对雄安新区城市建设的影响及应对策略	艾婉秀、肖潺、曾红玲、王凌、肖风劲	科技导报	2019/10/28
雄安新区现今地温场特征及成因机制	王朱亭、张超、姜光政、胡杰、唐显春、胡圣标	地球物理学报	2019/11/15

表1-18 相关学位论文

中文题名	作者	学位授予单位	学位
雄安新区发展功能定位研究	韩雪	中共中央党校	博士
贸易开放对高新区产出的影响研究——以高新区特征为调节变量	马坤远	华东政法大学	硕士
新旧动能转换背景下的国家级新区(高新区)招商引资策略研究——以济南新旧动能转换先行区为例	于海军	山东大学	硕士
山东省国家级可持续发展实验区创新能力评价	张晓阳	山东师范大学	硕士
国家级新区活力的区间差异及影响因素研究	王琼	华南理工大学	硕士
赛罕乌拉国家级自然保护区蝶类多样性研究	洪雪萌	内蒙古大学	硕士
新型城镇化进程中内陆新区失地农民就业研究——以贵安新区为例	李明晶	贵州财经大学	硕士
任务导向型国家级新区组织架构的行政组织法理论阐释	方迪	云南大学	硕士
哈尔滨新区利民开发区社会治理的现状及对策研究	刘则君	哈尔滨工业大学	硕士
国家级新区空间优化研究	毕添宇	北京建筑大学	硕士
西南地区国家级产业园区转型升级水平测度评价与运用研究	关新宇	贵州师范大学	硕士
高新区与行政区的空间关系及其经济效率研究	陈丽霞	华东师范大学	硕士
尺度重构视角下我国战略功能区的建构逻辑——以济南新旧动能转换先行区为例	毛启元	山东大学	硕士
滇中新区招商引资的服务营销策略研究	关妤玲	云南大学	硕士
西部地区国家级高新区创新绩效研究	陈琳	西北大学	硕士
国家级新区腹地经济效率的空间溢出效应研究——以天津滨海新区和重庆两江新区为例	李一凡	兰州大学	硕士
国家级新区科技金融效率差异研究——以环渤海和长三角地区为例	凌良宇	西北农林科技大学	硕士
金融支持国家级新区工业企业增长的实证研究——以天津滨海新区及重庆两江新区为例	李雅玲	西北农林科技大学	硕士
开发区管委会的行政诉讼被告资格标准研究	周中梁	华东政法大学	硕士
国家级新区设立与区域制造业结构变动研究	管海锋	兰州大学	硕士
基于产城融合视角的旅顺西部地区规划研究	朱哲	哈尔滨工业大学	硕士
国家级开发区招商引资困境及政府职能研究——以江西省抚州高新区为例	马梦婷	南昌大学	硕士

除此之外,还有相关专著具体内容见表1-19。

表1-19 相关专著

书名	作者	出版单位	出版年份
国家级新区研究报告(2019)	卢山冰、黄孟芳	社会科学文献出版社	2019
湖南湘江新区廉政风险防控:模式、特色与成效	彭忠益、文山虎	中南大学出版社	2019
国家级新区发展报告·2019	国家发展和改革委员会	中国计划出版社	2019

第二章 关于国家级新区学术成果分析

根据以上收集的资料,可以得出 19 个国家级新区 2019 年共有 610 篇学术成果,相较于 2018 年的 192 篇有大幅度提升。其中各新区期刊论文数量合计为 586 篇、学位论文 21 篇、学术专著 3 部。我们还可以从不同的新区、不同的文献类别等角度入手,进行归纳整理,对 2019 年的学术成果进行更进一步的分析。

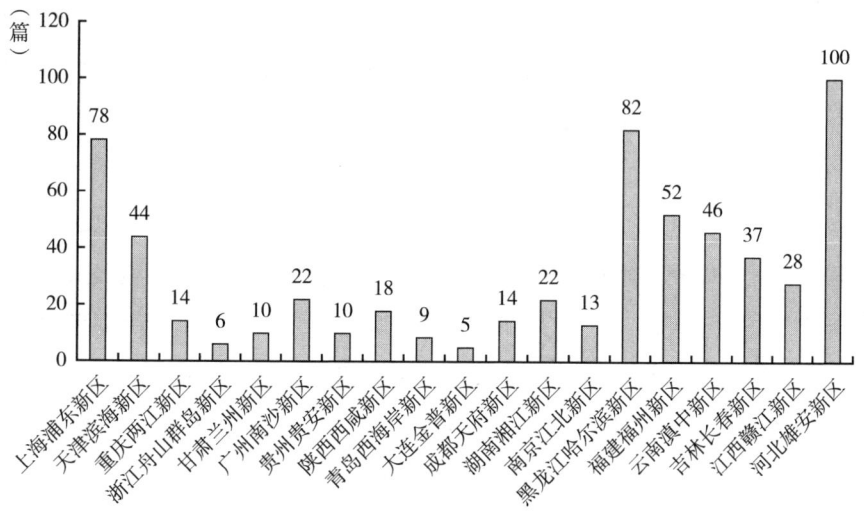

图 2-1 各个新区的学术成果总数

根据图 2-1,河北雄安新区和黑龙江哈尔滨新区的学术成果总量领先于其他国家级新区,分别以 100 篇和 82 篇居第一位和第二位。我们对黑龙江哈尔滨新区和河北雄安新区所有学术成果的类别进行了比较区分,具体内容可见图 2-2。

河北雄安新区两年共有 100 篇学术成果,其中,经管类文献占据 1/3 以

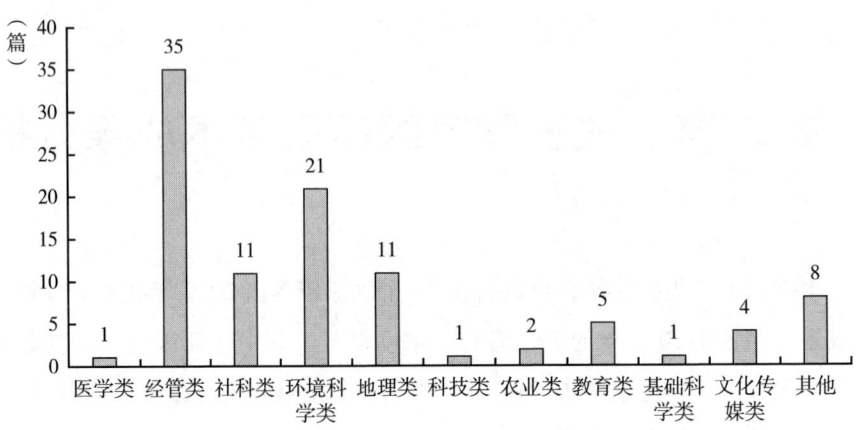

图 2-2 河北雄安新区不同类别学术成果的具体情况

上，可见，河北雄安新区对于经济发展还是比较重视的。河北雄安新区发布2019年地区生产总值数据。河北省沧州市统计局于3月13日发布的"2019年全省各地市主要经济指标"显示，河北雄安新区2019年地区生产总值为215亿元。

2017年4月1日，新华社发布消息称，中共中央、国务院决定设立河北雄安新区。雄安是继深圳经济特区和上海浦东新区之后又一具有全国意义的新区，是千年大计、国家大事。雄安新区地处北京、天津、保定腹地，距北京、天津均为105公里，距石家庄155公里，距保定30公里，距北京新机场55公里，区位优势明显，交通便捷通畅，地质条件稳定，生态环境优良，资源环境承载能力较强，现有开发程度较低，发展空间充裕，具备高起点高标准开发建设的基本条件。

2018年4月发布的《河北雄安新区规划纲要》指出，新区规划范围包括雄县、容城、安新三县行政辖区（含白洋淀水域），任丘市鄚州镇、苟各庄镇、七间房乡和高阳县龙化乡，规划面积1770平方公里。选择特定区域作为起步区先行开发，在起步区划出一定范围规划建设启动区，条件成熟后再有序稳步推进中期发展区建设，并划定远期控制区为未来发展预留空间。

第二章 关于国家级新区学术成果分析

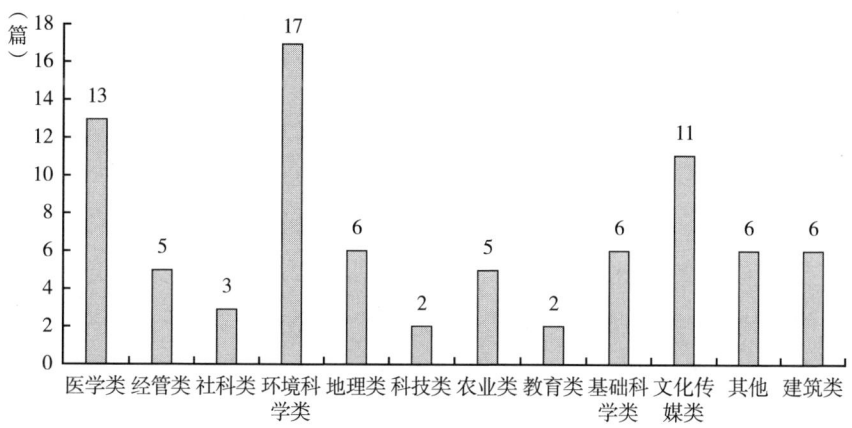

图2-3 黑龙江哈尔滨新区不同类别学术成果的具体情况

黑龙江哈尔滨新区共计82篇学术成果中，出现较多的是环境科学类与医学类。

在生态保护与绿色发展方面，黑龙江哈尔滨新区树立以人为中心的建设规划理念，不断完善城市生产、生活、生态空间的合理布局。建设宜居的生态空间，依托丰富的滨水岸线，在百里沿江沿水走廊打造旅游观光黄金岸线和原生态野趣亲水休闲空间，展现城市的自然天赋。规划"小马路、小地块、小绿地、小退界、小转角"等五小尺度街区，打造紧凑集约的城市活力中心，发展新商业新业态。要立足现代化、国际化、生态化的新区建设理念，推动职住平衡和产城融合，构建综合立体的航空、铁路、公路交通体系，统筹从高速公路到城市主次干道、公交车道、轨道交通、慢行交通系统的相互衔接和换乘，解决居民出行的"最后一公里"。给产业发展预留混合用地，为未来发展留有弹性空间。将城市风道与河道、绿廊建设叠加考虑，促进大气良性循环，缓减"热岛效应"和雾霾影响。建设智慧城市、海绵城市。

在医药医学类，现代医学发展十分迅速，传统临床医学与现代化5G技术相结合的"智慧医疗"成为新的发展趋势。据介绍，黑龙江移动哈尔滨分公司、中兴通讯及哈医大四院密切配合，进行多轮技术方案的准备和讨论，对5G网络进行反复测试，提前进行业务联调和远程问诊预演，制定全面的网络保障方案，保障了哈尔滨新区首例5G远程医疗的顺利完成。5G远程会诊打破了时间、空间的限制，可以为哈尔滨新区引进更优质医疗资源，也可将哈尔滨新区的优质医疗资源下沉至边远地区、农村及小城市，有效解决患者缺医少药及"看病难""看病贵"等问题，更合理有效地发挥医学专家的作用，为患者赢得宝贵的就诊时间。5G网络大带宽、低时延、大连接的特性十分契合哈尔滨新区"智慧医疗"发展的新需求。5G医疗是建立优质高效的医疗卫生服务体系过程中的积极实践，包括5G远程医疗会诊、5G远程监护、5G远程手术、5G远程超声、5G突发应急事件的远程医疗指挥、5G远程医疗交流学习等。5G等新一代信息通信技术将促进医疗产业"数字化"转型真正走向"智能化"甚至"智慧化"。

除以新区为主体进行比较外，我们也可以从类别入手，进行简单的分析，具体见图2-4。

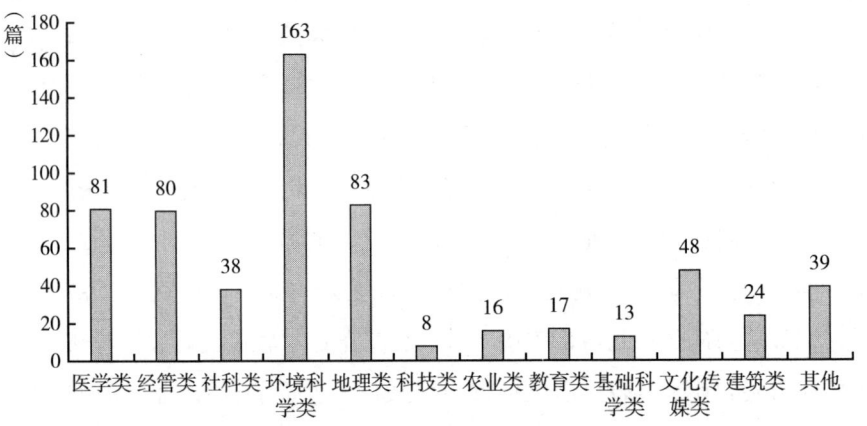

图2-4 不同类别的文献数量比较

通过图2-4可以看出，环境科学类文献在新区的学术成果中是最常见的，聚焦2019年"两会"，优先坚持生态优先和绿色发展，统筹经济与环保协同发展。要加强污染防治和生态建设，大力推动绿色发展。绿色发展是构建现代化经济体系的必然要求，是解决污染问题的根本之策。要完善相关制度，协同推动高质量发展与生态环境保护。新区作为承担国家重大发展和生态文明建设战略任务的综合功能区，有责任且正在成为绿色经济视域下实施国家重大环境保护战略的新引擎和新动力。积极对接、主动融入国家重大战略则能进一步拓展新区发展的空间和优势。

由于文献能够从历史和现实的角度对新区的自然资源、地理、历史、人口、社会结构、文化风俗、社会思潮、国民经济、文教卫生等各个方面做出全面及时的反映，可以作为重要的情报依据，为各地政府机构决策提供参考。同时由于现代文献工作有意识地对社会上的信息情报进行主动收集、整理，并且通过各种文献形式，可以及时准确、有针对性地提供给各决策机构，从而对新区的发展做出最优决策。

图书在版编目(CIP)数据

国家级新区研究报告.2020 / 卢山冰,黄孟芳主编.——北京:社会科学文献出版社,2020.8
ISBN 978-7-5201-6990-5

Ⅰ.①国… Ⅱ.①卢…②黄… Ⅲ.①经济开发区-研究报告-中国-2020 Ⅳ.①F127.9

中国版本图书馆 CIP 数据核字(2020)第 140822 号

国家级新区研究报告(2020)

主　编／卢山冰　黄孟芳
副主编／苏琳琪　胡英姿

出版人／谢寿光
责任编辑／吴　敏

出　版／社会科学文献出版社·皮书出版分社 (010) 59367127
　　　　　地址:北京市北三环中路甲29号院华龙大厦　邮编:100029
　　　　　网址:www.ssap.com.cn
发　行／市场营销中心 (010) 59367081　59367083
印　装／三河市龙林印务有限公司
规　格／开本:787mm×1092mm 1/16
　　　　　印张:29　字数:432千字
版　次／2020年8月第1版　2020年8月第1次印刷
书　号／ISBN 978-7-5201-6990-5
定　价／128.00元

本书如有印装质量问题,请与读者服务中心 (010-59367028) 联系

△ 版权所有 翻印必究